브리튼과 아일랜드의 지형도

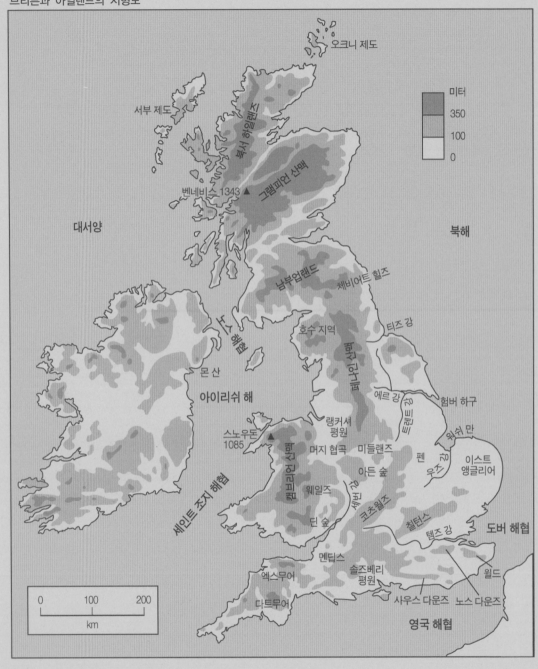

오크니 제도

서부 제도

북서 하일랜즈

벤네비스 1343 ▲ 그램피언 산맥

대서양   북해

남부업랜드

체비어트 힐즈

호수 지역   티즈 강

몬 산

아이리쉬 해   에르 강   험버 하구

                                              워쉬 만

랭커셔
평원

스노우돈   머지 협곡   미들랜즈   펜
1085   아든 숲   우즈   이스트
                                                                    앵글리어
웨일즈
딘 숲   코츠월즈

                                                          칠턴스   도버 해협
세인트 조지 해협   템즈 강

멘딥스
                        솔즈베리   윌드
엑스무어   평원
                                            사우스 다운즈 노스 다운즈
다트무어
                                                          영국 해협

미터
350
100
0

0   100   200
km

1974년 이전의 잉글랜드와 웨일즈의 주

영국의 역사

나종일 · 송규범 지음

상

영국의 역사

한울
아카데미

일러두기

1) 외래어 표기는 원칙적으로 현행 외래어 표기법에 따랐다. 그러나 인명과 지명 표기는 그동안 관행적으로 잘못 표기된 것들을 바로잡았다(보기: Arthur를 '아더'가 아니라 '아서'로, Thatcher를 '대처'가 아니라 '새처'로 표기함). 또한 미국 영어의 발음이 아니라 영국 영어의 발음에 따라 표기했으며, 특히 잘못된 일본식 표기를 바로잡는 데 힘썼다(보기: Newcastle을 '뉴캐슬' 대신 '뉴카슬'로, Richard를 '리차드'가 아니라 '리처드'로 표기함).

2) 영국 이외의 인명과 지명은 각기 그 나라의 발음과 표기에 따르는 것을 원칙으로 했다. 다만 영국과 외국 양쪽에 걸치는 인명은 영어명에 따랐다[보기: 노르망디의 로베르 2세(Robert II)는 로버트 2세로 표기함].

3) 역사적 사건명이나 관직명 또는 법률 명칭도 잘못된 일본식 번역을 시정하는 데 주력했으나, 적절한 번역어를 찾기 어려운 경우에는 원어를 그대로 사용했다(보기: Act of Supremacy는 '수장령'이 아니라 '수장법'으로, Stamp Act는 '인지조례'가 아니라 '인지법'으로 표기함).

4) 그동안 Sir와 Lord를 구분하지 않고 모두 '경(卿)'으로 옮겨왔는데, 이 책에서는 Sir는 그대로 '써'로, Lord는 '경'으로 옮겨 양자를 구분했다.

5) 왕명과 함께 표기된 연도는 재위 기간을 나타낸다.

6) 지도는 부록으로 따로 모으지 않고 본문의 관련 부분에 두어 독자의 이해 증진과 편리를 도모했다.

7) 본문에서 다룬 인명, 지명, 사건, 법 등 모든 사항을 찾아보기에 수록했다.

8) 각주에 본문의 관련 쪽수를 기재하여 참조할 수 있도록 했다. 더불어 관련된 연표, 지도, 찾아보기 항목을 연계하면 더욱 도움이 될 것이다.

머리말

영국사 책을 써봐야겠다고 처음 마음먹은 것은 20여 년 전의 일이다. 그 무렵에 영국사 강의를 맡게 되었는데, 막상 학생들에게 권할 만한 우리말 책이 별로 없었기 때문이다. 번역서가 두어 가지 나와 있기는 했다. 그중 앙드레 모로아의 『영국사』는 꽤 재미있게 읽히는 책이었지만, 워낙 오래된 데다가 번역한 술어도 마음에 들지 않는 부분이 적지 않았다. 그런 가운데 1990년대 초반에 국내 영국사 전공자들의 공동번역으로 『옥스퍼드 영국사』가 출간되었는데, 이 책은 또 너무 어렵다는 느낌이 들었다. 몇 년 뒤 마침내 국내 학자들이 쓴 영국사가 잇따라 출간되었다. 그중 박지향 교수의 『영국사』(1997)는 몇 가지 주요 주제들을 집중적으로 다룬 개설서로 영국의 정치제도, 사회경제 체제, 문화 등의 특질을 이해하는 데 좋은 길잡이가 되었다. 다만 통시대적 서술이 너무 간략하다는 점이 아쉬웠으며, 뒤이어 출간된 김현수 교수의 『영국사』 등 다른 책들 역시 비슷한 아쉬움을 남겼다.

10여 년 전에 정년퇴임을 하고 나서야 그동안 생각만 해오던 일을 시작하게 되었지만, 주로 16, 17세기 역사를 공부해 온 터라 영국사 전체를 개관하는 작업은 생각보다 힘에 부쳤다. 집필은 지지부진한 채 해만 거듭하다가, 마침내 송규범 교수에게 공저를 제의했는데, 그가 흔쾌히 받아들여 작업은 새로운 활력을 얻어 진척하게 되었다. 그나마 애초에는 반반씩 나누어 집필하기로 했지만, 결국 내가 맡은 부분까지 송 교수가 일부 떠맡아주어서 겨우 일을 마무리할 수 있었다. 송 교수의 이런 전폭적인 협조와 동참이 없었다면 이 책은 끝내 빛을 보지 못했을지 모른다.

역시 20여 년 전 영국사 강의를 맡았을 때의 일이다. 수강생은 주로 서양사학과와 영문학과 학생들이었는데, 첫 시간에 영국이란 나라의 정식 명칭을 아느냐고 물어봤더니 제대로 대답하는 학생이 한 사람도 없었다. 아마 미국의 정식 명칭을 물었더라면 오히려 모르는 학생이 한 사람도 없었을 것 같다. 영국에 대해 웬만큼 관심이 있을 법한 학생들이 그 정도이니, 일반 대중이야 더 말할 것도 없을 것이다. 지금 우리나라에서 U.S.를 모르는 사람은 별로 없을 테지만, U.K.라 하면 머리를 갸우뚱하는 사람이 꽤 많을 듯싶다. 20세기 전반기까지만 하더라도 영국은 곳곳에 유니언 잭의 깃발을 휘날리면서 전 세계에 막강한 영향력을 행사해 온 대제국이었으나, 제2차세계대전을 고비로 주도권을 미국에 넘겨주고, 이후 경제 침체와 제국의 해체로 유럽에서조차 선두 국가의 지위를 지키는 데 급급한 지경에 이르렀다. 사정이 이렇다 보니 미국에 비해 영국에 대한 관심이 적은 것도 무리는 아니라는 생각이 든다.

하지만 의회제도와 법치주의, 국민국가의 통합, 산업혁명과 자본주의, 노동운동과 복지사회 등, 오늘날 세계 여러 나라가 따르고 있거나 따르려고 하는 정치제도와 사회경제 체제는 대개 지난 수세기에 걸쳐 주로 영국인들이 만들어내고 발전시켜 온 것들이다. 게다가 오늘날 전 세계에 절대적인 위세를 떨치고 있는 미국의 여러 제도와 문화만 하더라도 그 전통의 뿌리와 기반은 바로 영국에 있다. 그 단적인 보기가 바로 언어인데, 미국은 유럽계, 아프리카계, 아시아계 등 여러 종족들로 구성된 이른바 다인종 국가이지만, 그 언어는 바로 영어이다. 그런데 오늘날 이 영어는 미국의 세력 팽창에 따라 사실상 세계 공용어의 지위를 굳혀가고 있다. 영국인들은 영어라는 이 문화유산 하나만으로도 세계 모든 사람들의 삶에 커다란 영향을 미치고 있으며, 그 힘은 미국을 통해 날로 더 강해지고 있다. 한 세기 전, 해가 지지 않는 정치적·경제적 제국주의 국가로서의 영광과 번영은 이제 사라졌지만,

문화적 제국주의 국가로서 영국의 힘은 오히려 더욱 커지고 있다 해도 과언이 아니다. 그러므로 영국의 실체를 바로 보려는 노력은 오늘날 우리에게 여전히 의미 있는 일이며, 그 나라의 역사에 대해 올바로 이해하는 것은 우리에게 막강한 영향력을 행사하고 있는 미국의 실체를 알기 위해서도 절실히 필요한 일이다.

이 책은 이렇듯 우리에게 여전히 중요한 의미를 지니고 있는 영국과 그 나라 역사에 대해 이해의 폭과 깊이를 늘리려는 대학생이나 일반 교양인을 위한 영국 통사로서, 지난 2,000여 년에 걸친 영국의 정치적 발전, 사회경제적 변화, 문화적 성취 등을 골고루 다룬, 말하자면 종합적인 영국사이다. 이런 취지로 저자들은 가능한 한 최근의 연구 성과까지 반영하되 비교적 쉽게 읽을 수 있으며, 웬만큼 중요한 인물이나 사건 등을 빠뜨리지 않고 다루는 좀더 자상한 영국의 역사 쓰기에 주력했다. 10여 년 전 『옥스퍼드 영국사』의 옮긴이 서문에서 언급한 대로, 영국사를 좀더 깊이 공부하려는 사람들에게 이 책이 『옥스퍼드 영국사』에 앞서, 또는 그에 곁들여서 읽기에 알맞은 책이 된다면 더 바랄 것이 없겠다.

책을 쓰면서 유념한 사항이 몇 가지 있다. 첫째, 모든 역사는 결국 사람들에 관한 이야기라는 생각에서, 될 수 있는 대로 많은 인물들을 언급하되 특히 중요한 인물들에 대해서는 비교적 자세하게 그리고 생동감 있게 서술하려고 노력했다. 둘째, 엄정한 가치중립은 아니더라도 가능한 한 선입견을 배제하고 제3자로서의 객관적 자세를 지킨다는 원칙 아래 세계사에 대한 영국인들의 여러 공헌에 주목하는 한편 그들의 과오나 실패, 심지어 해악에 대해서도 눈을 돌리지 않았다. 셋째, 우리나라에서 관용적으로 쓰이고 있는 영국과 영국사에 관한 각종 술어 가운데 잘못된 것이나 부적절한 것들(그중에는 특히 일본을 통해 들어온 번역이나 표기에서 비롯된 것이 많다)을 바로잡는 데 힘썼다.

제6장까지의 초고는 나종일이, 제7장부터는 송규범이 집필했다. 작성된 초고를 서로 바꾸어 보면서 오류나 착오를 시정하고 용어와 문체의 통일을 기했으며, 이를 다시 성백용 박사가 읽으면서 여러 잘못을 바로잡고 문장을 다듬어주었다.

끝으로, 출판계의 어려운 사정을 무릅쓰고 이 책의 출판을 맡아준 한울의 김종수 사장에게 감사드리며, 저자의 지지부진한 작업을 무던히 참아주고 여러 까다로운 요구들을 기꺼이 받아들여 꼼꼼하고 깔끔하게 일을 마쳐준 서영의 씨를 비롯한 한울 직원 여러분에게도 진심으로 감사드린다.

2005년 5월
저자를 대표하여 나종일 씀

차 례 [상]

차 례 [하]

지도 차례

1

원시시대와 로마 지배하의 브리튼

1. 땅과 사람들

지리적 환경

영국은 섬나라이며, 영국인들은 섬나라 사람들이다. 그래서 영국인들은 자기네 끼리 뭉쳐 꾸준히 발전해 왔다. 그들은 자기들을 남다른 사람들이라 생각하고, 또 그 남다른 점을 자랑으로 삼아왔다. 오늘날의 영국은 '그레이트 브리튼과 북아일 랜드 통합왕국(United Kingdom of Great Britain and Northern Ireland)'이라는 그 정식 국 호가 가리키는 바와 같이, 그레이트 브리튼과 아일랜드라는 두 섬 위에 자리 잡고 있다. 그레이트 브리튼은 다시 잉글랜드, 웨일즈와 스코틀랜드, 이렇게 세 지역으 로 나뉘어 있으며, 아일랜드는 얼스터(Ulster)라고 불리는 섬의 북동부 지방만이 영 국에 속해 있다.[1]

이 중 영국사의 중심 무대는 물론 그레이트 브리튼이며, 그 가운데에서도 잉글 랜드가 주 무대가 되어왔다. 섬이라고는 하지만 대륙과 아주 근접해 있다. 도버 (Dover) 해협의 폭은 30km를 조금 넘는 거리여서 날씨가 좋은 날에는 대륙에서 도 버 지방이 보일 정도이고, 조그마한 배로도 쉽게 건널 수가 있다. 지금은 브리튼과 대륙을 잇는 해저터널이 뚫려 런던에서 파리까지 직통열차가 달리고 있다. 게다가

---

1) 영국에는 약 5,500개의 크고 작은 섬들이 있다. 그중 5,000개 이상이 스코틀랜드 서북부 해안을 따라 산재해 있다. 또 사람이 살고 있는 섬은 200개가 채 안 되고 나머지는 대부분 무인도이다.

수심도 얕아서 브리튼 섬 자체가 유럽 대륙의 대륙붕 위에 자리 잡고 있는 셈이다. 빙하시대에는 얼음으로 덮여 대륙과 연결되어 있었는데, 기원전 8000년 무렵에 빙하가 물러나면서 대륙과 떨어진 것으로 짐작된다.

영국은 작은 섬나라다. 브리튼 섬의 넓이는 23만 km² 정도이며, 약 1만 4,000km²인 북아일랜드를 합쳐도 우리나라보다 조금 넓은 정도이다.[2] 인구 역시 북아일랜드까지 합쳐서 6,000만에 미치지 못해 남북을 합친 우리나라 인구보다 오히려 적다. 땅덩어리 모양도 반도와 섬이라는 차이점 말고는 우리나라와 비슷하다. 동북부가 주로 산악 지대이며 남서부에 평야가 펼쳐있는 우리나라와는 대조적으로 서북부가 산악 지대이며 남동부가 평야 지대로 되어 있다. 하지만 평야 지대가 대륙에 면해 있는 점은 두 나라가 다 비슷해 대륙의 문화를 받아들이고 대륙과 활발하게 교류하는 데 유리했다.

브리튼 섬은 위도상으로 우리나라보다 훨씬 더 북쪽에 위치하여[3] 겨울 기온이 우리나라보다 더 낮을 것 같지만, 대서양 남쪽에서 불어오는 따뜻한 바람과 멕시코 만 난류의 영향으로 겨울은 비교적 따스하고 여름은 비교적 서늘하다. 여름철 기온이 30도 이상으로 오르는 일은 극히 드물고, 겨울철 기온도 영하 10도 이하로 내려가는 일은 드물다. 물론 남부와 북부 사이에는 약간의 차이가 있어, 북쪽 끝의 셰틀랜드 제도(Shetland Islands)는 평균기온이 여름은 11도, 겨울은 3도인 데 비해, 남쪽 와이트(Wight) 섬은 각각 16도와 5도 정도이다.[4]

영국이라 하면 으레 비가 많은 나라로 알려져 있지만, 실상 연간 강수량은 우리

---

2) 영국의 전체 면적은 24만 8,423km²(잉글랜드 12만 9,634km², 웨일즈 2만 637km², 스코틀랜드 7만 7,179km², 북아일랜드 1만 3,438km²)이다.

3) 영국과 한국의 위치 비교

	북단	남단	동단	서단
영국	북위 59도	북위 50도	동경 2도	서경 10.5도
한국	북위 43도	북위 33도	동경 131도	동경 124도

4) 서울의 1월 평균기온이 섭씨 영하 3~4도인 데 비해, 런던은 영상 4도 정도여서 겨울에도 파란 잔디를 볼 수 있다. 또한 서울의 7월 평균기온이 24~25도인 데 비해, 런던은 17도 정도에 지나지 않아 심한 더위는 없다.

나라보다 그리 많지 않다.5) 우리나라가 우기와 건기로 나뉘어 여름철에 비가 집중적으로 내리는 데 비해, 영국은 비가 자주, 그리고 연중 대체로 고르게 내린다. 강수량이 많은 북서부 고지대의 연간 강수량은 1,600mm 정도인데, 가을과 겨울에 많이 내린다. 동남부 저지대의 강수량은 연간 800mm 정도이며 여름에 조금 더 많이 내린다. 전국 평균은 연간 1,100mm를 조금 넘는 정도이며, 3월부터 6월까지가 상대적 건기, 9월부터 1월까지가 상대적 우기이다. 게다가 고지대 대부분의 땅이 일 년 내내 물기를 머금고 있어 춥고 음습한 데 비해, 백악질(chalk)과 석회질 토양이 많은 저지대는 수분이 쉽게 빠져 따뜻하고 건조하지만 식물이 자라지 못할 정도는 아니다.

영국사의 전 시기에 적용되는 한 가지 중요한 지리적 개념은 브리튼을 동남부의 저지대와 서북부의 고지대로 양분하는 것이다. 서북부 고지대는 콘월(Cornwall), 웨일즈(Wales)의 황무지와 산지들, 그리고 페나인(Penine) 산맥과 하일랜즈(Highlands) 지대이다. 고지대라고는 해도 아주 험준한 산지는 아니어서 잉글랜드 서북쪽에 뻗어 있는 페나인 산맥에는 표고 1,000m를 넘는 산이 없다.6) 스코틀랜드의 그램피언(Grampian) 산맥과 웨일즈의 캠브리언(Cambrian) 산맥에는 1,000m를 넘는 산이 몇 개 있지만, 그중 최고봉인 스코틀랜드의 벤네비스(Ben Nevis)라야 1,300m를 조금 넘는 정도이다. 이런 산맥들도 북쪽에서 남쪽으로 죽 이어진 것이 아니라 깊은 협곡이나 육지 깊숙이 파고든 넓은 하구 또는 만 따위에 의해 끊어져 있다. 산들은 거칠고 척박한 데다가 서쪽으로 흘러가는 강들은 대개 짧고 좁아서 배가 거슬러 올라갈 수 없을 만큼 급류이다. 강 유역의 토양도 척박하여 농사에는 부적합하다. 예전에는 기껏해야 양이나 염소를 놓아먹이는 것이 고작이었고 초기에는 사람들이 살기 어려워 인구가 희박했다. 그래서 대륙의 문물과 영향이 이곳에는 쉽게 미치지 못했다.

---

5) 서울의 연간 평균 강수량이 1,360mm 정도인 데 대해, 런던은 600mm에 불과하다. 다만 서북부 지역은 연간 1,000~2,000mm에 이른다.

6) 컴브리어(Cumbria)의 호수 지대(Lake District)에 있는 스카펠(Sca Fell) 산이 969m로 페나인 산맥에서 가장 높은 산이다.

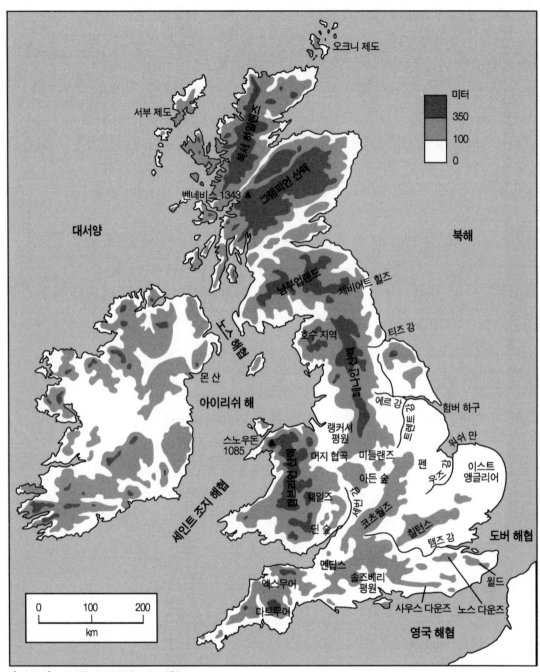

<대서양>

북사 하일랜드

그램피언 산맥
벤네비스 1343 ▲

오크니 제도

서부 제도

남부업랜드

체비어트 힐즈

북해

티즈 강

호수 지역

몬 산

페나인 산맥

에르 강

험버 하구

워쉬 만

펜

이스트 앵글리어

아이리쉬 해

스노우돈
1085 ▲

랭커셔 평원

머지 협곡

미들랜즈

아든 숲

웨일즈

딘 숲

코츠월즈

칠턴스

템즈 강

월드

멘딥스

솔즈베리 평원

에스무어

사우스 다운즈   노스 다운즈

다트무어

도버 해협

영국 해협

미터
350
100
0

0   100   200
km

〈지도 1〉 브리튼과 아일랜드의 지형도

저지대인 동남부 일대는 낮은 구릉과 골짜기, 그리고 평지와 습지로 이루어져 있다.[7] 구릉들은 윌트셔(Wiltshire) 지방의 솔즈베리 평원(Salisbury Plain)에서 사방으로 뻗어나간다. 솔즈베리 평원은 백악질의 넓고 나지막한 고원을 이루고 있는데, 이곳으로부터 세 갈래로 역시 백악질의 구릉들이 동쪽과 동북쪽으로 길게 뻗어나간다. 하나는 버크셔 다운즈(Berkshire Downs)[8]와 칠턴 힐즈(Chiltern Hills)를 거쳐 워쉬 만(The Wash) 쪽으로, 다른 하나는 햄프셔 다운즈(Hampshire Downs)와 노스 다운즈(North Downs)를 거쳐 도버 해협에 이르며, 또 다른 하나는 사우스 다운즈(South Downs)를 거쳐 이스트 서식스(East Sussex)의 비치헤드(Beach Head)에 이른다. 솔즈베리 평원 남서쪽으로는 또 하나의 짧은 구릉이 도시트(Dorset) 해안으로 뻗어 있다. 잉글랜드 남부 해안의 하얀 절벽들은 이런 백악질 구릉들이 바다에 맞닿으면서 생긴 낭떠러지들인데, 여기에서 앨비언(Albion: 하얀색이란 뜻)이라는 잉글랜드의 아명(雅名)이 유래했다. 긴 항해에 지친 영국 선원들은 이 하얀 낭떠러지 해안이 눈에 들어올 때 드디어 고국 땅에 돌아왔음을 실감하면서 기뻐하고 안도했던 것이다. 한편 북쪽으로는 솔즈베리 평원 서북부의 코츠월즈(Cotswolds)에서 시작하여 노샘턴셔(Northamptonshire), 링컨셔(Lincolnshire)를 지나 요크셔(Yorkshire)에까지 이르는 석회질의 구릉 지대가 강줄기 때문에 군데군데 끊긴 채 동북쪽으로 길게 뻗어나간다.[9] 대개 페나인 산맥에서 발원한 하천들은 이런 구릉들 사이의 골짜기를 따라 굽이굽이 동쪽 저지대 쪽으로 흘러간다. 강들은 수량이 풍부하고 흐름이 느려 내륙 깊숙한 곳까지 배가 다닐 수 있다. 일찍이 대륙에서 건너온 사람들은 이런 강줄기를 따라 내륙으로 진출했으며, 내륙에 거주한 사람들도 쉽게 동남부 해안의 여러 항구에 도달할 수 있었다. 한편 여러 갈래로 뻗은 구릉들 사이에는 윌드(The Weald)의 대지나 템즈 계곡(Thames Valley)처럼 무거운 점토질의 축축한 땅이 있는가 하면 미들랜즈(Midlands) 지방처럼 석회질과 점토질, 사질의 토층이 겹친 기름진 땅이 펼쳐

---

7) 이 지역에는 언덕은 있지만 산은 없다. 영국에서 산(mountain)이라 할 때는 대개 표고 600m를 넘어야 하고 그 이하는 언덕(hill)이라 부른다.

8) 다운(down)은 잉글랜드 동남부의 수목이 없는 언덕진 초원 지대를 말한다.

9) 잉글랜드 동남부 지방의 물에 석회분이 많이 섞여 있는 것은 이 때문이다.

있는데, 오크나 너도밤나무와 같은 커다란 활엽수들 아래 빽빽하게 덤불이 우거지고 다습한 숲들이 잉글랜드에 처음 들어온 사람들의 접근을 막고 있었다. 사람들의 접근이 쉽지 않았던 또 다른 지역은 이스트 앵글리어(East Anglia)의 펜 지대(the Fens), 앨프리드(Alfred) 대왕이 한때 몸을 숨긴 것으로 유명한 서머세트(Somerset)의 늪, 트렌트(Trent) 강과 우즈(Ouse) 강이 험버(Humber) 강으로 합류하는 유역과 같은 소택 지대였다.

잉글랜드에 처음 들어온 사람들이 농사를 짓기 시작한 곳은 무거운 점토나 충적토의 기름진 골짜기나 강 유역이 아니었다. 그곳은 물이 잘 빠지는 가벼운 백악질이나 석회질 토양의 솔즈베리 평원과 여기에서 뻗어나간 여러 구릉 지대였다. 그러나 그들 다음에 새로 이주해 온 사람들은 점차 물기가 많은 무거운 점토질 토양의 골짜기까지도 경작하기 시작했다. 그들은 우거진 숲의 나무를 베어내고 쟁기로 땅을 갈아엎어 농사를 짓고 가축을 길렀다.[10] 숲의 개간에 이어 소택지가 간척되기 시작했다. 이리하여 잉글랜드 남부 지방에서 사람들의 거주 지역이 처음에는 솔즈베리 평원을 중심으로 구릉 지대를 따라 사방으로 뻗어나가고, 나중에는 템즈 강 유역과 켄트(Kent), 에식스(Essex), 그리고 이스트 앵글리어 일대로 확대되었다.

고지대와 저지대 사이의 지리적 차이는 두 지역 주민들의 생활에 깊은 영향을 미쳐왔다. 저지대에서는 육로나 강을 통한 운송이 용이했으며, 너무 덥지도 너무 춥지도 않고, 강수량이 너무 적지도 너무 많지도 않아서 일찍부터 농경과 목축이 발달했다. 또한 저지대는 대륙으로부터 침입이 용이했을 뿐 아니라 침입자들에게 더욱 큰 유혹의 대상이 되었다. 이런 이유로 말미암아 저지대의 역사는 새로운 주민의 도래와 새로운 이념의 유입을 통해 때때로 커다란 변화를 겪었다. 한편 고지대는 바닷길 이외에 교통이 어려웠고 토양이 농경이나 목축에 알맞지 않았다. 게다가 춥고 습기 찬 기후가 사람들의 활발한 활동을 가로막았다. 이런 고지대는 침입자들에게 매력이 없었다. 침입이 어려운 데다가 지형이나 기후가 침입자를 주저하게 했던 것이다. 그래서 고지대는 고유한 관습을 고집하여 변화에 저항하는 보

---

10) 앵글로-색슨족에 의해서 개간되기 전의 브리튼이 대부분 숲으로 덮여 있었다는 믿음은 이제 잘못된 것으로 판명되었지만, 로마인의 정복 직전까지는 그래도 자연림이 많이 남아 있었다.

수적인 성향을 띠게 되었다. 새로운 사람들이나 새로운 이념이 그 지방에 발을 붙이더라도 토착민들이나 토착 이념과 타협하고 절충하지 않을 수 없었다. 옛 요소는 새 요소에 의해 변형되면서도 살아남고, 새 요소는 옛 요소와 융화하기 위해 자신을 적응시켜 나갔다. 그 결과 고지대의 문명은 옛 요소와 새 요소의 기묘한 혼합을 보여주었다.

브리튼 섬의 서북부와 남동부 사이의 이런 차이는 오랫동안 영국사의 전 과정에 커다란 영향을 미쳤다. 유럽 대륙에 가까운 남동부의 '푸른 지방(Green Country)'은 일찍부터 사람들이 거주하여 문명이 발달한 이른바 선진 지역이었던 반면에 서북부의 '검은 지방(Black Country)'은 인구가 희박하여 오랫동안 후진 지역으로 남아 있었다. 그러나 이 구분을 지나치게 강조해서는 안 된다. 그러한 차이가 시대를 초월한 절대적인 특성이 될 수는 없기 때문이다. 가령 천연자원의 분포는 그런 일률적인 구분을 어렵게 하며, 또 어떤 자원이 역사적으로 중요한가는 기술과 교역의 상태에 따라 다르게 마련이다. 게다가 자연조건에 대한 인간의 적응력 또한 꽤 컸을 뿐만 아니라 그 조건 자체도 인간의 노력에 의해 조금씩 변동했다. 즉, 17~18세기에 소위 산업혁명을 겪으면서 광산물이나 수력 자원이 풍부하여 광공업에 유리한 조건을 갖춘 북서부 지방이 급속히 발전한 데 비해, 농업이나 목축 위주인 남동부 지방은 상대적으로 발전 속도가 느려짐으로써 경제적 주도권이 일부 북서부로 이동하기도 했다. 그래서 20세기 이후의 몇몇 총선거에서 고지대에서는 자유당(Liberal Party)이나 노동당(Labour Party) 등 진보적인 정당이 우세를 보인 데 비해, 저지대에서는 보수당이 우세한 현상을 보이고 있는 것이다.

한편 이와 같은 대비에도 불구하고 고지대와 저지대는 공통의 특징을 보여주고 있는데, 이는 바다가 이 두 지대를 대륙과 구별되는 하나의 전체로 결합시키고 있기 때문이다. 대륙인들의 눈에 비친 한 덩어리로서의 브리튼은 온건한 기질, 면면히 이어오는 관습, 옛것을 완전히 무시하는 새것에 대한 저항, 타협을 이루어내려는 노력, 상식과 전통의 존중 등으로 해서 칭송받는가 하면, 변혁의 길목에서 망설이는 태도, 실패한 주의에 대한 맹목적 헌신, 논리적 사고의 결핍, 우유부단과 위선 등으로 해서 비난받기도 한다. 이런 특성들은 주로 고지대에서 더 두드러지게 나타나는데, 즉 유럽 대륙과 절연되어 새로운 사람들이나 새로운 이념이 쉽게 유입되고 흡수되기 어려웠던 데서 연유한다.

이런 이유 때문에 브리튼의 문명의 리듬은 유럽 대륙보다 언제나 한 박자 느렸으며 그 맥박은 덜 거칠었다. 켈트(Celt)의 미술, 로마제국과 중세 유럽의 문명, 르네상스 미술과 사상, 18세기의 혁명 정신 등 대륙의 이념과 사상이 브리튼을 비껴간 경우는 거의 없었다. 그러나 그것들은 어딘가 모르게 더디고 희미하게 반영되었으며, 그 특성을 뚜렷하고 철저하게 나타내는 일이 없었다. 그러면서도 그것들은 브리튼 사람들의 생활 속에 흡수됨으로써 대륙에서보다 더 견고하고 더 오래 지속하는 경향을 보였다. 이와 같은 느린 리듬은 언뜻 보기에 브리튼을 유럽 역사의 움직임에서 뒤처진 무기력한 사회로 비치게 한다. 그러나 그것은 나름대로 긍정적 기능을 지니고 있었다. 급속한 개화가 없는 대신 급속한 퇴락을 면했으며, 찬란함과 참신함이 없는 대신 성숙함과 원만함이 있었다. 켈트 정신과 로마 정신, 중세와 르네상스, 봉건제와 민주주의처럼 아주 판이한 것들을 하나로 융합해 내는 바로 그러한 습성과 재간이 끊임없이 새로운 형태의 삶과 사상을 빚어냈다. 그리고 브리튼은 이 새로운 것을 대륙에 되돌려줌으로써 유럽 사회에 나름대로 기여를 했다. 즉, 브리튼은 그들의 학문과 예술, 의회정치의 원리, 그리고 산업혁명의 열매 등을 유럽에 전해준 것이다.

초기의 주민들

브리튼은 기원전 8000년 무렵에 이르기까지 수십만 년 동안 온 나라가 얼음으로 덮여 있어 몹시 추웠던 시기와 오늘날만큼이나 따뜻했던 시기가 서로 교체했다. 빙하시대의 브리튼은 오늘날의 영국 해협이나 북해가 모두 대륙과 연결되어 동물이나 사람이 두 지역을 넘나들 수 있었다. 그리하여 브리튼에 사람이 살았던 최초의 흔적을 남긴 것은 대략 25만 년 전의 일로 짐작된다. 빙하가 물러나 브리튼이 대륙과 분리되기 훨씬 이전에 사람들이 이 섬에 들어와 있었던 것이다. 여느 곳에서와 마찬가지로 브리튼에서도 처음 구석기시대인들은 사냥이나 고기잡이를 했으며, 또 먹을 수 있는 것이면 무엇이든 주워 먹거나 따 먹었다. 호숫가에서 많은 구석기시대 거주지의 유적들이 발견되는 것을 보면, 그들은 물을 먹으러 온 동물을 사냥한 용감하고 재치 있는 사냥꾼들이었던 것 같다. 빙하시대에는 매머드나 코뿔소 같은 동물들이, 그리고 간빙기에도 역시 사나운 멧돼지나 이빨이 곧은 코끼리와 같은 무서운 동물들이 그들의 사냥감이었으니 말이다.

수렵과 어로와 채집을 주로 하던 이 시기 다음에 브리튼의 신석기시대는 기원전 4000년경에 시작되었다. 이 무렵에 대륙의 서부 또는 서북부 해안 지방에서 브리튼 서남단의 콘월 지방으로 건너온 최초의 브리튼 주민들은 그동안 이베리아인(Iberian)이라 불려왔으나 실제로 이베리아 반도에서 건너온 사람들인지는 분명치 않다. 작달막한 키에 검은 머리털, 갸름한 머리를 가진 지중해 인종인 이들 가운데 일부는 웨일즈나 스코틀랜드로 건너갔으며, 동쪽으로 이동한 사람들은 데번(Devon)과 도시트 다운즈를 거쳐 솔즈베리 평원에 이르렀다. 이들은 뿔이 큰 소와 돼지 또는 염소와 양을 기른 유목민이었다. 목축에 부수된 일로 시작된 소규모의 곡물 경작은 가볍고 배수가 잘되는 백악질의 이 평원을 중심으로 주변의 구릉지를 따라 퍼져나갔다. 그들은 조그마한 땅에 밀과 보리를 심었다. 먼저 땅을 일구기 위해 가로세로 쟁기질을 하고, 그 뒤에 괭이와 가래로 땅을 파헤쳐 씨를 뿌렸다. 그들은 부싯돌 낫으로 곡식을 거두어들이고, 오목하게 패인 넓적한 맷돌에 작은 돌덩이를 돌려 겨를 벗겼다. 여자들은 간단한 토기를 만들어냈으나, 옷감을 짜는 일은 아직 알지 못했다. 옷은 대개 가죽으로 지어 입었던 것으로 짐작된다.

농경의 발전과 더불어 종교적·정치적 조직도 발전해 나갔다. 초기 문명 단계의 브리튼에서 경제, 종교, 정치의 중심지가 된 것은 켄트나 템즈 강 하류 지역과 같은 잉글랜드 동남부가 아니었다. 그 중심지는 남부 잉글랜드의 중서부 지역인 솔즈베리 평원 일대였다. 돌멘과 같은 브리튼 최초의 거석 문명이 발달하고, 뒤이어 에이브베리(Avebury)와 스토운헨지(Stonehenge)에 원형의 거석기념물이 세워진 곳 또한 바로 이 지역이었다.

신석기시대인들은 여러 구릉지 위에 숙영지를 구축했다. 그것은 몇 겹의 도랑과 둑으로 둘러싸여 있었으며, 군데군데 그 안으로 들어가는 통로가 뚫려 있었다. 그 중 가장 큰 유적은 에이브베리의 윈드밀 힐(Windmill Hill)에 있는 것인데, 이것은 기원전 3000년경에 북부 유럽으로부터 건너온 이주민들(이들은 윈드밀 힐인들이라 불린다)이 축조한 것이다. 그러한 숙영지는 아마도 가축을 보호하기 위한 것이었으나, 개중에는 주거지였던 것도 있었다. 어떤 것은 물품 거래나 축제, 신에 대한 제사나 장례를 위한 집회 장소였다. 이들은 정착 농업 및 가축 사육을 생업으로 삼았으며, 부싯돌 화살촉과 간단한 도끼 따위를 만들어 쓸 줄도 알았다.

신석기시대인들은 처음에는 나무 기둥으로 둘러싼 움집에 주거했는데, 지붕은 아마도 가죽으로 덮었을 것이다. 그 뒤 그들은 차츰 지상에 집을 지었다. 나무를 베기 위해 돌도끼가 필요했으며, 이 도끼를 깎을 부싯돌을 캐내기 위해 백악질 땅을 깊이 파 내려갔다. 노퍼크(Norfolk), 서식스, 웨식스(Wessex) 등 곳곳에서 등장한 이와 같은 부싯돌 광부와 도기 제조자들이 브리튼 섬 최초의 수공업 기술자들이었다. 숙영지와 부싯돌 광산 근처에서는 흔히 장방형의 긴 굴무덤(barrow)들이 모여 있는 것을 볼 수 있는데, 여기에 여러 주검들을 구부린 자세로 합장했으며 항아리나 장신구도 함께 묻었다. 그중에는 여인상이나 남성의 성기를 상징하는 부장품도 발견되었다. 서쪽의 코츠월즈 지방에서는 거석으로 정교하게 짠 석실 위에 작은 돌을 쌓아 올려 만든 무덤도 있다. 그러한 거석 중에는 무게가 10톤이나 나가는 것도 있다. 이처럼 무거운 돌을 캐내고 운반하고 들어 세우는 데에는 가족의 수준을 넘어서는 어떤 정치적 조직이 있어야만 했을 것이다. 한동안 이 같은 거석문화를 브리튼에 가져온 사람들은 지중해인들이라고 여겨져 왔다. 그러나 그사이 방사성탄소 연대측정에 의해 유럽의 거석문화는 지중해와 덴마크, 브리튼 등 여러 곳에서 독자적으로 발달한 것으로 밝혀졌다.

신석기시대인들의 뒤를 이어 이른바 비커 포크(Beaker Folk)가 브리튼에 들어온 것은 기원전 2500년 전후의 일이다. 이들의 이름은 그들의 무덤에서 화학 실험용 비커처럼 생긴 원뿔 모양의 물그릇이 발굴된 데서 연유한다. 그들은 구리를 제련하고 이어 청동기를 만들어 사용했다. 그 때문에 브리튼에 야금술을 들여온 사람들 역시 이들 비커 포크라고 여겨져 왔으나, 이 또한 방사성탄소 연대측정에 의해 아일랜드 지방에서 이미 발달해 있었던 것으로 밝혀졌다. 즉, 비커 포크의 아이디어를 응용하여 실제로 구리와 주석으로 청동의 합금을 만들어낸 것은 아일랜드의 대장장이들이었던 것으로 추정된다. 활과 단검으로 무장한 비커 포크는 토착 주민들을 지배하고 또 그들과 뒤섞였다. 천막이나 나뭇가지로 지붕을 덮은 그들의 움막집은 차라리 원주 신석기시대인들의 집만도 못했다. 하지만 그들이 만든 토기는 훨씬 더 정교했으며, 또한 그들은 아마와 양모로 옷감을 짜 입었다. 그들은 스토운헨지와 같이 신석기시대에 세워진 의식의 중심지를 계속 사용했지만, 죽은 사람을 합장하는 종전의 매장 방식은 따르지 않았다. 그들은 원형의 묘에 단검, 활과 화살, 장신구, 비커 등 무덤 주인의 소지품과 함께 개별적으로 매장했다.

초기 청동기시대인 기원전 1900년경의 것으로, 유달리 풍부한 부장품을 간직한 한 무덤이 웨식스에서 발굴되었다. 그 속에서는 단검과 컵, 금 펜던트, 뼈로 만든 족집게, 옷핀, 정교한 토기 등이 발견되었다. 이것들은 인구가 많고 부유한 웨식스에 존재했던 정치적·사회적 유력자의 모습을 반영하고 있다. 기원전 2000년에서 1000년 무렵까지의 이 청동기 문화를 발전시킨 사람들 역시 대륙에서 잉글랜드의 서남부 지방으로 건너온 사람들이었다. 웨식스 문화라 불리는 이 청동기 문화가 바로 이들을 통해서 브리튼 섬 전역에 퍼져나갔다.

청동기시대 중엽인 기원전 1400년경에 농경과 야금술에서 큰 변화가 일어났다. 구릉 지대 토양의 지력이 쇠퇴하자 사람들은 좀더 오랫동안 경작할 수 있는 기름진 저지대로 눈길을 돌리기 시작했다. 이에 따라 초기의 목축 대신 농경과 목축을 아우른 혼합농업이 선호되었으며, 겨울에 밀과 보리를 심는 방법을 알아냄으로써 더욱 안정적인 식량 공급이 가능해졌다. 칼·도끼·창날 등의 무기뿐만 아니라, 낫·물통·솥 등 농사 용구와 그 밖의 일용 도구들이 대량으로 더욱 값싸게 만들어졌다. 이리하여 브리튼은 청동기시대 말에 이르러 거의 100만 명에 가까운 인구를 지탱할 수 있었다.

선사시대의 브리튼이 남겨놓은 유물 가운데 가장 유명한 것은 솔즈베리 평원에 있는 스토운헨지이다. 그것은 기원전 2500년 무렵에 신석기시대인들에 의해서 맨 처음 세워진 이후, 다시 기원전 2000년 무렵에 비커 포크들에 의해서, 그다음 웨식스인의 유력한 우두머리들에 의해서 잇따라 축조되었다. 직경이 약 10미터 가까운 원형 안에 다시 말굽형으로 세워진 이 거석 축조물은 웨일즈 지방에서 가져온

스토운헨지

청석이나 30km도 더 떨어진 말버러 다운즈(Malborough Downs)에서 실어 나른 사르
센석으로 이루어져 있다. 그 돌들은 무게가 5톤에서 심지어 25톤이 넘을 만큼 거
대하며, 그 배치는 춘분과 추분에 해와 달이 뜨고 지는 방향을 정확하게 가리키도
록 되어 있다.

　스토운헨지가 어떤 목적으로 세워졌는가에 대해서는 여러 가지 견해가 있으나,
그것이 종교적 의식의 장소이며, 동시에 천체의 운행을 표시하고 관측하기 위한
것이었음에는 틀림이 없다. 그러나 더욱 중요한 것은 그것이 지닌 사회적·정치적
의미이다. 안정되고 부강하여 정치적으로 권력이 집중된 사회가 아니고서는, 그리
고 뛰어난 토목기술과 과학적 지식을 가진 사회가 아니고서는 이렇게 거대한 기
념물을 세울 수 없었을 것이기 때문이다. 이런 종류의 거석기념물은 스토운헨지에
서 멀지 않은 에이브베리와 컴브리어 호수 지대(Lake District)의 카슬리그(Castlerigg),
스코틀랜드 앞바다의 작은 섬들에서도 많이 발견된다. 그중 오크니(Orkney) 섬에
있는 브로드가 링(Ring of Brodgar)과 루이스(Lewis) 섬에 있는 캘러니쉬 입석(Callanish
Standing Stones) 등이 대표적인 보기이다. 이 유적들은 그 본래의 목적이 무엇이었
든 간에 그것을 세운 사람들이 고도의 정치적·종교적 조직을 지니고 있었음을 보
여준다.

켈트족

켈트족이 브리튼 섬에 들어온 시기는 대략 기원전 8세기나 7세기 무렵으로 짐작되지만 정확하게 알 수는 없다. '켈트'란 말은 언어를 가리키는 말이지 인종을 가리키는 말이 아니며, 언어는 흔적을 별로 남기지 않기 때문이다. 한동안 켈트족은 언어적으로 두 집단으로 구분되어 왔다. 하나는 'P' 음을 사용하는 사람들이고, 다른 하나는 'Q' 음을 사용하는 사람들이다. 전자의 언어가 바로 '브리튼(Brython)' 계통으로서 이것이 잉글랜드와 웨일즈에서 지배적인 언어가 되고, 현대 웨일즈어와 콘월어의 바탕이 되었으며, 후자의 언어는 '고이델(Goidel)' 계통으로 오늘날의 에이레어, 게일어가 여기에 근원을 두고 있다. 그러나 근래 이런 구분의 타당성에 대해 강한 의문이 제기되고 있다. 여하튼 새로운 이주민들은 브리튼의 생활 방식을 크게 바꾸어놓았다. 그들은 철기를 가져오고, 화폐를 도입하고, 왕국들을 세우고, 사제 제도를 처음 시작하고, 새로운 기예(art)를 개발했다.

켈트 전사들은 단검과 장검을, 농부들은 낫과 도끼와 쟁기의 보습을 가지고 들어왔다. 그 뒤 그들은 철제 부품을 사용한 전차를 만들어내기도 했다. 더 값싸면서도 더 효율적인 철기가 사용되면서 전형적인 철기시대의 양상이 나타났다. 즉, 언덕 위의 성채와 더불어 마을을 이룰 정도의 집단 농가, 넓은 농지와 나무숲, 널따란 목장 등이 자리 잡기 시작했다. 그중 눈에 띄는 것은 브리튼의 남부 해안 지대 여러 곳에 구축된 언덕 성채(hill-fort)들인데, 이것은 군사적 귀족정을 뼈대로 하는 더욱 큰 정치적 단위들이 성장했음을 나타낸다. 언덕 성채는 견고한 요새일 뿐만 아니라, 주민들을 수용할 여러 채의 건물들과 가축을 가두고 곡식을 보관할 넓은 공간을 갖추고 있었다. 이 같은 성채를 거점으로 하여 켈트족의 전사귀족들은 소수의 동족 주민들에 대한 과두 지배 체제를 확립한 한편, 원주민들을 종속민의 지위로 떨어뜨렸다. 이러한 켈트 사회의 귀족적 성격은 전사 우두머리들의 호화로운 분묘 속에 잘 나타나 있다. 그들은 칼과 투구, 포도주병과 바퀴 달린 전차 등 많은 부장품과 함께 정장 옷차림으로 매장되었다.

기원전 2세기 말에 벨가이(Belgae)족이라는 새로운 켈트족 침입자들이 남동부 잉글랜드 지방에 들어와 거주하기 시작했다. 원주 켈트족의 완강한 저항을 물리치고

서튼 후의 선박묘(ship-burial)에서 나온 금·
석류석·에나멜로 장식된 7세기의 지갑 커버

팽창한 이들은 템즈 강 하구와 그 주변 일대에 군사적 귀족정을 바탕으로 한 왕국
들을 세워나갔고, 그에 따라 기원전 1세기 동안에 잉글랜드 남동부 지방에서 뚜렷
한 변화가 일어났다. 언덕 성채들이 자취를 감추고, 평야 지대에 좀더 넓고 밀집한
거주지인 도시가 형성되기 시작했는데, 이런 도시들은 종래의 부족사회보다 넓은
지역을 통괄하는 강력한 왕국의 중심지가 되었다. 그중 가장 강력한 왕국이 기원
후 25년에 쿠노벨리누스[Cunobelinus: 셰익스피어(Shakespare)의 심벨린(Cymbeline)]에 의
해 세워졌다. 이 왕국은 하트퍼드셔(Hertfordshire)와 에식스 지방을 중심으로, 그 세
력이 옥스퍼드셔, 펜 지대, 켄트에까지 미쳤다.

켈트 사회는 전사귀족층과 주로 농업에 종사하는 평민으로 크게 양분되어 있었
다. 전사들은 전차로 적진에 돌진하고 전차에서 내려서는 철제 장검으로 싸웠다.
그들은 때때로 알몸으로 또는 대청 물감을 칠한 몸으로 싸움터에 나갔으며, 금으
로 화려하게 장식한 방패를 지니고 있었다. 농민들은 철제 도끼로 나무를 베고 철
제 쟁기로 계곡의 점토질 땅까지도 갈아엎어 농사를 지었다. 그들은 밀·보리 등을
심고, 양·돼지·소 등도 길렀다. 또한 쇠막대기를 화폐로 사용했다. 기원전 2세기에
서머세트 늪지 안의 한 섬에 살고 있던 글라스턴베리(Glastonbury) 주민들은 곡식과
가축을 기르고 훌륭한 도기를 구워내 이웃 주민들과 교역했다. 그들이 화폐로 사

용한 많은 쇠막대기는 상당히 넓은 경제 지역이 형성되고 있었음을 나타낸다. 다음 세기에는 쇠막대기 대신에 주화가 사용되기 시작하고 도기를 만드는 데 녹로가 이용되었다. 도기 제작이 장인(artisan) 수공업이 됨에 따라 공예 기술이 크게 발달했다. 켈트 공예가들은 갖가지 형태의 곡선들로 짜여진 아름다운 장식을 고안해 냈다. 그들은 청동 방패나 칼집, 제기(祭器), 거울 등에 독특한 문양을 새겨 넣었다. 이런 기법은 점차 도기를 장식하는 데도 쓰였다. 그 세기말에는 곡물, 철, 주석, 가죽, 사냥개 등이 대륙에 수출되기도 했다.

켈트족 사회에서는 드루이드(Druid)라는 사제들이 제3의 중요한 집단을 이루고 있었다. 이들은 초자연적이며 마술적인 힘에 대한 제사를 관장했다. 그들은 인간의 영혼이 죽지 않고, 한 사람으로부터 다른 사람에게 옮겨가며, 숲·시내·우물·바위 등에 신령(spirits)이 살고 있다고 가르쳤다. 그들은 특히 겨우살이(mistletoe)를 신성시했으며, 오크나무 숲을 특별한 은신처로 삼았다. 그들은 전쟁터에 나간 사람들과 병든 사람들을 보호하기 위해 산 사람을 제물로 바치기도 했다. 드루이드는 사제일 뿐만 아니라, 의사이자 교사이며, 예언자이자 재판관이기도 했다.

한편 남동부 저지대와는 대조적으로 북서부 고지대의 정치조직은 지방적 수준에 머물러있었다. 이 지역의 언덕 성채는 남동부보다 수도 훨씬 적고 규모도 아주 작아 울타리로 둘러막은 한 가족의 집터(ringfort) 정도에 불과했다. 그리고 이는 비교적 정태적인 주민들이 좀더 작은 규모의 정치조직 아래서 실질적인 독립을 누리고 있었음을 나타낸다. 게다가 주화도 없고, 도시로 집중되는 현상도 없었다. 그것은 '부족적·농촌적·계서제적·가족적'인 사회로서 도시와 왕국을 세운 저지대 사회와 대조적이었다.

스코틀랜드의 마지막 선사시대 주민들인 픽트족(Picts)과 스코트족(Scots) 역시 켈트족에 속한 것으로 생각된다. 하일랜즈(Highlands)와 로울랜즈(Lowlands) 지방 대부분을 지배한 픽트족은 몸에 청색 물감을 칠했기 때문에, 로마인들이 '색칠한 사람들'이라 해서 그렇게 불렀다. 문신을 하기 위해 몸에 '상처를 낸' 데서 그 이름이 붙여진 스코트족은 원래 아일랜드에 거주했다. 아마 선사시대 말기에 스코틀랜드로 이주해 왔을 것이며, 이들의 이름을 따라 이 지역 전체가 스코틀랜드라 불리게

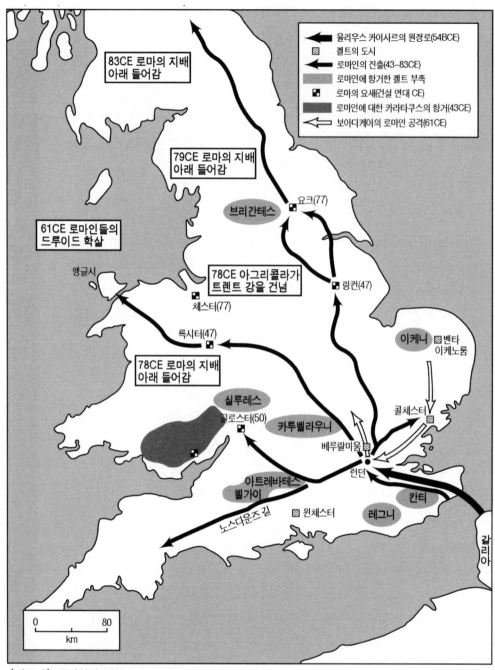

〈지도 2〉 로마인의 정복

되었다.

기원전 55년에 로마인들이 브리튼에 처음 나타났을 때 이 섬은 미개하고 무지한 사람들의 거주지가 아니었다. 정착 농업, 철제 무기와 도구, 화폐, 훌륭한 도기 등 뛰어난 문물을 지닌 사람들의 거주지였다. 그들의 문명은 물론 로마 문명보다는 뒤떨어진 것이었지만, 4,000~5,000년 전의 브리튼 주민들이 누렸던 것보다는 훨씬 더 높은 수준이었다. 그 주민들은 공통의 켈트어에 속하는 어느 한 방언으로 말하고 있었다. 그들의 종교적 신앙은 시내와 우물, 잘린 머리에 대한 숭배와 같은 공통적인 양식을 띠고 있었다. 그리고 그들의 사회적 이상은 군사적 귀족정을 지향하고 있었다. 그러나 그들은 아직 정치적·사회적 통일체를 이루지는 못했다.

2. 로마 지배하의 브리튼

로마인의 브리튼 정복

로마가 브리튼 섬의 켈트족과 접촉한 것은 율리우스 카이사르(Julius Caesar)의 브리튼 침입에서 비롯했다. 그가 브리튼에 쳐들어간 이유는 여러 가지로 짐작할 수 있다. 갈리아(Gallia)에서 도망친 켈트(벨가이) 반군에게 피난처를 제공한 브리톤인들을 처벌하려는 의도도 있었겠고, 금·은·납·주석·곡물 등 브리튼의 여러 산물을 얻고자 하는 목적도 있었을 것이다. 혹은 대양 너머 신비에 쌓인 땅을 차지함으로써 자신의 권위를 드높이려는 개인적인 야심이 작용했을 수도 있다.

그러나 두 차례에 걸친 카이사르의 침입은 일시적인 성과를 거두었을 뿐 브리튼 섬에 항구적인 영향을 미치지는 못했다. 기원전 55년에 카이사르의 지휘 아래 약 1만 명의 로마군이 도버에 이르렀을 때 그들은 깎아지른 듯한 백악질 해안 절벽 위에서 브리톤인들이 진을 치고 있는 것을 보았다. 이들에게 쫓긴 로마의 선단은 북쪽으로 몇 마일을 우회하여 가까스로 평탄한 해안에 배를 댈 수 있었다. 브리톤인들은 바다 속까지 쫓아 들어가 항전했으나, 잘 조직되고 훈련받은 로마군을 당해낼 수는 없었다. 이리하여 로마군은 브리튼 섬에 하나의 교두보를 확보할 수 있

보아디케아

었지만, 브리튼인들의 저항이 예상 밖으로 완강한 것을 깨달은 카이사르는 한 달도 못 되어 철수하고 말았다. 이듬해에 그는 2만 5,000명의 병력과 약 800척의 배를 이끌고 재침해 왔다. 이번에는 내륙에까지 쳐들어가 템즈 강을 건넜고, 브리튼 왕들 중 가장 강력한 카시벨라우누스(Cassivelaunus)마저 굴복시켰다. 하지만 이번에도 갈리아에서 반란이 일어나자 카이사르는 약 석 달 만에 철수하고 말았으며, 그 후 다시는 브리튼 땅을 밟지 않았다.

로마인들의 브리튼 정복이 재개된 것은 그로부터 약 한 세기 뒤의 일이었다. 기원후 43년에 클라우디우스(Claudius) 황제의 명령을 받은 아울루스 플라우티우스(Aulus Plautius)가 약 4만의 병력을 이끌고 브리튼에 쳐들어왔다. 그는 켄트 지방을 석권한 뒤 카투벨라우니(Catuvellauni)족의 본거지인 카물로두눔(Camulodunum: 오늘날의 콜체스터)으로 진군하여 쿠노벨리누스의 아들 카라타쿠스(Caratacus)를 굴복시켰다. 클라우디우스 황제는 몸소 행차하여 브리튼 왕들의 항복을 받고 로마로 개선했다.

이어 기원후 47년까지 로마군은 브리튼의 저지대를 정복해 들어갔고, 마침내 61년에는 웨일스 서북부에 있는 드루이드교의 성지이자 로마에 대한 저항의 본거지인 앵글시(Anglesey) 섬에 쳐들어가 드루이드 사제들과 무녀들의 저항을 분쇄했다. 그러는 동안 로마는 곳곳에서 켈트족의 저항에 부딪혔다. 그중 이케니(Iceni)족의 왕비 보아디케아(Boadicea)의 주도 아래 일어난 반항은 아주 격심했다. 이케니족의 왕 프라수타구스(Prasutagus)가 죽자 로마는 그의 영지를 몰수했다. 왕비 보아디케아가 이에 항의하자 로마의 관리들은 그녀를 매질하고 그 딸들을 능욕했다. 분개한 그녀가 이케니족을 무장시켜 들고일어나자 로마인의 억압에 반감을 품고 있던 주변의 여러 부족들이 호응하여 반란은 삽시간에 동부 일대로 번졌다. 런던, 콜체스터, 베룰라미움[Verulamium: 오늘날의 세인트 올번즈(St. Albans)] 등 여러 도시가 불살라졌다. 이때 7만 명의 로마인과 로마에 부역한 브리튼인들이 살해된 것으로 전해지는데, 그 숫자는 과장된 것으로 보인다. 하지만 이렇듯 거센 항거도 앵글시에서 급거 회군한 로마 군단의 무력에는 대적할 수 없었다. 콜체스터 근처에서의 격렬한 전투 끝에 로마군은 마침내 승리했고, 복수는 잔혹했다. 8만 명의 브리튼인들이 살육당했으며, 보아디케아는 노예가 되기보다 죽음을 택하여 스스로 목숨을 끊었다. 보아디케아는 흔히 초기 브리튼의 여자 영웅으로 추앙받고 있으며, 그녀의 상이 영국 의사당 근처 웨스트민스터(Westminster)교 위에 서 있다. 이케니의 반란을 계기로 로마인들은 좀더 유화적인 정책으로 방향을 틀었다. 그들은 브리튼인들의 로마화를 꾀했으나, 그들이 택한 수단은 주민들의 동의에 입각한 통치가 아니라 군사적 지배였다. 브리튼에 건너온 로마인들은 주로 군인이나 관리였으며, 그 수는 6만 정도에 불과했다. 이들이 당시 약 400만에 달했던 브리튼 인구를 지배하고 있었던 것이다.

기원후 100년경까지 로마는 브리튼에 네 개의 군단을 두었다가 그 후 세 개로 줄였다. 하나는 남부 웨일즈의 이스카[Isca: 오늘날의 칼리언(Caerleon)]에, 하나는 북서부의 데바[Deva: 오늘날의 체스터(Chester)]에, 나머지 하나는 에보라쿰[Eboracum: 오늘날의 요크(York)]에 두었다. 이들 군단 주둔지 사이, 그리고 주둔지와 런던 사이에는 돌을 간 넓고 곧은 도로가 건설되었다. 이런 도로는 물론 군대를 신속하게 이동시키는 것이 주목적이었지만 교역로의 구실도 했다. 그중 캔터베리(Canterbury)에서 런던을 거쳐 체스터에 이르는 워틀링 가도(Watling Street), 런던에서 링컨(Lincoln)을 거쳐 요크에 이르는 어민 가도(Ermin Street), 그리고 링컨에서 엑시터(Exeter)에 이르는 포스 웨이(Foss Way) 등이 골간을 이루었다. 이런 도로망의 기본 구도는 오늘날까지도 변함없이 계승되고 있다.

이윽고 로마군은 그 세력을 북쪽으로 뻗쳐나갔다. 기원후 78년에 브리튼 총독이 된 율리우스 아그리콜라(Julius Agricola)는 웨일즈를 완전히 정복한 뒤 눈을 북쪽으로 돌려 스코틀랜드의 로울랜즈를 공략하고 포스 만(Firth of Forth)에서 클라이드 만(Firth of Clyde)에 이르는 선을 따라 방어 요새들을 구축했다. 그 후 그는 하일랜즈까지 쳐들어가 픽트족 또는 칼레도니아인(Caledonians)이라 불린 야만족을 쳐부쉈으나 호전적인 이들의 끊임없는 공격에 밀려 로마의 방어선은 타인(Tyne) 강과 솔웨이 만(Firth of Solway) 사이의 선으로 후퇴했다. 122년에 하드리아누스(Hadrianus) 황제

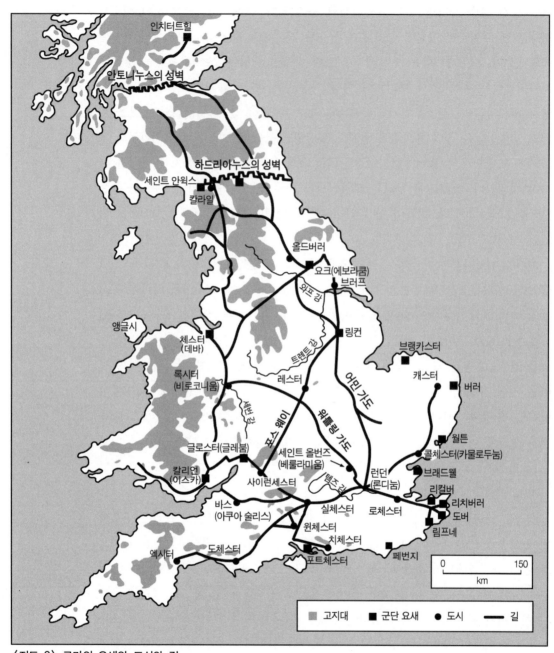

인치터트힐

안토니누스의 성벽

하드리아누스의 성벽

세인트 안웍스
칼라일

올드버즈

요크(에보라쿰)
브러프

워프 강

앵글시

체스터
(데바)

링컨

브랭카스터

록시터
(비로코니움)

레스터

트렌트 강

캐스터

버러

어민 가도

세번 강

글로스터(글레붐)

포스 웨이

왓틀링 가도

세인트 올번즈
(베룰라미움)

월튼

콜체스터(카물로두눔)

칼리언
(이스카)

사이런세스터

런던
(론디늄)

브래드웰

템즈 강

리컬버

바스
(아쿠아 술리스)

실체스터

로체스터

리치버러

도버

엑시터

도체스터

윈체스터
치체스터

포트체스터

페번지

림프네

0   150
km

고지대   군단 요새   도시   길

〈지도 3〉 로마의 요새와 도시와 길

하드라아누스의 성벽

는 이 방어선을 따라 돌로 된 더욱 견고한 성벽을 구축하기 시작하여 128년에 이를 완성했다. '하드리아누스의 성벽(Hadrian's Wall)'으로 알려진 이 성벽은 로마인들이 이제까지 구축한 성벽 중 가장 긴 것으로 전장이 120km 가까이에 달했으며, 사이사이에 수많은 요새와 망루를 세워 병사들을 주둔시켰다.

칼레도니아인의 침입은 그 후에도 그치지 않았다. 스코틀랜드 중부 지방의 비옥한 땅을 탐낸 로마인들은 142년에 다시 포스 만에서 클라이드 만에 이르는 선을 따라서 성벽을 구축했다. 하지만 '안토니우스의 성벽(Antonine Wall)'이라 불린 이 성벽은 오래가지 못하고 로마의 방어선은 다시 하드리아누스의 성벽으로 후퇴했다.

아그리콜라의 요새들과 하드리아누스의 성벽에 의해 방비된 브리톤인들은 로마의 지배 아래서 약 300년 동안 이른바 '로마의 평화(Pax Romana)'를 누렸다. 이 기간에 로마인들은 켈트족의 우두머리들에게 어느 정도의 자치를 허용하면서도 그들에게 로마 문명의 우월성을 과시함으로써 로마의 지배에 순응하도록 꾀했다. 그리

바스의 욕장

고 이를 위한 수단으로 택한 것이 로마적 도시의 건설이었다.

　로마인들이 세운 도시에는 세 가지 유형이 있었다. 첫째, 제대 군인들이 세운 콜로니아(colonia)가 있었는데, 콜체스터, 링컨, 글로스터(Gloucester), 요크 등이 그것이다. 로마인들은 또한 베룰라미움에 있던 켈트족의 기존 도읍에 도시의 칭호를 부여했는데, 이것이 무니키피움(municipium)이다. 또 다른 형태의 도시는 브리튼의 부족들을 몇몇 칸톤(canton: 주)에 집결시키고, 각 칸톤에 수도를 두었는데, 이런 수도에 키비타스(civitas: 로마의 도시)의 지위를 부여했다. 이 밖에 로마인들은 원래 군대 병영(castra)인 도시들을 많이 세웠다. 오늘날 영국 지명의 어미에 -caster, -chester, -cester 등이 붙어 있는 곳들이 그런 도시들인데, 랭커스터(Lancaster), 돈카스터(Doncaster), 윈체스터(Winchester), 도체스터(Dorchester), 사이런세스터(Cirencester) 등이 그 보기들이다. 이런 도시들은 부유한 주민들로 구성된 시회의를 두고 있었으며, 이 시회의에서 도시의 사법과 행정을 담당하는 행정관들이 선출되었는데, 이들의 행정권은 주변의 농촌에까지 미쳤다.

로마인들이 브리튼에 건설한 수많은 도시 가운데 가장 큰 규모로는 1만 5,000명의 인구를 가진 런던이 있으며, 중간 규모로 2,500명의 인구를 가진 실체스터(Silchester) 같은 도시, 소규모로는 1,000명 정도의 키비타스들이 있었다. 여느 로마 도시처럼 이들 도시의 도로는 직각으로 교차하는 격자 모양으로 나있었다. 도시 중앙에는 공공건물과 점포들로 둘러싸인 광장(forum)이 있고, 그 밖에 신전, 공회당, 공중 욕장, 극장, 원형경기장 등이 있었다.

　그러나 이 시대 브리튼 주민의 대부분은 마을(village)이나 빌라(villa)라고 불린 독립된 저택에서 거주한 시골 사람들이었고, 또 그 대부분이 농업에 종사하고 있었다. 빌라는 남북전쟁 전 미국 남부의 플랜테이션 저택과 비교될 수 있는 농장 저택으로서 로마의 관리나 일부 부유한 브리톤인들이 거주했다. 그중 어떤 것은 광대하고 호화로웠으며, 중앙난방 장치, 유리 세공, 모자이크 마루, 목욕탕 등 도시에서 볼 수 있는 편의 시설들을 두루 갖추고 있었다. 저택 주변에는 헛간, 가축우리, 농부들의 거처 등 부속 건물들이 있었다. 빌라에는 넓은 토지가 딸려 있었는데, 그중 일부는 노예들이 경작하고, 일부는 소작인들에게 임대되었다.

　빌라 곁에는 또한 브리톤인들의 농가가 있었다. 이들 농가는 대개 네모난 소규모 농토 안에 단독으로 자리 잡고 있거나 마을을 이루며 모여 있기도 했다. 브리톤인들은 여전히 토지 경작을 비롯한 각종 노동에 종사했고 로마 지배자들에게 세금을 냈다. 로마인들은 포도나무·체리나무·콩·순무 등 몇몇 곡물과 야채를 브리튼에 가져온 것 말고는 브리톤인들의 농업 방식에 별다른 변화를 가져다주지 않았다.

로마 지배의 쇠퇴

　로마의 병사들과 관리들은 소수의 지배 계층을 이루고 있었다. 로마인들이 그들의 요새를 유지할 수 있는 한 그들은 통제력을 행사할 수 있었지만 그들의 힘이 약화된 징조가 보이기만 하면 언제라도 반항과 봉기가 일어날 수 있었다. 197년에 브리튼 총독 클로디우스 알비누스(Clodius Albinus)가 황제가 되기 위해 브리튼 주둔군을 잉글랜드에서 철수시켰을 때 이런 반항이 일어났으며, 한때 하드리아누스의 성벽이 픽트족에 의해서 무너지기도 했다. 그러나 성벽은 곧 재건되고 로마의 지

|왼쪽| 로마의 길: 레스터셔의 샤른퍼드(Sharnford) 가까이의
포스 웨이의 일부
|오른쪽| 백악질의 해안 데번

|왼쪽| 로마의 요새 터(글로스터셔)
|오른쪽| 색슨의 브리튼 정복

배는 재확립되었다. 약 한 세기 뒤인 296년에 카라우수스(Carausus)가 브리튼 황제를 자칭하고 로마로부터의 독립을 선언했다가 부하에게 살해당했다. 이 혼란을 틈타 스코트족과 픽트족이 침입했고, 이와 때를 같이하여 북부 유럽의 색슨족(Saxons)이 잉글랜드의 남동부 해안을 침범했다. 브리튼 안팎에서 오는 이런 위협에 대처하기 위해서 디오클레티아누스(Diocretianus) 황제는 색슨 해안백(Count of the Saxon Shore)이라는 새로운 관리를 임명하여 해안 수비대의 지휘를 맡겼으나, 이 또한 오래 지탱하지 못했다. 367년 브리튼은 아일랜드의 켈트족과 스코틀랜드의 픽트족, 그리고 대륙의 색슨족으로부터 동시에 공격받았으며, 많은 잉글랜드 주민들 또한 로마인에 대항하여 들고일어났다. 383년 브리튼의 주둔군에 의해 황제로 옹립된 마그누스 막시무스(Magnus Maximus) 장군은 군의 일부를 거느리고 갈리아로 건너갔다. 398년에는 로마 황제의 명을 받은 스틸리코(Stilicho) 장군이 비시고트족(Visigoths)의 침입을 막기 위해 또다시 브리튼에서 군대를 철수시켰다. 409년에 이렇다 할 싸움도 없이 조용히 로마의 지배가 막을 내렸다. 호노리우스(Honorius) 황제는 브리튼 주민들에게 "로마는 이제 그대들의 안전을 보장할 수 없으니 그대들 스스로 자위의 방법을 강구하라"는 서한을 보냈다.

　로마인의 지배는 브리튼에 로마의 문화를 유입시켰고, 브리튼의 부유하고 교육받은 사람들은 그 문화를 받아들였다. 그중 가장 로마화한 사람들은 도시민이었다. 라틴어가 법률·정치·사업·문화의 용어가 되었으며, 고전적인 로마 조각과 모자이크가 추상적인 켈트 장식을 몰아냈다. 도시민들은 토가를 입고, 포도주를 마시고, 목욕장에 가고, 저녁 연회를 즐겼다. 그들은 또한 로마의 신들을 숭배하고 황제를 숭배했다. 빌라 주민들 역시 도시 주민들의 본을 따랐다. 그러나 대부분의 브리톤인들은 도시나 빌라에서 살지 않았다. 시골 마을에서 거주한 브리튼 농민들 대부분은 변함없이 이전 그대로 남아 있었다. 그들은 라틴어를 사용하지 않았으며, 여전히 켈트의 신들을 숭배했다. 그들에게 로마인의 지배는 곡물 징발과 과세를 의미할 따름이었다. 그들은 외견상 로마인이 되었지만 내면적으로는 여전히 켈트적이었으며, 그래서 로마의 지배가 물러가자 그들 고유의 모습이 되살아났다. 게다가 도시는 영구적인 것이 못 되었다. 로마인들이 떠나자 도시는 곧 쇠퇴하기 시작했

아일랜드의 타라(Tara) 언덕에 있는 성 패트릭의 상

다. 경제적 기능을 지닌 몇몇 도시들만이 로마인이 떠난 뒤에도 명맥을 유지했다. 이리하여 5세기 중엽에 앵글로-색슨(Anglo-saxon) 침입자들이 직면했던 것은 로마화한 브리튼이 아니라 켈트적인 브리튼이었던 것이다.

다음 한 세기 반에 걸쳐 일어난 앵글로-색슨족의 침입은 로마적인 것들을 거의 모두 쓸어버렸다. 영구적인 유산으로 남은 것이라곤 로마의 길과 도시의 터전과 브리튼의 그리스도교 정도였다. 그리스도교를 박해한 로마제국 초기에 브리튼에서도 몇몇 순교자가 나타났다. 그중 가장 유명한 이는 베룰라미움에서 순교한 로마의 병사 올번(Alban)이었으며, 이 순교자의 이름을 따라 그 도시는 세인트 올번즈라 불렸다. 마침내 콘스탄티누스(Constantinus) 황제가 그리스도교를 공인한 직후인 314년에 런던, 요크, 링컨의 주교들이 아를르(Arles)의 공의회에 참석했다. 한편으로 브리튼은 그리스도교 이단자도 배출했다. 즉, 펠라기우스(Pelagius)는 사람은 죄 없는 상태로 태어나며, 자유의지를 가지고 있으며, 선악을 구분할 능력을 지니고 있다고 가르쳤다. 이것은 인간은 죄 많은 본성으로 말미암아 구원을 받으려면 오직 신의 은총에 의존해야만 한다는 성 아우구스티누스(St. Augustinus)의 정통 그리스도교 교리에 대한 정면 도전이었다. 브리튼에 널리 퍼진 펠라기우스의 생각을 불식하기 위해 갈리아 교회는 429년에 오세르의 성 게르마누스(St. Germanus of Auxerre)를 브리튼에 파견했다. 덕분에 성 게르마누스 밑에서 공부한 성 패트릭(St. Patrick)이 432년 이래 아일랜드에 전한 그리스도교와 그 밖의 켈트인 전도사들이 웨일즈나 스코틀랜드에 전파한 그리스도교는 로마의 정통 교리였다. 그리고 이 켈트 그리스도교가 한 세기 뒤에 앵글로-색슨족을 개종시키는 데 중요한 역할을 떠맡게 되었다.

2

앵글로-색슨 잉글랜드

1. 앵글로-색슨족의 침입과 정착

앵글로-색슨족의 침입

　대략 450년경부터 600년경까지 약 150년 동안은 브리튼의 역사상 가장 희미하고 확실치 않은 시기이다. 게르만 침입자들은 원래 문맹이어서 자신들에 관한 기록을 남기지 않았기 때문에 이 시대에 관한 사료는 아주 드물다. 켈트계 수도사인 길더스(Gildas)의 기록이 당대에 쓰인 유일한 사료인데, 여기에도 실제의 사건들에 관한 직접적인 기록은 별로 없다. 8세기에 노섬브리어의 수도사 비드(Bede)가 쓴 『잉글랜드인들의 교회사(*Historia ecclesiastica gentis Anglorum: Ecclesiastical History of English People*)』와 9세기 말 앨프리드 대왕의 치세에 기록되기 시작한 『앵글로-색슨 연대기(*Anglo-Saxon Chronicle*)』가 역사가들이 이용할 수 있는 주요 사료이다. 그러나 이 시대는 브리튼의 역사상 아주 중요한 시기였다. 소위 앵글로-색슨족이 브리튼 섬으로 쳐들어와 저지대를 점령하여 정착한 한편, 원주민인 켈트인들은 격렬하게 저항했지만 결국 패배하고 말았다. 그들 중 일부는 정복자들 사이에서 살아남았으나 대부분은 데번과 콘월, 웨일즈, 스트래스클라이드(Strathclyde) 등 북서부 산악 지대로 쫓겨났다. 다른 일부는 바다를 건너 갈리아 북서부의 아르모리카[Armorica: 브르타뉴(Bretagne), 브리터니(Brittany)]로 옮겨갔다. 이래서 브리튼 섬의 절반가량이 앵글인들의 땅(Angles' Land), 즉 잉글랜드(England)가 되었다. 그리고 이때부터 브리튼의 주민

비드

들은, 일부 켈트계나 다른 소수 종족이 섞이기는 했지만, 앵글로-색슨계가 주류를 이루게 되었다.

앵글로-색슨족의 브리튼 섬 침입은 4~6세기의 300년 동안에 걸쳐 유럽 전역에서 일어난 게르만족의 대이동 물결의 일부였다. 동·서고트족(Goths), 프랑크족(Franks), 롬바르드족(Lombards), 부르군드족(Burgundians) 등 대부분의 게르만족이 북동부 유럽에서 서유럽의 로마제국 영토 안으로 육로를 통해 이동해 온 것과 달리 앵글로-색슨족은 대륙에서 떨어진 브리튼 섬으로 바닷길을 통해 쳐들어왔다. 게다가 그들의 침입은 다른 게르만족의 침입보다 시기적으로 뒤늦었다. 다른 게르만족들이 일찍부터 로마의 문화와 어느 정도 접촉하고 있던 것과는 달리 앵글로-색슨족은 로마와 거의 접촉하지 않아 게르만적 특질을 많이 간직하고 있었다.

브리튼 섬에 침입한 앵글로-색슨족은 덴마크 반도에서 라인 강 하구에 이르는 북해 연안 일대에 거주해 온 게르만족이었다. 『잉글랜드인들의 교회사』를 쓴 비드는 그들을 세 종족으로 분류했다. 즉, 덴마크 반도의 목지대인 안겔른[Angeln: 오늘날의 슐레스비히(Schleswig)] 지방에서 건너온 앵글족(Angles), 엘베(Elbe) 강 하류 지방 [오늘날의 홀스타인(Holstein)과 북부 독일 지방]에서 건너온 색슨족(Saxons), 그리고 덴마크 북부의 유틀란드(Jutland) 지방에서 건너온 주트족(Jutes) 등이다. 그러나 이들 세 종족을 확연하게 구분하여 그들의 고향을 분명하게 지적하기는 쉽지 않을 뿐만 아니라 그러한 구분 자체가 영국의 역사에서 별로 중요한 의미를 지니지 않는다. 브리튼 섬에 침입하기 이전에 이미 그들은 독일 서북부 해안 지대와 라인 강 하류 지대인 프리지아(Frisia)에서 서로 뒤섞여 있었고, 특히 그들이 브리튼 섬에 정착하고 난 뒤 그들은 떠나온 고향과 별다른 접촉을 하지 않았으며, 그래서 그들은 부족적인 차별 의식보다는 오히려 같은 게르만족이라는 동족 의식을 공유하고 있었기 때문이다. 이들 세 종족 가운데 브리튼 섬에 처음 들어온 것은 켄트에 정착한 주트족이었으며, 그 후 이들은 와이트 섬 지역까지 건너갔으나 그 이상은 진출하지 않았다. 정작 브리튼 섬 침입의 주역을 맡은 것은 앵글족과 색슨족이었다. 그러나 이

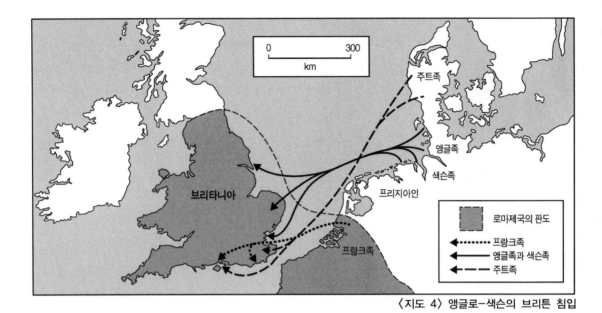

지도 내 텍스트:

0 300 km

주트족

앵글족

색슨족

프리지아인

브리타니아

프랑크족

로마제국의 판도

프랑크족

앵글족과 색슨족

주트족

〈지도 4〉 앵글로-색슨의 브리튼 침입

두 종족을 확연하게 가르기는 어렵다. 다만 색슨족이 잉글랜드를 정치적으로 통일하는 데 중심 역할을 한 데 비해 앵글족은 잉글랜드라는 지명과 잉글리시라는 민족과 언어의 통일을 이룩하는 데 주요한 역할을 했다. 역사가들은 비드가 분류한 세 게르만 종족을 통틀어 앵글로-색슨족이라고 부르는가 하면, 때로는 그냥 색슨족 또는 앵글족이라 부르기도 한다.

앵글로-색슨족의 침입은 브리튼에 대한 로마의 지배권이 약화되기 시작한 3세기 말경부터 산발적으로 일어났다. 그러다가 로마인들이 브리튼에서 완전히 철수한 5세기 초 이후 북쪽의 픽트인과 스코트인들의 남침과 때를 같이하여 색슨족의 브리튼 남동부 해안에 대한 침범도 점차 활발해졌다. 점증하는 픽트와 스코트와 색슨의 침략에 시달린 브리튼 주민들은 446년에 이른바 '브리톤인들의 신음(the Groans of the Britons)'을 로마에 제출하여 구원을 요청했으나 부질없는 일이었다. 아무런 구원도 기대할 수 없음을 깨달은 브리톤인들은 그들의 유력한 지배자 보티건(Votigen)의 제의에 따라 용맹한 색슨인 전사집단을 용병으로 불러들이기로 작정했다. 이리하여 헹기스트(Hengist)와 호르사(Horsa)라는 주트계의 두 우두머리가 이끄

아서 왕

는 용병들이 켄트 해안의 새니트(Thanet) 섬에 상륙했으며, 이들의 힘으로 픽트와 스코트의 침입을 막을 수 있었다. 그러나 곧 이 용병들이 더 많은 토지와 보수를 요구하고 나서면서 결국 이들과 브리튼인들 사이에 싸움이 벌어졌다. 싸움에서 승리한 침입자들은 시골과 도시를 약탈하고 브리튼인들을 몰아낸 뒤 그 지방에 정착했다. 이들이 세운 켄트 왕국은 앵글로-색슨족이 브리튼에 세운 최초의 왕국이었다.

주트족의 뒤를 이어 5세기 후반에는 색슨족이 브리튼에 침입했다. 철제 창끝을 단 창과 도끼와 둥근 방패, 그리고 단검(saex)으로 무장한 색슨족은 난폭한 야만인들이었다. 싸움을 알리는 뿔나팔 소리와 그들의 사나운 고함 소리에 해안 일대의 주민들은 공포에 떨었다. 침략자들은 분탕질과 약탈, 겁탈과 살육을 자행했다. 이들의 침략상을 비드는 이렇게 쓰고 있다. "잔인하게 살해된 사람들을 매장할 사람이 아무도 없었다. 언덕에서 붙잡힌 불쌍한 몇몇 생존자들은 한꺼번에 몰살당했으며, 그 외의 사람들은 굶주림을 견디다 못해 기어 나와 먹을 것을 구걸하며 적에게 투항했다. 그들은 당장의 살육은 면했지만 평생 노예의 신분으로 떨어졌다. 곤궁을 피해 해외로 도망친 사람들도 있었지만 그러지 못한 사람들은 고향 땅에 눌러 있으면서 비참하고 공포 어린 삶을 견뎌나갔다." 이런 기술은 참상을 과장해서 묘사한 것일지 모르나 이 시기가 잔혹한 시절이었던 것은 틀림없다.

그러나 색슨족의 침입은 서서히 진행되었으며, 또한 브리튼인들의 완강한 저항을 받기도 했다. 5세기 중엽 이래 오랜 기간에 걸친 싸움 끝에 색슨족은 아마 500년경에 몽스 바도니쿠스(Mons Badonicus, Mount Badon)라는 곳에서 브리튼의 암브로시우스 아우렐리아누스(Ambrosius Aurelianus)에게 참패를 당했으며, 그 후 약 반세기 동안 색슨족의 진출은 저지되었다. 이 암부로시우스가 12세기 이후에 만들어진 아서(Arthur) 왕과 원탁의 기사들에 관한 낭만적인 전승에 나오는 아서 왕과 동일 인물인지의 여부는 분명치 않다. 다만 그 전승이 당시 브리튼의 전쟁 영웅에 관한 기억을 담았으리라는 점에는 의심할 여지가 없다.[1]

그러나 그러한 한때의 승전에도 불구하고 브리튼인들은 섬 전체에 걸친 색슨족의 침공을 끝내 물리칠 수 없었다. 색슨 침입자들의 진출은 브리튼인들을 후퇴시켰고, 이들이 후퇴한 자리에 침입자들이 정착하여 여러 왕국을 세웠다. 로마의 요새 안데리다[Anderida: 지금의 페번지(Pevensey)] 근처에 상륙한 색슨족의 우두머리 엘러(Ella)는 오랜 포위 공격 끝에 요새를 함락시키고 사우스 색슨 왕국, 즉 서식스 왕국을 세웠다. 한편 5세기 말엽 체르디치(Cerdic)가 이끈 또 다른 색슨 침입자들은 사우샘턴(Southampton) 부근 해안에 상륙하여 윈체스터를 점령하고 웨스트 색슨 왕국, 즉 웨식스 왕국을 세웠으며, 그 후 이들은 브리튼인들을 몰아내면서 서쪽으로 세력을 확대해 나갔다. 또 다른 색슨족은 6세기 전반에 템즈 강의 북쪽 해안에 상륙하여 런던 이북의 땅을 침략하여 이스트 색슨 왕국, 즉 에식스 왕국을 세웠다.

색슨족의 뒤를 이어 6세기 후반에는 대륙의 프리지아 지방에서 건너온 앵글족이 브리튼 섬의 동부 해안 일대에 침입하여 여러 왕국을 세웠다. 험버 강은 이들에게 요크 이동 지역에 침입하기 위한 좋은 뱃길을 마련해 주었다. 앵글족은 이 길을 통해 잉글랜드 중부 지방으로 침입하여 요크 주변에 데이러(Deira) 왕국을 세웠으며, 다시 이곳으로부터 해안을 따라 북쪽으로 진출하여 버니시어(Bernicia) 왕국을 건설했으며, 후에 이 두 나라가 합쳐 험버 이북의 왕국, 즉 노섬브리어(Northumbria) 왕국이 되었다. 한편 노스 포크(North Folk)와 사우스 포크(South Folk)라고 불린 또 다른 앵글족 무리들은 이스트 앵글리어 왕국을 세웠는데, 여기에서 오늘날의 노퍼크, 서퍼크(Suffolk)란 지명이 유래했다. 6세기 말엽에 그들은 내륙 깊숙이 들어가 웨일즈와의 접경지대에 머시어(Mercia) 왕국을 세웠다. 이래서 6세기 말에 이르면 로마인 지배하의 브리튼은 자취를 감추고, 데번과 콘월을 제외한 오늘날 잉글랜드의

---

1) 마운트 바던(Mount Badon)은 아마도 도시트 아니면 윌트셔의 어느 곳이었을 것으로 짐작된다. 한편 서머세트의 시골 지역에 있는 캐드베리 성(Cadbury Castle)이 아서 왕의 궁정인 캐멀롯(Camelot)이 있던 곳으로 추정된다. 근자에 이곳에서 도기의 파편들이 발견되었는데, 이것들은 아서 왕의 탄생지로 짐작되는 콘월의 틴터겔(Tintagel)에서 출토된 도기의 파편들과 유사하다. 이 밖에도 이곳에서는 6세기에 대륙에서 들어온 유리 제품의 조각들과 함께 같은 시대의 연회장으로 추정되는 넓은 홀의 유적이 발굴되었다.

거의 전역에 걸쳐 앵글로-색슨족이 세운 주요한 왕국들인 이른바 7왕국(Heptarchy)이 자리 잡게 되었다.

7왕국

6세기 말엽에 웨스트 색슨족은 코츠월즈의 남쪽 끝인 다이럼(Dyrham)에서 브리튼인들을 패배시키고 뒤이어 글로스터, 사이런세스터, 바스(Bath)를 점령함으로써 웨일즈의 브리튼인과 데번 및 콘월의 브리튼인들을 분리시켰다. 한편 노섬브리아인들은 7세기 초엽에 체스터에서 브리튼인들을 패배시킴으로써 웨일즈인들과 컴브리어(Cumbria)의 브리튼인들을 분리시켰다. 그 결과 랜즈 엔드(Land's End)에서 로마인의 성벽에 이르는 지대에는 기다란 하나의 켈트 주민 거주 지역 대신에 서로 떨어진 세 켈트족 거주 지역이 분리되었으며, 그럼으로써 켈트족은 앵글로-색슨족에 대한 효과적인 방어를 하기가 어렵게 되었다.

앵글로-색슨족의 침입으로 많은 브리튼인들이 살해당하거나 쫓겨난 것은 사실이다. 그러나 정복당한 지역의 전 주민이 몰살당하거나 쫓겨난 것 같지는 않다. 6세기에 앵글로-색슨의 지배 아래 들어간 지역 전체를 놓고 볼 때 주민 중의 상당 부분이 침입 이전부터 그곳에 거주하고 있던 사람들의 후손이었던 것으로 보인다. 침입자들이 젊은 여자들을 마구 죽이지는 않았을 것이며, 앞으로 자신들에게도 소용될 농민들 또한 마구잡이로 죽이지는 않았을 것이다. 다만 그렇게 살아남은 브리튼인들은 예속적 지위로 떨어졌다.

앵글로-색슨족의 브리튼 정복은 제국의 조직적인 힘에 의해 수행된 로마인의 정복과는 달리 여러 침입자 집단에 의해서 수행된 산발적인 침략이었다. 또 로마인의 정복이 야만인들에 대한 문명인의 침략이었던 데 비해, 앵글로-색슨족의 정복은 문명사회에 대한 야만인들의 침략이었다. 정복의 결과 또한 사뭇 달랐다. 앵글로-색슨족의 정복은 훨씬 더 결정적이며 더 항구적인 결과를 가져왔다. 정복된 전 지역에서 고대 영어가 쓰이게 되었으며, 언어의 변화는 생활양식의 변화를 수반했다. 그러나 이와 같은 언어와 생활양식의 변화가 북부와 서부에까지 미치지는 못했다. 앵글로-색슨족은 로마인들과는 달리 북서부 사람들에게 별다른 영향을 미치지 못했다. 요컨대 앵글로-색슨족의 정복은 로마인의 정복보다 훨씬 더 깊은 영향을 미쳤지만, 지리적으로 그것이 미친 범위는 더 제한되어 있었다.

앵글로-색슨족은 도시 생활을 중시하지 않은 농촌 사람들이었으며, 글자를 모르는 호전적인 사람들이었다. 침입 당시의 그들은 신령과 마법을 믿는 이교도들이었다. 그들은 나무·우물·강·산 등을 숭배했으며, 도깨비·요정·마귀 등이 그들 주위에 우글거리고 있다고 믿었다. 또한 사제들이 주문과 마법의 힘으로 적의 손을 묶거나, 붙잡힌 자의 족쇄를 풀 수 있는 능력을 갖고 있다고 믿었다. 그들이 숭배한 북유럽 신들의 이름 가운데 어떤 것은 오늘날 요일의 이름으로 남아 있다. 가령 운명의 신 티우(Tiw), 주신이자 군사의 신인 워우든(Woden), 우뢰의 신 토르(Thor), 평화와 풍요의 여신 프리그(Frig)의 이름이 화요

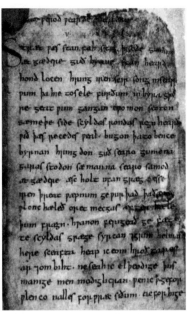

『베어울프』 수사본

일(Tuesday), 수요일(Wednesday), 목요일(Thursday), 금요일(Friday) 과 같은 요일 명칭에 전승되었다. 그리스도교의 부활절 이름도 실은 그들의 옛 여신 외스터(Eostre, East)의 이름을 따라 붙여진 것이다.

앵글로-색슨 사회는 귀족적이며 영웅적인 전사들의 사회였다. 서사시 「베어울프(Beowulf)」의 작자는 5세기 무렵의 사회상을 그려내고 있다. 그들은 친족에 대한 강한 집착을 가지고 있었으며, 그들의 사회에서 가장 강한 결속은 주인(lord)과 종자(men) 사이의 관계였다. 나중에 세인(thegn)이라 불렀던 전사들은 주인에 대해 충성과 봉사의 의무를 지고 있었으며, 이에 대한 보상으로 주인은 금은보화, 무기, 영지 등을 급여했다. 앵글로-색슨 전사들에게 생은 암흑의 세계에서 날아와서 다시 암흑의 세계로 날아가는 짧은 순간에 지나지 않았다. 이런 세계에서 가장 위대한 미덕은 용기와 인내, 명예와 관대함, 호언과 호주(豪酒) 등 영웅적인 행동이었다. 그들의 일생은 전투에서 주연(酒宴)으로, 다시 주연에서 전투로 이어지는 흥분과 즐거움의 연속이었다. 하지만 이런 일시적인 즐거움을 넘어 더욱 중요한 보람은 전투에서의 용맹과 주인에 대한 충성을 통해서 얻을 수 있는 불후의 명성이었다.

그리스도교로의 개종

앵글로-색슨의 역사에서 가장 중요한 의미를 지닌 두 가지 일은 이교적인 침입자들이 그리스도교로 개종한 것과 여러 왕국들이 하나의 왕국으로 통일되어간 것인데, 이 둘은 서로 밀접하게 연관되어 있다. 잉글랜드가 아직 정치적 통일을 이루지 못하고 있었을 때 교회는 잉글랜드 전체에 하나의 통일된 조직을 만들어낼 수 있었다. 그리고 이렇게 통일된 교회는 통일된 왕국을 향한 길을 가리켜주었던 것이다.

게르마니아의 여러 신을 섬긴 앵글로-색슨인들에게는 뚜렷한 윤리 체계가 없었다. 그들은 삶과 죽음의 문제에 대한 어떤 대답이나 인간 존재의 신비를 설명하는 어떤 우주관도 가지고 있지 않았다. 그리스도교가 그러한 물음에 대한 대답을 제공했다. 그것은 천국과 지옥의 개념을 제공했으며, 영생에 대한 약속을 제시했으며, 믿음과 순종을 통해서 영생을 얻을 수 있다고 가르쳤다. 또한 그것은 정착된 농업 사회에 유용한 사회적 규율을 제공했다. 교회는 폭력을 반대하고, 성의 문란을 비난하며 혼인의 신성함을 옹호하고, 상속권을 규정하고, 이 세상에서 순종할 것을 권장했다. 잉글랜드의 왕들은 국왕의 권위에 순종하라는 이런 교회의 가르침을 환영했다. 유일신을 믿는 그리스도교와 통일된 교회는 이교도의 많은 신들과 많은 신당(神堂)들보다 왕정에 더 잘 부합하는 것이었다.

그리스도교는 두 경로를 통해서 앵글로-색슨인들에게 전도되었다. 즉, 그것은 한편으로는 로마 교회를 통해서, 다른 한편으로는 아일랜드와 스코틀랜드의 켈트적 교회를 통해서 들어왔다. 로마 교회를 통한 앵글로-색슨인의 개종은 그레고리우스(Gregorius) 대교황에 의해 주도되었다. 전승에 의하면 그는 로마의 거리에서 노예 시장에 나와 있는 아름다운 용모를 지닌 앵글족 젊은이들을 보았는데, 그들을 앵글(Angle)인이 아니라 천사(angel)들이라고 칭찬한 일이 있었다는 것이다. 그 후 교황이 된 그레고리우스는 로마의 성 안드레아스(St. Andreas) 수도원장 아우구스티누스(Augustinus)를 켄트에 보내기로 했다. 597년에 캔터베리에 도착한 아우구스티누스와 약 40명의 선교사 일행은 불안한 마음으로 켄트에 들어왔으나, 켄트의 왕 애설버트(Aethelbert)는 이들 일행을 친절하게 받아들였다. 이미 그리스도교화한 갈리아와 접촉하고 있었으며, 프랑크의 왕녀 버서(Bertha)와 결혼한 애설버트는 처음에는 이방인의 마법을 두려워했으나 곧 그의 진실함에 감동하여 전도를 허락하고 이내 그 자신도 그리스도교도가 되었으며, 아우구스티누스의 수도사들을 위해 캔터베리에 수도원을 세웠다. 601년 최초의 캔터베리 대주교로 임명된 아우구스티누스와 수도사들은 이곳을 근거지로 하여 켄트, 에식스, 이스트 앵글리어 등 잉글랜드 남동부 일대의 앵글로-색슨인들에게 전도했다. 이리하여 7세기 중반에 이르러 잉글랜드 남동부 일대가 영구적으로 그리스도교화했다.

북쪽 잉글랜드인의 개종은 아일랜드에서 스코틀랜드를 거쳐 노섬브리어에 들어간 수도사들이 이루었다. 아일랜드에는 이미 로마 시대에 그리스도교가 들어와 있었지만 아일랜드 교회의 참다운 창건자는 성 패트릭이었다. 원래 로마화한 브리튼 관리의 아들이었던 패트릭은 소년 시기에 아일랜드 해적에게 납치되어 얼스터로 끌려갔다가 몇 년 후에 탈출하여 이탈리아와 남부 프랑스에서 공부했다. 그는 432년에 주교로 임명되어 아일랜드로 돌아온 이후 30년 가까이 아일랜드인들에게 복음을 전파하면서 로마식의 주교제적 교회 조직을 세워나갔다. 그러나 그의 사후 주교제적 조직이 쇠퇴하고, 수도원들이 선교 활동과 신앙생활을 주도했다. 왕이나 부족의 우두머리들이 세운 수도원에서는 왕족이나 부족장의 친족이 수도원장이 되었다. 이런 수도원들에는 중앙 조직이 없고 통일된 규율도 없어 수도사들이 이 수도원에서 저 수도원으로 옮겨 다닐 수 있었다. 그들은 황량한 외딴곳에 자리 잡은, 오두막집들을 마치 벌집처럼 한군데 모아놓은 수도원 안에서 금욕적 수도 생활을 했다. 이처럼 로마 교회와 단절된 아일랜드 교회는 수도원 체제하에서 독자적으로 발전했다.

아일랜드의 수도원은, 특히 6세기 동안에 여러 훌륭한 학자·성자·전도사 들을 배출했다. 그중 성 컬럼버(St. Columba)의 선교 활동이 두드러졌다. 그는 스코틀랜드에 나아가 픽트인들을 개종시켰으며, 스코틀랜드 서해안 헤브러디즈(Hebredes) 제도의 아이오우너(Iona) 섬에 수도원을 세우고(563), 이를 거점으로 하여 브리튼 본토에 대한 선교 활동에 주력했다. 훗날 켈트의 그리스도교가 잉글랜드 북부에 침투하여 앵글로-색슨을 개종시키는 데 기여한 것도 바로 이 수도원이었다.

린디스판 수도원: 이 수도원은 노르만들에 의해 재건되었다.

　노섬브리어에 그리스도교가 도입된 것은 에드윈(Edwin, 616~632) 왕 치세 때였
다. 625년에 에드윈은 켄트의 애설버트의 딸과 결혼했는데, 신부는 그리스도교
신앙을 계속 지켜나갈 수 있다는 약속을 받았다. 그리하여 그녀는 파울리누스
(Paulinus) 주교를 대동하고 들어왔는데, 그 후 얼마 있지 않아 에드윈 자신도 세례
를 받았다. 최초의 요크 대주교로서 파울리누스는 험버 강 이남의 땅에서 전도사
업을 펼쳤고, 이에 힘입어 노섬브리어인들이 속속 개종했다. 632년 에드윈이 머시
어의 이교도 왕 펜더(Penda, 632~654)에게 패배하여 살해되자 노섬브리어는 잠시
이교로 되돌아갔지만, 오스월드(Oswald, 633~641)와 오스위(Oswiu, 641~670), 두 왕
의 시대에 다시 그리스도교가 회복되었다. 오스월드는 즉위하자 곧 그가 한때 피
신한 적이 있는 아이오우너 수도원의 수도사들을 선교사로 초빙했다. 아이오우너
수도원이 에이던(Aidan)이라는 수도사가 이끄는 일단의 수도사들을 노섬브리어에
파견하자, 오스월드는 노섬브리어 해안의 홀리 아일랜드(Holy Island)에 린디스판

(Lindisfarne) 수도원을 세워주었고, 에이던은 이를 거점으로 노섬브리어인들의 개종에 주력하여 노섬브리어의 그리스도교가 크게 번성했다.

　이리하여 7세기와 8세기의 노섬브리어에서는 켈트계와 로마계의 두 그리스도교가 맞서게 되었다. 두 교회는 흔히 생각하는 것처럼 그렇게 서로 적대적이지는 않았지만, 그래도 양자 사이에는 상당한 차이가 있었다. 로마에서 온 선교사들이 교황을 최고의 권위로 삼은 데 대해, 켈트계 수도사들은 그리스도교 신앙이 지상에서의 최종적 중개자를 필요로 하지는 않는다고 주장했다. 로마계 교회가 주교(bishop)와 주교구(dioces, bishopric)[2]를 중심으로 조직되었고 질서와 규율을 중시한데 대해, 켈트계 교회는 수도원장과 수도원 중심으로 조직되었고 열성적인 복음전도를 강조했다. 다른 사소한 차이들도 있었다. 로마계 수도사들이 머리 윗부분을 원형으로 면도질한 데 대해, 켈트계 수도사들은 두 귀 사이를 띠 모양으로 면도질했다. 그들은 또 부활절 날짜를 서로 다르게 지켰다. 양측은 부활절을 춘분 후 만월 뒤의 첫 일요일로 잡는다는 점에서는 일치했으나, 로마계가 춘분을 3월 21일로 정했던 것과 달리, 켈트계는 3월 25일로 정했기 때문에 부활절의 날짜가 서로 달랐던 것이다. 특히 오스월드의 뒤를 이은 오스위는 로마의 관습을 따르고 있던 켄트의 공주와 결혼했기 때문에 왕과 왕비가 각기 다른 부활절을 지켜야만 하는 처지가 되었다.

　오스위는 이 문제를 해결하기 위해 663년 위트비(Whitby)에 회의를 소집했다. 아이오우너에서 온 켈트계의 대표 코울맨(Coleman)은 그들의 전거가 성 컬럼버에 있다고 주장한 데 대해, 로마계의 대표 윌프리드(Wilfrid)는 자기들의 주장이 천국의 열쇠를 지니고 있는 성 베드로의 권위에서 연유한다고 주장했다. 전승에 의하면이 말을 들은 오스위는 코울맨에게 그리스도가 천국의 열쇠를 성 베드로에게 준 것이 사실이냐고 물었고, 코울맨이 그렇다고 대답하자, "내가 천국의 문 앞에 갔을 때 문을 열어줄 사람이 없어서는 안 될 것이므로, 로마 쪽을 택하겠다"고 선언했다고 한다. 전승이야 여하튼 이것은 그 후의 영국 역사상 매우 중요한 결정이었다.

---

2) 한국 가톨릭교회에서는 province(archbishopric)를 '대교구', dioces(bishopric)를 '교구', parish를 '본당'
　이라 부르고 있다.

주로 개인적 신앙에 의존한 켈트 교회 대신에 통일적 주교 조직에 기반을 둔 로마 교회를 선택한 것은 장차 잉글랜드의 통일 왕국의 성립에 기여한 바가 적지 않았다.

실제 통합의 과업을 수행한 것은 타르소스(Tarsus) 출신의 시어도어(Theodore)였다. 668년 교황에 의해 캔터베리 대주교로 임명된 그는 잉글랜드 내의 여러 왕국 안에 주교직을 설치함으로써 잉글랜드 교회의 주교 조직을 정비했다. 그는 개종자들에게 영세를 베풀고, 성직자들을 교육하고 주교구들을 순찰하고 감독했다. 그는 또한 672년 하트퍼드(Hertford)에 모든 주교들의 모임인 종교회의(synod)를 소집함으로써 잉글랜드 교회의 종교회의 조직을 마련했는데, 이런 종교적 통일은 장차 잉글랜드의 정치적 통일의 본보기가 되었다. 통일된 그리스도교 교회 조직을 갖춘 잉글랜드는 서서히 하나의 통일 국가로 발전해 나갔다.

2. 잉글랜드 왕국의 성립과 데인인의 침입

앵글로-색슨 왕국의 통일

앵글로-색슨 왕국들의 정치적 통일은 오랜 기간에 걸쳐 느리게 이루어졌다. 통일은 어느 한 왕국이 다른 왕국들을 정복함으로써 이루어지기보다는 앵글로-색슨인들 스스로가 한 사람의 지배자에게 기꺼이 복종함으로써 이루어졌다. 일찍부터 이웃 왕들에게 복종을 요구할 수 있을 만큼 좀더 유력한 왕이 으레 있게 마련이었다. 그는 군소 왕들을 임면하거나 그들에게 공납을 요구하거나 또는 그들과 주종의 관계를 맺을 수 있었다. 이 같은 종주 왕에게 붙여진 이름이 브레트왈더(Bretwalda)였다.

브레트왈더로 불릴 수 있는 최초의 왕은 켄트의 애설버트였다. 그의 권위는 에식스와 이스트 앵글리어에까지 미쳤으며, 그의 치세 동안에 켄트는 대륙의 프랑크 족과 접촉하여 가장 문명화하고 가장 인구가 많은 나라였다. 그러나 616년에 애설버트가 죽자 권력은 그의 조카인 이스트 앵글리어의 레드월드(Redwald)의 수중으로 넘어갔으며, 그 후 약 10년 동안 레드월드는 잉글랜드 남부의 왕들 가운데 가장 강력한 왕이었다. 그의 거처 근방인 서튼 후(Sutton Hoo)에서 발굴된 보물선에서는 칼, 방패, 창끝 등 무기와 아름답게 장식된 각종 철제품과 청동제품, 그리고 다양한 은제 식기 등이 출토되었다. 이것들은 7세기 초 이스트 앵글리어 왕의 부와 권력을 보여준다. 그러나 레드월드가 죽은 후 권력은 노섬브리어, 머시어, 웨식스의 세 왕국에 차례로 넘어갔다.

7세기, 특히 그 전반기는 노섬브리어 왕국의 전성기였다. 노섬브리어의 왕 에드윈은 험버 강 이남의 거의 모든 왕국의 브레트왈더로서 이전의 어느 앵글로-색슨 왕들보다 더 강력한 왕이었다. 에드윈 이전에 이미 노섬브리어는 페나인 산맥을 넘어 체스터를 공략하고 서쪽 바다까지 진출했다. 에드윈의 시대에는 더욱 세력을 확장하여 북부 웨일즈의 앵글시와 아일랜드 해의 만(Man) 섬까지 복속시켰다. 한편 북쪽으로는 옛 로마의 방어선 가까이까지 국경을 넓혀 포스 만 근처에 요새를 구축했는데, 이 에드윈의 요새(Edwin-burg)가 곧 오늘날의 에든버러(Edinburgh)이다. 그러나 에드윈의 위세는 단기간에 그쳤다. 그의 웨일즈 침입에 맞선 그위네드(Gwynedd)의 왕 카드월론(Cadwallon)은 632년 머시어의 귀족 펜더와 동맹하여 노섬브리어에 쳐들어왔고, 에드윈은 이 싸움에서 전사하고 말았다. 그의 뒤를 이은 오스월드가 이듬해 카드월론을 패배시켜 노섬브리어 왕국의 지배권을 회복했으나 이제 머시어가 새로운 적대자로 등장해 있었다. 중부 잉글랜드의 여러 부족들은 7세기에 펜더에 의해서 하나의 연합국가로 통합되었다. 이렇게 통합된 머시어 왕국의 펜더 왕은 오스월드를 패배시켜 노섬브리어의 통제를 배제하고 남동부와 남서부로 영토를 확장해 나갔다. 그는 웨식스의 키너길스(Cynegils)와 싸우고, 그의 아들을 이스트 앵글리어의 왕으로 삼았다. 그러나 654년 그가 노섬브리어에 침입했을 때 오스월드의 뒤를 이은 오스위에게 패배하여 살해되면서 또 한 번 노섬브리어의 지배권이 되살아나고 오스위는 남부 잉글랜드의 브레트왈더가 되었다. 오스위의 권위는 한때 포스 만에서 웨식스령 경계에까지 미쳤으나, 670년 그의 사후 내분에 휩싸인데다 북쪽으로부터 픽트족과 스코트족의 침입까지 겹쳐 그 힘이 쇠퇴하고 머시어가 다시 지배권을 장악하게 되었다.

노섬브리어의 주도권이 머시어로 넘어간 8세기에 두 사람의 특출한 왕 애설볼

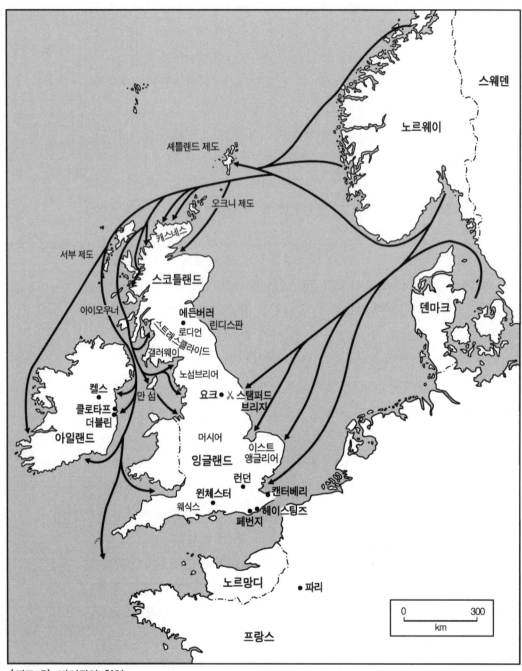

셰틀랜드 제도

오크니 제도

케스네스

서부 제도

스코틀랜드

아이오우너

에든버러

린디스판

스트래스클라이드
로디언
갤러웨이

노섬브리어

켈스

만 섬

요크 ✗ 스탬퍼드
브리지

클로타프
더블린

아일랜드

머시어

잉글랜드

이스트
앵글리어

런던

윈체스터

캔터베리

웨식스

헤이스팅즈
페번지

노르망디

파리

프랑스

스웨덴

노르웨이

덴마크

0   300
km

〈지도 5〉 바이킹의 침입

드(Aethelbald, 716~757)와 오퍼(Offa, 757~796)가 펜더의 뒤를 이었다. 특히 오퍼는 8세기 후반에 머시어의 세력을 험버 강 이남으로까지 확대하여, 켄트, 에식스, 서식스, 이스트 앵글리어, 그리고 런던까지 그의 판도 안에 넣었다. 그러고는 웨스트 색슨인들을 옥스퍼드셔와 버킹엄셔(Buckinghamshire) 지방에서 템즈 강 이남으로 몰아냈다. 한편 그는 웨일즈와의 접경에 오퍼의 방벽(Offa's Dyke)으로 알려진 거창한 토성을 쌓았다. 이것은 디(Dee) 강에서 세번(Severn) 해협에 이르는 장장 240km의 대규모 토목사업이었다. 오

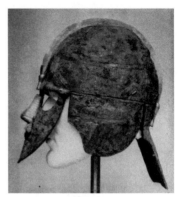

서튼 후의 선박묘에서 나온
색슨의 헬멧(7세기경)

퍼는 내치에도 힘써 정부 기구를 정비하고 법전을 편찬했으며, 세인트 올번즈에 수도원을 세우고 리치필드(Richfield)에 대주교구(archbishopric)를 설치하도록 했다. 그는 또한 은화를 주조하고 잉글랜드산 모직물의 수출에 관심을 가지는 등 대륙과의 교역을 장려했다. 그는 '영국 왕(Rex Anglorum)'이라는 칭호를 취했는데, 프랑크의 샤를마뉴(Charlemagne)가 자기와 동등한 자로서 문통한 유일한 서방 지배자였다. 그러나 그 역시 잉글랜드를 완전히 통일하지는 못했다. 9세기에 이르러 웨식스 왕가의 대두와 바이킹(Viking)의 침입이 오퍼의 과업을 방해한 데다, 그의 사후 무능한 왕들이 뒤를 이어 브레트왈더의 지위는 웨식스의 왕에게 넘어갔다.

웨식스 왕국의 지위를 크게 향상시킨 것은 에그버트(Egbert, 802~839)였다. 에그버트는 825년에 엘런던(Ellendun)에서 머시어인들을 물리친 후 서식스, 켄트, 에식스, 이스트 앵글리어 등으로부터 브레트왈더로 인정받았다. 이와 동시에 그는 콘월의 켈트인들을 복속시켜 남부 잉글랜드 전역을 단일한 왕국의 테두리 안에 넣었다. 그러나 여러 왕국의 연합은 느슨했고 에그버트의 지배권 또한 확고하지 못했다. 중앙정부가 없었을 뿐만 아니라, 해외로부터의 새로운 침입자들을 막아낼 만한 군대도 없었기 때문이다.

데인인의 침입과 앨프리드 대왕

머시어 왕 오퍼가 죽은 지 얼마 후에 새로운 침입자들의 물결이 잉글랜드 해안

을 휩쓸기 시작했다. 데인인(Danes)이라 불린 이들의 침입은 유럽의 거의 모든 해안을 침범하고 약탈한 스칸디나비아인들, 즉 노르만(Norman)들의 침입이라는 큰 물결의 일부였다. 노스맨(Norseman) 또는 바이킹이라고도 불린 이들 역시 5세기의 앵글로-색슨인들과 마찬가지로 약탈과 살상을 일삼은 사나운 해적들이요 이교도들이었다. 그들은 신에게 산 사람을 제물로 바치고 죽은 남편의 화장 불에 아내를 불태우고 포로들의 신체를 훼손하여 불구로 만들었다. 키가 크고, 피부색이 하얗고, 금발에 푸른 눈을 가진 그들은 붉은 옷을 즐겨 입고 정교하게 장식된 칼과 단검을 지니고 다녔다. 뱃머리가 높이 솟아오른 날씬한 긴 배를 타고 건너온 바이킹 약탈자들은 예상치 못한 장소에 상륙하거나 강을 따라 내륙 깊숙이 들어가 약탈을 자행하고는 미처 저항할 틈도 주지 않고 재빨리 물러났다. 그들은 미늘 갑옷과 투구, 가오리연 모양의 방패로 무장하고, 커다란 철제 도끼를 휘두르면서 치고 달아나는 (hit-and-run) 전법으로 교회와 수도원을 약탈했다. 그중에서도 특히 큰 충격을 가한 것은 793년에 린디스판 수도원을 파괴하고 수도사들을 살육한 일이었다. 재로우 (Jarrow), 아이오우너 등의 수도원도 무사하지 못했다. 그들은 무방비의 수도사들의 두개골을 까부수고 피르드(fyrd)로 알려진 앵글로-색슨 농민병들을 살육했다. 이 같은 데인인들의 광포한 살육에 맞서 앵글로-색슨인들 또한 데인인들의 가죽을 벗겨 이를 교회의 문짝에 못질하곤 했다. 수도사들은 그들의 연도문(連禱文) 끝에 "주여, 노르만의 광포로부터 저희들을 구하소서!(A furore Normanorum, lebera nos, Domine!)" 라는 구절을 덧붙였다.

8세기 말 이래 이 같은 산발적인 침략이 이어진 뒤 835년에 그들이 셰피(Sheppy)에 상륙함으로써 본격적인 침입이 시작되었고, 그 후 약 30년 동안 그들의 침입은 거의 연례행사가 되었다. 그들은 노섬브리어의 왕을 살해하고 캔터베리와 런던을 약탈했다. 초기에는 해안 일대를 약탈하다가 겨울에 다시 그들의 고향인 피오르 (fjord)로 되돌아갔으나 850년 무렵부터는 차츰 해안에 캠프를 치고 겨울을 났다. 그리고는 템즈 강을 거슬러 올라가, 이스트 앵글리어와 노섬브리어 연안에 거주지를 마련하여 정착한 뒤, 급기야 865년에는 이른바 데인의 대군단(Great Army)이 이스트 앵글리어를 점거하고는 아예 그곳에 눌러앉아 버렸다. 그들은 전략적 요지에 요새를 건설하고 주변 지역을 착취하며 살아갔다. 만일 보급이 제대로 들어오지 않으면 주민을 학살하고 토지를 약탈했다. 그 후 30년 동안에 노섬브리어마저 점령당하고 머시어 역시 북부 지방이 그 수중에 들어가 돈으로 이들을 매수해야만 했다. 앨프리드 왕이 즉위한 871년에 그들은 웨식스에 공격을 감행하기 시작했다.

앨프리드 대왕

그동안 비록 소규모이기는 했지만 앵글로-색슨인들의 저항이 없지 않았다. 데인인과의 싸움은 실상 웨식스의 에그버트의 시대에 시작했다. 836년 그는 플리머스(Plymouth) 근처의 헹기스츠 다운(Hengists Down)에서 데인인들과 웨일즈인들의 연합군을 물리쳤다. 851년에는 그의 아들 애설울프(Aethelwulf)가 서리(Surrey)의 오클리(Ockley)에서 데인인들에 대항하여 커다란 승리를 거두었다. 그러나 침입자들에 대한 본격적인 대항은 그의 손자 앨프리드가 왕위에 오르면서부터 시작되었다. 앨프리드는 정치가로서나 학자로서, 그리고 장군으로서 뛰어난 소질과 능력을 겸비한 탁월한 왕이었으나, 그의 가장 큰 과업은 데인의 침입을 막은 일이었다. 그는 데인인들과 전쟁을 치르는 사이의 휴전기에만 정치와 학문과 예술 활동에 눈을 돌릴 수가 있었다. 전쟁은 크게 세 기간으로 나뉘어 치러졌다. 871년과 872년에 일어난 첫 번째 전투에서 앨프리드는 이들과

앨프리드의 보석

여러 차례 맞섰으나 결정적인 승리를 거두지 못했으며, 마침내는 그들을 돈으로 회유하여 되돌아가게 할 수밖에 없었다. 876~878년에 다시 싸움이 벌어졌다. 데인인의 지도자 구스럼(Guthrum)은 878년 웨식스로 쳐들어와 많은 영토를 석권했다. 그러나 앨프리드는 굴복하지 않았다. 그는 부하 몇 명과 함께 서머세트의 파레트(Parret) 늪지 안에 있는 애슬니(Athelney) 섬으로 숨어들어 7주 동안 머무르면서 데인인들을 물리칠 전략을 궁리했다.[3] 그는 이듬해 봄에 서머세트, 윌트셔, 햄프셔

---

3) 한 오두막의 아낙네에게서 이 낯선 피난자가 그녀의 케이크를 태웠다고 책망을 들었다는 유명한 이야기는 바로 이때의 일이었다.

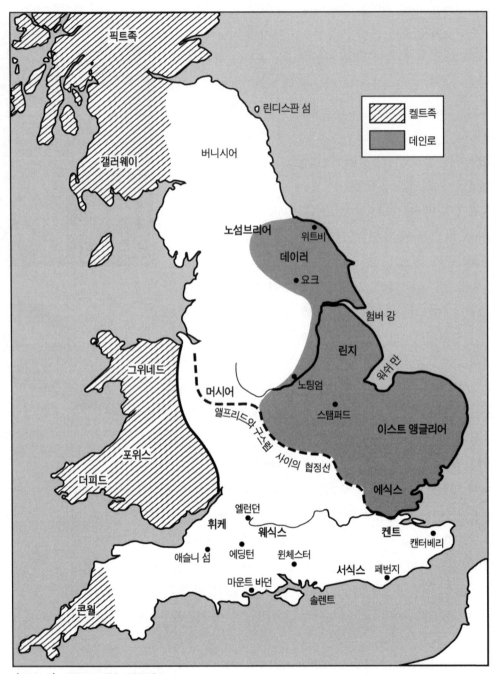

픽트족

린디스판 섬

갤러웨이

버니시어

노섬브리어

위트비

데이러

요크

험버 강

린지

워시 만

머시어

노팅엄

그위네드

앨프리드와 구스럼 사이의 협정선

스탬퍼드

이스트 앵글리어

포위스

더피드

에식스

엘런던

휘케

웨식스

켄트

캔터베리

애슬니 섬

에딩턴

윈체스터

서식스

페번지

마운트 바던

솔렌트

콘월

〈지도 6〉 앵글로-색슨 잉글랜드

(Hampshire)의 피어드, 즉 민병대를 소집하고 에딩턴(Edington)에 자리 잡은 데인인들을 향해 진격하여 결정적인 승리를 거두었다. 데인인들의 왕 구스럼은 그리스도교로의 개종을 수락하고, 웨식스에서 철수할 것에 동의했다.

에딩턴의 전투는 웨식스를 구원했으나, 데인의 침입을 종식시키지는 못했다. 885년 이스트 앵글리어의 데인인들이 다시 쳐들어오자 앨프리드는 이 기회를 이용하여 런던을 점령하고 구스럼과 새로운 조약을 맺었다. 이 조약으로 잉글랜드는 데인로(Danelaw)라고 불린 데인인들의 지배 영역과 웨식스의 지배 영역으로 나뉘게 되었다. 새로운 경계는 템즈 강 하구에서 런던을 거쳐 체스터에 이르는 선으로 책정되어 그 동북부는 구스럼의, 서남부는 앨프리드의 지배 영역으로 되었다. 그러나 이 조약도 항구적인 평화를 가져오지는 않았다. 892년 데인의 군대가 다시 잉글랜드에 침입하여 주로 이스트 앵글리어 지방에 896년까지 그대로 머물러있었다. 앨프리드는 그의 나머지 통치 기간 내내 방위 체제를 정비·강화하지 않으면 안 되었다. 그는 데인인들을 해상에서 저지하기 위해 해군을 창설했다. 그리고 육지에서의 방비를 위해 민병대 조직을 정비했다. 즉, 그는 민병대를 양분하여 한쪽이 농사를 짓는 동안 다른 쪽은 요새 방비의 임무에 종사하도록 했다. 그는 또한 전국에 걸친 요새, 즉 버러(burh)의 망을 조직했다. 이런 버러는 토성이나 방책으로 둘러싼 항구적인 방어 구역으로서 일단 유사시에는 주민과 가축들이 그 안으로 피신할 수 있었다.

앨프리드는 데인인들을 물리칠 뿐만 아니라 그들의 침입으로 파괴된 문명을 되살리는 일을 그의 필생의 과업으로 삼았다. 전쟁이 몰고 온 무법 상태를 극복하기 위해 그는 무엇보다도 법률을 정비하는 일부터 시작했다. 그는 켄트와 머시어의 법률 등 선왕들이 남겨놓은 여러 법률들을 한데 모으고, 거기에 강자의 압제로부터 약자를 보호하는 조항들과 함께 법정에서의 선서의 신성함과 주인에 대한 종자의 의무를 규정하는 조항들을 부가했다. 한편 앨프리드는 평화를 되찾은 짧은 동안에 잉글랜드의 그리스도교 문화를 재건하는 일에 주력했다. 그는 파괴된 교회와 수도원을 복구하는 등 종교적 목적을 위해 수입의 절반을 바쳤으며, 주교들로 하여금 궁정에서 자신을 보필하도록 했다.

그러나 이 모든 일 중에서도 가장 괄목할 만한 것은 학문을 진흥시키려는 그의 노력이었다. 한때는 사람들이 학문과 지혜를 배우기 위해 잉글랜드로 찾아왔는데, 지금은 거꾸로 영국인들이 해외로 나가야 하게 된 것을 그는 안타깝게 생각했으며, 잉글랜드의 모든 젊은이들이 학문에 정진하게 될 날을 바랐다. 그는 잉글랜드의 모든 자유민들이 영어를 읽을 수 있고 모든 성직자들이 라틴어를 읽을 수 있기를 바랐다. 이를 위해 그는 전 유럽으로부터 많은 학자들을 초빙하여 궁정학교를 세우고, 그레고리우스 대교황의 『목자의 임무(Pastoral Care)』, 비드의 『잉글랜드인들의 교회사』, 보에티우스(Boethius)의 『철학의 위안(The Consolation of Philosophy)』, 성 아우구스티누스의 『독백(Soliloquies)』 등 라틴어로 된 고전을 영어로 번역하는 사업을 추진했다. 그 자신이 라틴어 공부에 주력하여 나중에는 몸소 번역 사업에 참여하기도 했다. 『앵글로-색슨 연대기』의 편찬이 시작된 것도 그의 치세 동안의 일이었다.

앨프리드는 잉글랜드가 웨식스 왕가에 의해 완전히 통일되는 것을 보지 못한 채 눈을 감았지만, 그가 9세기의 유럽에서 샤를마뉴에 버금가는 위대한 군주였음에는 이론이 없다. 오랜 인내 끝에 그가 웨식스를 데인인의 침략으로부터 방어해 낸 것은 그의 군사적 수완만이 아니라 먼 앞날을 내다본 여러 개혁 덕택이었다. 앨프리드는 유능한 전사이자 법률 제정자이며, 학자이자 신실한 그리스도교도 군주였다. 그는 초기 잉글랜드의 역사상 가장 위대한 정치가로서 통일된 잉글랜드 왕국의 초석을 닦았다. 그는 진실하고 인정 많고 국민을 위해 헌신했으며, 용감하고 정력적이며 사명감이 투철했다. 그는 또한 학문에 대한 열의와 사물에 대한 탐구심이 강해 늘 시간을 아껴 공부하고 정사에 몰두했다. 이 같은 앨프리드의 개성과 성품이 바로 사람들로 하여금 그를 따르고 좋아하도록 만들었다. 그는 훗날 '잉글랜드의 총아(England's darling)'로 불렸으며, 영국 역사상 대왕으로 불리는 유일한 왕이 되었다. 그가 그렇게 불린 것은 그의 왕국이 넓거나 그가 정복한 땅이 넓어서가 아니라 (사실 이것들은 그다지 넓은 것이 아니었다), 그의 성품이 위대했기 때문이었다.

3. 앨프리드의 후계자들: 살아남은 앵글로-색슨 왕국

앨프리드의 후계자들

앨프리드의 사후 약 반세기 동안에 그의 아들과 딸과 손자들은 데인인들이 차지한 잉글랜드의 땅을 재정복함으로써 그의 과업을 이어나갈 수 있었다. 10세기 초의 한 세대 동안에는 이를 가능케 한 몇 가지 요인이 있었다. 그것은 첫째, 10세기 초엽에 스칸디나비아로부터의 침입이 잠시 멈추었다는 점이었다. 둘째, 이 무렵에 이르면 잉글랜드에 정착한 데인인들의 모습이 여러모로 바뀌고 있었다. 즉, 그들은 전사에서 농부로, 해적에서 상인으로 바뀌고 있었으며, 그리스도교를 받아들이고 앵글로-색슨인들과 뒤섞여 살면서 서로 결혼하기도 했다. 그러나 재정복은 무엇보다도 앨프리드의 군사개혁과 그 후계자들의 유능한 지도력에 의해서 실현될 수 있었다.

앨프리드의 아들 에드워드(Edward the Elder, 899~924)는 아버지 못지않게 뛰어난 전사였으며, 그의 딸 애설플레드(Aethelflaed)는 머시어의 왕 애설레드(Aethelred)의 아내로서, 그리고 남편의 사후에는 여왕으로서 머시어 왕국을 통치했다. 그들은 데인로 지방에 쳐들어가 데인인들을 패배시키고 새로운 요새를 세워 앵글로-색슨인들을 입주시켰다. 이리하여 918년까지 에드워드는 앵글로-색슨의 경계를 험버 강까지 확대했다. 그러나 북쪽에서 새로운 침입자들이 나타났다. 노르웨이의 바이킹들은 셰틀랜드 제도, 오크니 제도(Orkney Islands), 만 섬, 아일랜드의 동부 해안 일대에 걸쳐 그들의 왕국을 세우고, 이를 근거지로 하여 페나인 산맥 서쪽의 땅을 침범했다. 919~920년에 이들의 군대가 타인 강을 따라 남하하여 요크를 점령하고, 아일랜드에서 침입한 다른 일대가 머시어 서북부에 쳐들어왔으나, 에드워드는 피크 지대(Peak District)로 나아가 이들을 굴복시켰다.

에드워드의 아들이자 역시 유능한 전사였던 애설스턴(Aethelstan, 924~939)의 치세에 이르러 잉글랜드 북쪽이 웨식스 왕가의 지배 아래 놓였다. 927년에 그가 요크를 점령하자 데인인들이 힘을 합쳐 그에게 대항했다. 10년 후 더블린(Dublin)의 노스맨의 왕 올라프(Olaf)가 대함선을 이끌고 해협을 건너와 스코트인의 왕, 스트래스클라이드의 왕과 합세하여 침입하자, 애설스턴은 이들과 싸워 큰 승리를 거두었다. 그 뒤 애설스턴과 그의 후계자들은 머시어와 다비(Derby), 노팅엄(Nottingham), 레스터(Leicester), 스탬퍼드(Stamford), 링컨 등 다섯 버러에 남아 있던 데인인들의 저항을 분쇄했다. 939년 애설스턴이 죽자 그 뒤를 이은 에드먼드(Edmund, 939~946)는 한때 북부와 중부 지방 대부분을 다시 올라프에게 넘겨주어야만 했으나, 참고 기다린 끝에 945년 북쪽으로 진격하여 노스맨의 왕을 내몰고 앵글로-색슨 왕의 지배권을 다시 확립했다. 이렇게 해서 10세기 후엽에 이르면 웨식스 왕가에 의해 잉글랜드 왕국의 기틀이 잡히게 되었다.

에드먼드와 함께 잉글랜드의 통일을 실현해 나간 것은 그의 손자 에드가 평화왕(Edgar the Peaceable, 959~975)이었다. 데인로의 재정복 후 에드가는 데인로의 주민들에게 그들 자신의 법적·사회적 관습을 계속 허용함으로써 앵글로-색슨인과 데인인을 융합시키는 데 주력했다. 그는 색슨인들과 데인인들에게 다 같이 왕으로 받아들여졌을 뿐 아니라, 스코틀랜드와 웨일즈의 왕들에게도 브레트왈더로 인정받았으며, 그 결과 비교적 평화로운 상황 아래서 대륙의 여러 왕국들과의 교류를 펼쳐나갔다. 이래서 에드가 왕의 치세 15년 동안에는 앵글로-색슨 문화와 예술이 뒤늦게 개화했으며, 이와 함께 성 던스턴(St. Dunstan)의 지도 아래 여러 수도원이 세워지기도 했다. 940년에 글라스턴베리 수도원장, 그 20년 뒤에 캔터베리 대주교가 된 던스턴은 오랫동안 에드가의 주요한 자문관 역할을 했다. 에드가는 973년 마침내 바스에서 통일된 잉글랜드 왕으로 대관했다. 이때의 대관식이 오늘날까지 영국왕 대관식의 본이 되어왔다.

그러나 에드가의 사후 그의 두 아들 에드워드 순교왕(Edward the Martyr, 975~979)과 애설레드(Aethelred, 979~1016)의 치세 동안은 왕의 무능과 귀족들 간의 대립·분쟁으로 혼란에 빠져 잉글랜드는 또다시 새로운 데인인들의 공격 대상이 되었다. 에드워드의 짧은 치세를 뒤이어 왕위에 오른 애설레드는 겨우 10살이었다. '준비 안 된 왕(the Unready)' 또는 '조언받지 못한 왕(the Unraede)'이라는 별명으로 불린 그는 귀족들을 불신하여 신망을 잃었으며, 우유부단하고 판단을 그르치기 일쑤였다. 그가 '조언받지 못한'이란 별명을 얻은 것도 까닭 없는 일이 아니었다.[4]

바이킹의 침입과 크누트

크누트 왕

980년에 바이킹들의 새로운 침입이 시작되었는데, 그들도 처음에는 치고 달리는 전법으로 공격해 왔다. 그러다가 991년에는 드디어 대규모의 군대가 에식스의 몰던(Maldon)에 상륙하여 켄트, 햄프셔, 웨식스 서부까지 약탈한 끝에 애설레드로부터 평화의 대가로 2만 2,000파운드의 금은을 약속받았다. 이것이 소위 데인겔드(Danegeld)의 시초인데, 그 후 이것은 토지에 대한 세금의 형태로 부과되어 오랫동안 잉글랜드 농민들에게 무거운 부담이 되었다.

이후 바이킹의 공격은 다시 연례행사처럼 되었다. 994년에 노르웨이의 올라프 트리그바슨(Olaf Trygvason)이 덴마크 왕 스웨인(Sweyn)과 함께 90여 척의 대선단에 2,000명이 넘는 대군을 이끌고 켄트에 상륙하여 잉글랜드 남부 일대를 약탈했다. 결국 올라프는 다시는 침범하지 않겠다는 약속의 대가로 1만 6,000파운드의 대금을 받고서 되돌아갔다. 그러나 그 후에도 데인인들의 침입은 계속되었으며, 이들을 달래기 위한 데인겔드의 액수는 점점 더 올라갔다. 1002년에는 은화 2만 4,000파운드, 1007년에는 3만 파운드, 그리고 1012년에는 4만 8,000파운드가 지불되었지만, 이것으로도 바이킹의 침입으로부터 나라를 지킬 수는 없었다. 1012년에 바이킹들은 캔터베리를 약탈하고 대주교를 살해했다.

11세기 초부터 매년 약탈을 위한 원정군을 파견해 온 스웨인은 1013년 대군을 이끌고 쳐들어와 잉글랜드 전역을 유린했다. 노섬브리어와 머시어가 스웨인 편에 가담하고, 웨식스의 세인들까지도 그에게 굴복했다. 이에 애설레드는 노르망디로 도주하고, 스웨인이 왕으로 받아들여졌다. 그러나 1014년에 스웨인이 죽자, 잉글랜드 내의 유력자들은 애설레드를 다시 왕으로 모시기로 했다. 그 역시 1016년에 죽자, 런던 시민들과 귀족들은 그의 아들 에드먼드 철기병(Edmund the Ironside)을 왕으로 추대한 반면, 유력한 올더먼(ealdorman),[5] 주교와 수도원장, 그리고 세인들은

---

4) 이 Unraede란 말이 16세기에 Unready란 말로 와전되어 Ethelred the Unready로 잘못 불려온 것이다.

5) 올더먼은 앵글로-색슨 시대에 왕으로부터 지방의 사법, 행정, 군사 등의 권한을 위임받은 귀족을 지칭했다. 9세기 이래 샤이어 제도가 정비되면서 그 관할 구역은 몇 개의 샤이어를 합친 광대한 것이 되었

스웨인의 아들 크누트(Cnut, 1016~1035)에게 왕관을 제공했다. 두 사람은 한여름 동안 치열한 싸움을 벌였는데, 결국 에식스의 애싱던(Ashingdon)의 전투에서 에드먼드가 패배하고 평화조약이 체결되었다. 이 조약으로 에드먼드는 웨식스, 에식스, 이스트 앵글리어를 유지하고, 크누트가 머시어와 노섬브리어 등 험버 강 이북의 전 영토를 지배하게 되었으나, 에드먼드가 재위 7개월 만에 살해되자 웨식스 역시 크누트를 왕으로 받아들여 그가 전 잉글랜드의 왕이 되었다. 크누트는 잉글랜드와 스코틀랜드의 일부, 그리고 덴마크와 스칸디나비아 등 광대한 지역을 지배하는 강력한 왕이 되었다.

크누트의 지배는, 비록 앵글로-색슨인들에게는 굴욕적이었을지 모르지만, 당시의 사정으로 볼 때 그나마 잘된 선택이었다. 크누트는 잉글랜드의 왕으로서 통치하기로 작정했으며, 잉글랜드는 그의 재위 기간인 19년 동안 평화와 안정과 번영을 누렸기 때문이다. 그는 데인인과 앵글로-색슨인들을 융합하는 정책을 채택하고, 앵글로-색슨인들의 마음을 달래기 위해 노력했다. 그는 애설레드의 미망인 에머[Emma: 노르망디 공 겁 없는 리처드(Richard the Fearless)의 딸]와 결혼하고, 앵글로-색슨의 제도들을 존중하며 그의 정부가 앞선 앵글로-색슨 정부의 계승자임을 강조했다. 10세기에 발전해 온 앵글로-색슨의 행정제도가 그대로 유지되고, 애설레드가 발부한 특허장이나 다른 문서들의 형식도 크누트의 치하에서 그대로 답습되었다. 1018년에 그는 유력한 데인인과 앵글로-색슨인들을 요크에 소집하여 그들이 모두 에드가의 법체계 아래서 평화롭게 살아갈 것을 약속받았다. 그는 앵글로-색슨인들을 주요 올더먼으로 임명했으며, 이전의 지위를 유지하고 있던 주교들의 자문을 얻어 통치할 것을 약속했다. 그는 또한 잉글랜드를 노섬브리어, 이스트 앵글리어, 머시어, 웨식스의 네 백작령(earldom)으로 나누어, 앞의 둘을 데인계인 해럴드와 시워드(Siward)에게, 뒤의 둘을 앵글로-색슨계인 레어프릭(Leofric)과 고드윈(Godwin)에게 맡겼다. 이렇게 그는 데인인과 앵글로-색슨인 양쪽의 복종을 받음으로써 통일 잉글

으며, 크누트 왕의 치세 무렵부터 백(伯, Earl)이라 불리기도 했다. 이 직함은 노르만의 정복 이후 사라졌지만 그 명칭은 Alderman으로 남아 주나 시 의회의 참사회원이나 길드의 우두머리 등이 이 이름으로 불리었다. 67, 69, 156쪽 참조.

랜드의 최초의 지배자가 되었다.

한편 그리스도교도인 크누트는 교회와의 밀접한 연대를 꾀했다. 한 세대에 걸친 전쟁 뒤에 그는 교회의 권위를 회복하는 일에 힘썼을 뿐만 아니라 그리스도교 군주의 책무에 관한 교회의 지침에 따라 잉글랜드를 통치했다. 교회의 인가는 백성들에 대한 그의 지배권을 강화했으며, 교회 성직자들은 그의 서기나 관리로서 그에게 봉사했다. 앵글로-색슨인들은 그를 정복자로 여겼지만 평화와 번영을 가져다 준 정복자, 법을 시행하고, 교회를 존중하고, 상인들에게 새로운 시장을 열어주고, 그들에게 출세의 길을 마련해 준 정복자로 인정했다. 이리하여 그는 단시일 내에 그의 새로운 신민들에게 실권을 장악한 국왕으로 받아들여졌다. 잉글랜드를 장악한 크누트는 스칸디나비아 원정에 나섰다. 그는 덴마크에서 남쪽으로 영토를 확대했으며, 노르웨이를 정복하고 스웨덴의 일부를 병합함으로써 스칸디나비아 제국의 우두머리로서 유럽 내의 강력한 지배자로 군림했다. 1027년 그가 로마를 방문했을 때 그는 황제로 하여금 그의 영내를 여행하는 영국인 순례자와 상인에 대한 통행세를 줄이도록 했으며, 교황으로 하여금 잉글랜드의 대주교에게 부과되는 무거운 부담을 줄이도록 했다.

1035년에 크누트가 죽자 그의 두 아들 해럴드 토끼발왕(Harold the Harefoot, 1035~1040)과 하르사크누트(Harthacnut, 1040~1042)가 잉글랜드 왕으로 뒤를 이었으나, 아버지를 닮지 못한 그들의 혼란스러운 치세는 짧게 끝났다. 하르사크누트의 갑작스러운 죽음이 잉글랜드를 압제적 지배에서 구원했다. 해럴드와 하르사크누트에게는 자식이 없었으며, 그들의 치세 뒤에 크누트 가문의 혈통이 끊어지자 잉글랜드의 유력자들은 즉시 옛 잉글랜드 왕실의 가문에서 왕을 선택했다. 이 왕이 곧 에드워드 고해왕(Edward the Confessor)으로서, 그는 애설레드 '조언받지 못한' 왕과 노르망디의 에머 사이에서 태어나 유일하게 생존한 아들이었다. 데인인의 통치 시대 동안 노르망디 궁정에 피신해 있었던 에드워드는 그의 치세 내내 노르망디의 영향하에 있었다. 신앙심 두터운 그는 나라를 통치하는 일보다는 웨스트민스터 수도원을 건립하는 일에 더 관심이 많았다. 그는 정치적으로 어려운 문제에 부닥칠 때 잉글랜드의 사실상 지배자였던 고드윈 백과 같은 유력한 귀족에게 좌우되기 일쑤였다.

이처럼 나약한 왕이 다스리고 있는 잉글랜드에 대하여 주변의 여러 야심가들은 계속 탐욕 어린 눈길을 보내고 있었다.

4. 앵글로-색슨 사회와 문화

정부 조직

통일된 잉글랜드 왕국의 성립은 국왕 제도의 발달을 통해서 이루어졌다. 앵글로-색슨족의 침입 이후 초기에는 전사집단의 우두머리에 불과한 여러 작은 왕들이 있었다. 그들은 사적인 추종자들의 충성과 자기 영지에서 나오는 수입에 의존했다. 그러나 이런 부족적·개인적 국왕은 점차 영토적·제도적 국왕으로 바뀌어갔으며, 이에 따라 여러 왕국들이 사라지고 한 사람의 강력한 왕이 더욱 넓은 영역을 지배하여, 마침내 전 잉글랜드의 지배자로 받아들여지게 되었다. 특히 앨프리드와 그의 후손들은 공통의 적에 대항하는 국민적 지도자였기 때문에, 그리고 그들이 웨식스 왕조에 대한 충성심을 고양했기 때문에 왕의 권위를 한층 더 높였다. 그들의 수입은 전 국토에 부과된 지대, 법정 수입, 통행세, 관세, 그리고 무엇보다도 데인겔드에 의존했다. 원래 데인인들을 회유하기 위해 부과된 토지세였던 데인겔드는 나중에는 상비군을 유지하기 위해 징수하는 세금이 되었다.

왕권은 또한 교회와의 긴밀한 제휴를 통해서 더욱 강력해졌다. 왕의 주요한 임무 가운데 하나는 교회의 영예를 높이고 지키는 일이었으며, 그러한 보호의 대가로 교회는 왕에게 신성의 후광을 부여했다. 왕은 신의 은총에 의해 통치하는 신의 대리자였다. 그리하여 앵글로-색슨 시대 후기의 왕들은 자신을 성·속의 지배자로 자처하면서 인민을 보호하고 나라의 안녕을 증진시키는 것을 자신의 임무로 삼았다.

이래서 에드워드 고해왕 시대의 잉글랜드는 앨프리드 대왕 시대의 잉글랜드보다 훨씬 더 튼튼하고 모든 공적 권위가 왕으로부터 나오는 하나의 왕국이 되었다. 왕은 전쟁 시에 군대를 소집하고 지휘하는 일 이외에, 토지를 급여하는 특허장을 발부하고, 화폐를 주조하고, 관리들을 임면하고, 주교·수도원장 등 주요 성직자를 지명하고, 대사를 파견하고, 백성들에게 요새 수축과 교량 건설 등의 의무를 부과했다. 이 같은 왕권의 확대는 이른바 왕의 평화(king's peace)의 시행으로 예증되었다. 즉, 왕의 거처 안에서 저지른 살인이나 폭력 행위는 개인 간의 사적인 범죄일 뿐만 아니라 왕의 평화를 해치는 공적 범죄로서 개인 간의 보상 이외에 왕에게 벌금을 바쳐야 했다. 그런데 왕국에는 아직 정해진 수도가 없어 왕이 끊임없이 이곳저곳으로 이동하고 있었으며, 따라서 왕의 평화는 그가 머무는 곳이면 어디에서나 적용되어 도로·강·교량·교회·수도원 등으로 확대 적용되었고, 크리스마스나 부활절 등 특정한 날에도 적용되었다. 이런 왕의 평화는 장차 노르만의 정복 후에는 잉글랜드 전역에, 그리고 일 년 365일 모든 날에 적용되기에 이르렀다.

　법을 선언하거나 토지를 급여하거나 전쟁을 선포하고자 할 때 왕은 현인들의 모임인 위턴(witan) 또는 위테나게모트(witenagemot)의 자문을 구했다. 위턴의 제도는 초기 왕국들에서 물려받은 오래된 제도였으나 그 실제에 대해서는 알려진 것이 거의 없었다. 10세기에 앨프리드 대왕의 후계자들이 잉글랜드 대부분 지역의 주요 인사들로 구성된 위턴을 소집했다. 이때의 위턴은 왕가의 일원과 구래의 귀족인 올더먼, 주교와 수도원장, 왕실의 주요 관리, 그리고 왕의 중요한 세인으로 구성되었다. 그러나 그 참석자들은 고정되어 있지 않았으며, 모이는 장소와 시기도 정해져 있지 않아 이 모든 것이 왕의 결정에 달려 있었다. 위턴이 하는 일이나 기능은 다양했으나 이 역시 모호한 점이 많았다. 왕이 사망했을 때 위턴은 후계자를 선출했으나, 그것은 하나의 요식행위에 지나지 않은 경우가 많았다. 어쩌면 왕을 퇴위시키는 경우도 있었을 것이다. 위턴은 또한 국왕이나 왕국 내의 유력자들에 관련된 사건들을 다루는 법정 역할을 했지만 사법 기구로서의 역할은 크지 않았다. 왕이 법률을 공포하기 전에 그것을 위턴의 모임에 회부했으므로 위턴은 일부 입법 기능도 행사했지만 법을 기초한 것은 왕이나 왕실의 관리들이었으며, 위턴은 그에 대한 동의를 표명할 따름이었고, 그나마 왕이 위턴의 동의나 인준을 반드시 받아야 할 의무는 없었다. 그 밖에 위턴은 교회와 토지의 급여에 관한 사항들을 다루기도 했다. 이처럼 위턴은 정부 내에서 어떤 정해진 지위나 확고한 자리를 차지하고 있지는 않았지만 실제상 왕은 중요한 국사에 관해서 그들과 협의했으며, 특히 연소하고 무력한 왕의 시기나 국가적 위기에는 위턴에게 상당한 권한이 주어졌다. 그러나 그 구성원, 절차, 기능 등이 모호하여 강력한 왕은 자기 마음대로 그것을 조종할 수 있었다.

아직 수도라는 개념이 없던 앵글로-색슨 왕국의 중앙정부는 곧 왕실(King's Household)이었으며, 그것은 이곳저곳으로 옮겨 다녔다. 왕실은 왕의 집사(steward), 주류 관리자(butler), 시종(chamberlain) 등 왕의 집안 하인들인 왕실 관리들에 의해 운영·관리되었다. 왕실의 중요 부서로는 내실(chamber), 의상실(wardrobe), 금고(treasury), 그리고 상서청(chancery) 등 네 곳이 있었다. 왕의 침실이기도 한 내실은 정부와 행정의 중심이었다. 내실에 인접해 있는 의상실은 왕의 의복만이 아니라 무기, 보석, 문서 등을 보관했다. 돈을 보관하는 금고는 이곳저곳으로 옮겨 다니는 왕과 함께 이동했는데, 이 기구로부터 장차 중세의 국고(Treasury)가 성장하게 되었다. 이런 내실, 의상실, 금고는 왕의 시종들에 의해 관리되었다. 한편 상서청은 왕의 서신, 특허장(charter), 영장(writ)을 작성하고 발포하는 일을 맡았다. 특허장은 왕이 수도원이나 귀족들에게 토지나 특권을 부여하는 공식 문서로서 라틴어로 기록되었으며, 영장은 왕의 명령이나 지시를 기록한 짧은 비공식 문서로서 영어로 기록되었다. 왕의 최초의 비서직 서기를 맡은 사람들은 왕실 예배당(chapel)의 성직자들인 채플린(chaplain)이었다. 시종들과 서기들에 둘러싸인 왕은 법과 정부의 문제들을 으레 그들과 협의했으며, 바로 이런 기구에서 장차 왕의 자문회의(Council)가 발달했다.

앵글로-색슨 정부의 큰 약점은 왕위계승에 관한 확고한 원칙이 없다는 점이었다. 게르만적 전통은 선출 위주였고, 로마적 관행은 상속 위주였는데, 앵글로-색슨 사회에서는 이 두 원칙이 함께 적용된 것으로 보인다. 왕은 왕의 가족 중에서 나왔으며 아들이 아버지를 계승하는 것이 통례였지만 위기 상황하에서는 왕의 가족 중에서 가장 유력한 인물이 왕이 되었으며, 왕이 유언으로 계승자를 지명하는 경우도 있었다. 어느 경우에도 새로운 왕은 주로 위턴의 유력자들에 의해서 인준받기 전에는 그 지위를 확고하게 누릴 수 없었다. 그러나 왕실 가족 중 가장 유능한 자에게 계승되어 오던 왕위는 점차 장자에 의한 계승으로 바뀌어갔다.

앵글로-색슨 왕들이 만들어낸 더욱 중요한 통치 제도는 지방정부의 조직이었다. 앵글로-색슨 시대 후기의 잉글랜드 대부분은 샤이어(shire)라는 행정 구역으로 나뉘어 있었다. 그것은 남부 잉글랜드의 소왕국이나 부족국가 또는 도시 주변의 지역들로부터 성장했는데, 10세기에 웨식스의 왕들은 이 제도를 중부 잉글랜드 지방으로 확장했다. 각 샤이어에서는 모트(moot)라고 불린 회의가 매년 두 번씩 열려 국왕의 명령이 집행되고, 법이 시행되고, 민·형사재판이 열리고, 교회 문제가 다루어졌다. 처음에 샤이어 모트를 주재한 것은 올더먼이었으며, 그는 보통 왕족의 한 사람으로 샤이어에서 왕권을 대표하기 위해 임명된 왕실 관리였다. 그는 민병대를 소집하고 지휘했으며, 법정의 결정을 집행할 임무를 지고 있었다. 그는 샤이어 내의 귀족들이 평화를 유지하고 그 가신들의 난폭한 행동을 막도록 했다. 10세기에 데인로가 정복됨에 따라 올더먼의 권한과 중요성이 더욱 커졌다. 이제 얼(earl)이라는 데인적 명칭을 갖게 된 올더먼은 흔히 몇 개의 샤이어를 합친 아주 넓은 지역을 관장했다.

이렇게 올더먼의 지위가 높아지고 그들의 관심이 중앙 정치에 이끌려감에 따라 그들은 점차 사소한 지방행정에서 멀어졌다. 그래서 일반 주민들과 더 가까이 있고 해당 샤이어의 관리에 전념할 수 있는 다른 왕실 관리가 임명되었는데, 이 같은 관리가 샤이어 리브(shire-reeve), 즉 셰리프(sheriff)였다. 그 이름이 가리키고 있는 바와 같이 셰리프는 왕의 대리자(reeve), 즉 왕의 재정적 이익을 지킬 임무를 짊어진 왕의 하인이었다. 셰리프는 왕에게 바칠 돈을 거두어들이고 왕령을 관리·감독했으며, 데인겔드의 부과와 징수를 책임졌다. 그리고 올더먼의 부재 시 그가 주교와 함께 샤이어 법정을 주재했다. 그는 또 법률과 왕의 명령을 선포했으며, 범죄자를 소추하고 법정의 결정을 집행하는 등 그 임무가 점점 더 많아지고 무거워졌다. 왕의 대리자인 셰리프는 세인과 자유민의 눈에 왕의 권위를 일깨우는 상징이었다. 세인과 자유민들은 얼과는 직접적인 접촉이 별로 없었지만 셰리프와는 늘 접촉했으며, 그래서 셰리프는 국왕과 지방 법정 사이를 연결하는 중요한 고리이자 중앙과 지방정부 사이의 교량 역할을 맡았다. 일 년에 두 번 열린 샤이어 법정은 지방정부의 모든 기능을 행사했다. 그것은 모든 종류의 사건을 다루는 법정이었다. 옛날의 법

스코틀랜드

노섬벌런드

컴벌런드

더럼

웨스트모얼런드

퍼네스

요크셔

만 섬

앵글시

플린트

체셔

다비

노팅엄

링컨

케임브리지

카나번

덴비

스태퍼드

레스터

노퍽

메리오너스

슈럽셔

먼거머리

헌팅던

레스터

서퍽

카디건

라드너

우스터

워리크

노샘턴

베드퍼드

헤리퍼드

옥스퍼드

하트퍼드

에식스

펨브루크

카마르턴

브레크너크

먼머스

글로스터

벅킹엄

그레이터 런던

글러모르건

버크셔

켄트

윌트셔

서리

서머세트

햄프셔

서식스

데번

도시트

콘월

〈지도 7〉 1974년 이전의 잉글랜드와 웨일즈의 주

정에는 지역의 모든 자유민이 참석했으나 앵글로-색슨 후기에는 많은 자유민들이 탈락하고 법정은 주로 샤이어 내의 부유하고 중요한 사람들로 구성되었다. 출석의 의무는 일정한 크기의 토지를 가진 사람에게 지워졌으며, 그래서 법정은 점점 더 귀족적으로 되어갔다.

앵글로-색슨 후기에 샤이어는 헌드레드(hundred)라는 더욱 작은 사법적·행정적 단위로 세분되었다. 그것은 130~260km² 정도 넓이의 지역으로, 우리나라 면의 넓이보다 조금 더 컸던 것으로 추정된다. 그것은 원래 지방에 분산된 왕의 영지를 감독하고 관리해 온 왕의 대리자, 즉 베일리프(bailiff)들이 범죄자를 소추하고, 세금을 거두어들이고, 치안을 유지하는 등 정부가 하는 일을 점점 더 많이 하게 됨에 따라 생겨난 것으로 보이는데, 이것이 10세기에 헌드레드라고 불리게 된 것이다. 헌드레드에는 헌드레드 법정이 있었다. 이 법정을 주재한 것은 셰리프의 대리자인 헌드레드 리브(hundred-reeve)였는데, 그는 셰리프에게 책임을 지고 있었다. 법정은 4주일마다 열렸으며, 그 지방에서의 사법상·치안상·상업상의 모든 업무를 다루기 위해 일반 자유민들이 참석했다.

앵글로-색슨 시대의 또 하나의 중요한 지방정부 기구는 버러(borough)였다. 버러는 우선 성벽으로 둘러싸인 성채(burgh)였으나 또한 장터를 가지고 있는 교역의 장이기도 했다. 데인인들의 침입 이후 저지방 국가들과 프랑스, 그리고 이탈리아와의 교역이 부활함에 따라 몇몇 버러들이 중요한 교역 중심지가 되었다. 앵글로-색슨 시대 말에 런던, 노리치(Norwich), 요크, 링컨, 캔터베리 등이 중요한 버러가 되었다. 그중에서도 런던이 가장 큰 도시로서 서유럽의 여러 도시들과 교역했으며, 대륙을 가로지르는 교역로의 종점이 되었다.

버러와 함께 지방정부의 최소 단위는 마을(vill, village)이었다. 마을의 주민들은 농사력을 비롯하여 협동적인 농사일을 위한 여러 규정을 마련했다. 마을은 또한 경찰 업무의 최소 단위였다. 마을의 주민들은 십인조(tithing group)라는 집단으로 편성되었으며, 그중 1명이 법정으로 소환되는 경우 그가 속한 십인조에 그를 법정으로 출두시킬 의무가 지워졌다.[6]

법률제도

앵글로-색슨 시대는 이제 겨우 법이 사적인 복수를 대신하기 시작한 시기였다. 그 시대는 신이 무고한 자와 죄지은 자를 판별할 것이라는 소박한 믿음과 미신이 뒤섞여 있던 시기였으며, 또한 위증을 하는 자의 영혼은 영원한 벌을 받는다는 생각에서 선서를 매우 중시한 시기였다. 법을 지배 군주의 입법 행위로 파악한 로마인들과는 달리 앵글로-색슨인들은 법을 옛날부터 인민들이 지켜온 불문의 관습이라고 생각했다. 이런 많은 관습법은 구전으로 전해온 것인데, 이 같은 원시적인 관습법은 정부의 힘이 미약하고 사실상 경찰 조직이 없던 사회의 실태를 보여준다. 정부가 개인을 지켜주지 못한 곳에서는 친족이 그 일을 맡았으며, 사람이 살해되거나 상해를 입었을 경우 그것에 대해 보복하는 것은 그 친족들의 의무였다.

그러나 이처럼 피로 보복하는 제도는 점차 돈으로 배상하는 제도로 바뀌어갔다. 즉, 살인자는 피살자의 친족에게 일정한 금액을 몸값으로 지불함으로써 신체적 보복을 면하게 된 것이다. 베어겔드(wergeld)라 불린 이 몸값은 피살자의 신분에 따라, 또 입은 상해의 정도에 따라 달랐다. 가령 보통 평민이 살해되었을 때의 베어겔드가 200실링인 데 비해 귀족이 살해되었을 경우는 1,200실링이었으며, 또 남의 코를 망가뜨렸을 경우에는 60실링, 이를 부러뜨렸을 경우에는 8실링, 집게손가락을 다치게 했을 때는 15실링, 젊은 여자의 젖가슴을 붙잡았을 때는 5실링의 베어겔드를 지불해야 했다. 이런 형사 제도는 여전히 치졸한 것이기는 했지만 피로 복수하는 제도에 비해서는 분명히 진일보한 것이었으며, 앨프리드는 복수 제도를 베어겔드 제도로 바꾸는 데 진력했던 것이다.

그러나 보복이건 배상이건 고발당한 사람이 유죄로 판정되기 전에는 보복을 실행하거나 배상을 요구할 수 없었다. 헌드레드 법정이나 샤이어 법정에서 유·무죄를 가려내는 절차는 의례적이며 복잡했다. 침해를 당했다고 생각한 사람은 가해자를 법정에 공식적으로 제소하고 나서 피소자의 집에 가서 법정에 출두하라고 통고했다. 피소자가 출두하지 않으려 할 경우에는 그의 친척이나 주인 또는 십인조

---

6) 노르만의 정복 후 노르만들은 이 관행을 계속 유지했는데, 이를 프랭크플레지(frankpledge)라고 불렀다. 112, 138쪽 참조.

가 그를 출두시킬 책임을 졌다. 극단적인 경우에는 피소자를 법의 보호에서 제외시킬 수도 있었으며, 이때는 제소자가 그를 죽여도 무방했다. 쌍방이 출석한 법정에서는 제소자가 피소자에 대한 고발을 되풀이하고 그것이 악의나 증오에서 나온 것이 아니라는 점을 선서해야 했다. 피소자는 이에 대한 항변을 제시하되 그 또한 범행의 부인이 거짓이 아님을 선서해야만 했다. 두 당사자 사이에서 어느 편이 입증할 것이며 어떤 입증 방법을 택할 것인지는 법정에 모인 자유민들의 판단에 따랐다.

한 가지 입증 방법은 보증선서자(oath-helper, compurgator)에 의한 것이었다. 입증할 당사자에게는 그의 선서가 정당한 것이라고 보증해 줄 보증선서자의 수가 제시되었다. 그 숫자는 범행의 경중에 따라 달랐으며, 보증선서자의 증언의 가치는 그의 사회적 지위에 따라 달리 평가되었다. 그러나 보증선서자의 증언은 범행 사실 자체에 대한 것이 아니라 당사자의 서약이 순수하고 거짓이 아니라는 점을 선서하는 것이었다. 이렇게 해서 만일 당사자와 소정된 수의 보증선서자들이 법정에 출두하여 선서를 마치면 그는 재판에 승소했다. 언뜻 보기에 매우 소박하고 유치하게 보이는 이 같은 절차를 통한 재판이 대체로 잘 기능한 것은 선서 행위는 아주 엄숙한 것으로서 함부로 할 수 없으며 따라서 평판이 좋지 못한 자는 필요한 수만큼의 보증선서자를 찾기 어려우리라고 생각했기 때문이다.

필요한 수만큼의 보증선서자를 찾지 못하거나 전과 기록이 많은 자, 중대한 범죄자 또는 현행범으로 체포된 자는 시죄법(試罪法, ordeal)에 따른 재판을 받았다. 시죄법에는 세 가지 종류가 있었다. 그중 하나는 냉수의 시죄법이었다. 피고의 신체를 묶은 후 신부가 축복한 찬물 속에 집어넣어 몸이 떠있으면 유죄이며 가라앉으면 무죄로 인정되었다. 거룩해진 물이 결백한 자는 받아들이지만 범죄자는 받아들이지 않으리라는 생각에서였다. 다른 시죄법은 피고로 하여금 달구어진 쇳덩이를 들고 몇 발자국 걸어가게 하거나(쇠의 시죄법), 끓는 물 속에 손을 넣어 돌을 건져내게 하는 것이었는데(끓는 물의 시죄법), 3일 후에 그의 손이 깨끗이 아물면 무죄로, 그렇지 않으면 유죄로 판정되었다. 이런 재판 방식 역시 오늘날의 눈으로 볼 때 터무니없는 것이지만 신령과 귀신과 주문과 신의 섭리를 믿은 당시의 앵글로-색슨인들에게는 그것이 정의였던 것이다.

이 시대에 발달한 또 하나의 법률제도는 데인로 지방에서 시행된 공소배심제였다. 997년에 애설레드는 각 워펀테이크(wapentake: 데인로 지방에서는 헌드레드라는 명칭 대신에 이 말이 사용되었다)에서 12명의 유력한 세인에게 범죄자의 신고 의무를 지우고 또 평판이 나쁜 모든 사람들을 체포하도록 하는 법을 제정했다. 그리고 이 12명의 배심원들에게 근린 지방에서 가장 악명이 높은 범법자들을 법정에 출두시킬 의무를 지웠다. 범죄는 대부분 벌금으로 처벌되었다. 살인의 경우 피살자의 가족에 대해서 베어겔드가 지불되었으며, 좀더 가벼운 상해의 경우에는 피해자에게 지불할 보트(bot)라는 벌금이, 그리고 왕에게 바칠 와이트(wite)라는 벌금이 부과되었다.

앵글로-색슨 시대의 잉글랜드 법제에서 가장 중요한 특징은 그 인민적(popular) 성격이었다. 법은 법정에서 인정되고 여러 세대에 걸쳐 전해 내려온 인민들의 관습이었다. 샤이어 법정이나 헌드레드 법정을 세운 것은 국왕이었지만 그 자신이 직접 재판하는 일은 드물었다. 국왕의 임무는 이런 인민의 법정들이 법을 제대로 집행하는가를 감시하는 일이었다. 그러나 이 법정들은 민주적이라기보다는 귀족적인 성격이 더 농후했다. 법정에서 법을 선언하고 재판을 감독한 것은 국왕의 대리자, 주교, 신부, 세인 들이었기 때문이다.

사회구조

초기의 앵글로-색슨 사회는 세 계층, 즉 귀족과 자유민과 노예로 구성되어 있었다. 출생에 의해 신분이 결정된 귀족은 애설링(atheling)과 에얼(eorl)이었다. 애설링은 왕의 가족원이었으며, 에얼 역시 귀족 태생의 사람들이었다. 그러나 앨프리드의 치세에 국왕에 대한 봉사로 귀족 신분을 획득한 사람들이 나타났다. 점점 더 많은 수의 군인과 관리가 필요했던 왕은 자신에게 충실히 봉사하는 사람들에게 토지와 특권과 불입권(immunity)을, 그리고 하층 계급에 대한 몇 가지 권한을 부여했으며, 이들이 새로운 귀족으로 등장한 것이다. 그리고 이에 따라 기존의 귀족들은 점차 이 새로운 귀족들에게 뒤처지게 되었다. 새로운 귀족은 게시트(gesith)로, 나중에는 세인으로 불렸다. 게시트는 동반자(companion)를 의미했으며, 세인은 하인을 의미했다. 그러나 왕의 동반자나 하인은 왕의 전사이자 시종이며 관리였다. 그들은 왕실의 일원으로서 왕이 나라를 통치하는 것을 도왔으며, 샤이어나 헌드레드에서 치안과 질서를 유지할 책무를 맡았다.

이렇듯 중요한 역할을 맡고 있던 세인은 큰 영지를 가지고 있었으며, 많은 가신들(retainers)을 거느리고 있었다. 그는 방책을 둘러친 큰 저택에서 거주했다. 그 안의 넓은 홀에는 테이블이 배열되어 있었고 벽에는 커튼이나 벽걸이가 드리워져 있었다. 벽을 따라 긴 벤치가 부착되어 있었는데, 밤에는 이것이 가신들의 잠자리가 되었다. 홀 안에서 사람들은 벌꿀술을 담은 잔을 돌려 축배를 들고, 큰 소리로 자신들의 무훈을 자랑하고, 하프 소리에 맞춰 노래를 부르고, 때로는 서로 싸우기도 하면서 긴 겨울밤을 보냈다. 집주인인 세인은 훌륭한 말과 마구, 멋진 장식을 한 무기를 자랑으로 삼았다. 그는 전쟁터에서 왕에게 봉사해야 했고, 궁정 안에서 시간을 보내야 했으며, 또한 지방의 법정에 출석하여 지방 정치와 재판에 참여해야 했다. 전쟁에 참가하거나 궁정에 나아가지 않을 때면 사슴 사냥이나 여우 사냥 또는 매사냥으로 소일했다.

앵글로-색슨 잉글랜드의 농민인 케얼(ceorl)은 독립적인 농가의 주인이자 자유민이었다. 그는 교회 부과금을 내고 국왕에게 지대를 바쳤으며, 지방 법정에 출석하고, 피르드에 복무하며, 도로와 교량과 요새를 수선해야 했다. 그들은 대개 조그마한 마을에 모여 살았으며 마을 주변의 들을 공동 작업으로 경작했다. 그러나 케얼의 지위는 경제적 불안정, 질병이나 상해, 흉작, 가축병, 도적, 전쟁, 데인인의 침범 등 여러 가지 이유로 해서 쇠퇴하게 마련이었다. 그리하여 앵글로-색슨 시대가 끝나갈 무렵 많은 자유민들이 인신적으로는 아닐지라도 경제적으로 자유민의 지위를 잃고 어느 한 영주의 보호하에 들어가게 되었다. 그들은 영주로부터 보호의 약속을 받는 대가로 그들의 토지를 영주에게 바쳤다. 그러고는 다시 영주로부터 그 토지의 보유권과 사용권을 되돌려 받는 대신 영주에게 매주 일정한 일수의 노동을 제공하거나 자신의 토지에서 생산되는 생산물을 영주에게 바쳤다. 때로는 영주가 선수를 치기도 했다. 노동력이 필요한 성·속의 영주들은 그들의 토지의 사용권을 농민에게 부여한 대가로 농민들의 노동력과 생산물을 제공받기도 했던 것이다. 이렇게 점차 자유를 잃어간 농민들은 그들이 보유하는 토지의 크기와 영주에 대해서 지고 있는 부담의 정도에 따라서 몇 가지 부류로 구분되었다. 즉, 토지 보유에 대한 대가로서의 지대를 영주에게 바치고 또 기병으로 영주에게 봉사한 기니트(geneat), 약 30에이커 정도의 토지를 보유하고 노역 봉사를 하는 게부르(gebur), 5에이커 정도의 토지를 보유하는 코티저(cottager) 등으로 나뉘었다. 이리하여 이 몇 세기 동안에 영주제는 더욱 강화되어 갔다. 국왕에게 바칠 조세를 징수할 권한을 얻게 된 영주는 자신에 대한 농민들의 예속을 한층 더 강화시킬 수 있었다. 특히 바이킹들의 침입이 잦았던 때처럼 폭력이 판쳤던 시기에 사람들은 자기의 생명과 재산을 영주의 보호하에 맡기게 되었다. 이리하여 11세기에 이르면 전형적인 농민인 게부르에게 지워진 짐은 아주 무거워졌다.

영주제 아래서 농촌 경제의 기본 틀은 장원이었다. 장원에는 영주 소유의 직영지(demesne)가 있고 거기에 딸린 농민들의 보유지가 있었다. 장원의 전형적인 농민인 게부르는 그의 보유지에서 난 생산물을 자기 것으로 가질 수 있었으나 그 대가로 영주에게 무거운 부담을 지고 있었다. 그는 마음대로 장원에서 떠날 수 없었으며, 매주 2일 또는 3일간 영주의 직영지에서 일해야 했고, 이 밖에도 가령 미가엘제(9월 29일)에 10페니, 성 마르티누스절(11월 11일)에 보리 23부셸(1부셸은 36리터)과 암탉 두 마리, 그리고 부활절에 어린 양 한 마리와 2페니 등 여러 가지 종류의 화폐지대나 현물지대를 바쳐야 했다. 한편 자기 땅을 마음대로 처분할 수 있는 농민들, 즉 소크맨(sokeman)들도 있었다. 어떤 지역에서는 농민들이 그 지역의 어느 한 영주에 종속하지 않고 오직 국왕에게만 충성을 바침으로써 비교적 자유를 누렸다. 또 데인로 지방의 스칸디나비아계 농민들은 어느 한 영주에 종속하면서도 토지 보유의 자유는 나름대로 누렸다. 영세농민인 코티저는 지대를 바치지 않는 대신 약간의 노역 봉사를 했다. 봉사는 곳에 따라 달랐다. 가령 어떤 장원에서는 매주 월요일에 일해야 했는가 하면 또 어떤 곳에서는 8월 달에 주 3일 동안 일해야 했다. 마지막으로 노예들이 있었다. 그들은 법의 보호를 받지 못했으며, 노예를 살해한 사람은 그 노예의 값을 노예의 주인에게 치러야 했다. 또 노예는 재산을 가지고 있지 않았으므로 그의 범죄에 대해서 벌금을 부과할 수 없었다. 사소한 범죄에 대해서는 태형이나 불구형으로, 그리고 중대한 범죄에 대해서는 사형으로 처벌했다. 이처럼 노예들의 처지는 비참한 것이었지만 실제는 어느 정도 완화된 측면도 있었다. 가령 노예가 주인 토지의 노동자인 경우 그 토지의 소산물의 일부가 그에게 주어졌다. 또 노예를 학대하거나 살해한 주인은 법에 의해서 처벌받지는 않았지만 교회의 견책 대상이 되었다. 게다가 초기에는 노예의 수가 많았지만 점차 그 수가 감소되어 갔다. 그것은 교회가 노예 해방을 권장하기 때문이기도 했지만 노동과 생산물을 얻기 위해 노예에게 농지를 맡기는 편이 지주에게 유리하기 때문이기도 했다. 이렇게 해방된 노예의 지위는 반예속적 농업 노동자의 지위로 전락한 이전의 자유민, 즉 게부르의 지위에 근접하게 되었다.

켈트인들이 사용한 쟁기는 튼튼한 성에(beam) 끝에 보습(plowshare)을 단 간단한 쟁기였다. 그것은 두 마리의 수소가 끄는 가벼운 쟁기로서 남부 잉글랜드의 백악질 토양과 같은 가벼운 토질의 땅을 가는 데 적합했다. 그러나 그것으로 앵글로-색슨족이 주로 정착한 템즈 강 유역의 계곡이나 미들랜즈 지방의 점토질 땅을 가는 데는 어려움이 있었다. 점토질의 무거운 땅을 가는 데는 땅을 가르는 칼날(coulter)과 흙을 뜨는 보습과 이를 뒤엎는 숱바닥(mouldboard)이 달린 무거운 쟁기(heavy plow)가 필요했다. 이 같은 쟁기에는 흔히 바퀴가 달려 있어 땅을 가는 깊이를 일정하게 유지할 수가 있었다. 바퀴 달린 무거운 쟁기는 대개 두 마리씩 짝 지어 두 줄로 배열한 여덟 마리의 소가 끌었다.

무거운 쟁기는 경작 방식에 중요한 변화를 몰고 왔다. 여덟 마리의 소가 끄는 쟁기의 방향을 바꾸는 데는 상당한 시간과 어려움이 따랐기 때문에 농부들은 될 수 있는 대로 쟁기의 방향을 바꾸지 않으려 했다. 따라서 밭이랑이 길어지게 마련이어서 심지어는 그 길이가 200야드(180미터) 이상이 되는 경우도 드물지 않았다. 이 같은 경작 방식은 켈트인들의 네모난 소규모 경지에서는 적용되기 어려웠고, 그래서 울타리 없는 넓은 개방경지(open field)가 나타났다. 또 한 농민이 수소 8마리를 가지기는 매우 어려웠기 때문에 쟁기질은 협동 작업이 되게 마련이었으며, 따라서 각 농민은 개방경지 안에서 일정한 면적의 긴 띠 모양의 토지, 즉 지조(strip)들을 배정받았다. 한 농민에게 배당된 지조들은 개방경지 내의 여러 곳에 산재하

농민의 작업: 위로부터 ① 곡물 수확, ② 건초 베기,
③ 울타리 만들기, 쇠붙이 작업, 불 쏘이기, ④ 곡식
겨 날리기, ⑤ 쟁기질, ⑥ 가래질, 괭이질, 씨뿌리기,
⑦ 가축 돌보기

고 또 이웃의 지조와 뒤섞여 있었다. 이들을 모두 합친 면적은 대체로 16에이커(약 1만 9,000평, 7.6헥타르)에서 30에이커(약 3만 6,000평, 14.4헥타르)에 달했다. 농민들은 대개 경지의 중심지에 자리 잡은 마을에 모여 살았다. 초기에는 마을 주변의 들을 둘로 나누어[2포 제도(two-field system)] 그중 하나는 휴한하고, 나머지 하나를 다시 양분하여 하나에는 밀이나 라이보리와 같은 추곡을 심고, 다른 하나에는 보리나 귀리 같은 춘곡을 심었다. 그러나 인구가 증가함에 따라 곡물 생산량을 늘릴 필요가 생기면서 3포 제도(three-field system)가 발달했다. 이것은 들을 셋으로 나누어 그중 하나는 휴간하고 다른 하나에는 추곡을, 나머지에는 춘곡을 심는 방식이었다. 이 방식을 택함으로써 한 해에 이용하는 경작면적이 종전에는 전체 경지면적의 반이었던 것을 이제 3분의 2로 늘리게 된 것이다. 그러나 곡물의 산출량은 여전히 아주 낮았으며, 가장 비옥한 땅이라야 에이커당 약 9부셸(324리터)의 곡물을 산출할 수 있었다. 오늘날 잉글랜드에서 에이커당 산출량이 약 60부셸(2,160리터)인 것과 비교해 볼 때 그 정도를 짐작할 수 있다.

이렇듯 곡물의 생산량이 아주 낮았기 때문에 농민들은 쉴 틈 없는 노동을 통해서만 생계를 유지할 수 있었다. 그들은 가을에 휴한지를 갈아 밀을 심었으며, 겨울에는 곡물을 타작하고, 나무를 베어 소 외양간을 고치고 돼지우리를 세웠다. 봄이 되면 다시 쟁기질을 시작하여 보리와 콩과 야채를 심고, 5월과 6월과 7월에는 땅을 고르고 거름을 뿌리고 양털을 깎았다. 수확기는 농민들이 가장 바쁘고 가장 고된 시기였다. 남자들은 들에서 곡식을 거두어들이고, 여자들은 옷감을 짜고, 빵을 굽고, 술을 담그고, 남새밭을 돌보아야 했다. 끊임없는 노동이 그들의 삶이었다. 오직 교회의 축제일만이 일손을 놓아도 되는 날이었다. 그래서 농민들은 이런 축제일을 종교적인 행사보다는 술 마시고 즐기는 일로 보내기 일쑤였다.

경지 이외에 마을에는 농민들이 암소, 양, 염소 등 가축을 공동으로 놓아먹일 목장(pasture)과 목초지(meadow)가 있었다. 그들이 이곳에 놓아먹일 가축의 수는 그들이 보유한 경지의 넓이에 따라 배정되었다. 이 밖에 농민들이 공동 이용권을 가진 땅으로는 그들의 오두막집을 짓기 위한 목재며, 음식에 단맛을 내고 벌꿀술을 담그기 위한 꿀이며, 돼지 먹이로서 도토리와 나도밤나무 열매 따위를 얻을 수 있는 숲과 황무지가 있었다. 농민들은 나무로 지은 방 하나의 소박한 오두막집에서 온 가족이 함께 살았다. 방안에 부엌이 있어 연기가 초가지붕에 뚫린 구멍으로 나갔다. 철제 칼과 간단한 도구와 거칠고 모양 사나운 도기 그릇이 몇 개 있을 뿐이었다. 음식이라곤 죽과 빵과 에일(맥주)이 거의 전부였다. 그나마 흉년이 들면 굶주려 죽는 것을 감내해야 했다.

그동안 앵글로-색슨 사회는 촌락공동체 수준의 농업 조직에 기반을 둔 사회로 생각되어 왔다. 실제로 저지대의 기름진 평지에서는 이런 촌락들이 널리 퍼져있었으며, 이 같은 집촌(集村)과 함께 개방경지가 일반적인 농업 단위였다고 할 수 있다. 그러나 그것이 잉글랜드 전체의 보편적인 현상은 아니었다. 켄트와 이스트 앵글리어와 같은 구릉 지대에는 작은 마을(hamlet)이나 분산된 독립 농가가 오히려 통상적이었으며, 아주 이른 시기부터 켄트에서는 토지가 울타리로 둘러싸인 작은 경지들로 나뉘어 있었다. 한편 웨일즈나 잉글랜드 서북부의 토지는 산지가 많고 너무 척박해서 개방경지보다는 양과 소의 방목에 더 적합했고, 고립된 집과 목부들의 오두막들이 점점이 흩어져 있었다. 그러나 앵글로-색슨 시대의 농업이 단순한 자급자족의 단계에 머물러있지는 않았다. 철제 농기구와 무거운 쟁기는 이전에 이용하지 못하고 있던 비옥한 토지의 이용을 가능케 했으며, 이렇게 해서 얻어진 잉여 생산물은 왕실과 교회의 소용은 물론, 도시로 모여든 상인들의 수요까지도 충족시킬 수 있게 되었다.

10세기경부터 많은 사람들이 도시로 몰려들었는데, 버러라고 불린 이런 도시의 기원은 다양했다. 어떤 것은 왕령 주변에서 성장했고, 어떤 것은 수도원이나 대성당 주변에, 그리고 또 다른 것들은 앨프리드와 그의 후계자들이 세운 성채 주변에서 성장했다. 그러나 모든 도시들에서 나타난 공통점은 교역의 증대와 상인들 수의 증가라는 현상이었다. 잉글랜드는 양모·모직물·치즈·노예 등을 대륙에 수출했고, 유리제품·도자기·은제 식기류·포도주 등을 수입했다. 바이킹의 침입이 한때 이런 교역을 방해했지만 그 대신 발트 해(Baltic Sea) 무역의 길을 열었다. 런던과 사우샘턴이 외국 무역으로 번성했다면 여느 도시들은 국내 교역으로 번성했다. 철과 소금을 파는 행상인들이 전국을 누비고 다녔으며, 다비셔(Derbyshire)산의 납, 버크셔(Berkshire)의 와이트 호스 계곡(Vale of White Horse)에서 나는 치즈, 펜랜드(Fenland) 산의 장어, 각지의 대장간에서 만들어진 투구와 칼, 그리고 웨식스산의 모직물 등의 교역이 점차 성장해 갔다. 상인들은 국왕이 세운 도시의 보호를 받고 잉글랜드의 개방경지에서 생산되는 잉여 농산물에 의존하면서 그들의 생업에 종사하고 있었다. 도시들은 시장(市場)과 조폐소(造幣所),[7] 길드(guild)와 버러 법정 등을 갖추고 있었다.

수도원과 학문

캔터베리에 도착한 아우구스티누스가 세운 세인트 피터(St. Peter) 수도원과 세인트 폴(St. Paul) 수도원에 뒤이어 몸스베리(Malmesbury, Wilts.), 일리(Ely), 위어머스(Wear-mouth), 리펀(Ripon, N. Yorks.) 등 잉글랜드 각지에 수도원이 세워졌고, 국왕, 왕자나 공주, 귀족, 고위 성직자, 일반 농민 등 모든 계층의 사람들이 수도원에 들어갔다. 신앙생활에 대한 열성은 사람들의 세계관의 변화를 반영했다. 그것은 이 세상에서의 영웅적인 행동을 숭상한 이교적인 이상으로부터 현세에서 벗어나려는 그리스도 교적 이상으로의 전환이었다. 악마의 세계인 현세에서 벗어나는 길은 명상의 세계로 물러나는 것이라고 생각한 것이다. 7세기에 이 같은 명상의 세계로 물러난 삶의 모습을 가장 잘 보여준 이는 성 커스버트(St. Cuthbert)였다. 원래 전사였던 커스버트는 젊어서 멜로즈(Melrose) 수도원에 들어가 그 원장이 되고 나중에는 린디스판 수도원장이 되었다. 그는 이 수도원에서 철저한 은둔 생활에 몰입했다. 그는 판(Farne)이라는 조그마한 섬에 작은 움막을 짓고 그 주위를 벽으로 둘러싸 하늘 이외에는 아무것도 눈에 들어오지 못하게 했다. 이곳에서 그는 보리와 양파만으로 연명하면서 찬송과 찬미를 되뇜으로써 육신으로부터 벗어날 수 있었다.

그러나 교회의 이상은 명상을 위한 은둔만은 아니었다. 교회는 하느님의 진리를 세상에 전파하는 것 또한 그 임무로 삼았다. 영국인들을 개종시킨 대륙의 전도 열정이 8세기에는 해협을 건너 대륙으로 되돌려졌다. 웨스트 색슨의 윈프리스(Wynfrith)

---

7) 로마의 평화가 무너지면서 화폐제도도 무너졌으나, 7세기에 질서가 어느 정도 회복되자 화폐제도가 되살아났다. 머시어의 왕 펜더는 은화를 주조했다. '페니'라는 말은 아마 여기에서 유래했을 것이다.

가 이끈 선교단은 튀링엔(Thüringen), 헤센(Hessen), 바이에른(Bayern) 등지의 이교도들을 개종시켰는데, 윈프리스는 후에 보니파키우스(Bonifacius)라는 이름으로 불렸다. 754년에 보니파키우스는 프리슬란트(Friesland)의 이교도들에게 살해당했지만, 죽기 전에 이미 그는 독일인들을 개종시키는 데 지대한 공헌을 했다.

교회는 학문과 미술의 발전에도 힘을 기울였다. 그리스도교는 책, 즉 성서를 통한 종교였으며, 따라서 성서를 읽을 줄 알고 해석할 수 있는 사람들에 의해서만 전도될 수 있었다. 잉글랜드에는 아우구스티누스 시대부터 이미 학교가 있었지만, 책 읽기와 같은 기초적인 것 이상의 학문은 669년 타르소스의 시어도어가 들어오면서부터 시작되었다. 그가 캔터베리에 세운 학교는 라틴어와 그리스어, 로마법, 교회음악, 종교시의 작법 등을 가르쳤다. 그 후 새로운 학문이 확실하게 뿌리내린 것은 시어도어의 친구이자 욕심 많은 책 수집가인 베네딕트 비스컵(Benedict Biscop)이 세운 재로우 수도원과 위어머스 수도원에서였다. 그가 세운 도서관이 있었기에 노섬브리어의 위대한 학자인 비드의 작업이 가능했던 것이다. 비드는 7세기 말 위어머스 수도원에 들어간 이후 평생을 그곳과 재로우 수도원에서 수행과 공부로 보냈다. 735년 63세의 나이로 죽기까지 그는 과학과 역사와 신학에 관한 36권의 저작을 남겼다. 그중 가장 유명한 것은 라틴어로 쓴 『잉글랜드인들의 교회사』이다. 그는 능란한 이야기꾼이자 정확하고 공정한 역사가로서 사실과 소문을 구별할 줄 알았다. 학문 애호는 비드의 죽음으로 끝이 나지 않았다. 나중에 샤를마뉴의 궁정에 나아가 궁정학교의 설립을 도운 알퀸(Alquin)을 배출한 곳이 바로 비드의 제자가 요크에 세운 학교였던 것이다.

학문과 함께 미술이 7세기와 8세기의 노섬브리어 문화를 빛냈다. 교회는 황금의 성찬대, 보랏빛 재단 보, 비단 의복 등, 그리스도교의 신을 장엄하게 보이도록 하는 데 온갖 수단을 다했다. 같은 열정이 또한 성서 필사본, 특히 복음서 필사본의 정교한 장식을 낳았는데, 밝은 보색을 사용함으로써 장식의 장엄함을 더했다. 노섬브리어 지방의 그리스도교 십자가들에 새겨진 조각 또한 훌륭하다. 특히 컴벌런드(Cumberland)의 뷰카슬(Bewcastle)과 덤프리셔(Dumfriesshire)의 러스웰(Ruthwell)에 있는 십자가들이 유명한데, 그 위에 새겨진 조각의 주제들(심판하는 예수 상, 세례자 요한 상,

맹인을 눈 뜨게 하는 장면)은 그리스도교의 진리를 신도들에게 가르치기 위해 선택된 것들이다. 이런 십자가에서 볼 수 있는 디자인의 풍부함은 토착적 재능의 표현이었으며, 당시 유럽의 어느 곳에서도 그처럼 위엄 있고 힘찬 조각을 찾기 어려웠다.

노섬브리어의 왕들이 가져온 정치적 안정 속에서 꽃핀 학문과 미술은 바이킹의 침입으로 한때 쇠퇴했다. 그러나 10세기 동안에 프랑스의 베네딕트 수도회 (Benedictine) 수도원을 본보기로 한 수도원들이 잉글랜드 전역에 걸쳐 다시 세워졌다. 940년에서 1066년 사이에 약 60개에 이르는 수도원과 수녀원이 세워졌으며, 국왕이나 귀족들이 종교 단체를 위해 많은 토지를 기증한 결과, 교회는 잉글랜드 내 가용 토지의 거의 3분의 1을 차지하게 되었다. 이래서 수도원이 잉글랜드 교회의 주축이 되었으며, 수도회 성직자가 세속 성직자를 대신하고 주교직의 대부분을 맡게 되었다.

3

노르만의 잉글랜드 정복과 앙주 왕조

1. 윌리엄 정복왕과 노르만 잉글랜드

윌리엄의 잉글랜드 정복

에드워드가 후계자 없이 사망하자마자 노르웨이 왕 해럴드 하르드라다(Harold Hardrada), 노르망디 공 윌리엄, 그리고 에드워드의 왕비 에디스(Edith)의 두 형제인 토스티그(Tostig)와 해럴드 고드윈선(Harold Godwinson) 등이 제각기 잉글랜드 왕위의 계승권을 주장하고 나섰다. 죽음을 앞에 둔 에드워드와 위턴들은 해럴드 고드윈선이 왕위를 잇도록 결정했으며, 해럴드는 이를 수락하고 웨스트민스터 수도원에서 즉위했다. 그러나 곧 윌리엄의 반대에 부닥쳤다. 애설레드 2세와 크누트의 처조카인 로베르(Robert)[1]의 아들 윌리엄은 자신이야말로 에드워드의 정당한 왕위계승자라고 주장했다. 게다가 그는 에드워드 고해왕이 1051년에 이미 그를 후계자로 인정했을 뿐만 아니라, 해럴드 역시 1064년에 그의 왕위 상속을 지지하기로 서약했다고 주장했다. 그러나 이 같은 주장을 정당하다고 인정하는 사람은 별로 없었다. 왜냐하면 그에게는 잉글랜드 왕실의 피가 전혀 흐르지 않았으며, 해럴드의 서약이란 것도 실은 그가 윌리엄에게 포로로 잡혀 있을 때 강요에 의한 것이었기 때문이다. 그럼에도 불구하고 해럴드가 왕위에 오르자 윌리엄은 해럴드를 서약 위반자로

---

1) 로베르의 누이동생 에머는 애설레드 2세의 왕비였는데, 그가 사망한 후 크누트의 왕비가 되었다. 64쪽 참조.

1066년 헤이스팅즈에서 해럴드 고드윈선이 피살되는 장면(바이외 태피스트리)

낙인찍고, 곧 잉글랜드 침공 계획을 세우기 시작했다.

윌리엄에게는 다행스럽게도 프랑스 내의 상황이 그에게 유리한 방향으로 흘러갔다. 1060년에 그의 강력한 적대자였던 프랑스 왕 앙리 1세(Henri I)와 앙주(Anjou) 백 조프르와 마르텔(Geoffroy Martel)이 사망하자, 왕위에 오른 프랑스 왕 필리프 1세(Philippe I)는 윌리엄에게 호의적인 섭정의 수중에 들어가고,[2] 앙주는 내란에 휩싸였다. 한편 캔터베리 대주교와 사이가 틀어지고 남부 이탈리아에서 노르만의 도움에 의지하고 있던 로마 교황은 윌리엄의 침략 행위를 신성한 십자군인 양 미화함으로써 그의 잉글랜드 침공을 지지하고 축복했다. 윌리엄의 침공 준비는 용의주도했다. 그는 노르망디 공국뿐만 아니라 전 유럽에서 기사들을 모집하고, 800여 척의 함선을 모았다. 1066년 8월 출범을 위한 만반의 준비가 갖추어졌다.

윌리엄이 침공한 잉글랜드는 부유하고 평화스러우며 비교적 잘 통치되고 있었다. 교역이 활발하고 인구가 늘어나고 앵글로-색슨인과 데인인 사이의 관계도 점차 원만해지고 있었다. 에드워드 고해왕은 유능하고 위대한 통치자는 아니었지만 왕의 자리를 유지할 만한 능력은 나름대로 갖추고 있었다. 그러나 그의 치세에 잉글랜드는 한두 가지 구조상의 약점을 드러냈다. 그중 하나는 얼(백작)들의 세력이 너무 강대해진 것이었다. 얼들에 대하여 강력한 통제를 가한 크누트와 달리 에드워드는 이들을 제대로 다스리지 못하여 이들은 점차 독립적인 지위를 누리게 되었다. 그중에서도 웨식스, 머시어, 노섬브리어의 세 백령은 고드윈, 레어프릭, 시워드, 세 가문의 세습영지가 되었다. 1051년에 에드워드는 고드윈 가문의 사람을 캔터베리 대주교로 임명하는 것을 거부하고 대신 노르만 출신을 지명했다. 이것이 고드윈 백과의 격렬한 싸움을 유발했다. 고

---

2) 윌리엄의 장인인 플랑드르 백 볼드윈(Baldwin)이 필리프의 섭정이 되었다.

노르만의 기병이 색슨 병사를 공격하는 모습(바이외 태피스트리)

드윈은 잉글랜드에서 추방당했으나 이듬해에 되돌아와 군대를 일으키고 왕을 위협하여 그의 노르만계 총신을 추방케 했다. 통치의 실권이 고드윈 가문의 수중에 넘어갔으며, 1053년 고드윈이 사망한 뒤에는 그의 세 아들 해럴드, 토스티그, 기르스(Gyrth)가 각기 웨식스, 노섬브리어, 이스트 앵글리어의 백령을 지배했다. 이들 삼형제가 서로 결속했더라면 윌리엄의 침공을 막아낼 수 있었을지도 모른다. 그러나 1065년 노섬브리어인들이 토스티그의 실정에 항거하여 봉기했을 때 해럴드가 반란자들 편을 들어 그를 축출하는 데 동의하자 토스티그는 형 해럴드에 대한 복수를 맹세하고 자신의 영지를 되찾기 위해 노르웨이 왕 해럴드 하르드라다에게 도움을 청했다.

에드워드 치세 말의 잉글랜드가 지닌 또 하나의 약점은 적당한 왕위계승자가 없다는 점이었다. 에드워드에게는 자식이 없었으며, 앨프리드 대왕의 후손으로 생존해 있던 유일한 남자는 에드워드의 이복형 에드먼드 철기병(Edmund the Ironside)의 손자인 어린 에드가 애설링(Edgar Aetheling)뿐이었다. 그리하여 에드워드와 위턴들은 용감하고 능력 있는 해럴드를 왕위계승자로 지명했던 것이다. 그러나 해럴드의 즉위는 노르망디 공뿐만 아니라 해럴드 하르드라다의 야심을 불러일으켰다. 해럴드 하르드라다는 잉글랜드 왕 하르사크누트가 노르웨이 왕 마그누스(Magnus)에게 왕관을 물려주겠다고 약속한 사실을 근거로 하여 잉글랜드 왕위를 요구했다. 이래서 잉글랜드 왕위를 둘러싼 싸움은 두 사람의 해럴드와 윌리엄 사이의 삼파전이

윌리엄 정복왕

되었다.

행운은 윌리엄을 따랐다. 9월 내내 윌리엄의 배를 노르망디 해안에 묶어놓았던 북풍은 해럴드 하르드라다의 배를 오크니 제도에서 험버 강 쪽으로 이끌어 토스티그와 합세케 했다. 해럴드 고드윈선의 첫 공격 대상은 이래서 해럴드 하르드라다가 되었다. 해럴드 고드윈선은 급히 북쪽으로 내달아 노르웨이인들을 스탬퍼드 브리지(Stamford Bridge)에서 격파했다. 해럴드 하르드라다와 토스티그는 전사했으며, 노르웨이인들을 싣고 온 300척의 배 가운데 겨우 20여 척만이 생존자를 싣고 되돌아갔다. 이 전투는 영국인들의 군사력을 과시했으나, 결국에는 그 힘을 약화시켰다. 3일 후인 9월 28일 윌리엄이 페번지에 상륙하자, 해럴드는 그의 많은 궁사와 보병의 주력 부대를 뒤에 남겨둔 채 급히 남쪽으로 내려왔다. 그는 지친 호위병들과 근방에서 급히 모집한 병력을 이끌고 윌리엄을 상대하러 헤이스팅즈(Hastings)로 나아갔다. 뒤에 두고 온 주력 부대가 도착할 때까지 공격 시기를 늦추지 않고 급히 서두른 것이 낭패의 원인이었다. 윌리엄은 약 5,000명의 병력을 거느리고 있었으며, 해럴드는 약 7,000명의 병력으로 헤이스팅즈 서북쪽에 있는 한 언덕을 점거하고 있었다.3) 10월 14일 아침에 윌리엄은 공격을 시작했다. 그는 먼저 보병과 궁병을 내보내 영국군을 공격했으나 도끼와 창으로 무장한 영국군 보병들의 방패 원진(圓陣)의 벽을 뚫지 못했다. 그는 이어 기병들을 전진시켰으나 이들 또한 하릴없이 후퇴하고 말았다. 오후 내내 영국인들의 방패 벽을 뚫지 못한 노르만인들은 거짓 후퇴작전으로 영국인들이 언덕에서 나와 그들을 뒤쫓게 하고, 기병이 이들을 급습함으로써 영국군의 전력을 약화시켰다. 해가 지기 시작할 무렵 노르만인들은 마지막 공격을 가했다. 노르만의 궁

---

3) 이 지점에 오늘날 '배틀(Battle)' 마을과 '배틀 수도원'이 자리 잡고 있다.

병들은 화살을 높이 쏘아 올려 공중에서 영국군 진영으로 쏟아지게 했다. 하늘에서 떨어지는 화살을 피하느라 영국군의 전열이 흐트러진 틈을 타 노르만의 기병이 돌진했다. 궁병과 기병을 동시에 투입한 마지막 공격에서 노르만인들은 해럴드의 군대를 무찌르고 언덕을 점령했다. 헤이스팅즈의 전투는 궁병의 도움을 받은 기동력 있는 기병의 새로운 전술이 도끼와 창을 휘두르는 보병 집단의 낡은 전술에 대해 승리를 거둔 좋은 보기였다. 눈에 화살을 맞고 쓰러진 해럴드는 노르망디 기사들에게 피살되었다. 그중 한 기사가 해럴드의 다리를 잘랐는데, 윌리엄은 이 같은 비기사적 행위를 저지른 자를 내쫓았다. 해럴드의 죽음으로 앵글로-색슨 왕국은 막을 내리고, 잉글랜드의 왕좌는 정복왕 윌리엄에게 돌아갔다.

헤이스팅즈에서 승리한 윌리엄은 영국인들이 금방 그에게 복종하리라 기대했으나 그의 기대는 어긋났다. 대부분의 영국인들은 노르만의 정복자보다는 앵글로-색슨계의 왕을 선호했다. 특히 노섬브리어 백이나 머시어 백 같은 북서부의 유력한 얼들은 윌리엄에게 굴복하기를 거부하고, 에드가 애셜링을 해럴드의 계승자로 선언했으며, 캔터베리와 요크의 대주교들도 이 선언을 지지했다. 게다가 에드워드의 왕비는 웨스트 색슨의 수도 윈체스터를 장악하고 있었으며, 잉글랜드를 지배하는 데 관건이었던 런던 역시 노르만 침입자에게 적대적이었다.

수천 명에 불과한 소수 병력으로 런던을 공격하기는 어렵다고 판단한 윌리엄은 런던을 우회하기로 작정했다. 그는 도버와 캔터베리를 거쳐 템즈 강의 남쪽을 따라 서쪽으로 나아가면서 주변 일대를 유린했다. 그는 런던 남쪽의 서더크(Southwark)를 불사르고 다시 서쪽으로 진출하여 햄프셔, 버크셔를 거쳐 템즈 강을 건넌 뒤 동쪽으로 방향을 틀었다. 이렇게 하여 런던이 고립되자 그의 적들은 차례로 굴복하기 시작하고, 런던의 유력자들도 그 뒤를 따랐다. 크리스마스 날 요크 대주교는 웨스트민스터에서 윌리엄을 잉글랜드 왕으로 축성했다. 건물 밖에서 경비하고 있던 노르만 병사들이 안에서 나는 갈채 소리를 반란을 부추기는 소리로 잘못 듣고 영국인 관람자들을 죽이는 해프닝이 벌어졌으나 사태는 곧 진정되었다.

윌리엄은 소수 영국인들을 관직에서 물러나게 하고, 헤이스팅즈에서 죽은 자들의 토지를 몰수했다. 그러나 자신을 잉글랜드 왕위의 합법적인 계승자라고 생각한

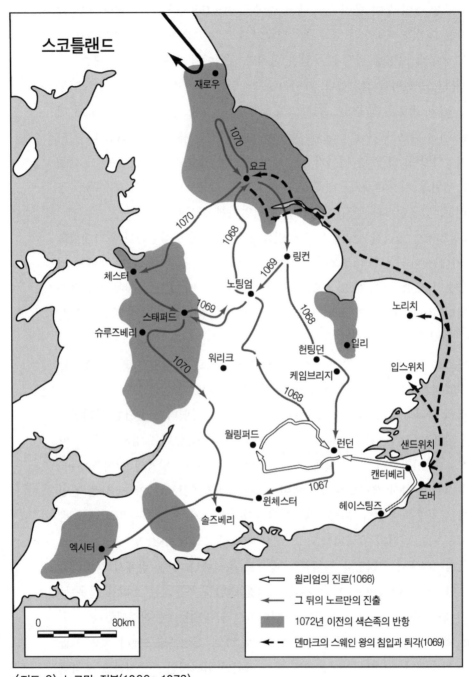

스코틀랜드

재로우

1070

요크

1070

1068

링컨

1069

체스터

노팅엄

노리치

1069

스태퍼드

1068

일리

슈루즈베리

헌팅던

입스위치

1070

워리크

케임브리지

1068

월링퍼드

런던

샌드위치

캔터베리

1067

도버

윈체스터

헤이스팅즈

솔즈베리

엑시터

0   80km

⟵ 윌리엄의 진로(1066)

← 그 뒤의 노르만의 진출

■ 1072년 이전의 색슨족의 반항

◄--- 덴마크의 스웨인 왕의 침입과 퇴각(1069)

〈지도 8〉 노르만 정복(1066~1072)

그는 에드워드의 후계자로서 통치하고 그의 법을 지킬 것을 약속했다. 그는 그에게 적대한 자들이라도 그에게 복종하고 봉사할 것을 서약하면 너그럽게 대할 것이라고 약속했다. 그럼에도 불구하고 영국인들의 불만은 쉽사리 가라앉지 않았으며 여러 곳에서 노르만에 대한 반항이 계속되었다. 1068년에 남서부에서, 1069년에는 북부에서 반란이 일어났다. 윌리엄은 철저하고 무자비하게 반란을 진압했다. 그는 북쪽으로 진격하면서 주변 일대를 초토화했다. 그의 군대는 반항자들을 몰살하고 가축들을 도륙하고 식량을 불사르고 농기구를 파괴했다. 노략질은 요크와 더럼(Durham) 사이에 사람의 거주지가 단 한 곳도 남아 있지 않았다는 역사가들의 지적이 나올 정도로 격심했다. 광대한 농촌 지역이 황무지로 변하고, 수많은 마을과 도시가 그의 분노의 제물이 되었다. 영국인들은 숲 속이나 외진 곳에 매복해 있다가 기회가 오면 증오의 대상인 노르만들을 죽이곤 했다. 이에 대한 보복으로 노르만들은 하나의 법을 만들었다. 그것은 살해된 자의 시체가 영국인의 것으로 입증되지 않을 경우 그것은 노르만의 시체로 간주되며, 그 경우 시체가 발견된 곳에 인접한 마을 주민들에게 무거운 벌금을 부과한다고 규정한 것이었다. 시체가 영국인인 경우에는 아무런 벌금도 부과하지 않았다. 1071년 윌리엄은 색슨인들의 마지막 반란을 진압했다. 반란은 이스트 앵글리어의 늪지대에서 일어났는데, 반란의 지도자 헤러워드(Hereward the Wake)의 처절한 일리 섬 방어전은 후세 영국인들로 하여금 그를 아서 왕이나 앨프리드 대왕에 비견되는 앵글로-색슨의 영웅으로 여기게 했다.

윌리엄은 6척 가까운 키에 넓은 어깨와 적갈색 머리를 지닌 건장한 남자였으며 목소리가 거친 사람이었다. 그의 아버지 로베르는 그의 어머니인 무두장이의 딸 에얼레트(Arlette)와 정식으로 결혼하지 않았기 때문에 그는 '서자 윌리엄(William the Bastard)'이라 불렸다. 그러나 1035년 로베르가 예루살렘으로 순례 여행하는 도중 사망하자 윌리엄은 로베르 생전의 유언에 따라 노르망디 공이 되었는데, 그때 그의 나이는 일곱 살에 불과했다. 그가 어린 시절 살아남은 것은 프랑스 왕의 도움 덕택이었으나, 그 뒤의 성공은 그의 강력한 성품에 힘입은 것이었다. 그는 굳센 의지력을 가지고 있었으며, 목적을 달성하는 데 끈질겼고, 적절한 시기에 적절한 결단을 내리는 능력을 가지고 있었다. 그는 고집 세고 잔인한 사람이었으며, 반란자나 침공한 적에 대해서 무자비했다. 알랑송(Allençon) 성을 공략했을 때 그는 32명의 포로의 손발을 절단했다. 그러나 그는 또한 잔학성에 공정성과 아량을 아우를 줄 아는 사람이기도 하여 자기에게 순종한 반항자에게 토지를 되돌려주었다.

봉건제의 도입

헤이스팅즈에서 윌리엄이 승리를 거둔 데는 궁병과 함께 말 탄 전사, 즉 기사들의 공이 컸다. 안장과 재갈과 등자의 발명은 말 위에서 기사들의 움직임을 안정시켰다. 특히 동양에서 들어온 등자는 마상에서 긴 창으로 적을 무찌를 때 충격을 지탱할 수 있게 해주었다. 그러나 이런 기사를 부양하는 데는 많은 비용이 들었다. 기사에게는 몇 마리의 말이 필요했고, 시중을 드는 종자, 칼과 창과 방패, 박차가 달린 가죽 장화, 철제 투구, 갑옷 등이 필요했다. 게다가 기사를 훈련하는 데도 많은 비용과 시간이 들었다. 마상에서 싸우는 어려운 기술을 익히기 위해서는 어릴 때부터 많은 훈련을 쌓아야 했다. 화폐의 유통과 세금 수입이 보잘것없던 농촌 사회에서 이런 기사 군대를 유지하는 것은 힘겨운 일이었다. 프랑스 왕들은 기사들에게 토지를 급여함으로써 이 문제를 해결했다. 후기 로마 시대부터 국왕들은 이행한 봉사에 대한 보수로서 은대지(恩貸地, benefice)를 급여했는데, 그들은 이제 앞으로의 봉사를 조건으로 토지를 급여했다. 이렇게 급여된 토지가 곧 봉(fief)이었다. 그러한 토지의 급여는 하나의 계약이었으나, 그것은 상업적 계약이 아니라 인신적 계약이었다. 토지를 급여받은 자가 급여자, 즉 주군(lord)의 봉신(vassal)이 되었는데, 봉신의 주군에 대한 관계는 명예롭고 신성한 것이었다. 봉신이 주군의 두 손 안에 자신의 두 손을 넣는 신서(臣誓, homage)의 의식과 성서에 손을 얹고 맹세하는 충성(fealty)의 서약을 하고 나면 주군은 봉을 수여하여 봉신으로 서임했다. 이렇게 서임된 봉신은 주군에 대하여 복종과 봉사의 의무를 지며, 주군은 봉신에게 보호와 부양의 책임을 졌다. 이 같은 봉과 주종제(vassalage)의 결합에 의해 봉건제도가 성립한 것이다.

윌리엄 정복왕은 이 같은 프랑스의 봉건제를 잉글랜드에 들여왔다. 봉건제를 지향하는 듯한 제도들이 앵글로-색슨 시대의 잉글랜드에도 존재하고 있었던 것은 사실이며, 잉글랜드는 노르만 정복이 있었건 없었건 그 나름대로 봉건제를 발달시켰을 것이다. 그러나 주인집의 잡무를 돌보는 그때의 가신들은 전투에 종사하는 기사가 아니었고, 여러 가지 봉사의 대가로 주어진 토지는 군사적 봉사를 조건으로 급여된 봉이 아니었다. 윌리엄은 그를 추종한 노르망디와 브르타뉴, 플랑드르 등지의 유력자들에게 잉글랜드의 대영지를 봉으로 나누어 주었다. 이렇게 국왕으로부터 직접 토지를 급여받은 대영주들은 국왕의 직접봉신(tenant-in-chief)으로서 국왕에게 충성을 서약하고 일정 수의 기사를 제공하는 군사적 봉사의 의무를 졌다. 그들은 자신이 거느리고 있는 기사들 중에서 필요한 만큼의 기사를 제공할 수도 있었지만 좀더 흔하게는 자기의 봉신이 된 기사들에게 자기의 영지의 일부를 급여했으며, 그 기사들이 다시 다른 기사에게 토지를 급여하는 이른바 재분봉의 과정을 통해서 소요된 기사의 수를 보충했다.

봉건적 토지 소유는 원래 세습되지 않았으며, 봉신이 죽으면 토지는 주군에게 되돌아갔다. 그러나 봉신의 후계자는 상속세(relief)를 지불함으로써 영지를 다시 돌려받을 수 있었다. 봉신의 가계가 단절되면 토지는 주군에게 환수(escheat)되었다. 봉신의 상속자가 어린아이인 경우 영주는 그가 성년에 도달할 때까지 보호자로서 그 영지에 대한 권리를 행사했다. 영지가 딸이나 과부의 손에 떨어질 경우에는 그것이 주군의 적의 수중에 들어가지 않게 하기 위해 주군은 그녀의 결혼 상대자를 지명할 권한을 가졌다. 이 밖에도 봉신은 필요시 주군에게 금전으로 부조할 의무가 있었다. 즉, 주군의 장남이 기사로 서임될 때, 장녀가 결혼할 때, 그리고 주군이 몸값을 내야 할 때 봉신은 금전상의 부조의 의무를 졌다.

윌리엄은 1086년 그 자신과 대영주들의 부를 확실하게 파악하기 위해 각 주에 조사관을 파견하여 토지의 소유자와 경작자, 토지의 면적과 가치, 가축과 쟁기의 수 등 장원의 실태를 자세히 조사하도록 했다. 조사가 어찌나 철저히 시행되었던지 "한 하이드(hide: 60~120에이커의 땅으로 한 가족을 부양할 만한 넓이), 아니 한 버게이트(virgate: 4분의 1하이드)의 땅, 말하기조차 창피한 일이지만, 수소 한 마리, 암소 한 마리, 심지어 돼지 한 마리조차 조사에서 누락되지 않았다"는 것이다. 이 조사의 결과가 유명한 『둠즈데이 북(Domesday Book)』인데, 이것을 통해서 국왕은 잉글랜드

『둠즈데이 북』을 담은 상자와 『둠즈데이 북』의 한 쪽

내의 장원의 일 년 수입을 계산할 수 있었으며, 그것을 토대로 영주들에게 봉건적
제 의무를 부과할 수 있었다. 이 조사에 따르면, 윌리엄은 약 1,400개의 장원을
소유하고 있었으며, 거기에서 얻은 일 년 수입은 1만 1,000파운드에 달했고, 그
밖의 수입을 합친 연 총수입은 2만 파운드 정도였다.

　『둠즈데이 북』은 노르만의 정복이 잉글랜드의 큰 재난이었음을 보여주고 있다.
그것은 잉글랜드의 세인들을 일소해 버렸다. 약 4,000~5,000명의 앵글로-색슨 세
인들이 그들의 토지를 빼앗겼다. 토지에서 나오는 총수입 가운데 절반가량이 새로
창출된 170명가량의 노르만 배런(baron: 영주)들, 즉 왕의 직접봉신들의 수중에 들어
갔으며, 약 4분의 1이 왕실로, 또 다른 4분의 1이 교회와 약 50명의 고위 성직자의
수중에 들어갔다. 왕족과 고위 성직자들과 세속 영주들의 수는 1만 명 정도였다.
이들 새로운 노르만 엘리트들이 150만 내지 200만 명 정도의 영국인들을 지배하
게 된 것이다. 새로운 지배자들의 권력을 보여주는 가장 뚜렷한 상징은 잉글랜드
전역에 걸쳐 나타난 성들이었다. 노르만들이 들어온 한 세대 동안만 해도 근 500
개의 성이 세워졌다. 초기의 성은 대개 흙을 쌓아 올려 만든 작은 언덕 위에 높은

목조 탑을 세우고 주변을 방책으로 둘러싸고 도랑을 파서 물을 채웠으나, 시대가 지남에 따라 성은 군사적 요새로서만이 아니라 영주의 주거로도 사용되면서 돌로 축조되기 시작하여 규모가 커지고 구조가 견고해졌다.

주군이 봉신에게 급여한 토지, 즉 봉은 보통 몇 개의 장원이었으며, 장원은 봉건제의 경제적 기반을 구성하고 있었다. 즉, 장원의 부가 기사를 무장시켜 전쟁터로 나가게 했던 것이다. 그런데 그러한 토지의 급여는 단순히 토지만을 급여한 것이 아니라 토지에 딸린 농민과 이들에 대한 장원 영주의 여러 권리까지도 함께 급여하는 것이었다. 봉건제의 맨 밑바닥을 이룬 이들 농민의 대부분은 농노(serf)였는데, 노르만의 정복은 잉글랜드의 거의 모든 자유민들을 농노의 신분으로 전락시켰다. 농노는 장원의 토지에 매여 있고, 영주의 직영지에서 매주 3일 정도의 주 부역(week-work)은 물론, 쟁기질 철과 수확기에 여분의 특별 부역(boonwork)을 할 의무를 지고 있었다. 게다가 그는 매년 지정된 시기에 일정한 현물 공납을 하고, 영주가 임의로 부과하는 타이유(taille, tallage)를 지불하며, 영주의 제분소에서 밀을 빻고, 영주의 제빵소에서 빵을 굽고, 딸의 결혼에 대한 혼인세(merchet)와 보유지를 이어받는 데 대한 상속세(heriot)를 물어야 했다. 농노는 해가 뜨면서부터 지기까지 하루 종일 긴 밭이랑을 갈고, 그의 아내는 옷감을 짜고 가축을 먹이고 치즈를 만들었다. 그의 집은 가축이 드나드는 오두막이며, 가재도구라곤 한두 개의 단지와 납작한 냄비가 전부였다. 그들은 농사가 잘되었을 때는 밀과 보리로 연명했지만 흉년이 들면 굶주림에 허덕였다. 한편 노르만이 들어오면서 노예들의 지위가 상승하여 농노가 되었다. 앵글로-색슨 시대에 인구의 10%에 가까웠던 노예들이 노르만 침입 한 세기 후에는 사실상 사라졌다. 노르만들은 노예보다는 농노로서 그들을 이용하는 편이 더 유리하다고 판단했던 것이다.

노르만의 정복은 도시의 쇠퇴를 가져왔다. 대부분의 도시에서 인구가 감소했으며, 가옥들이 버려지고 교역이 쇠퇴했다. 도시의 영국인 거주자들을 신뢰하지 않았던 윌리엄은 그들을 위압하기 위해 큰 성을 축조한 한편 도시로부터 거두어들이는 각종 수입을 대폭적으로 증액했다. 그렇다고 노르만들이 도시에 대해서 적대적인 것은 아니었다. 다음 세기에 들어가면 국왕이나 영주들은 시장과 성과 교회를 갖춘 새로운 도시들을 건설하는 데 앞장섰다. 그들은 시장을 통해서 이익을 얻고자 했으며, 성을 통해서 농촌 지역에 대한 그들의 지배권을 강화하고자 했다. 그들은 도시 주민들에게 여러 특권적 자유를 부여했다. 그것은 정해진 액수의 지대를 낼 권리, 자신의 집과 토지를 매도할 권리, 상속세와 혼인세의 면제, 도시 법정에서 재판을 받을 권리 등을 포함하고 있었다. 교역의 쇠퇴로 많은 새 버러들이 촌락의 지위로 떨어졌지만, 그러한 속에서도 항구적인 시장과 상인 인구를 갖춘 제대로 된 도시들이 성장하기도 했다.

노르만의 정복과 봉건제의 도입은 잉글랜드에서 여성의 지위를 약화시켰다. 앵글로-색슨 시대에는 남녀가 비교적 평등한 삶을 누리는 편이었으며, 특히 지위가 높은 귀부인들은 공적인 일에 적극적으로 참여했다. 여성의 권리도 존중되는 편이었으며, 싫은 남자와의 결혼을 강요당하지 않았다. 과부의 유산 상속권도 인정되었으며, 장자상속의 원칙도 없었다. 봉건제가 이 모든 것을 변화시켰다. 봉건제 사회는 무엇보다도 전쟁을 위한 사회였으며, 전쟁을 위해서는 기사의 봉사가 보장되어야 하기 때문에 영지는 장자에게 상속되어야만 했다. 이런 남성 위주의 사회에서 여자의 역할은 미약할 수밖에 없었다. 여자는 약한 존재로 아버지의 보호를 받아야 하고 그 지시에 따라 결혼해야 했다. 결혼한 뒤에는 남편의 보호를 받아야 하고 그녀의 재산은 남편의 소유가 되며, 그의 동의 없이는 어떠한 재산권도 행사할 수 없었다. 남편이 죽고 난 뒤에는 남편의 영주의 보호 아래 들어가며, 재혼할 때도 그의 지시에 따라야 했다.

앵글로-노르만의 정부 조직

잉글랜드의 정복자가 아니라 합법적인 왕위계승자로 자처한 윌리엄은 노르만의 봉건제를 잉글랜드에 도입하면서도 다른 한편으로는 앵글로-색슨의 제도를 계속 유지해 나가려고 노력했다. 그는 에드워드 고해왕의 정당한 후계자로서 그의 법을 준수할 것을 약속하고, 상서청, 내실, 셰리프, 민병대, 샤이어 및 헌드레드 법정 등 앵글로-색슨 왕국의 주요 제도를 그대로 보존하고 발전시켜 나갔다. 노르만인들은 국왕의 채플린들이 왕의 서기로서 특허장이나 영장을 작성해 온 앵글로-색슨 시대의 관행을 계속 유지했다. 이 서기직의 우두머리로 상서(Chancellor)가 나타났으며, 상서청이 정부의 중요한 부서가 되었다. 또 원래 국왕의 침실에 있는 보물고인 국고는 국왕의 수입을 거둬들이고 보관하는 일이 소임이었는데, 에드워드 고해왕이 윈체스터에 설치한 항구적인 국고의 관리들은 화폐의 주형을 찍어내고 화폐의 순도를 검증하는 일도 맡았다. 노르만인들은 서유럽에서 가장 우수한 주화를 찍어내고 왕의 수입을 징수·보관하는 데 유용한 이런 제도를 바로 앵글로-색슨 왕국으로부터 이어받았다.

한편 노르만의 정복 이후 왕의 대리자로서의 셰리프의 역할이 점점 더 커져 지방 정치의 중심적 지위를 차지하게 되었다. 셰리프의 주요 임무는 국왕의 수입을 거둬들이고 그에 관한 회계를 왕의 금고에 보고하는 일이었는데, 윌리엄은 민병대의 소집과 지휘의 임무까지도 얼들로부터 셰리프에게 넘겼다. 셰리프는 또한 샤이어 법정을 주재하고, 국왕의 영장을 법정에서 낭독했으며, 판결을 선고하고 집행했다. 이런 셰리프는 윌리엄에게 아주 중요한 직책이었기 때문에 그는 노르만의 영주들을 셰리프로 임명했다.

노르만 왕들은 왕과 신민들 사이의 주요한 접촉 기구로서 샤이어 법정을 유지하고자 애썼다. 샤이어 법정에 소송을 제기한 것은 오래전부터 내려온 나라 법의 산 증인들인 주의 대지주들이었다. 그들은 이 법정에서 형사사건들을 청문하고 각기 다른 지주의 소작인들 사이에 일어나는 분쟁과 범법 행위, 채무에 관한 사항 등 온갖 사건을 다루었다. 한편 헌드레드 법정은 사소한 형사사건을 다루는 것 이외에 재산세를 부과하고, 마을의 평온을 유지하며, 가벼운 범죄자를 처벌하는 등 자질구레한 일들을 도맡아 처리해 나갔다.

이렇듯 노르만인들은 여러 앵글로-색슨 제도를 계속 유지해 나갔지만 또한 정복자로서 그들 자신의 새로운 제도를 거기에 덧붙이기도 했다. 그중 가장 중요한 것은 위테나게모트 대신 쿠리아 레기스(curia regis)가 왕의 주요 자문 기구가 된 점이었다. 큰 축제일과 같은 장엄한 행사가 있을 때에는 여전히 앵글로-색슨의 위테나게모트와 비슷한 대자문회의(Great Council)에 국왕의 모든 봉신이 모여 중대한 사건을 재판하고 주요 국사를 논의하기도 했지만, 평상시의 정부 업무는 국왕 측근의 몇몇 인사들로 구성된 쿠리아 레기스, 즉 국왕의 소자문회의(Small Council)에서 논의되고 처리되었다. 쿠리아 레기스는 대개 왕실 관리들, 지체가 낮은 영주 계층 출신의 행정가들, 몇몇 주교들과 대영주들로 구성되었다. 이 소자문회의가 공공정책을 수립하고, 재정을 관리하고, 지방정부를 감독하고, 모든 중요 사건들을 재판했다.

국왕에 대한 상소(Pleas of the Crown) 건수의 증가는 쿠리아 레기스의 업무를 크게 늘렸다. 국왕에 대한 상소의 대상이 되는 사건은 살인, 강도, 강간, 방화, 왕의 평화의 교란 등 중대한 범죄행위였다. 그런데 왕의 평화가 적용되는 공간과 시간, 그리고 그 대상자가 크게 확대되어 마침내는 거의 모든 범죄가 여기에 해당되었다. 이리하여 국왕에 대한 상소의 수가 엄청나게 늘어나고 수많은 사건들이 쿠리아 레기스에 제소되었다. 윌리엄은 셰리프로 하여금 주 법정에서 국왕에 대한 상소 사건을 심리하도록 함으로써 이 문제를 해결하고자 했다. 그 후 윌리엄 루퍼스(Rufus)[4]는 주에 상주하는 국왕의 판사를 임명했는데, 이들이 시행한 재판은 신속하면서도 가혹했다. 많은 도적들이 교수형을 당하거나 눈을 잃거나 거세형을 당했다. 원래 앵글로-색슨인들은 체형보다는 벌금형을 선호했는데, 노르만인들과 더불어 사형과 태형 제도가 잉글랜드에 들어온 것이다.

교회 정책

노르만의 정복은 잉글랜드의 교회에도 커다란 영향을 미쳤다. 그것은 노르만인들을 교회의 고위직에 앉히고, 봉건사회 내에서의 교회의 지위를 정립했으며, 수도원을 다시 활성화했다. 인구가 급격하게 증가함에 따라 교구(parish)[5] 교회가 부족해지자 노르만의 영주와 기사들은 각지에 교회를 세웠다. 그들은 이런 교회를 자신의 소유로 생각하고 그 사제들을 지명할 권한, 즉 성직자추천권(advowson)을 행사했다. 교구 사제는 미사를 비롯하여 그리스도교도의 생활에 필수적인 여러 의식,

---

4) 102쪽 참조.

5) 51쪽의 주 2) 참조.

즉 영세·혼인·장례 등의 의식을 주재했다. 중세 초기 영국인들의 종교적 감정은 소박한 것이었다. 하느님과 그리스도는 성자들과 순교자들과 마찬가지로 그들 가까이에 있었다. 내세를 볼 수 없다는 것을 그들은 별로 문제 삼지 않았다. 교구 안에서 살아온 보통 남녀들에게는 현세에서도 볼 수 없는 것이 허다했다. 런던이나 로마나 예루살렘을 본 적이 없었지만 그곳들이 그들에게 현실적인 존재이듯이 천국, 연옥, 지옥은 그들에게 현세와 똑같은 현실적인 존재였다. 내세의 존재와 심판의 날을 의심하지 않았던 그들에게 교구 사제는 지옥을 두려워하고 영생을 희구한 죄 많은 남녀들을 천국으로 인도하는 안내자였다. 노르만인들은 이런 교구 사제가 주관하는 교회를 중심으로 주민들을 교구별로 나누었는데, 이런 교구 제도의 기본 틀은 사실상 오늘날까지도 그대로 유지되어 오고 있다.

잉글랜드 교회의 발전에 대해서 깊은 관심을 가지고 있던 윌리엄은 정복 후 교회 부패의 상징이었던 스타이건드(Stigand) 대신 베크(Bec)의 수도원장 랜프랭크(Lanfranc)를 대주교로 임명했다. 북이탈리아 출신의 유명한 교회법 학자이자, 그레고리우스 7세가 시작한 교회 개혁운동에 동조하고 있던 그는 잉글랜드 교회에 두 가지 중요한 개혁이 필요하다고 보았다. 첫째, 종교 사항은 국왕 이외의 모든 세속인의 통제에서 벗어나야 하며, 둘째, 주교들은 성직자들에 대한 더욱 엄격한 통제권을 쥐어야 한다는 것이었다. 첫 번째 목적을 달성하기 위해 그는 종교에 관련된 모든 재판을 헌드레드 법정이나 주 법정에서 다루지 못하도록 했다. 이것은 성직자에 관련된 모든 재판과 도덕적 범죄를 저지른 모든 세속인에 대한 재판은 주교나 주교의 대리자가 주재하는 법정에서 처리되어야 한다는 것이었으며, 이리하여 이제 잉글랜드는 세속 법정과 종교 법정의 두 법정을 갖게 되었다.

다음으로 랜프랭크는 주교에게 더욱 엄격한 통제권을 부여하기 위해 농촌 지역에 위치한 주교좌 성당을 도시에 옮기고 새로 조직된 참사회(chapter)를 수도사가 아닌 재속 성직자(secular clergy)[6]들로 구성케 하여 참사회의 조직을 강화했다. 그는 주교에게 종교회의(synod)를 열 권한을 부여하고, 주교구의 실무를 돌보며 새로운

---

6) 수도회의 규칙(regula)을 준수하는 수도사들을 수도회 성직자(regualr clergy)로 부르는 데 대해 교회에서 평신도들을 상대하는 성직자를 재속 성직자(secular clergy)라고 부른다.

교회 법정을 주재할 부주교를 임명하도록 규정했다. 랜프랭크는 또한 교회 내의 여러 오용(abuse), 특히 성직 매매와 성직자의 결혼을 규제하는 데 힘썼다. 그는 종교회의로 하여금 성직 매매를 금지하는 규정을 통과시키게 했으며, 성직자의 결혼 문제에 관해서는 이미 결혼한 성직자는 그대로 용인하되 앞으로 미혼 성직자의 결혼과 기혼자의 성직 임명은 금지했다.

윌리엄은 이렇듯 교회 내의 개혁을 추구했지만, 교회에 대한 그의 통제권을 내놓으려 하지는 않았다. 그는 주교나 수도원장들이 가지고 있는 토지에 대해 여러 봉건적 의무를 부과함으로써 교회에 대한 지배권을 더욱 강화했다. 그들은 국왕의 봉신으로서 토지를 보유하고 있으며, 따라서 국왕에 대해 군사적 봉사, 기도, 조언의 의무를 진다는 것이었다. 그러나 이렇게 윌리엄이 교회의 봉건화를 기도하고 있을 때 바로 교황 그레고리우스 7세는 교회의 독립을 주장하고 있었다. 그는 로마가 모든 종교 사항에 관한 재판에서 상소를 심판할 권한이 있다고 주장했다. 심지어 그는 1066년에 교황이 윌리엄에게 잉글랜드 왕위를 인정했으므로 윌리엄은 잉글랜드를 교황의 봉토로서 보유하고 있음을 인정하라고 요구했다. 윌리엄은 이를 단호히 거부했을 뿐만 아니라 로마에 대한 상소를 금지하고, 그의 동의 없이 잉글랜드에서 파문의 선고 등 교황의 교령을 공포하는 것을 금지했다. 윌리엄은 자신이 잉글랜드 교회의 주인임을 분명히 했던 것이다.

노르만 정복은 잉글랜드의 토착적 귀족제 대신 프랑스화한 노르만의 귀족제를 잉글랜드에 도입했다. 잉글랜드의 거의 모든 토지가 노르만인들에게 넘어갔으며, 소수 노르만인들이 옛 앵글로-색슨의 귀족들 대신에 새로운 지배층이 되었다. 그러나 새로운 지배층은 대륙에 있는 옛 토지도 여전히 보유하고 있었으며, 그 결과 그들은 해협을 사이에 두고 하나의 정치적 공동체가 된 노르망디와 잉글랜드에서 공통의 지배 왕조 아래 하나의 앵글로-노르만 귀족집단을 형성했다. 이때부터 잉글랜드와 노르망디의 역사는 불가분의 관계에 놓였고, 잉글랜드 왕이자 동시에 노르망디 공인 윌리엄은 해협 양쪽에 걸친 강력한 군주로 등장했다. 이런 윌리엄에 대해서 프랑스 왕은 불안과 경계의 마음을 늦출 수가 없었으며, 이로부터 잉글랜드와 프랑스 두 나라 사이의 대립과 전쟁이 하나의 장기적 특징이 되었는데, 이런 대립의 패턴은 16세기까지 지속되었다.

윌리엄 정복왕은 유럽의 봉건제를 잉글랜드에 들여오면서도 잉글랜드가 무정부적인 대륙의 정치적 봉건제 사회로 떨어지는 것을 방지했다. 그는 잉글랜드에 봉건적인 토지보유 제도를 확립하면서도 한편으로 강력한 왕권을 유지하는 데 주력했다. 그 결과 잉글랜드에는 봉건제의 근본적 특징인 지방분권적 정치체제와 배치되는 중앙집권적 봉건제가 자리 잡게 되어, 종래의 미약한 색슨 정부 대신 강력한 노르만 정부가 세워졌다.

노르만의 정복은 또한 잉글랜드에 프랑스어와 프랑스 문화를 들여왔다. 프랑스화한 노르만인들과 더불어 들어온 노르만계 프랑스어는 왕의 궁정과 귀족 지배층, 대륙에서 건너온 수도사나 다른 성직자들, 그리고 군대와 법정의 언어가 되었다. 그러나 이것이 대다수 잉글랜드 주민들의 언어를 바꾸지는 못했다. 프랑스어는 소수 지배층을 제외하고는 주로 문자 언어(literary language)였지 구어(spoken language)가 아니었다. 일반 하층민들은 프랑스어를 배우지 않았으며, 그들 대다수의 언어는 여전히 영어였다. 국왕 법정에서의 용어는 프랑스어였지만, 주와 헌드레드 법정에서의 용어는 여전히 영어였다. 그러나 시대가 지남에 따라 프랑스어는 점차 그 중요성이 커져 13세기가 되면 법과 재산 관리 등에서 통용되는 실용적인 언어였을 뿐 아니라 노래와 시, 샹송과 로망스의 언어가 되었고, 많은 프랑스어 어휘가 영어에 흡수되어 영어를 한층 더 풍부하게 만들었다.

노르만 정복은 교역·종교·문화 등 여러 면에서 잉글랜드를 유럽, 특히 프랑스와 긴밀하게 연결시켰다. 그 결과 대륙과의 관계가 열리고 대륙의 문명이 들어오고 대륙과의 교역이 확대되었다. 프랑스어와 함께 문학, 음악, 건축 등 프랑스 문화와 풍습이 잉글랜드의 도서적인 분위기 속에 흡수되었다. 그러나 노르만인들은 그들 자신의 제도를 잉글랜드에 들여와 새로운 체제를 만들어내면서도 또한 앵글로-색슨의 제도와 생활양식을 이어받고 유지함으로써 노르만과 앵글로-색슨의 공존과 융화를 꾀했다.

1071년 이후 윌리엄의 잉글랜드 지배는 상당히 안정되었다. 이때부터 그의 통치 말기까지 윌리엄의 관심은 줄곧 대륙에 쏠려 있었다. 윌리엄과 이웃하고 있던 프랑스의 제후들은 윌리엄의 세력 확장에 경계심을 늦추지 않고 있었다. 이들 반대 세력을 이끌고 있던 것은 프랑스 왕과 앙주 백이었는데, 노르망디 영유를 탐내고 있던 윌리엄의 큰아들 로버트가 아버지에 대항하여 프랑스 왕 편에 가담했다. 그렇게 해서 윌리엄과 프랑스 왕 사이에 전투가 벌어졌다. 1087년 윌리엄은 이 싸움에서 부상을 입고 이로 말미암아 결국 세상을 뜨고 말았다. 이때 로버트는 프랑스 궁중에 있었고 그의 동생 윌리엄은 아버지의 곁에 있었다.

윌리엄의 후계자들

로버트의 반란에도 불구하고 윌리엄은 노르망디를 큰아들 로버트에게 물려주었으며, 그가 정복한 방대한 잉글랜드 영토는 작은아들 윌리엄 루퍼스(William Rufus, 1087~1100)에게 물려주었다. 얼굴이 붉어 루퍼스라는 별명을 얻은 윌리엄은 키가 작고 뚱뚱하고 목덜미가 두터운 난봉꾼 기사이자 냉혹한 폭군이었다. 그는 성직자들의 경건한 행동을 조롱하고 외국 사신들을 모욕하고 자신의 동성애 행위를 스스럼없이 드러내곤 했다. 어느 날 그가 캔터베리 대주교 앤셀름(Anselm)[7])에게 "다음 설교에서는 나를 어떤 죄로 몰아세울 것인가?" 하고 물었을 때 대주교가 용감하게 "소돔의 죄입니다"라고 대답하자 왕은 대주교의 얼굴을 맞대놓고 깔깔대며 웃었다는 것이다.

그는 자기 휘하의 기사들에게는 지나치게 관대했으나 교회에 대해서는 무자비한 착취를 서슴지 않았다. 그의 한 가지 목표는 형 로버트에게서 노르망디를 빼앗는 일이었으며, 이를 위해 강력한 군대가 필요했고, 군대를 유지하기 위해 가혹하게 세금을 거두어들였다. 윌리엄은 이 일을 래널프 플램바드(Ranulf Flambard)에게 맡겼다. 플램바드는 봉건적 지대와 부수입을 최대한도로 징수하고, 자의적인 부조금을 거두어들였다. 이런 착취로 가장 큰 피해를 입은 것이 바로 교회였다. 윌리엄

---

7) 윌리엄은 오랫동안 캔터베리 대주교의 자리를 공석으로 남겨둠으로써 그 수입을 차지한 끝에 말년에 병이 들어서야 자신의 잘못을 뉘우치고 베크의 수도원장이자 당대의 저명한 신학자인 앤셀름을 랜프랭크의 후임으로 대주교에 임명했다(1093). 앤셀름은 교회에 대한 왕의 탐욕적이며 난폭한 정책에 반대했으며, 그 후 1097년에는 마침내 로마로 물러났다가 다음 헨리 1세 시대에야 되돌아왔다.

은 주교직이나 수도원장직을 오랫동안 공석으로 놓아둠으로써 그 수입을 가로챘다. 그는 범법자로부터 뇌물을 받고 처벌을 면해준 반면 자신에게 반항한 자에 대해서는 자기 아버지 이상으로 혹독한 처벌을 가했다. 반항하던 한 귀족을 장님으로 만들고 거세했으며, 그의 집사는 솔즈베리 시내 모든 교회 문 앞에서 매질한 다음 교수형에 처했다.

1100년 여름 윌리엄은 뉴 포레스트(New Forest)에서 사냥하던 도중 써 월터 티렐(Sir Walter Tyrrel)이란 자가 쏜 화살에 맞아 죽었다. 이것이 단순한 사고였는지 사고를 가장한 음모였는지를 가려내기는 어렵지만,[8] 그의 죽음을 슬퍼하는 사람들은 별로 없었다. 왕의 측근들은 자취를 감춰버리고 왕의 시체는 인근에 사는 한 농노의 수레에 실려 윈체스터에 운반되어 그곳 대성당에 매장되었다. 그 후 성당의 첨탑이 무너져 내리는 변이 일어났다. 사람들은 그리스도교식의 장례를 받을 자격이 없는 죄 많은 왕으로 해서 일어난 재난이라고 수군거렸다.

윌리엄 루퍼스가 죽은 날 그와 함께 사냥을 즐기던 동생 헨리는 그날로 윈체스터에 있는 왕의 금고를 확보하고, 다음 날 소수의 영주들로 하여금 자신을 국왕으로 선출케 했으며, 이틀 뒤인 8월 5일 웨스트민스터에서 즉위식을 치렀다. 그의 아버지 못지않게 욕심 많고 냉정하고 혹독했지만 헨리 1세(1100~1135)는 좀더 계산적이고 신중했으며 좀더 교육을 많이 받은 왕이었다. 십자군에 나갔다 노르망디로 돌아온 큰형 로버트의 침입에 대비해야 했던 그는 영국인들에게 특혜를 베풀고 많은 양보를 함으로써 지지세력을 얻고자 했다. 그는 즉위식에서 발포한 자유헌장(Charter of Liberties)에서 영국인들에게 선왕의 치세와 같은 무법시대가 끝났음을 선포하고 신민들의 권리를 존중할 것을 약속했다. 그는 윌리엄의 심복이었던 플램바드를 런던탑에 가두고, 윌리엄에 의해 추방당한 앤셀름을 다시 캔터베리로 불러들였으며, 앨프리드 대왕의 피를 이어받은 에디스(Edith)[9]와 결혼했다. 이렇게 해서

---

8) 윌리엄이 죽자 그의 동생 헨리가 재빨리 왕위를 차지한 점이나 나중에 헨리가 티렐의 가족에 대하여 특별한 호의를 베푼 점으로 보아 의도적인 행위였을 가능성이 없지 않지만, 티렐의 화살이 실수에 의한 것이었는지 고의적인 것이었는지를 확실하게 분간하기는 어려운 일이다.

9) 그 후 에디스라는 영국식 이름을 마틸더라는 프랑스식 이름[프랑스어로는 모드(Maud)]으로 바꾸었는

헨리는 1101년 로버트가 포츠머스(Portsmouth)에 상륙했을 때 이를 저지하고, 로버트로 하여금 그의 잉글랜드 지배권을 인정케 할 수 있었다. 그리고 마침내 1106년 탕시브레이(Tanchbrai) 전투에서 로버트를 사로잡아 28년 동안의 긴 여생을 포로 생활로 보내게 했다.

로버트와의 싸움에서 승리하고 잉글랜드와 노르망디에서 그의 지위가 확고해지자 헨리가 신민에게 한 약속은 한낱 선전에 불과했음이 드러났다. 그는 자유헌장에서 약속한 것을 지키지 않았다. 그는 관례적으로 인정된 것보다 더 많은 봉건적 수입과 부조금을 거둬들였으며, 다시 재정적 억압정책을 펴기 시작했다. 사냥을 좋아한 노르만인들은 사슴이나 멧돼지 같은 사냥감을 보호하기 위해 앵글로-색슨 시대에는 없던 삼림법을 잉글랜드에 도입했다. 왕은 왕령에 의하여 어느 지역이나 삼림법의 대상 지역에 넣을 수 있었다. 삼림법은 엄격하게 시행되었다. 숲에서의 사사로운 사냥, 특히 사슴 사냥에 대해서는 무거운 벌금이 부과되었으며, 농민들은 숲에서 집을 수리할 목재와 땔감을 구하거나 딸기와 벌꿀 등 식료품을 얻거나 돼지를 먹이는 것과 같은 관례적인 권리를 잃게 되었다.

치세의 절반가량을 대륙에서 보낸 헨리는 그의 부재중 잉글랜드를 다스리고 대륙에서 그의 전쟁 수행을 뒷받침해 줄 정부 조직을 발전시켜 나가야 했다. 이를 위해 그는 대사법관(Justiciar)이라는 새로운 관직을 만들어냈다. 대사법관은 행정의 우두머리로서 왕이 노르망디에 체재하는 동안 왕을 대신하여 왕령을 발부하고 나라를 통치하는 대신이었다. 최초의 대사법관은 솔즈베리의 주교인 로저(Roger)였다. 한때 노르망디의 무명 신부였던 그는 헨리가 사냥 채비를 서두르고 있던 어느 날 아침에 미사를 짧게 끝냄으로써 그의 눈에 들게 되었다고 한다. 그 후 헨리의 집사, 상서, 그리고 마침내 대사법관이 된 로저는 정부의 최고 관리로서 정부의 기능을 확장하고 절차를 개선했다. 이렇듯 헨리는 봉건 영주들 대신에 로저처럼 지체가 낮은 사람들을 전문적 관료로 등용했다.

헨리의 부재중에는 대사법관의 법정(Justiciar's Court)이 재정·사법·행정 등 정부의

데, 이는 앵글로-색슨과 노르만의 융합을 상징하는 것이었다.

모든 업무를 처리했는데, 이 법정은 때로 국왕 회계청 법정(King's Court of the Exchequer)이라고도 불렸다. 초기의 회계청(Exchequer)은 헨리의 치세 동안에 그 회계 업무의 독특한 처리 방법으로 유명했다. 그것은 왕의 수입금을 거둬들인 주의 셰리프나 다른 관리들이 일 년에 두 차례, 즉 부활절과 미가엘제에 이곳에 출두하여 수입금을 납입하고 결산하는 곳이었다. 이곳에는 서양장기판처럼 네모 칸들이 표시된 검은 천을 덮은 널따란 테이블이 놓여 있었고,[10] 그 위에서 펜스, 실링, 파운드를 나타내는 산대를 차례로 움직여 회계 계산을 마쳤는데, 이런 계산 방식은 아직 아라비아 숫자를 모르고 십진법으로 화폐단위가 구분되어 있지 않았던 시기의 회계 방법으로 유용한 것이었다. 헨리 1세 시대에 정착한 또 하나의 제도는 순회재판(assize) 제도였다. 헨리 이전에도 왕이 특별한 관심을 둔 사건의 재판을 주재하기 위해 지방의 법정에 특별 위원이나 판사를 파견하는 일은 종종 있었다. 이런 순회판사들이 이제 정상적인 정부 기구와 재판 기구의 일부가 되었으며, 이들이 주재하는 지방 법정은 곧 국왕 법정이 되었다.

노르망디의 정복과 평화로운 왕위계승은 헨리 1세가 추구한 두 가지 중요 목표였다. 첫째 목표는 성취했으나 둘째 목표는 순조롭게 이루어지지 않았다. 그는 여러 정부들로부터 수많은 서자들을 얻었으나 적자로는 아들 윌리엄과 딸 마틸더(Matilda)가 있을 뿐이었다. 그러나 그의 유일한 희망이었던 윌리엄이 1120년에 난파 사고로 익사하자, 헨리는 왕위를 딸 마틸더에게 물려주기로 작정했다. 그는 영주들에게 마틸더의 왕위계승을 인정케 하는 데는 성공했으나 여자의 왕위계승은 전례가 없는 일이었다. 12살 때 신성로마제국 황제 하인리히 5세(Heinrich V)와 결혼한 마틸더는 황제의 사후 잉글랜드에 돌아와 있다가 앙주의 제프리(Geoffry)와 재혼했는데, 그녀가 노르망디의 숙적인 앙주가와 결연한 것은 더욱이나 받아들이기 어려운 일이었다. 이래서 1135년 헨리가 죽자(장어를 과식한 탓이었다고 한다) 윌리엄 정복왕의 딸 아델러(Adela)의 아들인 블르와의 스티븐(Stephen of Blois)이 재빨리 왕관을 차지하고, 영주들과 교회가 그를 왕으로 받아들였다.

---

10) 엑스체커란 명칭은 서양장기판 모양의 이 계산대에서 유래했다.

스티븐은 유능한 군 지휘관이자 용감한 기사였으며 순진하고 매력적인 성격의 소유자였으나 혼란기의 군주에게 필요한 책략과 노련함, 결단력과 확고함이 부족하여 그의 치세 20년은 혼란과 무질서의 시기였다. 그는 국내외에서 법과 질서를 유지하는 데 실패했다. 1137년 앙주의 제프리가 노르망디를 공격했을 때 그는 노르망디로 건너갔으나 이를 막아내지 못하고 제프리와 불리한 조약을 맺어 타협했으며, 뒤이어 스코틀랜드 왕이 잉글랜드를 공격해 왔을 때도 그에게 넓은 지역을 떼어 주어야만 했다. 왕에게 고분고분하지 않은 국내의 영주들에 대해서도 그는 토지나 특권을 양도하는 정책을 통해서 그들의 지지를 얻으려고 했다. 그러나 토지와 권한이 줄어듦에 따라 왕의 권위는 급속하게 오그라들었다.

대륙에서 사태를 관망하고 있던 마틸더는 이제 자기의 권리를 주장할 때가 왔다고 판단했다. 1139년 마틸더가 이복 오빠인 글로스터 백 로버트와 함께 서식스의 애런들(Arundel)에 상륙했을 때 스티븐은 그녀를 사로잡아 유폐시킬 수 있었음에도 불구하고 그 같은 비기사적인 행동을 마다하고 그녀가 브리스틀에 있는 지지자들과 합류할 수 있도록 내버려두었다. 서부 지역을 장악한 마틸더와 로버트는 1141년 스티븐에 대한 반란이 일어나자 여기에 합세하여 링컨에서 스티븐을 포로로 붙잡았다. 이렇게 스티븐의 정부가 무너지자 마틸더가 여왕으로 선출되어 런던에 진입했다. 그러나 대관식도 치르지 않은 채 여왕의 칭호를 취한 그녀는 거만하고 고압적인 행동으로 곧 런던 시민들의 미움을 사 런던에서 쫓겨나고 말았다. 스티븐의 군대가 다시 세력을 규합하여 마틸더를 패배시키고 로버트를 붙잡아서 잡혀 있는 스티븐과 교환했다. 그 후에도 소규모의 싸움이 계속되다가 1148년 마침내 마틸더가 노르망디로 되돌아감으로써 그녀의 왕위 요구는 좌절되고 말았으며, 스티븐은 그 후 7년 동안 잉글랜드를 지배했다.

1153년 마틸더의 아들 헨리가 왕위를 요구하며 잉글랜드에 침입하여 다시 싸움이 시작되었으나, 싸움에 지친 데다가 아들의 사망에 낙심한 스티븐은 교회가 마련한 협정에 동의했다. 윈체스터에서 합의된 이 협정으로 스티븐은 사망할 때까지 통치권을 보장받은 대신 그의 사후에는 헨리가 왕위를 계승하기로 했다. 스티븐의 죽음이 곧 뒤따랐다. 이듬해 12월 19일 스티븐이 죽자 헨리가 왕위에 오름으로써 스티븐의 통치 시대를 오명으로 특징지은 무정부 상태가 끝나고, 앙주가의 시대가 시작되었다.

스티븐과 마틸더가 왕위를 요구하며 적대하고, 대영주들이 제각기 어느 한쪽을 편들어 맞서 싸운 기간은 혼란과 무질서, 폭력과 협잡이 무성했던 시기로 지적되어 왔다. 피터버러(Peterborough)의 한 수도사는 그 시기를 '하느님과 천사들이 잠자고 있던 긴 19년의 겨울'이라고 기술했다. "영주들이 그들의 성을 축조하는 일에 가련한 백성들을 혹사했으며, 그 일이 끝난 뒤에는 악마와 악당들로 성을 채웠다. 그들은 재산이 있다고 생각되는 사람들의 금은을 빼앗기 위해 그들을 감옥에 가두고 이루 말할 수 없으리만큼 고통스러운 방법으로 고문했다"는 것이다. 그러나 이런 기술은 과장된 점이 없지 않다. 이 시기가 혼란과 무질서의 시기였음에는 틀림없지만, 내전은 주로 서부 지역에서 일어났고 다른 여러 지역은 별다른 영향을 받지 않았다. 약탈과 살상도 단기간의 국지적인 현상이었으며, 법과 질서를 유지하는 기구도 완전히 무너지지는 않고 그런 대로 제 기능을 다하고 있었다.

2. 앙주 왕조의 잉글랜드

헨리 2세의 개혁

궁정 신하들과 더불어 끊임없이 옮겨 다니던 헨리 2세(1154~1189)의 두 손은 비어 있는 일이 없었다. 그의 손에는 언제나 활이 아니면 책이 들려 있었다. 헨리는 사냥을 무척이나 좋아했지만 또한 당대 유럽의 어느 군주보다도 학식이 깊었다. 그는 노르만의 정복 이래 완전히 글을 깨친 최초의 잉글랜드 왕이었다. 그는 군주로서의 교육을 제대로 받았으며, 라틴어는 프랑스어 못지않게 유창했고, 영어를 빼놓고 당시 유럽의 거의 모든 언어를 구사할 수 있었다. 그는 지적인 토론을 즐겼으며, 특히 역사와 문학에 관심이 깊었다. 그러면서도 늘 활동적인 인간이었으며, 뜻한 바를 이루고야 마는 강한 의지력을 지니고 있었다. 그는 여러 날 동안 새벽부터 해 질 무렵까지 마상에 있었으며, 노상 정무를 보거나 아니면 사냥을 즐겼다. 그는

헨리 2세

식사할 때와 승마할 때를 제외하고 앉아 있는 일이 거의 없었다고 알려져 있다. 그는 손으로 사냥 도구를 만지작거리고 말안장에 쓸려 상처 난 구부러진 다리로 왔다 갔다 하면서 선 채로 모든 업무를 처결했다. 그는 미사 드리는 시간의 무료함을 끼적거리거나 속삭이는 짓으로 달랬다. 몸이 작달막하고 뚱뚱했으며 붉은 머리털에 얼룩과 주근깨가 많은 상스러운 용모였던 그는, 게다가 성질이 급해 곧잘 화를 내곤 했다. 그럴 때면 푸른 눈이 튀어나와 발갛게 충혈되기 일쑤였고 화를 이기지 못하여 마룻바닥에 엎드려 이빨로 멍석을 물어뜯곤 했다고 한다.

　그럼에도 불구하고 모든 사람들로부터 사랑을 받은 것은 그가 나라를 통치하는 일에 전념하여 즉위한 지 반년이 채 지나지 않아서 스티븐 시대의 혼란과 무질서에 종지부를 찍었기 때문이다. 후세의 역사가들은 그의 시대에 이루어진 여러 개혁에 대해서 실제 이상으로 높이 평가해 온 경향이 있었으며, 그래서 근래에는 잉글랜드의 법률제도가 실은 그가 즉위한 1154년 이전부터 이미 발전해 왔다는 점에 점차 주목하고 있다. 그렇지만 헨리의 업적이 괄목할 만한 것이었음에는 틀림없다. 실상 잉글랜드는 스코틀랜드의 국경에서 대륙의 피레네 산맥(Pyrenees)까지 뻗은 광대한 그의 영토의 일부에 지나지 않았으며, 그가 재위 기간에 주로 대륙에 머물러있었음에도 불구하고[11] 그는 잉글랜드에서 당면한 과업 또한 놀라운 정력으로 처리했다. 그는 대관식을 치르자마자 오랫동안 백성들을 괴롭혀온 스티븐과 마틸더의 용병 부대들, 특히 '플랑드르의 늑대들'을 국외로 추방하도록 명령했다. 그는 왕의 성들과 왕령을 되찾고, 방자해진 영주들의 세력을 꺾어 왕의 권위를 강화했다. 또한 최근에 생겨난 백작령을 없애고 스티븐 시대에 축조된 불손한 영주들의 성을 허물게 했다. 이래서 내전에 지친 영주들 대부분은 점차 그에게 협력하게 되었다. 이처럼 평화를 정착시키는 일이 신속하고 철저하게 이루어졌기에 헨리는 1156년에 다시 대륙으로 건너갈 수 있었다.

---

11) 116쪽 참조.

1166년 헨리는 그의 직접봉신들에게 봉건적 의무를 새로 부과했다. 그는 그들이 공급하기로 되어 있는 기사들의 수를 재확인시키고 실제로 그 수만큼의 기사들을 양성하도록 했다. 그는 또한 모든 하위 봉신들이 우선영주(liege lord)[12]로서의 국왕에게 신서하도록 했다. 1181년에는 각자가 갖추어야 할 무기를 규정함으로써 민병대를 활성화했으며, 또한 '5항(Cinque Ports)'[13]에 선박을 제공하도록 했다. 이 모든 방법을 통해서 헨리는 그의 군사력을 봉건적 군대에만 의존하는 것이 아니라 전체 자유민에 의존하기를 바랐던 것이다.

그는 또한 셰리프의 권한을 확대·강화했다. 1170년에 헨리는 지방정부에 대한 광범하고 야심적인 조사를 실시했다. '셰리프의 심사(Inquest of Sheriff)'라고 불린 이 조사는 대귀족들의 베일리프들과 집사들, 왕유림 관리자들, 몇몇 성직자 등 많은 지방 관리들에 대한 조사를 포함하고 있었다. 그는 지방을 순회재판구(circuit)로 분할하고 각지의 정보를 수집하기 위해 위원들(commissioners)을 파견했다. 그 결과 여러 부패 관행들이 시정되었으며, 많은 셰리프들이 해임되고 그들의 자리를 왕의 관리들이 차지했다. 이 같은 새로운 셰리프들은 왕에게 책임을 지는 부지런하고 믿을 만한 관료들이었다.

헨리가 해결해야 할 또 한 가지 문제는 그의 외할아버지인 헨리 1세가 당면했던 것과 마찬가지로 그가 해외에 머물러있는 동안에도 원활하게 기능할 수 있는 항구적인 행정 기구를 갖추는 일이었다. 그것은 유력자들의 모임인 대자문회의나 왕을 따라다니는 측근들의 모임인 소자문회의가 아니라, 그의 치세에 성장하고 성숙해진 회계청이었으며, 거기에는 숙련된 서기와 행정가들뿐만 아니라 법률에 밝은 재판관들이 자리 잡고 있었다. 그래서 원래 왕의 재정 기구였던 회계청은 왕의 서기들이 일하는 상서청 구실과 함께 하나의 법정으로서의 업무도 맡게 되었다. 왕이 관심을 두는 법률 업무가 더 많아짐에 따라 국왕의 법정으로서의 회계청의 역할도

---

12) 봉신이 최우선적인 봉사와 복종의 의무를 맹세한 주군을 말한다.

13) 켄트와 서식스 해안의 여러 항구 도시를 말한다. 원래는 도버, 샌드위치(Sandwich), 롬니(Romney), 헤이스팅즈(Hastings), 하이스(Hythe)의 다섯 항구를 일컬었는데, 나중에 윈첼시(Winchelsea), 라이(Rye) 등 다른 도시들이 부가되었다.

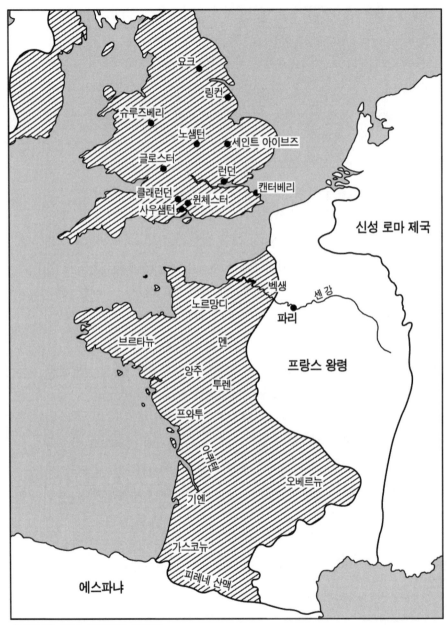

요크

링컨

슈루즈베리

노샘턴
세인트 아이브즈

글로스터
런던

클래런던
위체스터
캔터베리

사우샘턴

벡생
센 강

노르망디
파리

브르타뉴
프랑스 왕령

메

앙주

투렌

포와투

기엔

가스코뉴

피레네 산맥

신성 로마 제국

에스파냐

오베르뉴

〈지도 9〉 앙주 왕조하의 영국령

한층 더 커졌던 것이다.

헨리가 큰 관심을 기울인 법률 업무는 중죄(felony)에 대한 소추였다. 중죄는 왕의 평화를 깨뜨린 것이기 때문에 곧 왕의 권위에 대한 반항이었으며 따라서 지방 법정이 아니라 국왕 법정에서 다루어야 마땅하다고 주장되었다. 그래서 헨리는 많은 사건을 지방 법정에서 국왕 법정의 관할로 옮겨 모든 자유민으로 하여금 국왕 법정을 이용할 수 있게 했으며, 그 결과 국왕 법정의 업무량이 크게 늘어났다. 국왕 법정은 지방 법정보다 우월한 재판을 시행했으며, 그래서 사람들은 그들의 사건이 국왕 법정에서 다루어지기를 원하게 된 것이다.

국왕 법정은 여러 가지 형태를 취했다. 중대한 사건은 대자문회의에서 다루었으나 많은 사소한 사건들은 코람 레게(coram rege)라는 소자문회의에서 다루었는데, 이런 국왕 법정은 국왕을 따라 전국을 돌아다녔다. 항구적인 재판 장소를 마련하고 늘어나는 재판 업무를 소화하기 위해 헨리는 1178년 5명의 재판관을 웨스트민스터에 상주시켜 국왕 법정을 열게 했다. 이 법정이 바로 민사소송 법정(Court of Common Pleas)의 전신으로, 그리고 국왕을 수행한 소자문회의는 바로 왕좌 법정(Court of King's Bench)의 전신으로 알려져 있다.

그러나 웨스트민스터 법정은 큰 사건만 처리했다. 소송사건 수가 급속하게 늘어남에 따라 헨리는 사람들이 국왕의 재판을 좀더 쉽게 이용할 수 있도록 하기 위해 순회재판 제도를 개선했다. 그는 전국을 몇 개의 순회재판구로 나누고, 대사법관이나 상서(Chancellor)[14]와 같은 왕의 고위 관리들로 하여금 전국을 돌며 소규모의 소송사건을 다루게 했다. 이래서 왕의 재판관들이 주재한 샤이어 법정은 일종의 국왕 법정이 되고 웨스트민스터에서의 재판과 동일한 방법으로 재판이 이루어졌다.

---

[14] 원래 상서청(Chancery)의 장이었던 상서(Chancellor)는 상서청이 중요한 대권재판소가 됨에 따라 법관으로서의 직무가 그의 주요 임무가 되었으며, 따라서 보통 '대법관'이라고 옮겨져 왔다. 그러나 중세 이후 그의 직위가 점점 격상되어, 사실상 재상이나 다름없는 중요한 관직이 되었으며, 호칭도 Lord Chancellor 또는 Lord High Chancellor가 되었다. 그 뒤 Lord Chancellor는 상원의 의장이자, 최고재판소의 우두머리이며, 당연직 내각의 일원으로 되었다. 따라서 우리나라의 대법관과는 큰 차이가 있기 때문에 '상서경'이라 옮겼다. Chancellor는 이 밖에도 다양한 직책을 나타내는 말로 쓰이고 있다.

헨리와 여러 국왕 법정의 재판관들은 일부 앵글로-색슨법과 노르만법을 활용하고 로마법과 교회법을 차용하여 새로운 필요에 맞는 새로운 관행을 만들어냈다. 이런 관행은 영국민들의 관습으로 인정되었고, 여러 법정에서 내려진 판결들로부터 선례와 법의 원칙들이 추출되었으며, 이를 바탕으로 하여 잉글랜드 전체에 적용되는 하나의 공통적 법체계가 형성되었다. 이것이 바로 이후 잉글랜드와 주요 영어권 국가들에서 통용되고 준수되는 보통법(Common Law) 체계인 것이다.

헨리의 또 다른 중요 관심사는 신민의 재산권 보호에 관한 문제였다. 정의의 원천으로서의 국왕은 재산을 보호할 책임이 있으며, 따라서 왕은 헌드레드 법정이나 샤이어 법정 또는 봉건적 법정이나 사적 법정에서 재산에 관련된 사건들이 공정하게 다루어지도록 간여할 수 있다고 주장되었다. 이런 간여는 왕의 영장을 통해서 행사되었는데, 헨리는 지방 법정에서의 재판을 공정하게 하라고 지시하고 잘못에 대한 책임을 질 것을 경고하는 권리의 영장(writ of right)과 사건을 지방 법정에서 국왕 법정으로 옮기도록 명령하는 이송의 영장(writ of praecipe)을 통해서 재판이 신민의 재산권 보호에 기여하게 했다.

법률 개혁에서의 또 하나의 큰 업적은 배심제도의 이용이었다. 헨리의 여러 개혁에도 불구하고 일반 범죄자들의 폭력과 잔혹 행위는 좀처럼 줄어들지 않았으며, 범죄자들을 고발하고 체포하고 처벌할 기구는 아직 제대로 갖추어져 있지 않았다. 경찰 조직은 없었으며 범죄자를 소추할 유일한 기구는 프랭크플레지(frankpledge)로 알려진 것이었다. 이것은 12세 이상의 주민이 집단적으로 가입해야 하는 것으로 거기에 소속한 사람들 중 어느 한 사람에게 범죄의 혐의가 있을 때는 다른 소속원들이 이를 법정에 고발해야 하는 제도였다. 헨리는 이 제도를 강화하여 셰리프로 하여금 연 2회 헌드레드 법정에서 프랭크플레지 검열(view of frankpledge)을 열게 했다. 한편 헨리의 치세 초기의 형사재판은 앵글로-색슨 시대와 마찬가지로 시죄법과 보증선서의 방법을 따르고 있었다. 노르만인들은 결투에 의한 시죄법을 또한 도입했다. 싸움에 진 편이 살아남으면 수족이 절단되거나 교수되거나 무거운 벌금이 부과되었다.

1166년 헨리 2세는 범죄자를 고발하고 재판하는 더욱 확실하고 합리적인 방법을 마련했다. 클래런던(Clarendon)에서 헨리와 그의 자문회의는 클래런던법(assize of Clarendon)을 발포했다. 그것은 범죄자를 소추할 의무를 지역공동체에 지우는 것으로 헌드레드마다 12명, 마을마다 4명의 믿을 만한 주민으로 하여금 셰리프 앞에, 그리고 나중에는 지방 법정의 판사 앞에 출두하여 강도, 절도, 살인자 또는 그들의 비호자를 고발할 의무를 지게 하는 것이었다. 이 고발의 배심(jury of accusation)이 오늘날의 대배심(grand jury)의 전신으로 알려져 있다. 그러나 그것은 범죄자의 고발에 그쳤으며, 죄의 판정은 여전히 결투, 보증선서, 시죄법에 의한 재판으로 내려졌다.

민사재판에서도 역시 배심제도가 도입되었다. 헨리 2세는 스티븐 시대에 유력자들에게 부당하게 빼앗긴 토지를 원보유자에게 신속하게 되돌려주기 위해 모든 자유민에게 국왕 법정을 개방하고 배심제도를 이용했다. 개혁은 소배심재판(petty assize)으로 알려진 것에서 시작되었다. 그것은 부당하게, 그리고 법정의 판결 없이 재산을 빼앗긴 사람을 위한 신속한 재판을 가능케 한 것으로서 그렇게 재산을 빼앗긴 사람은 새로운 재산 탈취(novel disseisin)의 영장을 구득할 수 있었는데, 그것은 셰리프에게 진짜 토지보유자를 가려낼 12명의 배심원을 순회판사 앞에 불러들일 것을 명령하는 영장이었다. 순회판사는 배심원에게 영장의 구득자가 법정의 판결 없이 재산을 빼앗겼는지의 여부를 질문했으며, 답변이 '예'일 때 그는 바로 재산을 되찾을 수 있었다.

한편 재산 소유권에 관한 소송은 영주의 봉건적 법정에서 다루어지며 결투의 시죄법에 의해 판가름 나는 것이 통상적이었다. 헨리는 대배심재판(grand assize)으로 알려진 절차를 통해서 봉건 법정에서의 민사재판에 간여했다. 즉, 어느 자유민의 재산권에 도전하려는 사람은 하나의 영장을 구득함으로써 소송을 시작할 수 있었다. 한편 그렇게 도전받은 자유민은 사건을 봉건 법정에서 국왕 법정으로 옮길 수 있었으며, 그 또한 합당한 영장을 구득함으로써 배심에 의한 재판을 받을 수 있었다. 이런 대배심재판은 웨스트민스터 법정에서 다루어지는 엄격한 재판으로서 자유민이 결투에 의한 시죄법에 의하지 않고 배심에 의해 재판받을 수 있는 훨씬 더 공정한 절차로서 환영받았다.

헨리 2세의 교회 정책은 그의 법률 정책처럼 성공적이지 못했다. 스티븐 시대의 무정부 상태하에서 교회는 새로운 특권과 독립을 획득했다. 종교적 사건에 대한 재판에서 교황에게 상소하는 것은 통상적인 일이 되었고, 주교와 수도원장의 임명권은 국왕의 통제에서 벗어나 있었다. 종교재판소는 계약과 채무 등에 관련된 사건의 재판까지도 맡을 정도로 그 재판권을 확대하고 성직자의 범죄에 대해서는 배타적인 재판권을 행사했다. 헨리 2세는 이 같은 성직자들의 특권과 독립에 맞서 선왕들이 누린 교회에 대한 국가의 통제권을 되찾고자 했다.

국왕이 상실한 여러 권리를 되찾기 위해 헨리 2세는 그가 신임한 토머스 베케트(Becket)를 캔터베리 대주교로 임명했다. 그것은 그의 치세에서 일대 실수였다. 런던에 정착한 루앙(Rouen) 상인의 아들인 베케트는 제대로 교육받았으며 외교가와 사업가로서의 뛰어난 수완으로 빠르게 출세했다. 그의 탁월한 능력을 인정한 헨리는 1154년 그를 상서로 임명했고, 베케트는 헨리의 가장 가까운 측근으로 국왕을 위해 충실히 봉사했다. 이런 사람이라면 교회의 우두머리로서도 매우 유용하리라고 믿고 헨리는 1162년 그를 캔터베리 대주교로 임명했던 것이다. 그러나 상서로서 국왕의 충실한 하인 역할을 다했던 베케트는 이제 대주교로서 교회의 보호자 역할을 또한 충실하게 수행했다. 세속의 궁정인으로서 고급 옷을 입고 사냥을 즐기며 왕의 둘도 없는 동반자였던 그는 대주교로 임명되자마자 이제는 타협을 모르는 성직자로서 갑자기 금욕 생활을 하고 성직자의 독립과 교황의 우월권에 대한 열렬한 지지자가 되었으며, 대주교로서 왕과 날카롭게 맞서 다투었다.

화가 난 헨리는 1164년 클래런던 법령을 발포했다. 이것은 이른바 '오랜 관례들(old customs)'을 조심스럽고 정확하게 규정한 것으로서, 윌리엄 정복왕과 그의 아들들의 치하에서 교회와 국가 사이의 관계를 규정한 규칙과 관행을 기록한 문서였다. 이 규칙에 의하면 성직자추천권과 채무에 관한 소송, 교회 또는 세속의 토지 보유에 관한 분쟁은 세속 법정에서 다루어져야 하고, 범죄를 저지른 성직자는 같은 범죄를 저지른 세속인과 같은 방식으로 처벌되어야 하며, 세속인이 소문에 근거하여 교회 법정에 고발되어서는 안 되고 개인이나 배심에 의해서 고발되어야 했다. 그 밖에 왕의 동의 없이 성직자가 나라를 떠나서는 안 되며, 어떤 사건도 로마에 상소할 수 없고, 교회가 왕의 관리나 주요 봉신을 파문할 수 없다는 것 등이 규정되었다.

교황과 잉글랜드의 주교들은 이 같은 '오랜 관례들'에 반대할 수밖에 없었으며, 베케트 역시 이 모든 오랜 관례들을 거부했다. 그러나 결국 그의 살해까지 몰고 온 베케트와 헨리 사이의 불화를 불러일으킨 직접적인 문제는 죄를 범한 성직자에 대한 재판과 처벌에 관한 것이었다. 종래 범법한 성직자는 오직 종교 법정에서만 재판받을 특권을 가지고 있었으며, 유죄판결을 받더라도 기껏해야 면직이 고작이었고, 대개는 어떤 속죄 행위를 명령받는 것으로 그쳤다. 게다가 이런 특권은 신부나 수도사에게만 허용된 것이 아니라 형식상 성직자 신분이라는 증거를 제시할 수 있는 사람이면 누구에게나 주어졌다. 그러한 증거로는 지정된 성서 구절 몇 줄을 읽을 수 있는 것만으로도 충분했으며, 그 정도는 무식한 범죄자도 옥리의 도움으로 어렵지 않게 암기할 수 있었다. 헨리는 범죄를 저지른 성직자에 대한 재판권을 주장하지는 않았다. 그는 범죄행위에 대한 고발과 입증이 세속 법정에서 먼저 행해지고 난 다음 범죄자가 왕의 대리자의 출석하에 종교 법정에서 심판을 받되 유죄로 판명되면 성직에서 해임된 후 세속 법정에 되돌려져 처벌받게 할 것을 요구했다. 베케트는 이런 방식을 거부하고 성직자에 대한 재판과 처벌의 모든 과정이 교회 법정에서 다루어져야 한다고 주장했다.

　베케트가 대주교가 된 지 일 년 후 살인죄로 고발된 베드퍼드(Bedford)의 한 성당 참사회원이 링컨 주교의 법정에서 방면되자 왕은 그를 세속 법정의 재판에 회부할 것을 요구했다. 베케트는 이를 거부하고, 이 사건을 다루기 위해 왕이 캔터베리 종교 법정에 나와야 한다고 맞섰다. 싸움이 점점 더 격화하자 마침내 베케트는 프랑스로 도피하여 6년 동안 그곳에 머무르면서 왕을 비난하고, 심지어 파문으로 왕을 위협했다. 이에 대하여 왕은 베케트의 측근들을 추방하고 그의 재산을 몰수하는 것으로 보복했다. 1170년 왕이 캔터베리 대주교가 대관식을 주재해 온 오랜 관례를 무시하고 요크 대주교로 하여금 그의 장남의 대관식을 거행케 하자 베케트는 즉시 교황으로부터 대관식에 참여한 주교들을 파문에 처할 수 있는 권한을 확보했다. 자칫 잉글랜드에 대한 성무 금지(interdict) 처분이 내려질 것을 두려워한 헨리는 타협책을 모색하여 베케트의 귀환을 허용했다. 그러나 캔터베리로 돌아온 베케트는 왕자의 대관식에 참여한 주교들을 파문에 처함으로써 싸움을 재연시켰다. 이때

캔터베리 대성당에서 토머스 베케트 대주교가 살해되는 모습(12세기 수사본)

대륙의 영지를 둘러보고 있던 헨리는 이 소식을 접하고 대로했다. "이 미천한 신부 놈이 이렇게 나를 모멸하는데도 복수해 주는 자가 아무도 없다니, 집안에서 나는 바보 겁쟁이들만 먹여 살려왔는가 보군!" 이 말을 듣자 네 명의 기사들이 즉시 해협을 건너 캔터베리로 달려갔다. 그들은 대성당 안에서 베케트를 발견하고 그 자리에서 그의 머리를 내려쳐 살해했다.

이튿날 베케트는 교회 지하에 묻혔으며, 그의 묘소는 곧 순례자들의 참배지가 되었다. 2년 뒤 교황은 그를 성자로 시성했으며, 이듬해에 왕은 캔터베리에서 순례자의 옷을 입은 채 베케트의 묘를 참배하고 70명의 수도사로 하여금 자신을 매질하게 함으로써 그의 죽음에 대한 깊은 참회의 뜻을 표할 수밖에 없었다. 처음의 분노가 가라앉은 뒤에야 헨리는 로마와 화해할 수 있었다. 그는 교회와 교황에 대해 몇 가지 양보를 하지 않을 수 없었다. 교황 법정에 대한 상소를 허용하고 교황의 교서가 그의 동의 없이 잉글랜드 내에 반포되는 것을 인정하고, 성직자들이 교회 법정에서 재판받고 선고되는 것을 인정했다. 그러나 헨리는 모든 것을 양보하지는 않았다. 무엇보다도 그는 주교와 수도원장의 선발에 대한 통제권을 계속 유지했고, 공석이 된 성직의 수입을 누릴 수 있었으며, 그의 동의 없이 왕의 고위 관리나 직접봉신들에 대한 파문을 허용하지 않았다. 교회 법정은 유언과 결혼, 교회 재산과 도덕 범죄에 관한 사건의 재판권을 가졌으나, 성직자추천권, 채무와 계약, 중죄보다 낮은 성직자의 범죄에 대한 재판권은 여전히 국왕에 의해서 행사되었다.

헨리가 지배한 것은 하나의 왕국이라기보다는 차라리 하나의 제국이었다. 그것은 스코틀랜드 국경에서 피레네 산맥에 이르는 해협 양쪽에 걸치는 광대한 영역이었다. 실상 헨리는 프랑스에서 태어나고 프랑스에서 성장한 왕으로서 34년 동안의 그의 통치 기간 중 21년을 프랑스에서 보냈다. 그는 아버지로부터 앙주, 멘(Maine),

투렌(Touraine)을, 어머니로부터 노르망디와 잉글랜드를 물려받고, 아퀴텐(Aquitaine) 의 엘리너(Eleanor)와 결혼함으로써 아퀴텐, 프와투(Poitou), 오베르뉴(Auvergne)를 물려받았으며, 그 밖에 그 자신의 노력으로 벡생(Vexin)과 브르타뉴와 툴루즈를 제국에 합쳤다. 그러나 이렇게 분리된 영지들은 하나로 통합되어 있지 않았으며, 게다가 그는 대륙의 영지를 프랑스 왕의 봉신으로서 가지고 있었다. 그것은 헨리의 개인적 제국이었으며, 그 존립은 그의 정력과 통치술에 의존했고, 오직 그 자신의 끊임없는 신속한 이동을 통해서 하나의 제국으로 유지될 수 있었다. 그의 정력과 야망은 매우 컸으며 심지어 신성로마제국 황제를 이탈리아에서 내쫓을 계획을 세울 정도였다.

그러나 헨리의 이 야심 찬 계획은 아들들의 반란에 의해서 저지당했다. 헨리 2세는 세 아들인 헨리와 리처드와 제프리에게 영지를 나누어 주었으나,[15] 수입과 실권은 여전히 자신이 쥐고 있었다. 이에 불만을 품은 아들들은 남편의 불성실한 행위에 화가 나있던 그들의 어머니 엘리너의 부추김을 받은 데다가,[16] 프랑스 왕루이 7세(Louis VII)의 지원까지 받아 1173년 여름 반란을 일으켰다. 노르망디에서 시작된 반란은 브르타뉴와 잉글랜드에 퍼지고 이듬해에는 스코틀랜드 왕이 잉글랜드에 침입하는 지경에까지 이르러 헨리는 그의 치세 중 최대의 위기를 맞았으나, 기민한 대응으로 차례차례 반란을 진압했다. 이래서 1175년부터 1182년까지 헨리의 제국은 전성기를 맞았다. 그러나 1183년 큰아들 헨리가 죽고, 1186년 셋째 아들 제프리까지 죽자, 막내인 존에 대한 헨리 2세의 사랑이 두드러졌다. 존에 대한 부왕의 이 같은 편애에 의구심을 떨치지 못한 리처드는 새로 프랑스 왕이 된 필리프 2세와 결탁하여 1189년 늙은 부왕을 공격했다. 르망(Le Mans)과 그 밖에 멘의

---

15) 헨리 2세는 1169년 세 아들, 헨리와 리처드와 제프리에게는 각각 물려받을 영지를 배정해 주었으나, 아직 유아인 존에게는 영지를 배정하지 않았다. 이래서 존은 처음에는 '무토지자(The Lackland)'라는 별명으로 불리었다. 그가 프랑스와의 싸움에서 대륙 내의 영토를 잃은 것을 두고 Lackland를 실지(失地)라 옮겨 '실지왕'이라 한 것은 잘못된 것이다.

16) 헨리 2세는 엘리너와 결혼한 지 얼마 후 웨일스에 많은 영지를 가지고 있던 월터 드 클리퍼드(Walter de Clifford)의 딸 로저먼드(Rosamund)와 사랑에 빠졌으며, 헨리는 이 아름다운 소녀를 우드스톡(Wood-stock)에 있는 한 미궁에 숨겨놓음으로써 시기하는 눈들로부터 그녀를 보호했다고 전해진다.

주요 성들을 잃은 헨리는 리처드와 프랑스 왕이 제시하는 굴욕적인 조건을 받아들이고 리처드에게 보상금을 지불할 것을 약속해야만 했다. 중병에 걸려 시농(Chinon) 성에 머물러있던 헨리는 반역자들의 명단 첫머리에 그가 가장 사랑하던 존의 이름이 올라 있는 것을 보고 얼굴을 벽 쪽으로 돌린 채 중얼거렸다. "그만하면 됐다! 될 대로 되게 놔두어라, 내 자신의 일이건 이 세상의 일이건 아무것도 내겐 상관없다……. 내 명예를 앗아가고 자식으로 하여 나를 욕되게 하는 그리스도를 내가 왜 경배해야 한단 말인가? ……정복당한 왕의 창피스러움이여!" 이렇듯 회한에 휩싸인 채 그는 7월 6일 시농 성에서 숨을 거두었다.

리처드 1세

헨리가 죽은 지 2개월 뒤에 리처드가 즉위했다. 리처드 1세(Richard the Lion-Hearted, 사자심왕, 1189~1199)는 잉글랜드의 왕 중 가장 비잉글랜드적인 왕이었다. 태어난 곳은 옥스퍼드였으나 주로 아퀴텐에서 성장한 리처드는 프랑스어를 사용했으며, 자신을 프랑스인으로 생각했다. 그가 잉글랜드에 머무른 것은 10년 동안의 치세에서 단 6개월에 불과했다. 용감하고 저돌적이며 충동적인 그는 국왕이라기보다는 낭만적인 기사였다. 그는 처음부터 잉글랜드를 통치하는 일에는 별로 관심이 없었다. 그는 십자군에 나아가 성지를 회복하는 데 열정을 쏟았으며, 잉글랜드는 거기에 필요한 돈을 마련하는 데 유용한 영지로만 여겼다. 그는 십자군 원정에 소요되는 자금을 마련하기 위해 그가 가진 모든 것을 매물로 내놓았다. 관직을 팔고, 1,000마르크에 스코틀랜드 왕을 봉신의 지위에서 해방시켜 주었으며, 프랑스 왕 필리프 2세에게 오베르뉴를 팔아넘겼다. "만일 그것을 살 수 있을 만큼 돈 많은 구매자만 있다면 나는 런던까지도 팔아넘기겠다"고 말한 정도였다. 1190년 그는 십자군에 참가하여 예루살렘 근처까지 도달했으나 소기의 목적을 달성하지 못한 채 아랍의 지도자 살라딘(Saladin)과 휴전조약을 맺고 그리스도교도의 예루살렘 순례를 보장받는 데 그쳤다.

아우 존이 프랑스 왕 필리프와 더불어 왕위를 빼앗으려는 음모를 꾸미고 있다는 소식을 들은 리처드는 서둘러 귀국 길에 올랐다. 그러나 도중에 오스트리아 대공

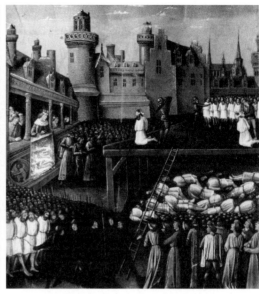

|왼쪽| 웨스트민스터 궁전 밖에 있는 리처드 1세의 동상
|오른쪽| 아크르(Acre)에서 2,000명의 이슬람교도를 처형하는 모습을 바라보고 있는 리처드 1세

레오폴트(Leopold)에게 붙잡혀 독일 황제 하인리히 6세에게 넘겨졌으며, 하인리히는 그를 석방하는 대가로 막대한 몸값(15만 마르크)을 요구했다. 리처드의 부재중 정무를 맡고 있던 궁정의 신하들은 이 돈을 마련하기 위해 갖가지 방법을 동원했다. 기사들에 대한 군역면제금(scutage), 데인겔드 대신 부과된 토지세(carucage), 동산에 대한 세금 등은 말할 것도 없고, 교회의 금은 기물과 수도원의 양모까지 거두어들였다. 리처드의 오랜 부재에도 불구하고 잉글랜드가 그의 석방에 필요한 금액을 모을 수 있었다는 것은 헨리 2세 시대에 이루어진 개혁이 그만큼 성과가 있었음을 보여준 것이라 하겠다.

1194년에 몸값 10만 마르크를 치르고 석방된 뒤 리처드는 잠시 잉글랜드에 들른 뒤 다시 대륙으로 돌아갔다. 그 후 죽을 때까지 5년 동안 리처드는 그가 포로로 붙잡혀 있는 동안에 프랑스 왕 필리프에게 빼앗긴 영토를 되찾는 일에 전념했다. 1198년까지 그는 잃었던 땅을 대부분 되찾았으나 리모주(Limoges) 부근의 한 성을 공략하던 도중 화살에 맞은 상처로 말미암아 사망하고 말았다.

4

13세기

1. 대헌장과 시몽 드 몽포르

존 왕(1199~1216)과 대헌장

　장자상속제의 규정에 따르면 리처드의 사후 그의 영토는 바로 손아래 아우인 제프리의 아들 아서(Arthur)에게 넘어가야만 했다. 그러나 잉글랜드 및 노르망디의 제후들과 리처드의 어머니 엘리너는 12살 소년에 불과한 아서보다는 리처드의 막내 아우 존을 선호했다. 리처드 역시 죽기 전에 존을 왕위계승자로 지명했다. 이에 맞서 앙주, 멘, 툴루즈(Toulouse) 등 르와르(Loire) 강 유역의 제후들과 프랑스 왕 필리프 2세는 아서를 선택했다. 존은 재빨리 루앙에 나아가 노르망디 공의 지위를 차지하고 이어 런던으로 건너가 잉글랜드 왕으로 즉위했다. 머뭇거리고 있던 필리프는 결국 2만 마르크의 보상금을 대가로 리처드가 보유한 모든 프랑스 내 영지에 대한 존의 상속권을 인정했다. 그러나 협정은 곧 깨어지고 말았다. 아이가 없는 글로스터의 이자벨(Isabelle)과 이혼한 존은 1200년 앙굴렘(Angoulême)의 이자벨과 결혼하고 그녀의 이름으로 라 마르쉬(La Marche) 백령에 대한 상속권을 주장했다. 앙굴렘의 이자벨은 원래 뤼지냥(Lusignan) 집안의 위그(Hughes)의 약혼녀였는데, 뤼지냥 집안 역시 라 마르쉬에 대한 영유권을 주장하고 있었다. 이에 위그가 사건을 그들 공동의 영주인 필리프에게 제소했고 필리프는 존을 자신의 법정에 소환했다. 존이 출두를 거절하자 필리프는 프랑스 내에서 존이 상속한 모든 영지를 몰수한다

마그나 카르타에 서명하는 존 왕

고 선언했으며, 이래서 존과 필리프 사이에 싸움이 시작되었다.

이번에도 존은 기민하게 대응했다. 르망을 떠난 그는 이틀 동안에 80마일의 거리를 내달려 프와투의 미라보(Mirabeau) 성에서 아서를 비롯한 약 200명의 영주들을 포로로 잡았다. 그러나 그중 20여 명을 굶어 죽게 했을 뿐만 아니라, 아서를 지하 굴에 처넣은 뒤 취중에 그를 살해하고 시체를 센(Seine) 강에 버렸다는 소문까지 나돌았다. 이로 말미암아 르와르 강 일대와 브르타뉴 지방에서 존의 지지자들이 등을 돌렸다. 필리프는 1204년 노르망디를 정복하고 이어 앙주와 브르타뉴까지 차지했다. 1204년에 잉글랜드로 쫓겨난 존은 이제 아퀴텐의 일부를 제외한 프랑스 내의 모든 영토를 잃어버렸다.

프랑스에서의 패배에도 불구하고 잉글랜드에서 존의 치세 초기는 비교적 안정되고 평화로운 편이었다. 그것은 주로 대사법관이자 캔터베리 대주교였던 휴버트 월터(Hubert Walter)의 유능한 관리 덕택이었다. 그래서 1205년 그의 죽음은 잉글랜드에 커다란 손실이었을 뿐만 아니라, 새로운 캔터베리 대주교의 선임 문제는 이후 7년에 걸친 존 왕과 교황 사이의 대립을 빚은 주된 분쟁거리가 되었다. 존은 그에게 고분고분한 노리치 주교 존 드 그레이(John de Grey)가 선출되기를 원했지만 캔터베리의 수도사들은 은밀히 그들의 부원장인 레지널드(Reginald)를 선출하여 교황의 승인을 받으려 했다. 이 소식을 들은 존은 수도사들에게 압력을 가하여 노리치 주교를 선출케 했다. 때마침 속권에 대한 교권의 우위를 주장하고 나선 교황 이노켄티우스 3세(Innocentius III)는 양측의 후보를 모두 물리치고 수도사들로 하여금 더욱 명망이 높은 신학자인 잉글랜드 출신의 스티븐 랭턴(Stephen Langton)을 선출케 했다(1206). 존은 이를 거부하고 랭턴의 잉글랜드 입국을 막았으며, 이에 대해 교황은 잉글랜드 내에서의 성무 금지를 명령하고(1208), 급기야 존을 파문에 처했다. 이에 대한 앙갚음으로 존이 반대파 주교와 성직자들의 재산을 빼앗자, 다시 이에 맞서 교황은 1212년 존의 폐위를 선고하고 프랑스의 필리프에게 그 집행을 위임했다. 상황이 불리해진 것을 깨달은 존은 결국 굴복할 수밖에 없었다. 그는 랭턴을 대주교로 받아들이고, 교회 재산을 되돌려주고, 잉글랜드와 아일랜드를 교황에게 헌납한 뒤 교황의 봉토로서 다시 돌려받았다. 국내 지지세력의 약화를 의식한 존은 필리프와 대적하기 위해서 교회와의 제휴가 필요하다는 것을 깨달은 것이다.

마그나 카르타에 부착된
존 왕의 봉인(seal)

노르망디를 상실한 존은 이제 잉글랜드를 방어할 수단을 마련하지 않으면 안 되었다. 그는 서둘러 함선을 건조하여 해군력을 정비하고 해안선의 방어 조직을 구축했다. 그러나 막대한 금액이 소요된 군사력의 정비는 비단 방어를 위한 것만이 아니었다. 존이 오매불망한 소원은 빼앗긴 프랑스 영토를 되찾는 일이었다. 이를 위해 그는 1206년 가스코뉴(Gascogne)에 대한 원정을 시도했으며, 1209년에 독일 황제와 동맹을 맺고, 1213년까지 브라방(Brabant) 및 플랑드르의 제후들과 연합했다. 잉글랜드에서 거두어들인 막대한 금액이 이들 제후들의 수중에 흘러들어 갔다. 필리프에 대한 공격 계획이 용의주도하게 짜였다. 존 자신은 남서부로부터 쳐들어가고 독일 황제와 연합군은 북서부로부터 공격해 들어가기로 되어 있었다. 그러나 프와투 지방의 영주들은 프랑스 왕과 싸우는 존을 좀처럼 따라나서려 하지 않았으며, 결국 존은 라 로셸(La Rochelle)로 물러날 수밖에 없었다. 필리프는 그의 전 병력을 독일 황제와 대결하는 데 집중시킬 수 있었으며, 1214년 여름 부빈(Bouvines)에서 연합군을 괴멸시킬 수 있었다. 부빈의 전투는 프랑스 내의 영토를 회복하려는 존의 소망을 영영 물거품으로 만들고 말았다.

부빈의 패배는 존으로 하여금 대헌장(Magna Carta)에 서명하지 않을 수 없게 만들었다. 그러나 그것은 대헌장을 생겨나게 한 투쟁을 격화시켰을 뿐, 그 투쟁 자체는 존의 그칠 줄 모르는 가혹한 강제 징수에 의해서 이미 달궈지고 있었다. 그는 사소한 구실만 있으면 면역세(scutage)를 부과했으며, 또 그 액수를 두 배, 세 배로 늘렸다. 그는 잉글랜드의 항구를 통과하는 모든 상품에 대해 15분의 1세와 동산에 대한 재산세를 부과했다. 또한 갖가지 봉건적 부과를 최대한으로 이용했다. 과중한 상속세를 부과하는가 하면 최고액을 제시하는 경매자에게 후견권을 팔아넘겼다. 헨리 2세나 리처드 왕 역시 많은 돈을 거두어들였지만 신민들의 저항은 별로 없었다. 존이 이들과 달랐던 점은 자의적인 지배와 의심 많은 성격과 변덕스러운 잔혹성에 있었다. 존은 신하들에 대한 의심이 많아 그들에게 자주 충성의 서약과 이를 보장하기 위한 인질을 요구했다. 그는 또한 결투에 의한 재판을 관람하기를 즐겼으며, 잔인한 처벌을 예사로 했다.

존은 성격이나 용모에서 형 리처드와는 매우 대조적인 인물로 묘사되어 왔다. 5피트 남짓한 작은 키에 큰 눈과 긴 곱슬머리와 맵시 있는 콧수염을 지닌 존은 그의 아버지 못지않게 여색을 탐했다. 리처드가 낭만적인 기사의 전형으로 영국인들에게서 많은 애호를 받아온 것과는 달리 존은 천박하고 게으르며, 욕심 사납고 이기적이며, 광포하고 고집 세며, 의심 많고 잔인하며, 사악하고 부도덕하다는 등 악덕이라는 악덕은 다 갖춘 나쁜 왕의 전형으로 묘사되어 왔다. 게다가 그는 신앙심이 박약하여, 성년이 된 이후에는 영성체를 마다하기 일쑤였으며, 주교의 설교 도중에 식사를 하고 싶다고 소리치는가 하면 주머니 속의 동전을 찰랑거리는 등 독신적인 행동을 서슴지 않았다고 한다. 특히 필리프 2세의 지원 아래 정당한 왕위계승권을 주장한 아서를 살해한 혐의 말고도, 그가 총애한 신하 브라오스의 윌리엄(William of Braose)이 어쩌다 그의 비위를 거슬리자 그 아내와 아들을 윈저(Winsor)성의 지하 굴에 가두어 굶어 죽게 했다고 전한다.

그러나 존에 대한 이 같은 나쁜 평가는 교회에 대한 존의 무례한 태도를 못마땅하게 여긴 교회 측 연대기 작가들에 의해 지나치게 과장되고 왜곡된 점이 없지 않다. 사실 존은 상당히 유능한 왕이었다. 그는 총명한 이해력과 유머 감각을 지니고 있었으며 책 읽기를 좋아했고 꽤나 유식했다. 군사적으로도 꽤 유능한 왕이었던 그는 웨일즈, 스코틀랜드, 아일랜드 등에 대한 지배권을 확장했으며, 특히 해군력을 정비·강화하는 데 힘을 기울였다. 행정 면에서도 그는 매우 부지런하여 끊임없이 국내를 돌아다니면서 각지의 실태를 파악하는 한편, 왕 자신의 궁정에서 몸소 소송사건을 심문하곤 했다. 그래서 당대의 일반 영국인들 사이에서 존은 괜찮은 재판관이라는 평판을 받고 있었다. 하지만 그가 성급하고 변덕스러운 데다가 욕심 많고 고집 세고 냉혹한 위인이었다는 것은 틀림없는 사실이었다. 그는 성직자들을 거칠고 경솔하게 다루었으며, 봉건 귀족들에게서 갖가지 봉건적 부담을 옭아냈다. 법률가나 상인, 기사나 도시민들 또한 그의 착취에서 벗어날 수 없었다.

대헌장을 유도한 사건들은 1213년 여름 세인트 폴 성당에서 이뤄진 영주들의 모임에서 시작되었다. 이 모임에서 스티븐 랭턴은 헨리 1세의 대관식 헌장을 낭독했다. 일 년 뒤 북부 출신을 주축으로 한 영주들은 존이 요구한 면역세의 납부를 거부했으며, 1215년 초에는 무장을 갖추고 스탬퍼드에 집결한 뒤 런던으로 향했다. 5월에 일부 런던 시민들이 그들에게 성문을 열어주었다. 원래 그것은 대영주들이 자신들의 목적을 달성하기 위해서 일으킨 봉기에 지나지 않았으나 이내 중소 귀족과 교회와 도시들이 합세했다. 사태가 여의치 않음을 깨달은 존은 영주들이 진치고 있던 스테인즈(Staines)와 윈저 중간에 있는 템즈 강변의 러니미드(Runny-mede) 목장에서 영주들과 만나는 데 동의하고, 바로 이곳에서 대헌장에 서명했다.

대헌장은 본질적으로 봉건 계층의 이익을 보장받기 위한 봉건적 문서였다. 그것은 상속세를 제한하고 후견권의 남용을 금지하고 면역세와 부조금을 부과하는 데 자문회의의 동의를 거쳐야 한다고 규정하는 등, 봉건 영주들의 권익을 보장하는 조항들을 담고 있었다. 그러나 그것은 봉건적 문서로 그치는 것이 아니었다. 첫째, 그 속에는 교회의 제 권리와 도시들의 특권적 자유를 보장하는 조항들이 들어 있었다. 둘째, 그것은 헨리 2세 시대의 여러 법적 개혁을 인정하고 확인했다. 즉, 국왕은 정당한 재판권을 어느 누구에게 매도하거나 거부하거나 지연시켜서는 안 되며, 보통법 법정을 고정된 장소에서 열어야 하고, 그리고 무엇보다도 자유민은 그와 동일한 신분의 사람들에 의한 합법적인 판결이나 나라의 법에 의하지 않고는 체포되거나 투옥되거나 재산을 몰수당하거나 추방될 수 없다고 규정했다. 원래 이런 규정들은 오직 자유민에게만 적용되는 것이었기 때문에 영국민의 다수를 차지하고 있던 농노들에게는 별 의미가 없는 것들이었다. 그러나 그 뒤로 농노제가 서서히 사라져감에 따라 점점 더 많은 사람들이 이런 조항들에 의해서 보호를 받게 되었다.

대헌장의 중요성은 당대보다는 후대에 있었다. 당대인들에게 대헌장은 그것이

기존의 법과 관습을 재확인하고 보장한다는 점에서 의미를 지녔다. 그러나 후대인들에게 대헌장은 국왕이 법의 지배하에 있다는 원칙을 천명한 점에서 의미를 지녔다. 존의 변덕스럽고 자의적인 통치행위가 영국인들로 하여금 그들의 왕을 법의 지배하에 놓이게 했던 것이다. 이제 국왕은 법을 어길 수가 없었다. 그들은 국왕으로 하여금 법을 어기지 못하도록 하는 기구, 즉 영주들로 구성되는 25인 위원회의 설치 조항까지도 대헌장에 부가했다.

6월 19일에 정식으로 조인된 대헌장은 왕과 영주들 사이에 평화가 성립되었음을 알리는 서신과 함께 전국의 셰리프에게 송부되어 일반에게 낭독되고, 모든 사람들이 25인 위원회의 영주들에게 순종을 서약하도록 지시했다. 그러나 평화는 곧 깨어지고 말았다. 마지못해 서명은 했지만 이를 지킬 마음이 별로 없던 존에게 구실을 준 것은 오히려 영주들 편이었다. 권력을 잡은 영주들은 방자하고 교만해져 평화를 보장하겠다는 약속을 지키지 않았다. 그들 중에는 자기 성의 방비를 강화하고 분쟁을 일으키고 국왕의 영지를 침범하는 자가 있었는가 하면, 대헌장의 조항들을 실행하려는 국왕 관리들을 방해하고 해치는 자도 있었으며, 무술 시합을 구실로 계속 무장을 유지하기도 했다. 그들은 전쟁을 바랐고, 심지어 새로운 왕의 선출을 거론하기까지 했다.

이런 상황에서 존은 다시 외부에, 특히 교황에게 도움을 청했다. 1213년 존이 교황에게 굴복한 이래 교황 이노켄티우스 3세와 존 사이의 관계는 적대 관계에서 제휴 관계로 바뀌어 있었다. 대헌장이 조인되기 직전인 6월 18일 교황은 스티븐 랭턴에게 끝내 굴복하지 않는 영주들을 파문에 처하라고 지시했다. 그리고 7월 7일에는 국왕을 괴롭히고 왕국을 어지럽히는 모든 자를 파문하라고 명령했으며, 랭턴이 그 실행을 주저하자 그를 해임했다. 8월 24일 교황은 드디어 대헌장의 무효를 선언하기에 이르렀고, 12월에는 거역하는 영주들 30명을 파문에 처했다. 그러나 이보다 앞서 잉글랜드는 이미 내란에 빠져들고 있었다.

왕을 제거하겠다고 다짐한 강경파 영주들 또한 밖에서 도움을 구했다. 그들은 필리프의 아들 루이에게 잉글랜드 왕위를 제의하면서 잉글랜드로 진공할 것을 요청했다. 이에 따라 루이는 겨울 동안에 두 차례에 걸쳐 소규모의 군대를 파견했지만 이들은 영주들에게 별 도움을 주지 못했다. 그사이에 잉글랜드의 서남부 지방을 장악한 존은 대륙에서 불러들인 용병의 힘을 빌려 북부와 동부 일대의 반대 세력을 물리치고 런던을 제외한 잉글랜드 전역을 수중에 넣었다. 그러나 이듬해 5월 루이의 군대가 새니트에 상륙함으로써 전세가 일변했다. 여러 성들이 굴복하고 많은 이탈자가 나타났으며, 존의 이복동생인 솔즈베리(Salisbury) 백을 포함한 대영주들이 루이에게 충성을 서약했다. 서쪽으로 물러난 존은 다시 전열을 가다듬고 동부를 회복하려는 그의 마지막 전투를 펼쳤다. 10월 초에 존은 링컨셔에서 이스트앵글리어의 킹즈 린(King's Lynn)으로 쳐들어갔다. 그러나 그곳에서 병에 걸린[1] 존은 링컨셔로 되돌아가는 도중 워쉬 만을 건널 때 밀려드는 조수와 유사(流砂)에 말과 마차가 휩쓸려 많은 재화와 장비를 몽땅 잃었다. 기진맥진한 존은 간신히 뉴워크(Newark)에 도착했으나 10월 18일 마침내 이곳에서 숨을 거두고 말았다.

헨리 3세와 시몽 드 몽포르

1216년 9살의 나이에 왕위에 오른 헨리 3세(1216~1272)는 1272년까지 56년 동안 재위했는데, 치세의 처음 11년 동안은 미성년기였다. 그러나 유능하고 충실한 두 섭정의 지도와 보호하에 국내의 정치는 오히려 안정되고 질서가 잡혀 있었다. 그중 한 사람은 윌리엄 마셜(Marshall)이었고 다른 한 사람은 휴버트 드 버러(Hubert de Burgh)였다. 윌리엄은 프랑스군을 링컨에서 격퇴하고, 도버 성을 지켜냈으며, 샌드위치에서 프랑스 해군을 격파함으로써 신왕의 앞길에 놓인 위협을 제거했다. 패배한 프랑스 왕은 노르망디를 잉글랜드 왕실에 되돌려준다는 약속의 대가로 약간의 보상금을 받고 잉글랜드에서 물러났다. 윌리엄의 뒤를 이은 휴버트 드 버러는 사실상 오늘날의 수상과 비슷한 대사법관의 직무를 수행했다. 마그나 카르타가 두 차례 다시 공포되었는데, 대자문회의의 동의 없는 과세의 금지나 25인 위원회의 구성 등 왕에게 불리한 규정들이 빠지게 되고, 내란기에 봉건 영주들이 신축하거나 점거한 성들을 다시 허물거나 국왕의 수중에 되돌릴 것을 지시한 조항이 들어

---

1) 과로한 데다 복숭아와 음료의 과식·과음으로 이질에 걸렸던 것으로 전해지고 있다.

헨리 3세

가기도 했다. 한편 존 왕의 치세에 잉글랜드를 떠난 스티븐 랭턴이 다시 캔터베리로 돌아왔으며, 국내 정치에 대한 교황의 영향력에 제약이 가해졌다. 이처럼 전쟁 동안에 시작되어 자칫 무질서 상태로 빠져들 뻔했던 헨리 3세의 미성년 재위 기간은 마셜과 드 버러와 같은 정치가의 섭정을 통해서 오히려 평화와 안정이 유지된 시기였다.

헨리는 1227년 성년이 되면서 친정을 시도하여 1232년에는 드 버러를 해임하고 그 후 20여 년 동안 왕국을 직접 통치했다. 이 기간은 대헌장 이전과 같은 왕의 권위를 되찾으려는 국왕의 의지와 그의 통치행위를 자신들의 조언 아래 두려는 영주들의 견제 사이의 싸움으로 점철되었다. 친정을 시작하면서부터 헨리는 영국인 조언자들보다는 모후인 앙굴렘의 이자벨과 왕비인 프로방스(Provence)의 엘리너, 그리고 외척과 처족인 프와투나 사부아(Savoie) 출신 외국인들을 더 가까이했다. 그중에서도 엘리너와 그녀의 탐욕스러운 삼촌들은 거센 입김만큼이나 평판이 나빴다. 헨리는 회계청과 국고보다는 왕실을 통해서 통치하고, 상서경(Lord Chancellor)이 관장하는 공적인 국새(Great Seal)를 놓아두고 따로 왕의 개인용 옥새(Privy Seal)를 새로 만들어냄으로써 영주들의 불안을 자아냈다. 게다가 헨리는 프랑스에서 전쟁을 벌이기 시작했다. 1230년과 1242년 두 번에 걸쳐 그는 프랑스에 출병했으나 잃어버린 영국령을 되찾는 데 실패했으며, 1259년 파리 조약으로 가스코뉴를 제외한 프랑스 내의 모든 영국령을 루이 9세에게 넘겨주는 데 동의했다. 영주들은 이런 전쟁을 바라지 않았으며, 전쟁의 실패는 왕과 영주들 사이를 더욱 악화시켰다.

이래서 1243년 드 버러가 사망한 무렵 헨리와 잉글랜드 영주들 사이는 오히려 존 왕 때보다도 틈이 더 벌어져 있었다. 헨리는 성장하면서 주변머리 없고 주책없는 위인이 되었으며 이성과 여론의 소리에 귀를 막았다. 게다가 그는 의심 많고 고집 세고 둔하고 변덕스러웠으며, 군사적으로나 정치적으로나 무능하여 신민들로부터 존경과 사랑을 받지 못했다. 그러면서도 예술을 좋아한 그는 궁전과 성을 축조하는 데 재물을 아낌없이 쏟아 부었다. 그는 또한 신앙심이 두터워 하루에 세 번이나 미사에 참여하는 등 종교의식에 참여하는 것을 좋아했으며, 웨스트민스터 수도원의 대대적인 개축을 비롯해 여러 종교 시설의 건축에 목돈을 들이며 남다른 관심을 쏟았다.

헨리의 이 같은 깊은 신앙심은 그의 정치적 행위에 영향을 미쳤다. 1243년에 새 교황으로 즉위한 이노켄티우스 4세의 당면 목표는 강력한 황제 프리드리히 2세(Friedrich II)에 대항하여 전 유럽에서 교황의 우월권을 확립하는 것이었다. 헨리는 잉글랜드와 유럽에서 이 야심만만한 교황의 수족 노릇을 자청했다. 그리하여 교황은 이탈리아인들을 비롯한 많은 외국인들을 잉글랜드 내의 여러 성직에 임명했으며, 잉글랜드의 성직자들은 교황의 외교정책을 뒷받침하기 위해 재정적 부담을 떠안아야 했다. 이것은 이제까지 교황의 충실한 양이었던 영국인들이 로마에 대한 반대자로 돌아서는 한 요인이 되었다. 게다가 교황이 프리드리히 2세에 대항하여 헨리의 작은아들 에드먼드를 시칠리아(Sicilia) 왕으로 삼고, 그의 아우 리처드를 로마 황제의 후보로 밀자는 제안을 해오자 헨리는 이를 수락하고 이 계획을 실행하기 위한 막대한 전쟁 비용을 잉글랜드의 성직자에게서 거두어들이기로 약속했다. 그러나 이런 약속을 이행할 만한 방도가 헨리에게는 없었다. 시칠리아 왕위를 얻기 위한 전쟁 비용과 황제 선출에 소요될 회유 비용을 지출하는 것은 잉글랜드에는 아무런 이익도 되지 않는 것이었으며, 잉글랜드의 성직자와 영주 모두의 반대와 분노를 자아낼 뿐이었다. 약속 이행이 지연되자 교황은 잉글랜드에 대한 성무 금지와 파문으로 위협했다. 엎친 데 덮친 격으로 1256년 이래 3년 동안 냉해와 큰비로 흉년이 들었다. 국왕이 자문회의를 멀리하고 그 대신 내실과 외국인들에게 점점 더 의존하면서 영주들의 불만 또한 가중되었다. 이와 같이 헨리가 성년이 된 이후 약 30년 동안 그의 실정으로 국민들의 불만이 커져갔는데, 마침내 이것은 또 하나의 내란으로 터져 나왔다.

내란은 군주권을 제약하려는 영주들의 반대운동으로 시작되었다. 민족주의적 성격을 아울러 지니고 있던 이 반대운동은 프랑스 출신의 귀족 시몽 드 몽포르(Simon de Montfort, c.1208~1266)의 지도하에 혁명적 성격을 띠게 되었다. 그는 프랑스에서 알비파(Albigeois) 이단자들을 무자비하게 소탕한 동명의 시몽 드 몽포르의 아들이었다. 1231년 레스터 백령의 상속자가 된 시몽은 의지가 굳고 유능한 군 지휘관이

시몽 드 몽포르

자 또한 헨리의 매부이기도 했다. 헨리와 시몽 사이에는 불화와 화해가 거듭되었다. 1248년 가스코뉴의 통치를 떠맡은 시몽은 가차없는 방법으로 이 말썽 많은 지역의 질서를 회복했다. 그러나 이 같은 가혹한 통치 방법에 대해 주민들이 왕에게 불만을 호소하자 이를 둘러싸고 남매간의 불화가 깊어졌다. 마침내 1253년 시몽이 가스코뉴를 에드워드 왕자에게 넘긴 채 잉글랜드로 돌아오면서 그는 왕의 격렬한 적대자가 되었다. 그는 프랑스 출생임에도 불구하고 개혁을 요구하는 잉글랜드 영주들의 지도자로서 헨리에게 커다란 압력을 가하기 시작했다.

1258년 여름 영주들은 시몽 드 몽포르의 지도하에 24명으로 구성된(그중 반은 왕이 지명하고 나머지 반은 영주들 자신이 지명하는) 대자문회의의 설치를 요구했으며, 이에 따라 설치된 자문회의의 위원들이 무장을 갖추고 옥스퍼드에 모여 이른바 옥스퍼드 조항(Provisions of Oxford)의 승인을 왕에게 강요했다. 그것은 네 가지 주요한 조항을 담고 있었다. 첫째, 주로 영주들로 구성된 15인 회의를 두되, 왕은 국정의 제반사에 관해서 이들의 권고를 따라야 하고, 또 대사법관, 상서경, 재무관(Treasurer)을 이들의 지명에 따라 임명해야 한다. 둘째, 종전부터 내려오던 관직들이 회복되고 모든 세입은 왕의 내실이나 그 부속 기구인 의상실이 아니라 국고인 회계청에 납부되어야 한다. 셋째, 셰리프나 다른 국왕 관리들에 대한 불평을 심리하기 위해 주 법정에 4명의 선출된 기사가 참여해야 한다. 넷째, 의회(Parliament)라 불리게 된 대자문회의를 일 년에 세 차례 열어야 한다는 것이었다.

옥스퍼드 조항을 마련한 것은 소수의 유력한 영주들이었으며, 그들의 투쟁은 여전히 존 왕 시대에 빚어진 '헌장을 둘러싼 싸움'의 계속이었지만, 한 가지 중대한 차이가 있었다. 즉, 존 왕 치하에서는 국왕을 한편으로 하고, 이에 맞서 국민의 지지를 받은 영주들이 다른 한편이었던 데 대해, 헨리 3세 치하에서는 하층 기사들(bachelors)과 젠틀먼들이 따로 한편이 되어 국왕과 영주들 사이의 대립에 끼어들게 된 것이다. 영주들은 이들의 지지를 얻기 위해 셰리프에 대한 심문권과 같은 권익을 기사들과 젠틀먼에게 제공했으나, 그들은 그 정도로 만족하지 않았다. 1259년 그들은 영주들이 국왕으로부터 보장받은 것과 같은 특권을 자신들 역시 영주들로부터 보장받기 위해서 대영주들의 영지에서도 마찬가지 개혁을 실행하도록 요구했다.

이 같은 정치적 투쟁은 국왕과 영주들 간의 헌정적인 문제에 국한된 것이 아니었다. 그러한 반대 움직임은 영주들의 성과 저택을 넘어서는 '영국 사회(communitas regni, community of the realm)' 내의 불만에 의해서 조성되었다. 즉, 그것은 하급 기사들, 그리고 흉작으로 고통받고 있던 중동부 잉글랜드 지방의 강건한 자유민 사이에도 널리 퍼져있었다. 성직자들 사이에도 왕과 교황의 결탁에 대한 불만이 공공연하게 나타나고 있었다. 헨리는 교황의 봉신으로서의 지위를 진지하게 받아들이고 있었으며, 교황은 독일 황제와의 투쟁에 소요되는 막대한 비용과 이탈리아인 부재 성직자들을 위한 성직록을 잉글랜드 교회에 떠맡겼다. 이것은 잉글랜드의 하위 성직자들 사이에 반감을 불러일으켰으며, 이들의 불만은 외국인에 대한 적의와 국왕에 대한 불신을 증대시켰다. 또한 런던과 5항, 그리고 동부 해안 일대의 도시들에서는 도시의 과두 지배자들에 대한 반감이 직인,[2] 장인, 영세 상인들 사이에 퍼져있었다. 이들 여러 집단이 영주들의 불만에 공감하고 있었다. 시몽 드 몽포르의 깃발을 따르는 세력은 더욱 개혁적인 영주들, 좀더 정치적 의식을 가진 기사들과 젠틀먼들, 교황과 왕의 결탁에 반대하는 성직자들, 옥스퍼드 대학의 학생들, 그리고 그 밖의 민주적인 성향을 가진 민중으로 구성되어 있었다. 이들 시몽의 추종자들은 분명히 법이 국왕 위에 있다는 생각을 품고 있었으며, 개혁을 신의 뜻으로 생각하는 종교적 열정을 가지고 있었다.

왕에게 옥스퍼드 조항을 강요한 영주들은 개혁의 시대가 오래 지속될 것으로 기대했으나 그것은 2년도 못 되어 끝나고 말았다. 그것은 왕이 그 개혁 프로그램을 외면했고 왕의 반대 세력이 분열되어 있었기 때문이다. 개혁운동을 주도한 시몽 드 몽포르의 독선적인 방식이 왕의 노여움과 영주들의 분열을 낳았다. 몽포르는 생각이 뚜렷하고 꼼꼼하고 공정하고 이상주의적인 정치가였지만, 한편 고압적이며 독단적인 사람이었다. 그는 우둔한 왕을 원저 성에 유폐해야 한다고 말한 적이 있

---

2) 154~155쪽 참조.

을 정도였다. 이런 몽포르의 태도는 왕으로 하여금 등을 돌리게 했다.3) 헨리는 왕비 엘리너와 교황의 지원을 등에 업고 옥스퍼드 조항이 협박에 의해서 강요된 것이요 왕권에 대한 분명한 침해라고 선언하고, 마침내는 교황으로부터 옥스퍼드 조항을 지키겠다는 맹세의 취소를 허락받았다. 이어 헨리는 영주들이 지명한 대사법관과 상서경을 면직시키고 몽포르를 국외로 추방했으나 영주들은 이에 반대하지 않았다. 그것은 영주들 중에 몽포르와 그의 개혁에 반대하는 유력한 집단이 나타났기 때문이었다. 그러나 헨리는 국내에서 질서를 회복하고 불평불만을 달래며 왕권을 공고히 하는 대신 프랑스에 진출함으로써 이 절호의 기회를 놓치고 말았다.

1263년에 젊은 영주들은 다시 몽포르를 잉글랜드로 불러들였다. 전쟁이 임박한 것처럼 보였으나 양측은 아직 준비가 되어 있지 않았으며, 결국 프랑스 왕 루이 9세의 중재를 받아들이기로 했다. 루이는 헨리가 르와르 강 이북의 프랑스와 프와투 내의 모든 영지에 대한 권리를 포기하는 조건으로 그의 편을 들었다. 몽포르는 이 결정에 반대하여 군대를 모아 루이스(Lewes)에서 왕에게 맞섰다. 왕자 에드워드는 훈련받지 못한 런던 시민들의 군대를 격파했으나 이들을 너무 멀리까지 추격하는 바람에 제때에 돌아와서 몽포르의 반격을 막아내지 못했다. 싸움은 결국 몽포르의 승리로 끝나고, 왕과 왕자 에드워드는 인질로 잡혀 감금당했다. 몽포르와 그의 동료들은 이제 잉글랜드를 통치할 9인 회의를 창설했다. 그러나 과두정치를 실시하는 것이 몽포르의 의도는 아니었다. 그는 1264년과 1265년에 대자문회의를 소집했다. 이때 그는 영주들과 주교들만이 아니라 주의 기사들(knights of the shire)을 소집했으며, 1265년에는 도시의 대표들까지 소집했다.4) 그는 중간 계층과 성직자들, 즉 기사들, 시민들, 주교들, 그리고 학자들 사이에서 지지세력을 구했던 것이다.

---

3) 그해(1258) 어느 여름날 왕이 런던 근처 템즈 강을 내려오는 도중 폭풍을 만나 공교롭게도 시몽 드 몽포르가 거처하고 있던 더럼 하우스(Durham House)에 피하게 되었다. 강가에서 왕을 영접한 시몽이 이제 폭풍우가 그쳤으니 안심하라고 말하자 헨리는 "난 뇌성벽력을 몹시 무서워하지만, 이 세상 모든 뇌성벽력보다 분명코 그대를 더 무서워한다"라고 대답했다고 한다.

4) 이 모임이 흔히 최초의 의회로 일컬어져 왔으나 이때의 모임이 최고 입법기관으로서의 의회의 성격을 지니고 있지는 않았다.

시몽이 시도한 새로운 조치들은 시기상조인 것들이었다. 시몽의 성공, 불 같은 성품과 독단적인 방식, 그가 휘두른 권력과 추종자들의 국왕파에 대한 지나친 공격 등은 그에 대한 많은 적대자를 만들어냈다. 그는 영주들의 지지를 잃게 되었다. 영주들은 왕의 뜻에 어긋난 통치를 불충이라 생각했으며, 또한 자신들의 영지 내에서 저질러지고 있던 비행에 대한 조사를 내심 두려워하고 있었다. 그리하여 에드워드가 감시자들을 따돌리고 도망쳐 나오자 왕을 지지하는 많은 사람들이 그의 주변에 모여들어 막강한 왕군을 형성할 수 있었다. 에드워드의 군대와 시몽의 군대는 1265년 8월 이브섬(Evesham)에서 대적했다. 적의 당당한 위세를 바라본 시몽은 비세를 직감했다. "우리의 영혼을 하느님께 맡기도록 하자. 우리의 육신이 그들의 수중에 있으니"라고 그는 외쳤다. 이어진 접전은 전투라기보다는 차라리 살육이었다. 전사한 시몽의 육신은 이리저리 잘려 그를 지지한 도시들에 보내져 공중에게 전시되었다. 잘려나간 목은 위그모어(Wigmore)의 로저 모티머(Roger Mortimer)의 처에게 보내졌으며, 그의 몸은 이브섬의 수도사들에 의해 매장되었다. 시몽 드 몽포르는 고위 관리들 사이에서는 반역자로 지탄받았지만 일반 민중에게는 성자로 추앙받았다. 그에 관한 전설과 기적담이 민중 사이에 퍼졌으며, 그에 관한 노래들이 여기저기에서 오래도록 불리었다. 자유를 위해 이브섬의 싸움터에서 죽은 시몽은 민중의 마음속에 사랑받는 순교자가 된 것이다.

이브섬의 전투는 옥스퍼드 조항을 폐기시키고 헨리 3세를 복위시켰다. 그러나 이제 나이 26세의 왕자 에드워드가 이브섬에서 어깨에 부상을 입은 부왕[5]을 대신하여 국정을 맡았다. 아들 에드워드의 조언을 받아 헨리의 재위 마지막 7년은 좀 더 현명한 통치가 행해진 시기였다. 그러나 몽포르의 죽음과 옥스퍼드 조항의 폐지가 개혁가들의 행동이 전혀 무의미한 것이었음을 뜻하지는 않았다. 국사는 대자문회의에서 논의되어야 하고, 국왕과 영주들 사이에 협조와 견제가 조화를 이뤄야 한다는 생각이 잉글랜드에 뿌리를 내리게 되었다. 적어도 에드워드 왕자 자신의 마음속에는 뿌리내리게 되었다.

---

5) 포로로 잡혀 있던 헨리 왕을 아들 에드워드의 병사들이 알아보지 못해 입힌 부상이었다.

2. 에드워드 1세의 시대

에드워드 1세의 정부 조직과 법률 개혁

에드워드 1세(1272~1307)가 왕위에 올랐을 때 그는 나이 35세의 키가 훤칠하고 건장한 중세적 이상형의 왕이었다. 그는 용감하고 유능한 군인이자 자의식이 뚜렷하고 의지가 굳은 현명한 왕이었으며, 높은 지성과 지칠 줄 모르는 정력의 소유자였다. 십자군에 참가한 적이 있는 그는 마상시합과 사냥을 좋아했다. 그는 음식을 절제하여 물 말고는 별다른 음료를 들지 않았다. 게다가 그는 아내에게 헌신적인 남편이었다. 아내가 노팅엄셔에서 사망하자 크게 상심한 그는 그녀의 주검을 웨스트민스터에 운반하도록 하고, 운반 도중 장례 행렬이 휴식한 마을마다 십자가를 세우도록 지시했다.[6] 그러나 틀에 박힌 사람이었던 그는 상상력과 동정심이 모자랐으며, 화를 잘 내고 방해받기를 싫어했다.

에드워드의 첫째 과업은 중앙정부의 기구를 개혁·정비하고 훌륭한 법률제도를 마련하는 일이었다. 이를 위해 에드워드는 상서경과 재무관 같은 고위 관리, 판사, 왕의 일상 업무를 돌보는 서기들, 그리고 중앙행정에 참여하는 몇몇 기사와 영주 등 주요 조언자들과의 긴밀한 협조를 추구했다. 주요 행정기관으로는 상서청, 회계청, 왕실, 자문회의의 네 곳이 있었다. 상서청은 특허장, 영장 등 공문서를 작성하는 비서관 부서로서 공식 문서에 날인하는 국새를 보관했다. 회계청은 재무관의 주재 아래 돈의 수입과 지출을 관장했으며, 셰리프들과 그 밖의 재정 관리들의 회계를 감사했다. 이 두 기구는 오래되고 권위가 높아져 이제 왕실과 분리된 독립부서로서 웨스트민스터에 항구적으로 자리 잡고 있었다. 그래서 에드워드는 여행 중이거나 전쟁 중일 때에 그와 함께 옮겨 다니는 왕실을 발전시킨 선왕들의 방식을 따랐다. 왕실에는 내실이 있어 왕의 가까운 친구들과 몇몇 조언자들과의 사적인 협의만으로 여러 가지 결정을 내렸다. 특히 그의 치세에 의상실이 왕실의 중요

---

6) 그중 마지막 십자가가 체어링(Charing)의 작은 마을에 세워졌다. 이곳이 바로 런던의 번화한 체어링 크로스(Charing Cross) 구역이다. 원래의 십자가는 그사이에 파괴되어 없어졌는데, 1856년 남아 있던 그림에 따라 복제된 모작품이 지금 체어링 크로스 역 앞마당에 세워져 있다.

부서로 발전했는데, 바로 여기에 왕의 옥새가 보관되었다. 가장 활동적인 행정기관은 왕의 자문회의[7]였다. 그것은 왕의 주요 대신들, 재판관, 측근의 서기들, 그리고 몇몇 대영주들로 구성되었으며, 모든 종류의 국사를 다루었다. 왕은 이곳에서 그의 조언자들로부터 자문을 받아 중요한 결정들을 내렸다. 이처럼 중요한 행정기관인 자문회의는 또한 하나의 법정이기도 했다. 자문회의는 여느 법정들보다 상급의 법정으로 인정되어 특히 중요하고 어려운 사건들이 거기에 제소되었다. 그것은 다른 법정들의 관할이 아니거나 해결하기 힘든 사건 또는 왕의 이해관계에 직접 관련된 특별한 사안들을 다루었으며, 하급 법정의 일 처리를 점검하기도 했다. 그중에서도 공적인 성격을 가진 사

에드워드 1세의 조상

건으로 나라 전체에 영향을 미칠 사건은 때때로 왕의 주요 봉신들의 모임인 대자문회의에 상정되었는데, 의회라 불리게 된 이 대자문회의가 최고의 법정 역할을 하게 되었다.

질서와 제도를 중시하고, 법률에 대한 관심이 컸던 에드워드는 잉글랜드의 여러 법적 전통을 체계화하는 한편 과거의 법률을 수정·보완하고 그 기능을 강화하는 데 힘썼다. 그래서 그는 잉글랜드의 법률 제정자(Law-giver), 또는 잉글랜드의 유스티니아누스(Justinianus)로 불려왔다. 비록 유스티니아누스처럼 확고한 어떤 법전을 완성한 것은 아니지만 그가 잉글랜드의 국내법과 공법, 그리고 잉글랜드 의회에 좀더 엄밀한 규정을 마련해 준 것은 사실이다. 이제까지 일정한 모습을 갖추고 있지 않았던 중세 국가의 여러 제도들이 그의 치세에 와서 일정한 형태를 갖추기 시작했으며, 이때부터 의회와 자문회의 사이의 구별도 뚜렷해졌다.

원래 잉글랜드의 보통법은 수많은 분쟁에 대한 재판관들의 판례와 상서경이 발포한 영장들에 의해서 형성되고 발달해 왔다. 그러나 거기에는 종종 오류나 혼란이 뒤따르게 마련이었으며, 에드워드는 이를 시정하기 위한 새로운 방도를 강구했다. 즉, 그는 제정법(Statute)을 통해서 보통법을 수정, 변경 또는 보완하는 길을 연

---

7) 13세기에 종전의 소자문회의(Small Council)가 그냥 자문회의(Council)로 불리고, 대자문회의는 의회 (Parliament)라고 불리게 되었다.

것이다. 제정법은 소수 자문관(councillor)들의 모임에서 국왕이 결정하여 발포한 왕령(ordinances)과는 달리 국왕의 서기들이 기초한 선언을 의회(즉, 대자문회의)에서 토의를 거쳐 동의를 얻고 왕이 재가하여 공포한 법이었다. 그것은 전혀 새로운 법을 만들려 한 것이 아니라, 기존의 법을 성문화하고, 범위를 확대하며, 기능을 봉건적 관계에 맞춰 조정함으로써 국왕의 권한과 권위를 더욱 확고히 하려는 것이었다. 제정법을 통해서 에드워드가 추구한 목표는 주로 세 가지였다. 그것은 지방정부의 여러 악폐를 시정하고, 봉건적 관계를 정비하고, 사적인 특권 법정들의 성장을 저지하는 것이었다.

에드워드는 1274년 순회재판관을 지방에 파견하여 지방 정치의 실태를 조사했는데, 이 조사를 통해서 수탈하는 셰리프, 부패한 관리인, 나태한 검시관(coroner) 등에 대한 불평불만이 쏟아져 나왔다. 이 같은 악폐를 시정하기 위해 에드워드는 1275년의 웨스트민스터법과 1285년의 윈체스터법과 같은 일련의 옴니버스적인 법을 제정했다. 그런 법들은 강도·살인·방화·강간 등 중죄를 더욱 철저하게 추적하고, 도시에서의 범법 행위를 더욱 주의 깊게 감시하고, 범죄행위를 방지하기 위해 공공 도로변의 숲을 벌채하도록 하는 등 왕의 평화를 개선하는 여러 조항들과 함께 셰리프 및 재판관과 같은 지방 관리들의 전횡과 비리를 시정하기 위한 여러 조항들을 담고 있었다. 그러나 악폐가 제도에 기인하기보다는 제도를 운영하는 사람에 기인한다는 점을 곧 깨닫게 된 에드워드는 1289년 부패한 재판관, 회계청 관리, 셰리프 등을 심문할 특별 위원회를 설치하여 이들의 비리를 단속했다. 그는 또한 치안 유지관(keeper of the peace)이라는 새로운 지방 관리들을 임명했다. 지방의 젠트리층[8]에서 선발된 이들의 임무는 질서를 유지하고 범법자를 체포하여 국왕 법정에 출두시키는 것이었다. 더 나아가 그는 범법자를 체포하여 법정에 세우는 책임을 지역공동체 전체에 부과하여, 만일 헌드레드가 살인자나 강도를 40일 이내에 법정에 세우지 못할 경우 그 헌드레드 주민들에게 벌금을 부과했다.

그러나 국왕의 이런 조처들은 언제나 봉건 영주로서의 행위였다. 에드워드는 영

---

8) 151~152쪽 참조.

국 사회를 귀족(유력자), 기사, 그리고 상인들과 국왕 자신으로 구성된 공동체라고 이해했다. 그는 웨일즈, 스코틀랜드 등지에서 전쟁을 수행하기 위해 아직도 전통적인 봉건적 관계로 결합된 사회 안에서 수입과 인원을 확보해야만 했으며, 그래서 바로 그러한 봉건적 관계의 정비가 당대의 입법 행위의 틀을 결정짓게 한 주요한 요인이었던 것이다. 에드워드는 여러 제정법을 통해 봉건법을 정비했다. 그는 기사의 자격과 임무를 새로 규정했다. 잉글랜드의 대부분의 토지는 봉건적 토지 보유 형태를 취하고 있었으나 무장의 비용이 커진 데다가 기사의 평균적 봉이 분봉되어 있었기 때문에 기사로서의 충실한 봉사가 사실상 어려웠다. 에드워드는 사람에 대한 부담을 영지에 대한 부담으로 대체함으로써 이런 변화에 대처했다. 즉, 윈체스터법으로 연수 20파운드 이상의 토지를 보유한 모든 사람은 누구나 기사로서 말과 무장을 갖추어야 하고 주 법정에서 배심원이나 관리로서의 임무를 수행해야 한다고 규정했다.

  1279년의 양도불능재산에 관한 법(Statute of Mortmain)은 봉신이 영주의 동의 없이 교회에 토지를 팔거나 기증하는 것을 금지하는 법이었다. 봉신이 교회에 토지를 기증하는 것은 그의 영주로부터 혼인세, 상속세, 후견권과 같은 여러 봉건적 권리를 박탈하는 결과를 가져왔는데, 그것은 교회는 결혼하지도 않고, 아이를 갖지도 않고, 죽지도 않기 때문이었다. 따라서 교회에 대한 토지 기증은 기증자의 영주에게는 사망한 자(mortmain: 죽은 손)가 그 토지를 보유하고 있는 것과 같은 것이었으며, 이 때문에 자신의 여러 권리가 박탈당한 것과 마찬가지의 결과를 낳았다. 한편 1285년에 발포된 제2웨스트민스터법 가운데 "조건부 급여에 관하여(De donis conditionalibus)"라는 구절로 시작된 한 조문의 규정은 한사상속(限嗣相續) 재산의 원칙을 확립한 것이었다. 그것은 재산이 당초에 부여된 때에 정한 조건하에서만 한 세대에서 다음 세대로 전해질 수 있게 한 것으로 그러한 부여는 통상적으로 재산 전부가 아버지로부터 장자에게 상속되게 하는 이른바 장자상속제를 강화하는 것이었다. 이어 1290년에 에드워드는 토지 거래에 관한 법(Statute of Quia Emptores)으로 토지의 재분봉에서 야기되는 문제를 처리했는데, 그것은 사실상 더 이상의 재분봉을 금지하는 것이었다. 즉, 그것은 만일 '갑'이 '을'에게 토지를 급여하는 경우 '을'은 '갑'의 봉신이 되는 것이 아니라 '갑'의 영주의 봉신이 되도록 하는 것이었다. 그 결과 이제 오직 왕만이 어느 사람을 자신의 봉신으로 삼을 수 있었으며, 봉건적 관계는 그만큼 그 중요성이 줄어들게 되었다.

에드워드는 또한 제정법을 통해서 사적인 특권 법정들의 성장을 저지하려고 했다. 중세의 잉글랜드에는 국왕 법정, 교회 법정, 장원 법정, 버러 법정, 영주 법정 등 여러 종류의 법정이 있었다. 그중에서도 특히 성·속의 영주 법정은 갖가지 특권을 누리고 있었다. 이런 특권 법정은 프랭크플레지 검열의 권한, 절도 현행범을 교수형에 처할 권한, 또는 마을 공동체에 대해서 범죄자를 법정에 고발할 의무를 지우는 권한 등을 주장할 수 있었다. 이른바 프랜차이즈(franchise) 또는 리버티즈(liberties)로 알려진 일련의 특권을 행사하고 있던 그 같은 법정들은 왕국 내의 모든 사법권이 국왕으로부터 유래하고 국왕이 재판권의 원천이라는 브랙턴(Bracton)의 이론과는 맞지 않는 것이었다.[9] 1278년 에드워드는 글로스터법과 1290년의 권리근거법(Statute of Quo Warranto)으로 모든 사적 사법권의 소유자들은 그들이 그러한 권한을 얻게 된 근거(warrant)를 국왕 법정에 제시해야 한다고 선언했다. 재판의 특권은 오직 국왕에 의해서만 부여될 수 있으며, 그 특권의 합법성은 오랜 관행, 즉 1189년 리처드 1세의 즉위 이전부터 내려온 관행에 의하거나 국왕의 특허장에 의해서만 합법화될 수 있다는 것이었다.

에드워드는 또한 웨스트민스터의 법정들과 순회재판의 법정들의 기구를 개선했다. 웨스트민스터에서의 최고 법정은 자문회의 내의 국왕(King in Council)과 의회였으며, 그 밑에 세 보통법 법정(Common law Court)이 있었다. 하나는 회계청 법정(Court of Exchequer)으로서, 왕의 채무자로부터 돈을 거두어들이는 일을 맡은 회계청은 처음부터 어떤 종류의 법률 업무와 관련을 갖게 마련이었다. 이 같은 회계청의 재판 방식은 신속하고 효율적이었기 때문에 개인 채권자도 자신의 채권 회수에 관련된 사건을 이 법정에서 재판받고자 했다. 이래서 회계청 법정이 채무와 그에 관련된

---

9) 중세 잉글랜드의 법에 대한 최초의 체계적인 저술인 『잉글랜드의 법과 관습(Concerning the Laws and Customs of England)』의 저자인 헨리 드 브랙턴은 하느님과 법의 지배 아래 있는 국왕이 바로 정의(사법권)의 원천이라고 주장했다.

손해배상 사건들을 다루게 되었다. 13세기에 이 법정은 재정 업무를 관장한 본래의 회계청에서 분리하여 독자적인 법정이 되었다. 둘째는 민사소송 법정이었다. 12세기 말경에 모습을 보이기 시작한 이 법정 역시 13세기에 자문회의에서 분리하여 독자적 법정이 되었는데, 여기서는 민사재판, 즉 재산권에 관한 분쟁이 다루어졌다. 셋째는 왕좌 법정으로서 형사사건을 다루는 법정이었다.

법정은 연초의 힐러리기(Hilary term), 봄의 부활절기, 여름의 삼위일체절기(Trinity term), 가을의 미가엘제기 등 네 개의 법정 개정기(law term)에 열렸으며, 이 개정기들 사이에 왕의 재판관들이 각 지방을 순회하여 법정을 열기도 했다. 이전에는 사법 업무만이 아니라 갖가지 행정 업무까지도 이들 순회재판관들에게 맡겨져 그들의 업무 부담이 매우 무거웠으며, 그래서 한 지역에 오랫동안 머물러야만 했고 업무의 처리도 더디었다. 이를 시정하기 위해 에드워드는 한정된 임무를 맡은 재판관을 파견함으로써 좀더 신속하고 효율적인 순회재판을 시행할 수 있게 했다.

브리튼의 통일 시도

에드워드가 그의 치세에 이루고자 한 또 하나의 과업은 웨일즈와 스코틀랜드를 병합하여 브리튼을 하나의 왕국으로 통합하는 것이었다. 그러나 그것은 그 일부밖에는 성취하지 못했다. 잉글랜드의 봉건적 기사들은 웨일즈의 정복에 성공했으나 웨일즈를 색슨 문명에 완전히 동화시키는 것은 결국 튜더 시대와 하노버(Hanover) 시대의 과업으로 넘겨졌다. 한편 스코틀랜드를 굴복시키려는 시도는 결국 실패로 끝나고 말았다.

근대 잉글랜드를 창출하는 데 에드워드 1세가 기여한 가장 큰 업적은 웨일즈의 정복이었다. 앵글로-노르만의 침입 이전의 웨일즈인들은 농민이라기보다는 아직도 유목민들이었다. 가축을 따라 이곳저곳으로 옮겨 다닌 그들은 산악 지대에 거주한 족장들의 지배하에 여러 부족으로 갈라져 있었다. 이 지방에 대한 노르만인들의 침입은 존 왕과 헨리 3세 시대에 이미 시작되어, 여러 노르만 영주들이 웨일즈 중심부로 침입해 들어와 있었다. 1259년 파리 조약으로 프랑스와 평화가 이루어지면서 잉글랜드 왕은 웨일즈와 스코틀랜드에 관심을 집중하게 되었는데, 에드워드 1

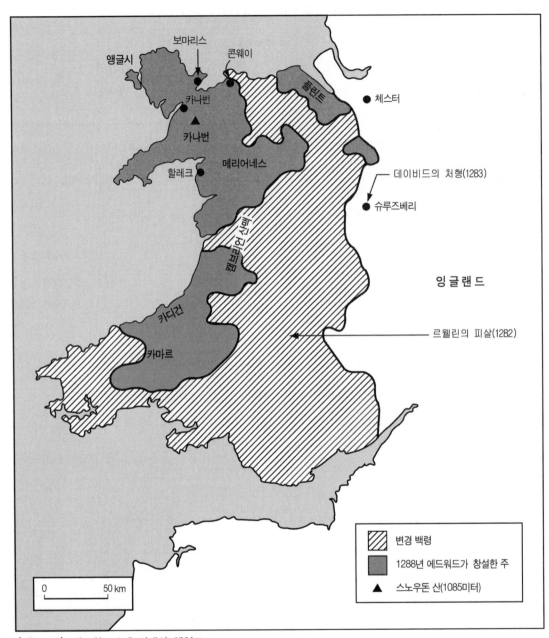

보마리스

앵글시

콘웨이

플린트

체스터

카나번

▲

카나번

메리어네스

데이비드의 처형(1283)

할레크

슈루즈베리

빼
산맥
캠브리어

잉 글 랜 드

카디건

르웰린의 피살(1282)

카마르

	변경 백령
	1288년 에드워드가 창설한 주
▲	스노우돈 산(1085미터)

0   50 km

〈지도 10〉 에드워드 1세 시대의 웨일즈

세는 웨일즈에 대한 본격적인 침공을 시작했다. 이 침공으로 웨일즈의 여러 골짜기가 노르만인들의 수중에 들어가자 일부 웨일즈인들은 자유를 찾아 더욱 깊은 산속의 종족 지도자들에게로 도망쳤으나, 기회만 있으면 산 아래로 치고 내려와 노르만 침입자들을 공격했다. 한편 다른 일부는 새 주인의 가신으로서 저지대에 남아 있었지만 그들 역시 마음속으로는 산속의 종족 지도자들에 대한 충성심을 은근히 간직하고 있었다.

이런 지도자들 가운데 가장 유능하고 강력한 사람이 르웰린 압 그리피드(Llywelyn ap Gruffydd)였다. 13세기 중엽에 스노우도니어(Snowdonia)의 산악 지대를 근거로 하여 세력을 펼쳐간 르웰린은 변경 영주(marcher lord)들의 영지의 일부를 빼앗아 북부와 중부 지방에 커다란 공국을 세웠으며, 1267년 헨리 3세로부터 웨일즈 공으로 인정받았다. 그러나 에드워드 1세가 왕위에 올랐을 때, 르웰린은 잉글랜드에 도피해 있던 그의 아우 데이비드(David)가 그곳에서 자신에 대한 반항 음모를 꾸미고 있다는 것을 구실로 에드워드에 대한 신서를 거부하고, 1267년의 먼트거머리 조약(Treaty of Montgomery)에 의해 매년 이행하기로 되어 있던 3,000마르크의 지불을 거부했다. 게다가 1275년 르웰린의 약혼녀인 시몽 드 몽포르의 딸 엘리너가 프랑스에서 웨일즈로 건너오는 도중 잉글랜드인에게 붙잡혔다. 이런 일들로 해서 1277년 최초의 웨일즈 봉기가 일어나고 전투가 벌어졌다. 에드워드는 많은 변경 영주들의 도움을 얻어 대군을 이끌고 웨일즈에 침입했다. 그는 육지와 바다 양면에서 웨일즈인들을 협공하는 작전을 펴서 르웰린을 산중으로 몰아넣고 굶주리게 함으로써 그를 굴복시켰다. 같은 해 11월 콘웨이 조약(Treaty of Conway)으로 르웰린은 변경 영주들로부터 빼앗은 영토를 포기하고 많은 배상금과 더불어 에드워드에게 신서했다. 그는 엘리너와의 결혼을 허락받고 웨일즈 공의 칭호를 유지한 채 축소된 그위네드의 지배를 허용받았다.

그러나 콘웨이의 휴전은 일시적인 것에 불과했다. 조약이 체결된 지 4년여 만에 변경 영주들에게 반환한 토지의 분배 문제로 말썽이 일자 이를 둘러싸고 르웰린과 변경 영주들 사이에 격렬한 싸움이 벌어졌고 또다시 반란의 움직임이 일어났다. 데이비드가 하와든(Hawarden) 성을 점거한 데 이어 곧 르웰린이 여기에 가담하면서

할레크 성: 에드워드 1세가 웨일즈의 반항 세력을 제압하여 웨일즈를 잉글랜드의 지배하에 넣기 위해 1283년부터 1290년 사이에 웨일즈 해안 지대에 건설한 성들 중 하나이다.

반란이 확대되자 에드워드는 다시 웨일즈에 침입했다. 처음에는 웨일즈인들이 승리하는 듯했으나, 1282년에 르웰린이 불의에 살해되면서 사기가 급속하게 떨어져 전세가 뒤바뀌었으며, 마침내 이듬해에 데이비드마저 붙잡혀 처형됨으로써 이 두 번째 반란 역시 실패로 끝나고 말았다.

1284년 러들런법(Statute of Rhuddlan)에 의해 르웰린의 공국은 잉글랜드 왕령에 병합되었으며, 잉글랜드의 본을 따라 플린트(Flint), 앵글시, 카나번(Caernarvon) 등의 여러 주(shire)로 분할 통치되고, 잉글랜드의 형법이 도입되었다. 그러나 공국 바깥의 웨일즈 영토는 반독립적인 변경 영주들의 수중에 맡겨졌다. 에드워드는 이런 변경 영주들의 봉건적 독립을 폐지할 엄두를 내지 못했다. 그럴 힘이 없기도 했지만 웨일즈인들의 반항을 견제하기 위해서 그들의 협력이 필요했던 것이다.

에드워드는 웨일즈인들을 통제하기 위해 요지마다 돌로 견고한 성을 건설했다. 남쪽에는 카필리(Caerphilly) 성, 북쪽에는 보마리스(Beaumaris)·카나번·플린트·러들런·콘웨이 성, 서쪽에는 할레크(Harlech)·애버리스트위스(Aberystwyth) 성 등이 축조되었다. 그중 카나번 성에서 태어난 왕자 에드워드(나중의 에드워드 2세)가 1301년 웨일즈 공으로 서임되었는데, 이 직함은 이후 잉글랜드 왕세자의 칭호로 자리 잡게 되었다. 그러나 정복된 웨일즈인들의 동화는 쉽사리 이루어지지 않았다. 켈트적인 공국은 외견상 잉글랜드의 법에 의해 통치되었으나, 그들의 부족적 관습은 유지되었으며, 웨일즈의 언어와 문화 역시 크게 침해당하지 않았다. 웨일즈는 정치적으로는 잉글랜드화했으나 사회적으로는 여전히 웨일즈로 남아 있었다.

스코틀랜드 왕국은 픽트인, 스코트인, 브리튼인, 앵글인 등 네 종족의 점진적인 통합에 의해 형성되었다. 픽트인들은 하일랜즈와 로울랜즈 일대의 원주민이었고, 아일랜드에서 건너온 스코트인들은 오늘날의 아가일셔(Argyllshire) 지역을 점거했다. 뒤이어 노섬브리어의 앵글인들이 포스 만 쪽으로 영토를 넓혀가 로우디언(Lothian) 지방을 차지했으며, 이들에게 밀린 브리튼인들은 스트래스클라이드 쪽으로 옮겨갔다. 통합의 과정은 9세기 중엽에 스코트인들의 왕 케네스 머캘핀(Kenneth MacAlpin)이 픽트인들을 정복하고 그들의 땅을 스코트인들의 땅에 합침으로써 시작되었다. 한편 셰틀랜드와 오크니 제도에 정착한 노스맨들이 서부 해안을 따라 남하하면서 스코트인들을 그들의 고향인 아일랜드와 격리시켰다. 데인 침입자들이 앵글인들의 노섬브리어 왕국을 무너뜨리자 그 북부가 스코틀랜드와 합치게 되었으며, 이래서 체비어트 힐즈(Cheviot Hills)에서 포스 만에 이르는 스코틀랜드의 가장 중요한 지역에 앵글인들이 거주하게 되었다. 노르만의 정복 이후에는 또 다른 앵글로-색슨인들이 북쪽으로 도망쳐 왔으며, 그러는 동안에 스코틀랜드 왕들은 스트래스클라이드의 브리튼인들까지 지배했다.

노르만의 정복에서 에드워드 1세의 치세에 이르는 기간에 앵글로-색슨과 노르만의 영향이 스코틀랜드의 로울랜즈에 미침에 따라 켈트적인 부족 생활의 방식은 하일랜즈로 후퇴해 갔는데, 이 같은 후퇴 과정은 맬컴 3세(Malcolm III, 1058~1093)의 치세에 시작되었다. 맬컴의 아들 데이비드(David, 1124~1153)는 베일리얼(Balliol)가와 브루스(Bruce)가 등 노르만 영주들을 불러들여 그의 봉신으로 삼았다. 이래서 12~13세기에 로울랜즈 일대에 하나의 봉건 왕국이 성립했다. 이 왕국은 켈트적인 하일랜즈에 등을 돌린 채 잉글랜드와 비교적 친밀한 관계를 유지해 왔다.

잉글랜드와 스코틀랜드 사이의 이 같은 친밀한 관계는 에드워드 1세 시대에 이

스쿤의 돌: 스코틀랜드의 왕이 즉위한 돌

웨스트민스터에 있는 스쿤의 돌을 담은 옥좌: 의
자 안에 스쿤의 돌을 담았다.

르러 금이 가고 말았다. 1286년에 스코틀랜드의 왕 앨릭잰더 3세
(Alexander III)가 낙마 사고로 해안의 절벽에서 떨어져 죽었을 때
그의 유일한 후계자는 노르웨이에 살고 있던 겨우 세 살 난 손녀,
일명 노르웨이의 처녀(Maid of Norway) 마거리트(Margaret)였다.
1290년 에드워드는 브라이엄 조약(Treaty of Brigham)으로 노르
웨이의 이 어린 공주를 그의 아들 에드워드와 결혼시키기로 했
다. 그러나 어린 마거리트가 스코틀랜드에 들어오는 도중 오크
니 제도에서 사망하자 존 베일리얼과 로버트 브루스를 비롯해
여러 명의 왕위주장자가 나타났다. 자칫 내란이 일어날 것을
두려워한 스코틀랜드인들은 에드워드 1세에게 조언을 구했다.
스코틀랜드의 종주왕으로서 조정자 역을 자임한 에드워드는
1292년 노럼(Norham)에 스코틀랜드 영주들을 소집하고 존 베
일리얼을 왕으로 지명했다. 이에 따라 베일리얼이 스쿤(Scone)에
서 왕위에 오르고 에드워드에게 신서했다. 그러나 에드워드는
그것으로 만족하지 않고 베일리얼을 잉글랜드에 소환하여 그
의 봉신으로서 가스코뉴의 전쟁에 참가할 것을 요구했다. 견디
다 못한 베일리얼은 에드워드에 대한 복종을 거부하고, 에드워
드와 적대하고 있던 프랑스와 동맹했다. 이것이 에드워드에게
스코틀랜드 침공의 빌미를 제공했다. 1296년 3월 그는 3만
5,000명의 병력을 이끌고 북진하여 베리크 온 트위드(Berwick
on Tweed)를 점령하고 주민을 무차별 도륙했다. 그는 웨일즈인
들이 사용한 장궁의 도움으로 스코틀랜드인들을 격파하고 베
일리얼을 포로로 잡아 왕위를 내놓게 한 뒤 스스로 스코틀랜드
의 왕위에 오르고 영주들의 신서를 받았다. 그러고는 스코틀랜
드 왕이 옛날부터 걸터앉아 왕관을 써오던 이른바 스쿤의 돌을
가지고 잉글랜드로 돌아왔으며, 이것을 웨스트민스터 수도원
내의 옥좌 밑에 두었다.10)

그러나 에드워드의 스코틀랜드 지배는 오래가지 못했다. 외국 병사들은 스코틀랜드인들에게 애국적 반항심을 불러일으켰다. 귀족들이 에드워드의 지배에 굴종한 상황에서 소지주(lairds)와 소젠트리의 지도 아래 시민들과 농민들이 잉글랜드에 대항하여 들고일어났다. 1297년 젠트리 출신인 윌리엄 월러스(Wallace)의 지도로 민족적 반항이 일어났으며, 평민 창병의 밀집부대인 실트론(schiltrons)이 잉글랜드 기병들의 공격을 막아냈다. 5월에 월러스는 스털링 브리지(Stirling Bridge)에서 워레느(Warenne) 백 휘하의 잉글랜드 군대를 무찌르고, 노섬벌런드와 컴벌런드로 쳐들어갔

윌리엄 월러스의 조상

다. 그러나 이듬해에 에드워드는 다시 북쪽으로 나아가 폴커크(Falkirk) 전투에서 월러스를 패배시켰다.

반항은 그 후에도 계속되었다. 1299년 스코틀랜드인들은 존 코민(Comyn)의 지도 아래 투쟁을 계속하여 1303년에는 로슬린(Roslin)에서 잉글랜드 군대를 격파했다. 이에 대하여 에드워드는 1300년, 1301년, 1303년, 그리고 1305년에 연이어 군대를 스코틀랜드에 파견함으로써 마침내 월러스를 붙잡아 처형하고 스코틀랜드의 귀족 대부분의 신서를 받아 통치의 고삐를 조였다. 하지만 이 또한 1306년 새 지도자 로버트 브루스가 독립운동의 선두에 나섰을 때 무너지고 말았다. 처음 전투에서 패배한 그는 써 제임스 더글러스(Sir J. Douglas)와 더불어 게릴라전 방식으로 싸움을 펼쳤다. 에드워드는 다시 군대를 이끌고 북진했으나 도중에 죽고 말았다. 그는 죽음에 임하여 자신의 유골을 대스코틀랜드전에서 그의 군대가 진군한 모든 지역으로 운반하도록 지시함으로써 죽어서도 스코틀랜드인들에 대한 승리를 거둘 수 있기를 갈망했다. 그는 또한 그의 묘비에 '약속을 지켜라(pactum serva)'라는 그의 좌우명과 함께 '스코트인들의 망치(Scotorum malleus)'라는 문구를 새기도록 했다.

에드워드의 스코틀랜드인들에 대한 전쟁은 그의 치세 최대의 실패였다. 그가 왕위에 올랐을 때 두 왕국은 한 세기 동안 별다른 적대 관계에 있지 않았다. 그러나 죽기 전 그는 앞으로 두 세기 반 동안 지속될 적대 관계를 빚어내고, 잉글랜드인에

---

10) 이후 잉글랜드 왕의 대관은 매번 이 옥좌에서 거행되어 왔는데, 최근에 이 돌은 다시 스코틀랜드로 반환되었다.

대한 스코틀랜드인들의 증오심을 불러일으켰다. 한편 웨일즈가 더욱 오랫동안 완전히 잉글랜드의 지배하에 들어갔음에도 불구하고 오늘날까지 켈트적 성격을 더 강하게 간직하고 있는 것과 달리 스코틀랜드는 잉글랜드의 지배를 배제하여 오랫동안 독립을 유지해 왔음에도 불구하고 켈트의 언어와 부족적 전통을 더 빨리 잃어갔다. 그것은 스코틀랜드에서 켈트인이 거주하는 더욱 부유하고 더욱 중요한 지역이 에드워드 1세 시대 이전에 이미 앵글로-노르만의 언어와 제도를 받아들이고 있었으며, 따라서 잉글랜드에 대한 저항이 웨일즈에서처럼 켈트어 및 부족적 전통의 유지와 동일시되지 않았기 때문이었다.

한편 에드워드 1세의 치세 초에 아일랜드는 세 지역으로 나뉘어 있었다. 영국인들의 거주 지역인 페일(Pale)[11]은 더블린과 드로이더(Drogheda) 배후의 좁은 해안 지대로 이곳에서는 잉글랜드의 법과 영어가 사용되고, 잉글랜드의 본에 따른 회계청 및 상서청과 함께 잉글랜드 왕의 권위를 대표하는 사법관이 있었다. 섬의 서쪽과 북쪽은 거의 전부가 켈트인들의 거주 지역으로 주로 유목민들이 부족 생활을 하고 있었다. 페일과 켈트인 거주 지역 사이에 양자의 특징이 뒤섞인 중간 지역이 있었는데, 12세기에 이 지역은 사실상 노르만 영주들의 지배 아래 있었다. 이들 노르만 영주들 가운데는 웨일즈의 변경령에서 온 사람이 많았다. 그들은 펨브루크(Pembroke) 백 리처드 드 클레어(de Clare) '강궁수(Strongbow)'의 지휘하에 여러 지역의 아일랜드인들을 패배시켜 영지(baronies)를 만들어내고 노르만식의 성을 구축했다. 그 후손인 앵글로-아일랜드계(Anglo-Irish) 영주들은 에드워드의 치세에 잉글랜드 왕에게 신서했으나 실제로는 자기들 멋대로 행동했다. 그들은 잉글랜드의 영주들이라기보다는 차라리 아일랜드의 부족장이나 다름없었다.

의회의 발달

프랑스어인 parler(이야기하다)에서 연유한 parliament(의회)라는 말은 13세기 중엽부터 쓰였다.[12] 그것은 왕의 주요 봉신인 대주교, 주교, 수도원장, 백작과 대영주,

---

11) 이 말은 원래 울타리를 뜻한다.

그리고 왕의 주요 관리로 구성된 대자문회의에서 국왕과 이들 주요 신하들이 만나 '이야기하는' 모임을 의미했다. 명목상으로는 왕의 모든 직접봉신에게 이 모임에 참석할 의무가 있었지만, 실제로는 군소 봉신들은 참석하지 않았다. 군소 봉신들은 대영주들처럼 왕의 개별적인 소집장을 받지 않고, 셰리프를 통해 전체적으로 소집되었으며, 그래서 참석하지 않아도 그만이었던 것이다. 대영주들 역시 아직 고정된 카스트로 확립되어 있지 않았으며, 왕은 영주들을 자의적으로 선택하여 소집했다. 이 같은 국왕의 대자문회의, 즉 의회에 참석한 영주들은 그들이 나라 전체를 대표한다고 자처하고 그들 자신이 바로 '영국 사회' 자체이며 따라서 그들의 결정이 영국 사회 전체를 구속한다고 생각했다.

에드워드 1세 치세의 의회에는 국가의 주요 관직자들과 왕의 개별적 영장에 의해 소집된 성·속의 귀족들만이 아니라 각 주의 셰리프를 통해서 소집된 주의 기사 대표와 도시의 시민 대표가 함께 참석했다. 왕은 지방의 중산층인 주의 기사들과 젠틀먼들, 그리고 도시의 부유한 상인들의 협찬을 얻기 위해서는 이들의 대표를 의회에 불러들여 나라의 사정을 알려주고 의견을 들어보는 것이 바람직하다고 생각했다. 주의 셰리프 또는 검시관으로서 지방 정치에서 중요한 구실을 해온 주의 기사들과 젠틀먼들은 지역에 관한 여러 정보를 제공하고 의견을 제시함으로써 지역사회의 대변자 노릇을 해왔으며, 길드를 장악하고 시장이나 참사회원으로서 도시를 다스려온 부유한 시민들 또한 국왕의 관리들과의 여러 가지 협상을 하거나 그 밖의 여러 방면에서 그들의 도시를 대변해 왔기 때문이다.

그러나 그의 치하에서도 기사들과 시민 대표들은 아직 의회의 필수적인 구성원은 아니었다. 그들은 소집되지 않기 일쑤였으며, 소집된 경우에도 묻는 말에 대답하기 위해 국왕 자문관들 앞에 얼굴을 내미는 데 지나지 않았다. 사실 그들은 이런 회의 참석을 별로 달가워하지 않았다. 그들이 호출을 받는 것은 오직 재정적 필요 때문이라는 점을 그들 스스로 잘 알고 있었기 때문이다. 그들에게 의회 참석은 특권이라기보다는 부담이었다. 사실 그들의 참석은 강요된 것이었으며, 불참은 자칫

---

12) 130쪽 및 135쪽의 주 7) 참조.

벌금 부과의 이유가 될 수도 있었던 것이다. 국왕이 내놓는 여러 가지 요구의 타당성 여부를 결정한 것은 여전히 귀족들이었다. 기사와 시민은 회의장 뒤편에 서 있었으며 때로는 단순한 참관인에 불과했다. 과세에 대한 그들의 동의는 대개 형식적이었다. 다만 그들은 책정된 금액이 국민들을 빈곤에 빠뜨리지 않을 액수일 것을 주장했으며, 그들의 불만 사항에 대한 시정을 요구할 수 있을 뿐이었다. 그들은 참여자로서보다는 청원자로서 참석했던 것이다. 과세를 비롯한 여러 가지 문제를 논의하기 위한 그들의 모임은 아직 분리된 정식 모임이 아니었다. 그것은 비공식적인 모임으로서, 더욱 지체 높은 세력들이 그들에게 제시한 어려운 문제나 요구에 대해 어떤 집단적 대답을 내놓을 것인가를 토론하는 것이 고작이었다.

한편 모든 성직자의 의견이 의회에서 대변되기를 바란 에드워드는 개별적인 영장을 통해서 소집된 고위 성직자 이외에 주교를 통해서 하위 성직자의 대표들을 소집했다. 그러나 그들 자신의 모임을 별도로 갖고자 한 성직자들은 성직자에 대한 과세를 비롯하여 자신들과 관련된 문제를 다루기 위해 성직자 회의(Convocation)라는 별도의 모임을 구성했다. 대리자(Proctor)라고 불린 하급 성직자의 대표들과 함께 고위 성직자들로 구성된 이 모임은 성직자에 대한 과세권을 장악하게 되었으며, 이래서 소수의 고위 성직자를 제외하고 성직자들은 의회에 참석하지 않게 된 것이다.

1295년 절실하게 돈이 필요한 에드워드는 의회를 소집했다. 훗날 모범의회(Model Parliament)라 불린 이 의회에는 2명의 대주교, 18명의 주교, 70명의 수도원장 등 90명의 성직자, 7명의 백작과 41명의 남작 등 48명의 세속 귀족과 함께 각 주에서 2명씩 74명의 주 기사와 각 시(city)[13]와 버러에서 2명씩 220명의 시민 대표 등 총 294명이 참석했다. 의회가 소집되면 37개 주의 셰리프는 주마다 2명의 기사를, 각 도시에서 2명의 시민 대표를 선출하라는 영장을 받았다. 주 기사의 선출은 셰리프 자신과 주의 몇몇 유력자에 의해서 좌우되었으며 도시 대표의 선출 역시 도시의 길드와 정치를 장악한 부유한 상공업자들에 의해 좌우되었다. 대표들

---

13) 155쪽의 주 16) 참조.

은 법률가·자본가·상인 들이었으며, 때에 따라
서는 지방의 젠트리들이기도 했다.

에드워드 1세의 치세에 의회의 기능은 정치
적·사법적·입법적·재정적인 것이었다. 그것은
중요한 정치적 문제들을 토의하고 국왕의 정책
을 승인하고 국왕에게 조언하기 위한 모임이자,
국내의 중요 사건들을 심판하는 최고의 사법기
관이었다. 의회는 또한 입법기관으로서도 중요
한 구실을 했다. 즉, 에드워드는 중요한 법들을
제정하거나 변경하는 데 의회의 동의를 구했다.
그러나 그의 치하에서 발달한 의회의 가장 중요
한 기능은 무엇보다도 재정적인 것이었다. 의회
가 대영주들의 모임에서 하나의 대의기구로 변
형된 것은 그 재정적 의무와 권한으로 말미암은

에드워드 1세의 의회

것이었으며, 또 그 같은 재정적 의무와 권한의 증대는 엄청난 전쟁 비용에서 기인
된 것이었다.

12~13세기에 잉글랜드 왕들은 왕령의 지대, 재판권 수입, 조달권, 면역세, 타
이유 등 국왕의 대권적(prerogative) 수입에 의존해 왔다. 그러나 이런 수입만으로
는 늘어나는 전쟁 비용과 대외 모험 활동의 비용을 감당하기에 턱없이 부족했다.
1282년에서 1284년까지 웨일즈 전쟁에 소요된 비용은 6만 파운드에 달했는데,
그것은 왕의 연 수입의 두 배에 이르는 액수였다. 더욱이 1297년의 프랑스 원정
에 소요된 비용은 40만 파운드에 달했다. 이렇게 필요한 돈을 얻기 위해 왕은 의
회를 자주 소집하지 않으면 안 되었다. 막대한 전비를 마련하기 위해 왕은 자유
민들의 소득과 동산에 대한 과세, 즉 보조세(subsidy)에 의존하게 되었는데, 이런
과세는 의회의 동의 없이는 불가능했기 때문이다. 이래서 헨리 3세 치하에서 예
외적이었던 보조세가 에드워드 1세 치하에서는 정규적인 것이 되었다. 에드워드
는 1294년과 1295년, 그리고 다시 1296년에 보조세를 거두었다. 성직자들에게

는 그들의 수입의 반을 징수했으며, 도시들은 매년 6분의 1세 또는 8분의 1세를 바쳤다. 1275년에 수출 양모에 대해 포대당 반 마르크(6실링 8펜스)의 세금을 낸 양모 상인들은 1294년부터 3년 동안에는 악세(maltolte)라고 불린, 포대당 40실링의 세금을 내야 했다.

1296년과 1297년에 성직자들이 먼저 강제적인 보조세의 납부를 거부하고 나섰다. 1297년 플랑드르에서의 전쟁 비용을 마련하기 위해 연수 20파운드 이상의 모든 사람들에게 군사복무의 의무를 지우고, 상인들에게서 양모를 징발하고, 세속인으로부터 동의 없이 세금을 거두어들이려 하자 위기가 고조되었다. 대영주들이 성직자에 동조하여 에드워드에게 저항했다. 그들은 군사복무의 확대, 양모의 징발, 성직자에 대한 과세 등 왕국 내의 여러 가지 불만 사항들을 집중적으로 들추어냈다. 귀족들과 주에서 선출된 기사들이 의회에 모여 왕에게 대헌장의 확인을 요구했으며, 마침내 에드워드로부터 '왕국의 동의를 받지 않고' 보조세를 거두어들이고, 관세를 늘리고, 재산을 징발하는 일을 다시는 하지 않겠다는 다짐을 받아냈다. 이처럼 과세에 대한 의회의 통제권이 커지면서 주 기사들과 시민 대표들이 차츰 별도의 모임을 갖기 시작하고, 이에 따라 의회 내에서 그들의 지위도 점점 더 중요해졌다. 그 결과 14세기에 들어서자 주와 도시의 대표들의 모임이 서서히 의회의 정규적 기구로 자리 잡게 되었다.

그러나 이 같은 잉글랜드의 의회는 시몽 드 몽포르나 에드워드 1세와 같은 어느 개인에 의해서 만들어진 것이 아니었다. 그것은 어느 누가 만든 것이 아니라, 스스로 성장했기 때문이다. 잉글랜드의 의회는 한 세력이 일어나고 다른 세력이 몰락하는 어떤 혁명을 통해서 갑자기 만들어진 것이 아니라, 여러 세력들(왕, 교회, 귀족, 그리고 시민과 기사와 같은 평민의 특정 계층) 상호 간의 의견차를 좁히고 행동을 조정하는 수단으로서 서서히 성장했다. 의회는 기사들과 시민들로 하여금 웨스트민스터와 그들의 지방 사이를 분주히 왕래하게 함으로써 영국인들을 정치적으로 교육시키고 국가적 통합을 만들어내는 데 기여했다. 그것은 전제적 지배자들보다는 위원회 조직에 의해서, 가두에서의 투쟁보다는 선거에 의해서, 혁명재판소보다는 '이야기하는 가게'를 선호해 온 영국민들의 일반 양식에 의해 여러 세기에 걸쳐 형성된 것이었다. 영국인들은 언제나 합의와 타협에 이르기까지 함께 둘러앉아서 의논하는 위원회 감각이 두드러졌다. 이 같은 국민적 특성이야말로 잉글랜드 의회의 참다운 기원이었다.

3. 12~13세기의 사회와 문화

사회구조와 계급

12~13세기 동안에 잉글랜드는 인구가 늘고 부유해졌다. 인구는 대략 150만 명에서 약 300만 명으로 불어났다.[14] 이 시기에 잉글랜드에서는 역병이 없었고 화폐경제의 발달로 기근의 위험이 줄어들었다. 부의 증대로 상층계급의 생활 조건은 향상했으나, 하층계급의 생활 조건은 여전히 낮고 원시적이었다. 인구의 증가는 더 많은 식량 생산을 요구했고, 사람들은 목양이나 목우 대신 곡물 경작에 주력했으며, 혼합농업을 버리고 특작물의 재배에 집중했다. 집약적인 농업과 더불어 경작지의 증대를 도모하여 습지가 간척되고 숲이나 황무지가 개간되었다. 마을들이 팽창하거나 분할되고 새로운 마을들이 생겨났다. 작은 도읍들이 성장함에 따라 시장이 팽창했다. 이와 함께 발트 해, 플랑드르, 가스코뉴, 지중해 지역과의 무역이 증대했다. 인구의 증가는 물가의 상승을 가져왔다. 1190년에 쿼터당 1실링 9펜스였던 밀 가격이 1203년에는 3실링 6펜스가 되었고, 1230년경에는 6실링 정도로 올랐다. 같은 기간에 수소 한 마리의 값은 4실링에서 7실링으로, 양 한 마리의 값은 5펜스에서 10펜스로 상승했다. 이런 물가 상승은 성·속의 대지주들에게 유리하게 작용했다.

새로운 부의 대부분은 사회의 소수 최상위 계층인 대영주들(magnates), 즉 12명 내지 15명의 백작들, 20명 내지 30명의 배런들, 주교, 대수도원의 원장들의 수중에 있었다. 이들 아래 기사들과 지방의 젠틀먼들이 또한 새로운 부를 나누어 가졌

---

14) 중세 잉글랜드의 인구 증가에 대한 추산은 다양하여 차이가 크다. 1086년에 110만에서 250만까지로 추산된 인구는 1300년에는 370만에서 720만까지로 추산된다.

다. 인구가 늘어남에 따라 토지에 대한 수요가 증가했으며 이것은 대토지 소유자들에게 매우 유리하게 작용했다. 그들은 토지를 높은 지대로 임대하거나 직접 경영할 수 있었다. 방대한 토지를 소유하고 있는 대영주들에게는 이를 경영하기 위한 효율적인 제도가 필요했다. 대영주는 집사(steward)로 하여금 모든 재산을 관리하도록 했으며, 각 장원에는 관리인(bailiff)이 있었고, 그 아래 마름(reeve)이 농민을 감독했다. 성·속의 영주들 중에는 수만 마리에 달하는 양 떼를 가지고 있는 사람도 있었으며, 목장에서는 소가 사육되었다. 수소 대신에 말을 이용함으로써 농업의 효율이 증대했으며, 2포 제도 대신 3포 제도의 이용으로 농업 생산이 늘어났다. 영주들은 또 농업 수입 이외에 왕의 궁정에서 관직을 보유함으로써 수입을 늘렸다. 그러나 영주들은 성을 유지하고 가계를 꾸려나가는 데 많은 비용이 들었다. 11세기의 목조 성들이 12세기에는 견고하고 거창한 석조 성으로 대체되었으며, 여기에는 막대한 비용이 소요되었다. 그들은 집안일을 돌보는 데 집사, 서기, 채플린, 그리고 많은 하인들을 거느리고 있었으며, 또한 많은 기사들과 종자들을 유지해야 했다. 한편 이들 대영주 계층 아래에 기사들과 시골 젠틀먼들이 젠트리[gentry: 향신(鄕紳)]라는 하급 귀족층을 이루고 있었다. 한두 개의 장원을 가진 그들은 대영주들보다는 훨씬 작은 부와 권력을 지니고 있었다. 그들의 주요 관심사는 재산의 관리에 있었다.

12~13세기 동안에 농민의 생활은 노르만 정복 직후와 별로 달라지지 않았다. 농민의 다수를 차지한 것은 부자유 농민인 농노였는데, 그들의 지위와 부담은 노르만 정복 직후와 크게 다르지 않았다. 그들은 여전히 토지에 매여 있었으며, 주부역과 특별 부역, 현물 공납, 사용 강제, 혼인세, 상속세 등 각종 부담을 지고 있었고, 또 사소한 민·형사상의 사건을 재판하는 장원 법정에 출두해야 했다. 농노의 표준적 보유지의 면적은 1버게이트(대략 30에이커 정도)였다. 최하의 농민 계층인 오막살이농(cottars)은 5~10에이커 정도의 토지를 보유했다. 이렇듯 농노는 여전히 가난하고 고된 노동을 해야 하고 각종 규제에 매여 있었다. 그러나 그들은 장원의 관습에 의해서 약간의 보호를 받고 있기는 했다. 그들의 노동에 의존하고 있던 영주들로서는 그들을 너무 혹독하게 다룰 수 없는 면도 있었으며, 더욱이 화폐경제

가 발달함에 따라 부지런하고 검약하는 농노는 토지를 취득하기도 하고 부역 의무의 일부를 돈을 지불하여 면제받기도 했다.

도시와 상공업

노르만의 정복은 한동안 도시의 쇠퇴를 가져왔다. 대부분의 도시에서 인구가 감소했으며, 가옥들이 버려지고 교역도 쇠퇴했다. 그러나 노르만들이 도시에 대해서 적대적이지는 않았다. 12세기에 들어서면서 국왕이나 영주들은 시장과 성과 교회를 갖춘 새로운 도시들을 건설했다. 그들은 시장을 통해서 이익을 얻고자 했으며, 성을 통해서 농촌 지역에 대한 그들의 지배권을 강화하고자 했다. 이 같은 도시를 중심으로 중세 잉글랜드에서는 상업이 크게 발달했다. 지방의 크고 작은 도시에서는 주시(週市), 월시(月市)가 열려 시골 주민들이 그들의 생산품을 내다 팔고 공산품을 사갔다. 도시민들은 이런 시장을 열 권리를 지방의 영주들, 때로는 국왕에게서 획득했으며, 상인들은 거래에 따른 수수료를 영주나 국왕에게 바쳤다. 해마다 열리는 정기시(fair)가 또한 영주나 고위 성직자에 의해서 개최되어 전국 각지에서 또는 외국에서까지 상인들이 모여들었다. 그중 헌팅턴셔(Huntingtonshire)의 세인트 아이브즈(St. Ives), 윈체스터의 세인트 자일즈(St. Gile's), 케임브리지 근처의 스투어브리지(Stourbridge) 정기시, 노샘턴(Northampton), 스탬퍼드(Stamford), 보스턴(Boston)의 정기시들이 유명했다.

수입품으로는 북부 독일 도시들의 동맹체인 한자 동맹(Hansabund)의 상인들을 통해서 발트 해 연안 지방의 목재와 가죽이, 플랑드르 상인들을 통해서 그 지역의 고운 모직물이, 그리고 이탈리아 상인들을 통해서는 융단·비단·향료·보석 등 동방의 사치품과 가스코뉴의 포도주가 들어왔다. 수출품으로는 곡물·어류·거친 모직물 등과 주석·납·석탄·양피 등 광산물과 원자재가 있었지만, 무엇보다도 양모가 가장 중요한 수출품으로서 플랑드르와 이탈리아 등지로 팔려나갔다. 13세기 말 양모의 수출량은 약 3만 2,000포대(거의 6,000톤)에 달했다.[15] 특히 이탈리아 상인들은 많

---

15) 구 런던브리지의 교각들이 양모로 채운 포대 위에 서 있었다든지 상원 의장의 좌석이 양모 포대 위에 자리 잡고 있다는 것이 이유 없는 일이 아니었다.

은 양모를 구입했을 뿐 아니라 은행가 역할을 하면서 잉글랜드에 자본을 공급하고 영국인들에게 금융과 국제무역의 기술을 가르쳐주었다. 잉글랜드의 왕들은 이탈리아 상인들을 보호하여 여러 특권을 부여하고, 그들에게서 돈을 빌리고는 끝내 갚지 않음으로써 그들을 파산시켰다.

발달한 상업과 교역에 비해 공업은 뒤떨어져 있었다. 12~13세기의 잉글랜드는 주로 원료를 생산하는 나라였으며, 공업은 대체로 플랑드르나 이탈리아에 비해 아직 유치하고 소박했다. 석탄·주석·철 등 광산물이 꽤 많이 채굴되었으며, 거친 모직물이 시골의 농가에서 직조되었다. 그러나 공업의 중심지는 역시 도시였다. 도시의 수공업 장인들은 신발·양초·의복 등 일용품을 그들의 집 뒤쪽 방에서 만들어 거리에 면한 가게에 내다 팔았다.

도시의 상인들과 수공업자들은 그들의 직업을 보호하고 특정의 업종을 독점하기 위해 동업조합, 즉 길드(guild)를 만들었다. 상인들이 조직한 상인 길드의 목적은 그 도시의 장사를 통제하고, 다른 도시의 상인들에게 그 도시가 정한 여러 가지 제약 조건들을 가하는 데 있었다. 길드는 그 조합원들 간의 분쟁을 조정하고 다른 도시에서 그들의 이익을 보호하는 데 힘썼다. 길드는 또한 친목단체이자 자선단체였다. 그들의 사업을 수행하기 위해 모인 집회는 축제와 술 마시기를 겸한 사교 모임이었다. 길드는 병들고 나이든 멤버들을 돌볼 책무를 지고 있었으며, 그들의 장례에 참여하고 과부와 고아들을 돌보아야 했다.

수공업의 종류가 다양해지고 복잡해짐에 따라 같은 업종에 종사하는 수공업 장인들로 구성된 수공업 길드(craft guild)가 형성되었다. 수공업 길드의 주요 목적 역시 상인 길드와 마찬가지로 조합원의 경제적 이익을 보호하는 일이었으며, 길드의 조합원이 아닌 사람은 그 도시에서 그 업종의 일에 종사할 수 없었다. 그것은 제품을 만드는 방법, 작업일과 작업시간, 제품의 질과 가격 등 영업에 관한 상세한 여러 규정들을 마련하고 있었다. 그리고 이런 목적을 달성하기 위해 도제(apprentice) 제도와 직인(journeyman) 제도를 규정했다. 길드의 회원이 되기 위해서는 우선 장기간의 도제 수업을 마쳐야 했으며, 도제 수업을 마친 후에는 직인으로서 길드가 정한 임금을 받고 마스터(master: 업주)의 가게에서 일을 해야 했다. 마스터가 고용할 수 있는 도제의 수도 제한되어 있었다. 장원에서와 마찬가지로 도시에서도 경쟁이 아니라 관습이 경제생활을 지배하고 있었던 것이다.

13세기의 도시에서 일어난 중요한 변화는 이 같은 수공업 길드의 성장이었다. 구두수선공(cob-blers), 안장제조공(saddlers), 직포공(weavers), 의복제조공(tailors), 금세공인(goldsmiths), 가죽무두질공(tanners), 제빵공(bakers) 등 각종 수공업 길드가 나타났다. 그 중 최대의 길드는 모직물 생산에 관련된 길드였는데, 그것은 동부 미들랜즈, 특히 레스터셔(Leicester-shire)의 도시들에 집중되어 있었다. 원모를 가지고 모직물을 만들어내는 공정에는 크게 빗질(combing), 방사(spinning), 직조(weaving), 축융(縮絨, fulling)의 네 과정이 있었다. 그중 마지막 축융 과정은 처음에는 직조한 모직물을 물통에 담그고 발로 밟거나 방망이로 두들겨 천을 질기게 하는 것이었는데, 나중에는 물방아에 연결된 해머로 내려치는 방법

마스터와 도제

을 채택함에 따라 직물제조업 전체가 시냇물이 급하게 흐르는 서부 지역이나 페나인 산맥 지방으로 옮기게 되었다.

13세기 말에 잉글랜드에는 100개가 넘는 도시(town)16) 또는 버러가 있었다. 도시는 크기, 중요도, 영주와 국왕으로부터의 독립성의 정도 등에서 다양한 차이가 있었다. 런던은 2만 5,000~4만, 브리스틀은 약 1만 7,000, 노리치는 약 1만 3,000, 요크는 약 1만의 인구를 가지고 있었다. 많은 도시들은 인구 2,000~3,000명 정도의 소도시였다. 도시들은 성·속의 영주들이 지배하는 세계 안에서 생존을 위해 애쓰는 작은 공동체들이었다. 그러나 그것들은 중세 사회에서 점점 더 중요

---

16) 대성당이 있고 따라서 한 주교구의 중심지가 된 도시(town)만이 시(city)라고 불리었다.

한 존재가 되어가고 있었다. 도시들은 그 규모가 성장함에 따라 유기체적 정신을 지닌 자각적인 공동체가 되어갔으며, 그 부가 늘어남에 따라 영주 및 국왕과 교섭하여 자치를 허용하는 특허장(charter)을 받아냈다. 그러나 잉글랜드의 도시들은 독일과 이탈리아의 도시들처럼 자유도시가 되지는 않았는데, 이는 잉글랜드 왕의 힘이 그만큼 강했기 때문이다. 도시는 시장(市場)과 정기시를 갖고자 했으며, 길드를 조직하고 그들 자신의 관리들을 선출했다. 큰 도시에는 시장(市長)이 있고, 올더먼(alderman)이라 불린 참사회원들로 구성된 참사회(council)가 있었다. 그러나 13세기 말에 이르면 많은 도시들이 그 민주적 성격을 잃고 과두적 성격으로 변모해 갔다.

도시가 성장함에 따라 안전을 위해 둘레에 성벽을 쌓았는데, 여기에는 많은 비용이 들었기 때문에 그 규모가 작아질 수밖에 없었다. 그래서 도시의 거리는 폭이 좁은 데다가 길이 바로 하수구 구실까지 하여 몹시 더럽고 냄새가 났다. 집들은 목조의 초가지붕 건물로 2층이나 3층이 길 쪽으로 튀어나와 길 양편의 집들이 서로 맞닿을 지경이어서 늘 화재의 위험이 컸다. 그러나 도시는, 특히 런던은 사람들에게 활기차고 소란스럽고 다채로운 삶을 누리게 해주었다. 상인들이 오가는 행인들에게 외쳐대고 많은 사람들이 가게나 노점에서 물건 값을 흥정했다. 강변 선창가에서는 술집과 생선 가게, 날짐승 고기를 파는 가게들이 붐비고 젊은이들은 창시합, 볼링, 닭싸움, 소싸움 등을 즐겼다. 술집은 늘 각양각색의 사람들로 만원이고 고래술을 마신 주정뱅이들이 길거리에 나뒹굴었다.

도시민들은 귀족들과는 다른 이상을 추구하며 살았다. 그들은 병사로서의 훈련을 받지 않았으며, 전쟁에 대한 취향이 별로 없었다. 도시민들을 고무한 것은 영주에 대한 존경심이 아니라 공동체에 대한 긍지였다. 그들은 그들의 자본인 돈을 귀족들처럼 아낌없이 사용하는 넉넉한 태도를 지니고 있지 않았으며, 그래서 귀족들은 그들을 욕심 많은 구두쇠라고 비하했다. 교회도 탐욕에 빠진 상인들을 비난하면서 소위 '정당한 가격', 즉 자기 아버지와 할아버지가 살아온 것과 같은 삶을 살수 있게 할 정도의 물건 값이 온당한 가격이라는 이론을 그들에게 가르쳤다. 또한 물건을 사서 얼마 동안 가지고 있다가 더 높은 값으로 파는 행위를 비난했으며, 특히 빌려준 돈에 대해 이자를 받는 행위를 금지했다. 이 같은 금지가 유대인들로 하여금 잉글랜드의 주요 도시에서 대금업에 종사하여 돈을 벌게 했다. 유대인들은 헨리 2세 치하에서 번영했으나, 리처드 1세, 존, 헨리 3세 치하에서는 때때로 그들의 부를 징발당하기도 했다. 1290년에 에드워드 1세에 의해서 유대인들이 추방당하면서 이탈리아 은행가들이 그들의 자리를 대신 차지했다.

교회와 수도원

교회의 주요 기능은 사람들을 구원으로 인도하는 것이며, 이를 위해서 성사(sacrament) 또는 이적(miracle)이라고 알려진 몇 가지 행위, 즉 영세·견진·성체·고해·혼배·종부·신품 등 일곱 가지 의식을 행했다. 이런 의식과 성스러운 이적은 구원을 바라는 사람들에게 지대한 영향을 미쳤다. 그리스도의 자비와 사랑, 지상에서의 그의 삶과 십자가 위에서의 고통은 새삼스럽게 강조되었으며, 연약한 사람들을 위해 아들에게 청을 드리는 성모 마리아에 대한 숭배가 돈독했다. 그러나 교회는 이 밖에 다른 여러 가지 방식으로 사람들의 생활에 관여했다. 교구 교회는 종교적 중심지인 동시에 사교적 중심지였다. 마을 장이 교회 마당에서 열렸고, 사회생활이 그리스도교 축제를 중심으로 영위되었다. 교회 법정은 이단뿐만 아니라 위증, 도덕적 비행, 결혼, 그리고 유언의 집행과 재산상의 분쟁까지도 다루었다. 성직자 신분은 그 부와 기능과 사회적 지위 면에서 큰 다양성을 띠고 있었다. 한정된 지식과 책무를 지닌 부제(副祭, deacon)와 차부제(次副祭, subdeacon)가 있는가 하면, 학식이 넓고 두터운 탁월한 철학자도 있었다. 교구 사제가 교회에 딸린 땅을 경작하는가 하면, 귀족적인 성직자는 대영지를 관할하기도 하고 국왕의 고위 관직에 오르기도 했다.

대주교(archbishop)와 주교(bishop)와 교구 사제(parish priest)는 재속(在俗) 성직자의 세 가지 주요 위계를 구성했다. 주교는 주교구로 알려진 지역을 지배했으며, 오직 주교만이 견진 성사를 주재하고 사람들을 신부로 서품할 수 있었다. 속인 패트런이 신부를 지명할 수 있었지만 주교는 이를 거부할 수 있었다. 주교는 제단을 봉헌하고 교회를 축성했으며, 주교구 내의 성직자들의 규율을 잡고 관내의 교구를 감독하고 잘못을 바로잡았다. 주교는 또한 수도원을 감찰하고 주교구 내의 주요 성직자들의 연례 모임을 소집했다. 주교구의 행정중심지는 대체로 관내의 가장 중요한 도시였으며, 주교는 이곳에 주교관과 대성당(cathedral)을 가지고 있었다. 대성당에는 대성당 참사회(chapter)로 알려진 일단의 성직자 집단이 있었다. 잉글랜드의 여러 대성당은 베네딕트 수도회 수도원의 교회였으며, 그 참사회는 날마다 예배를 드리는 수도사(monk)들로 구성되었다. 여느 대성당 참사회는 재속 신부들인 참사회원(canon)들로 구성되었다. 참사회의 장은 사제장(dean)이었고, 그 밑에 날마다 예배를 주재하는 부사제장(precentor), 대성당 학교의 교장(chancellor), 재무담당(treasurer), 거주 또는 비거주 참사회원(resident or nonresident canon) 들이 있었다. 12세기에 참사회는 주교를 선출할 권한을 갖게 되고, 주교의 자리가 비었을 때 주교구의 관리를 맡게 되었다.

잉글랜드에는 두 명의 대주교와 두 대주교구가 있었다. 캔터베리 대주교는 18명의 주교에 대한 재판권을 관장하고, 요크 대주교는 3명의 주교에 대한 재판권을 관장했다. 캔터베리 대주교는 왕의 궁정에서 중요 업무에 종사했다. 약 300~400명 정도의 주민을 가진 작은 마을을 관할한 시골 교구의 사제는 보통 농민 출신으로 최소한의 교육을 받았고, 일반 농민보다 조금 나은 집에서 살았으나 교구의 교회 토지(glebe)를 경작하고 때로는 농노로서의 부역도 했다. 그는 교회 토지에서의 수입 이외에 교구 주민들이 내는 십일조(tithes)와 농산물의 수입이 있었다. 그러나 교회직은 일종의 재산으로 간주되어 신부의 임면권은 장원의 영주에게서 수도원이나 대성당 또는 국왕으로 넘어가기도 했다. 이래서 교구 사제의 부재가 허용되었으며, 여기에서 심각한 오용이 나올 수 있었다. 노르만 정복 당시, 심지어 13세기에도 많은 신부들이 결혼하고 있었다.

속세에서 도피하여 영적인 안식을 취하려는 많은 남녀들은 수도원과 수녀원에 들어갔다. 노르만 정복 후 한 세기 동안에 수도원이 크게 부흥하여, 1154년에 수도원 수는 거의 300에 달했다. 수도원 생활은 베네딕투스(Benetictus)의 가르침에 바탕을 두고 있었다. 수도사들은 청빈·순결·순종의 계율을 지키며, 죽을 때까지 수도원에 남아 있겠다는 것과 날마다 몇 시간 동안 육체노동에 종사하겠다는 서약을 했다. 그들의 일과는 하느님의 과업(Opus Dei)이라고 불린 조석에 걸친 여러 차례의 예배(Matins, Laud, Vespers, Compline)와 미사, 독서와 들일로 채워졌다. 그러나 12세기에 베네딕트 수도회의 규칙이 여러 가지 방식으로 수정되거나 개정되었다. 학문에 대한 관심이 커짐에 따라 수도사들은 들에서 하는 노동을 멀리하는 대신 필사(筆寫), 연대기 작성, 수도원 학교의 운영 등에 종사하게 되었다. 그래서 수도원 토지의 경작을 맡을 세속인 형제들이 따로 고용되었다.

로버트 그로스테스트

탁발 수도사(friar)들은 13세기의 영국인들의 종교 생활에 매우 중요한 구실을 맡고 있었다. 그들은 1221년 일단의 도미니코(Dominican) 수도회의 수도사들이 잉글랜드에 도착했을 때 처음 나타났다. 그들은 로버트 그로스테스트(Grosseteste)의 도움을 받아 옥스퍼드에 수도원을 세우고 젊은 수도사들의 교육에 주력했다. 또 하나의 탁발 수도사 교단은 프란체스코(Franciscan) 수도회였다. 1224년에 잉글랜드에 들어온 그들은 철저한 빈곤을 실천하고자 전전걸식하며 설교하고 가난한 사람들을 돕는 데 헌신했다. 도미니코 교단과 프란체스코 교단은 비록 목적은 서로 달랐지만 공통점과 유사점이 많았다. 그들은 모두 청빈과 순결과 순종의 서약을 함께했으며, 세상 사람들 속에 섞여 하나의 규율 아래 생활했다. 13세기 말까지 잉글랜드 안에 각각 약 50개의 수도원을 세운 그들은 당대인들에게 큰 영향력을 행사했다. 그들은 도시 안의 가난한 사람들 속에 살면서 병자와 어려운 사람들을 돌보고, 교회가 소홀히 한 계층의 사람들에게 설교했다. 교구 사제들보다 훨씬 더 잘 교육받은 그들의 설교는 위트와 유머를 곁들인 웅변이었다.

12~13세기의 문화

노르만인들은 잉글랜드 건축의 위대한 시기를 열었다. 그들의 건축양식인 노르만 로마네스크 또는 앵글로-노르만 로마네스크 양식은 1090년경에 나타나 1175년경까지 유행했다. 그동안에 더럼, 튜크스베리(Tewkesbury), 윈체스터, 캔터베리, 올드 새럼(Old Sarum), 체스터, 일리, 노리치, 바스 등 많은 대성당과 웅장한 수도원 교회들이

솔즈베리 대성당: 영국의 대표적인 고딕 건축

중세(12세기)의 학교 모습

건립되거나 재건되었다. 이 건축들은 그 규모가 아주 컸으며, 이는 당시의 화려하고 장대한 예배 방식을 보여주는 것이었다. 규모만 큰 것이 아니라, 무거운 둥근 아치를 지탱하는 튼튼하고 육중한 기둥들, 두껍고 무거운 벽들은 대단한 힘과 견고함을 보여준다.

12세기 말경에 이르면서 로마네스크 양식 대신에 고딕(Gothic) 양식이 나타났다. 그것은 부르고뉴(Bourgogne)에서 건너온 시토(Cistercian) 수도회 수도사들에 의해 처음으로 잉글랜드에 도입되었다. 거의 같은 무렵 캔터베리의 수도사들이 프랑스의 건축가인 상스의 기욤(Guillaume de Sens)으로 하여금 성가대석을 재건케 했는데, 그 역시 자기 나라에서 배운 고딕 양식을 채택했다. 캔터베리의 양식은 웰즈(Wells), 링컨 등지의 대성당들로 파급되었는데, 이 건축들은 솔즈베리나 웨스트민스터 수도원과 더불어 초기 잉글랜드 건축의

앵글로-노르만 로마네스크 건축: 더럼 대성당

최고 기념물이 되었다. 그것들은 뾰족한 아치, 좀더 가늘어지고 우아해진 기둥, 부벽, 더욱 넓어진 창문과 스테인드글라스 등 고딕 건축의 특징을 제대로 담고 있었다.

12~13세기는 유럽에서 지적 활동이 크게 일어난 시기였다. 고위 성직자들 가운데 학식을 갖춘 사람들은 서유럽의 학교들 사이를 자유롭게 오갈 수 있었으며, 학생들 또한 이름난 학자들을 찾아 이곳저곳으로 옮겨 다녔다. 이들 학자들의 공통 언어는 라틴어였다. 12세기 초에 잉글랜드에서 가장 뛰어난 학자는 앤셀름 대주교였다. 그와 랜프랭크는 노르망디의 베크 수도원장으로서 수도원을 학문의 요람지로 만들었다. 그러나 12세기 중엽에 이르면 잉글랜드의 학문의 중심은 수도원 학교에서 대성당 학교로 옮아갔다.

11세기에 시작된 지적 각성은 로마의 고전에 대한 관심으로 표출되었다. 라틴 고전은 문학적 모델로서만이 아니라 로마 고전의 사상과 문화를 이해하는 수단으

로서 연구되었다. 이런 고전 교육을 받은 학자들은 폭넓은 문화적 관심과 뛰어난 문학적 숙련을 보여주었다. 그들 중 가장 눈에 띄는 영국인은 솔즈베리의 존(John of Salisbury)이었다. 파리에서 공부한 그는 1154년과 1161년에 캔터베리의 시어볼드(Theobald) 대주교의 비서로 일하면서 정치 이론과 논리학에 대한 긴 논문을 저술했다. 시어볼드의 사후에는 베케트 밑에 들어가 헨리 2세와 베케트의 분쟁에서 베케트를 옹호했다. 이 밖에 블르와의 피터(Peter of Blois), 월터 매프(Walter Map), 웨일즈의 제럴드(Gerald of Wales), 먼머스의 제프리(Geoffrey of Monmouth) 등이 고전문학에 대한 선호를 보여준 대표적 인물이었다.

12세기 중엽에 고전문학에 대한 관심이 밀려나고 철학과 신학에 대한 관심이 커졌다. 그것은 스콜라 철학이라고 하는 학문 유형으로 발전했는데, 이는 이성과 연역적 논리학을 신학에 적용함으로써 논리적 추론을 통해 신학적 문제를 해결하려는 것이었다. 이런 방법을 주장한 대표적인 학자는 파리의 아벨라르(Abélard)였는데, 이에 대해서 앤셀름은 이성에 앞서 믿음을 강조했다. 아벨라르가 "믿기 위해서 이해하라"고 말한 데 대해, 앤셀름은 "이해하기 위해서 믿으라"고 말했다.

로마의 고전과 달리 그리스의 고전은 서유럽에 거의 알려져 있지 않았다. 그러한 그리스의 책들이 서유럽에 소개된 것은 주로 아랍인들을 통해서였으며, 여기에 크게 공헌한 영국인 학자는 바스의 아들라드(Adelard of Bath)였다. 그는 에우클레이데스의 기하학 책과 프톨레마이오스의 천문학 서적인 『알마제스트(Almagest)』를 라틴어로 옮겼다. 그와 동시대인인 체스터의 로버트(Robert of Chester)는 대수학에 관한 아랍의 저작을 번역했으며, 아마도 아라비아 숫자를 서유럽에 처음 들여온 사람으로 짐작된다. 이 밖에 몰리의 대니얼(Daniel of Morley), 스코트인 마이클(Michael the Scot) 등도 아랍의 과학서를 번역했으며, 옥스퍼드 대학에서 가르친 신학자이자 링컨의 주교인 그로스테스트 역시 수학과 과학적 실험에도 관심이 깊었다. 과학자 로저 베이컨(Roger Bacon)이 바로 그의 수제자였다.

잉글랜드 최초의 대학은 옥스퍼드에서 발달했다. 1167년 토머스 베케트와 다투고 있던 헨리 2세는 파리에서 공부하고 있던 모든 영국인 학생들에게 잉글랜드로 돌아오라고 명령했다. 이에 따라 상당수의 학생들이 옥스퍼드에 왔으며, 이때부터 옥스퍼드의 학교들이 대학으로 발전하게 되었다. 그러나 1209년에 한 학생이 어느 부인을 살해하는 사건이 일어나 시민들이 그의 동료 몇 사람을 체포하고 그중 2명을 교수형에 처했다. 이에 항의하여 강의가 중단되고 학생들과 교수들이 흩어져 수년 동안 돌아오지 않았다. 1214년 마침내 시민들이 굴복하여 학생들에 대한 재판권이 대학의 총장(Chancellor)에게 맡겨지게 되었다. 이리하여 13세기 말경에 이르면 옥스퍼드는 유럽의 주요 학문 중심지 가운데 하나로 발돋움했으며, 교수와 학생의 수가 1,500명을 헤아리게 되었다. 케임브리지는 이보다 뒤늦게 성장했는데, 이 두 대학의 독특한 제도는 컬리지(college) 제도였다. 원래 학생들을 감독할 수 있는 숙소로 사용된 컬리지는 매우 중요한 교육기관으로 발전하여 마침내는 대학 자체를 능가할 정도에 이르렀다.

5

위기의 시대: 14세기

1. 혁명과 전쟁과 역병

에드워드 2세의 실정과 혁명

　14세기는 귀족의 세력이 커지고 국왕의 힘이 약해진 시기였다. 이런 변화 과정은 1307년에 왕위에 올라 1327년에 폐위당한 뒤 살해된 에드워드 2세의 치세에 시작되었다. 그는 아버지가 미결 상태로 남겨놓은 여러 문제들에 직면해야만 했다. 왕실의 재정은 이제까지의 전쟁 비용 때문에 짊어지게 된 막대한 부채로 허덕이고 있었다. 스코틀랜드에 대한 침략 정책을 중단한다면 불명예가 뒤따를 수밖에 없었으며, 이를 계속 밀고 나가자니 재정 파탄을 면할 길이 없었다. 게다가 에드워드 1세의 전제적 통치에 반감을 품고 있던 귀족들은 그들 자신의 권위와 특권을 되찾을 기회를 노리고 있었다. 에드워드 2세는 이런 문제들을 해결하기에는 너무나 무력하고 부적당한 왕이었다.

　에드워드 2세는 잘생기고 몸집이 크고 게으르고 술과 안일을 즐기는 왕이었다. 신앙심이 박약하고 학식이 없는 데다 나약하고 야망이 없는 그는 일을 처리할 두뇌가 모자랐으며 정치에 무지하고 전쟁 지휘자로서 무능하여 왕으로서의 위엄을 갖추지 못했다. 그는 말을 좋아했고, 수영·노 젓기·마차 몰기·도랑 파기·지붕 잇기 따위의 일에 취미를 가지고 있었으며, 마부·뱃사공 등과 어울리기를 좋아했다. 그는 음유시인과 노닐고 아마추어 연극에 몰두하는가 하면 그의 젖형제이자 어쩌면

동성애의 상대였던 가스코뉴의 기사 피에르 드 가베스통(Pierre de Gaveston)에게 남다른 애정을 쏟았다.

일찍이 그의 아버지 에드워드 1세는 왕세자인 에드워드에게 좋지 않은 영향을 미친다고 해서 가베스통의 추방을 명령했으나, 에드워드 2세는 왕이 되자마자 그를 다시 불러들여 요직에 앉혔다. 가베스통은 유능하긴 했지만 허풍이 심하고 탐욕스러운 위인이었다. 왕의 질녀와 결혼한 이 벼락출세자는 왕의 총애를 이용하여 그의 친척들에게 여러 이권과 관직을 나누어 주었다. 그는 무술 시합에서 귀족들에게 도전하고 그들에게 별명을 붙여 조롱했다.[1] 그는 이런 교만으로 해서 귀족들의 반감을 샀다. 특히 귀족들을 참을 수 없게 한 것은 왕에 대한 자문을 그가 독점하고 있다는 사실이었다. 귀족들은 국왕에게 자문할 수 있는 정당한 자문관으로서 특정한 신하에 대한 왕의 편파적인 총애를 비난했다. 그들은 1308년 에드워드가 프랑스의 필리프 4세의 딸과 결혼하기 위해 프랑스에 건너가 있는 동안에 가베스통의 파면을 요구했다. 결국 에드워드는 이에 동의했지만 그러면서도 그를 아일랜드의 총독으로 임명했다가 일 년 뒤에 다시 불러들였다.

1310년 귀족들의 반감은 극에 달했다. 몇 차례의 경고 끝에 왕의 사촌인 랭커스터 백 토머스[2]를 필두로 한 귀족들은 무장한 가신들을 대동하고 의회에 출석하여 개혁 법령(Ordinances)을 기초할 위원들을 임명했다. 성·속의 귀족들 21명으로 구성된 이 법령기초위원들(Lords Ordainers)은 다시 가베스통에게 유죄를 선고하고, 이어서 일련의 법령을 입안했다. 즉, ① 왕은 의회의 동의 없이 전쟁을 시작할 수 없다. ② 상서청, 회계청, 의상실 등 나라의 중요한 직책을 맡는 관리들은 의회의 동의를 얻어 임명해야 한다. ③ 왕은 법령기초위원들의 동의 없이 선물(gifts)을 급여해서는 안 된다. ④ 에드워드 1세가 부과한 양모와 모직물에 대한 무거운 과세는 금지된다. ⑤ 의상실이 회계청을 통하지 않고 직접 세금을 징수하지 못한다. ⑥ 의회는

---

1) 랭커스터 백에게는 '연극배우', 펨브루크에게는 '유대인 조지프', 성질 사나운 워리크(Warwick)에게는 '아르든의 검은 개'라고 불렀다.

2) 에드워드 1세의 동생인 랭커스터 백 에드먼드 굽은 등(Edmund Crouchback)의 아들인 토머스는 다섯 백작령에 엄청난 부와 영향력을 지닌 거물로서 수많은 추종자를 거느리고 있었다.

최소 연 1회 열려야 한다.

그러나 이런 규정들은 실행에 옮길 방안이 마련되어 있지 않은 데다가 에드워드는 강요된 약속을 지킬 생각을 가지고 있지 않았다. 1312년 그는 귀족들의 동의 없이 자문관을 임명하고, 가베스통을 다시 불러들였다. 이에 몇몇 백작들이 무기를 들고 일어섰고, 로버트 드 윈첼시(Winchelsea) 대주교는 가베스통을 파문에 처했다. 5월에 법령기초위원들은 가베스통을 체포하고, 그를 의회에서 심판하려고 했으나 위원 중 하나인 워리크(Warwick) 백 기 보상(Guy Beauchamp)이 그를 자신의 케닐워스(Kenilworth) 성에 끌고 가 거짓 재판을 벌여 처형했다.

2년 뒤인 1314년에 스코틀랜드 전쟁이 다시 일어났다. 잉글랜드와의 경계선 북쪽의 대군을 장악하고 있던 로버트 브루스는 스털링(Stirling) 성을 제외하고 잉글랜드인들의 수중에 있던 성들을 차례차례 탈환했

에드워드 2세의 에피지

다. 에드워드는 스털링 성을 구원하기 위해 기병과 웨일즈의 궁병을 주축으로 한 약 2만의 병력을 이끌고 스털링으로 향했다. 그들은 6월 하순에 성으로부터 조금 떨어진 배넉번(Bannockburn)이라는 개울가에 도달했다. 브루스는 자신의 군대 병력보다 세 배나 되는 잉글랜드군을 교묘하게 유인하여 배넉번의 늪지에 몰아넣었다. 브루스의 창병들에 대한 에드워드의 기병들의 공격이 실패하고, 그의 보병과 궁병들이 제대로 움직이지 못하고 있는 사이에 스코틀랜드 경기병들의 효과적인 공격에 직면한 잉글랜드군은 완패하고 말았다. 에드워드는 어렵사리 던바(Dunbar)로 도망친 뒤 배를 타고 베리크로 후퇴했다.

이 굴욕적인 패배는 스코틀랜드의 독립을 보장했으며, 에드워드는 법령기초위원들의 지배하에 들어갈 수밖에 없었다. 그러나 귀족들은 왕과 가베스통 못지않게 통치 능력이 없었다. 의회가 랭커스터 백에게 최고 자문관의 권한을 부여하자, 그

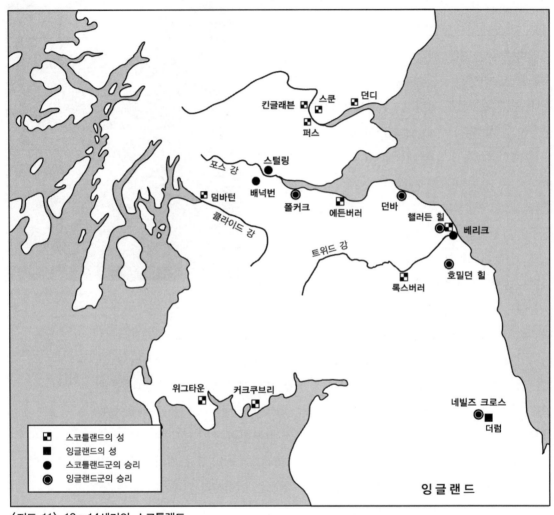

킨글래븐 🏰 스쿤 🏰   던디 🏰

퍼스 🏰

포스 강   스털링 🏰

덤바턴 🏰   배넉번 ●
클라이드 강   폴커크 ◉ 에든버러 🏰   던바 ◉   핼러든 힐 ◉   베리크 ■

트위드 강   호밀던 힐 ◉

록스버러 🏰

위그타운 🏰   커크쿠브리 🏰

네빌즈 크로스 ◉
더럼 ■

🏰 스코틀랜드의 성
■ 잉글랜드의 성
● 스코틀랜드군의 승리
◉ 잉글랜드군의 승리

잉 글 랜 드

〈지도 11〉 13~14세기의 스코틀랜드

는 새로운 관리들을 임명하고 국왕 측근들의 영지를 몰수했다. 그러나 그는 의욕이 없고 무능하여 개혁 정치의 실현에 소극적이었다. 게다가 1314년부터 1316년에 걸쳐 흉작이 이어지고 가축병이 만연하여 식량 부족 현상이 일어나고 빵 값이 올라간 데다 세금까지 무거웠다. 이런 가운데 북쪽에서는 스코틀랜드인들의 침입이 계속되고, 귀족들은 사적인 싸움과 대립으로 분열되어 있었다. 정부는 점차 마비 상태에 빠져들고, 왕과 랭커스터 백 사이에 다시 틈이 벌어졌다. 웨일즈 변경 지방과 브리스틀에서는 사적인 분쟁과 계층 간의 싸움까지 기승을 부렸다. 게다가 1316년에는 브루스 부자가 아일랜드에 침입하고 프랑스인들이 가스코뉴를 석권했다.

이윽고 이 같은 혼란을 끝장낼 움직임을 주도한 한 당파가 일어났다. 즉, 애인과 눈이 맞아 남편을 버린 랭커스터 백의 처 앨리스 레이시(Alice Lacy)의 주변 인물들과 랭커스터 백의 권력을 시기한 귀족들이 일부 관리 및 궁정인들과 손을 잡았고, 왕의 혈족인 헤리퍼드(Hereford)와 몇몇 변경 영주들이 여기에 가담했다. 이들의 중심인물은 펨브루크 백 에이머 드 발랑스(Aymer de Valence)였는데, 그의 주도 아래 한동안 온건한 정책이 추진되었다. 상설된 자문회의가 왕의 행위를 통제하고 왕실을 숙정했으며, 스코틀랜드와 화의하고, 상인들과의 회합을 통해 모직물 교역의 재조직을 시도했다.

그러나 이런 정책이 그나마 성과를 거두는 것처럼 보였을 때 또다시 고개를 쳐든 당파 분열로 말미암아 정국은 곧 혼란에 빠지고 말았다. 주요한 말썽꾼은 왕의 새로운 총신 휴 데스펜서(Hugh Despenser)와 동명의 그의 아버지였다. 아들 데스펜서는 여론의 힘을 잘 알고 있는 노련한 정치가였으나, 가베스통보다 훨씬 더 위험스러운 인물이었다. 펨브루크 정부하에서 왕의 시종으로 임명된 그는 곧 나약한 에드워드의 마음을 사로잡았다. 실권을 쥐게 된 그는 모든 관직 임명에 간여했으며, 사기 수법과 무력으로 웨일즈에서 소유지를 넓혀 남부 웨일즈에 하나의 왕국을 세울 정도였다. 이 같은 그의 농간과 영토적 야망은 반국왕 세력의 결집을 불러일으켰으며, 웨일즈 변경 영주들 사이에, 그리고 또한 랭커스터 백 토머스를 따르는 북방 영주들 사이에 많은 적을 만들어냈다. 그중에서도 특히 헤리퍼드와 로저 모티머(Mortimer)의 반감이 컸다.

1321년은 과격한 혁명의 해였다. 왕의 실정에 넌덜머리가 난 귀족들은 다시 반란을 일으켰다. 변경 영주들이 봉기하고 반대자들의 우두머리인 랭커스터 백이 북쪽의 귀족들과 성직자들을 불러들였으며 의회는 데스펜서 부자를 추방했다. 그러나 1322년 3월에 왕은 곧 북쪽으로 진군하여 요크셔의 버러브리지(Boroughbridge)에서 랭커스터 백을 붙잡아 처형했다. 헤리퍼드는 전사하고 모티머는 항복하여 런던탑에 갇혔다. 5월에 요크에서 열린 의회는 1311년의 왕령들을 폐기했고, 왕은 데스펜서 부자를 다시 불러들였다. 이래서 에드워드는 즉위 이래 가장 확고한 위치에 올랐으나 이제 완전히 데스펜서에게 의존하게 되었다.

1322년 프랑스의 새 왕 샤를 4세가 에드워드에게 신서를 요구하면서 프랑스와 다시 충돌하기 시작했다. 프랑스인들이 가스코뉴에 침입하여 영국인들을 해안으로 몰아붙이던 바로 그 무렵 런던탑에서 탈출한 모티머는 프랑스로 도망쳐 왕과 데스펜서에 대한 반항운동을 주도하고 있었다. 한편 1325년 왕비 이자벨은 그녀의 동생 샤를 4세와 가스코뉴 문제를 교섭하기 위해 프랑스에 파견되었다. 모티머 못지않게 왕과 데스펜서를 증오한 왕비[3]는 파리에서 모티머를 만나 그와 합류했다. 거기에 왕 대신 프랑스 왕에게 신서하도록 파견된 12살의 왕세자 에드워드까지 왕비를 따랐다. 그러나 프랑스 왕이 그들의 계획을 적극적으로 지원하지 않자, 모티머와 왕비는 홀란드와 젤란드(Zeeland)의 백작으로부터 수백 명의 군대와 선박을 얻어 1326년에 도르드레히트(Dordrecht)를 출발하여 서퍼크의 오웰(Orwell)에 상륙했다. 왕의 형제들을 포함한 왕국의 유력자들 거의 모두가 이에 가담하자 왕은 서쪽으로 도주하고, 휴 데스펜서는 브리스틀 시에 지지를 호소했으나 시민들은 좀처럼 싸움에 개입하려 들지 않았다. 마침내 휴는 귀족들에게 붙들려 교수형에 처해졌고, 왕 또한 체포되어 감옥에 갇히게 되었다.

왕비와 모티머, 그리고 많은 백작들과 주교들은 에드워드의 퇴위 말고는 그 어떤 타협안도 받아들이려 하지 않았다. 합법성을 갖추기 위해 왕비는 귀족들에 의

---

3) 처음부터 원만치 못했던 왕과 왕비 사이의 관계는 점차 악화되었으며, 마침내 왕은 아무 거리낌 없이 왕비를 살해할 수 있다고 을러대며, 이를 위해 바지에 칼을 감추고 있을 정도였다고 한다.

해서 왕국의 수호자로 선언된 왕세자와 제휴했다. 1327년 1월에 웨스트민스터에서 의회가 열렸는데, 이곳은 런던의 참사회원들과 군중이 왕에게 영향력을 행사할 수 있는 곳이었다. 도시의 관리들은 왕과 데스펜서에게 적대적이었으며, 군중은 왕비 편에 가담했다. 헤리퍼드의 주교와 윈체스터의 주교는 왕의 퇴위를 설교했고, 왕국의 각 신분 대표자들이 이자벨과 왕세자에 대한 지지를 서약했으며, 뒤이어 캔터베리 대주교는 성직자와 귀족과 평민 모두가 에드워드의 퇴위에 동의한다고 선언했다. 백작·주교·남작 들, 그리고 기사들의 대표가 케닐워스 성으로 왕을 찾아가 퇴위를 강요했으며, 두려움에 휩싸인 42세의 에드워드는 왕위가 아들에게 계승된다는 조건으로 왕관을 내놓았다. 폐위된 에드워드는 브리스틀 북쪽의 버클리 성에 감금당했다. 왕을 가둔 사람들은 납골당 위의 어두운 방에 갇힌 왕이 치명적인 병을 얻을 거라고 기대했다. 그러나 이런 처우 속에서도 살아남은 왕을 탈출시키려는 기도가 있고 난 뒤 모티머는 왕을 살해하라고 명령했다.[4] 이 같은 왕의 폐위와 살해는 전례가 없는 불법행위였다. 그러나 이를 통해서 잉글랜드 사회는 앞으로의 왕들에게 법에 따라 통치해야 한다는 점을 일깨워주었다.

에드워드 3세와 백년전쟁(전기)

치세 초 3년 동안 에드워드 3세(1327~1377)는 어머니 이자벨과 그녀의 정부 모티머의 보호하에 있었으며, 잉글랜드는 사실상 모티머에 의해 통치되고 있었다. 모티머가 행한 모든 일은 그의 탐욕과 연관되었다. 그는 마치(March) 백이라는 새로운 작위를 차지하고, 살해된 왕의 아우 켄트 백을 조작된 음모로 몰아 역시 살해했다. 이것은 그의 지지자들을 그에게서 떨어져나가게 했다. 1322년에 죽은 랭커스터 백 토머스의 아우인 헨리가 모티머의 적이 되었으며, 그의 독단적 통치에 화가 나고 어머니의 행동에 혐오감을 느끼게 된 에드워드 3세는 새로 랭커스터 백이 된 헨리를 비롯한 젊은 귀족들과 동맹하여 왕권을 장악하고 모티머가 머물고 있는 노팅엄 성을 공격했다. 모티머는 성 안에서 호위병에 둘러싸여 있었으나, 야음을 틈타 무

---

4) 전승에 의하면 붉게 단 쇠꼬챙이를 항문에서 창자로 꽂아 넣어 죽게 했다는데, 이는 남색자에게 합당한 죽음이라고 여겨졌다.

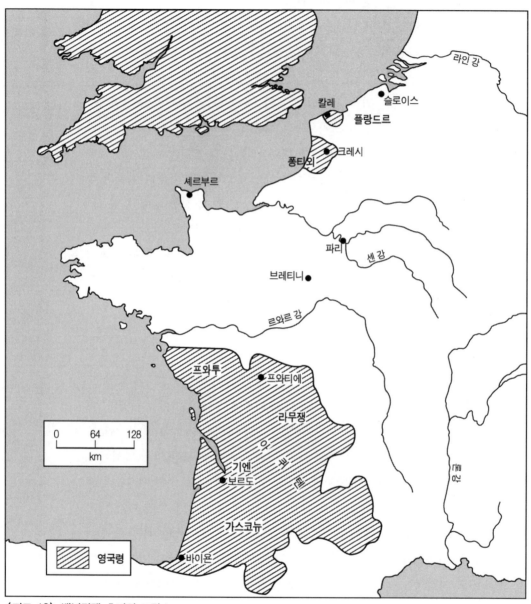

라인 강

슬로이스
칼레
플랑드르
크레시
퐁티외
셰르부르

파리
센 강

브레티니

르와르 강

프와투
프와티에

라무쟁
론

기엔
보르도

가스코뉴

바이욘

0 64 128
km

영국령

〈지도 12〉 백년전쟁 초기의 프랑스

장병들이 성 안으로 통하는 비밀 통로로 침입하여 그를 체포했다. 의회는 그의 유죄를 선고하여 교수형에 처하고, 이자벨을 노퍼크의 라이징(Rising) 성에 유폐했다. 그녀는 그 후 28년 동안 그 성 안에서 여생을 보냈다.

이렇게 해서 나이 18세의 에드워드는 친정을 시작했으며, 잉글랜드는 20여 년 만에 다시 유능한 군주의 통치하에 들어갔다. 아버지와 달리 어려서부터 기사적 생활 방식에 젖어 있던 에드워드는 성인이 되면서 승마를 좋아하고 창시합, 마상 시합, 사냥 등 전투의 위험을 즐겼다. 그의 용기와 성실함과 관대함은 모든 젊은 귀족층 기사들이 추종할 모범으로 여겨졌다. 귀족들의 충언을 흘려버린 아버지와 달리 아들은 그것을 구하고 받아들임으로써 인기를 얻었다. 아버지와 마찬가지로 그는 사치와 겉치레를 좋아하고 성급했으며 앞날을 내다볼 통찰력이 부족했다. 그러나 전쟁과 기사도의 화려함과 장엄함을 사랑한 낭만적인 기사로서의 그의 야망은 당대의 기풍과 잘 맞아떨어진 것이었다.

에드워드의 첫 전투는 스코틀랜드에서 시작되었다. 1329년에 로버트 브루스가 죽자 그의 다섯 살 난 아들 데이비드가 왕위에 올랐다. 한편 에드워드 1세 때 잠깐 동안 왕위를 차지했던 존 베일리얼의 아들 에드워드 베일리얼이 프랑스에서 스코틀랜드에 침입하여 왕위에 올랐으나, 1332년 스코틀랜드인들의 반항으로 쫓겨나고 말았다. 이에 베일리얼을 지원해 온 에드워드 3세는 몸소 보복에 나서 1333년에 베리크 근처 핼러든 힐(Halidon Hill)에서 스코틀랜드군을 격파하고 베일리얼을 복위시켰다. 데이비드 2세는 프랑스로 피신했으며, 베일리얼은 잉글랜드 왕에게 신서하고 로울랜즈 일대를 잉글랜드에 넘겨주었다. 그러나 이듬해에 스코틀랜드인들은 다시 저항하기 시작했다. 에드워드 3세는 이 같은 저항의 배후에 프랑스 왕의 음모가 있다고 생각했으며, 만일 그가 스코틀랜드를 점령하면 프랑스 왕이 아퀴텐의 봉토를 몰수하리라고 짐작했다. 이래서 에드워드는 스코틀랜드인들의 반항을 꺾기 위해서는 프랑스와의 일전이 불가피하다고 마음먹게 되었으며, "꺾기 어려운 (스코틀랜드의) 엉겅퀴를 꺾는 것보다는 이름 높은 (프랑스의) 백합을 꺾는 것이 더 유익하고, 더 손쉽고, 더 자랑스러운 일"이라고 판단했다.

프랑스와의 전쟁은 국내에서 말썽을 부릴지도 모를 자들에게 신나고 수지맞는 모험의 기회를 제공하기 위한 것이기도 하고, 스코틀랜드에서의 프랑스 왕의 불순한 책략을 차단하기 위한 것이기도 하고, 또 한편으로는 잉글랜드 상인들의 주요한 고객으로서 잉글랜드의 양모 무역에 밀접한 이해관계를 가지고 있던 플랑드르의 여러 도시들에 프랑스의 세력이 미치는 것을 방지하기 위한 것이기도 했다. 그러나 이런 것들이 전쟁의 근본 원인은 아니었다. 전쟁의 더욱 근본적인 요인은 가스코뉴에 대한 지배권을 둘러싼 대립에 있었다. 필리프 6세가 아퀴텐에서의 에드워드의 영주권을 자신의 종주권 아래 두고자 한 데 대해, 에드워드는 그의 독립적 주권을 유지하리라 결심하고 있었다. 이에 에드워드는 프랑스 왕위에 대한 법적 권리를 주장하고 그 주장을 포기하는 대가로 기엔(Guyenne)의 완전한 독립을 획득하려 했다. 프랑스 왕은 이를 거부하고, 에드워드가 잉글랜드에서 완전한 주권자가 되기를 원한다면 아퀴텐을 그의 막내아들의 영유로 넘기고 그를 프랑스 왕의 봉신으로 인정해야 한다고 주장했다. 요컨대 영국인들이 가스코뉴에서 물러나려 하지 않고 필리프가 스코틀랜드와의 동맹을 포기하려 하지 않는 한 양국 사이의 협상은 성사될 수가 없었다.

1337년에 프랑스와 싸울 구실을 찾기는 어렵지 않았다. 프랑스는 스코틀랜드인들을 줄곧 도와왔으며, 프랑스 왕은 잉글랜드 양모 상인들의 고객인 플랑드르의 모직물업자들을 위협하고 있었다. 스코틀랜드에서의 필리프 6세의 불순한 책략에 대한 잉글랜드 의회의 비난에 맞서 필리프가 가스코뉴의 병합을 선언하자 에드워드는 필리프 4세의 딸인 이자벨이 그의 어머니라는 점을 이유로 프랑스 왕위를 요구했다. 프랑스 왕 필리프 6세는 필리프 4세의 삼촌인 발르와(Valois) 백 샤를의 아들로서 필리프 4세의 사촌이었으며, 에드워드 3세는 필리프 4세의 외손자로서 필리프 4세의 더욱 가까운 핏줄이어서 프랑스 왕위를 요구할 수도 있었다. 그러나 프랑스의 살리(Sali)법에 의하면 여자와 그 자식들은 왕위계승권이 없었다. 게다가 1329년 필리프 6세가 프랑스 왕위에 올랐을 때 에드워드는 그를 프랑스의 합법적인 왕위계승자로 인정했으며, 가스코뉴를 영유한 봉신으로서 필리프 6세에게 신서한 바 있었다. 그 후에도 에드워드는 10여 년 동안 별다른 이의를 제기하지 않고 있다가 필리프가 가스코뉴의 병합을 선언하자 프랑스 왕위를 요구하기에 이르렀다. 이렇게 에드워드가 프랑스 왕위를 요구하면서 시작된 전쟁은 그 후 백 년 넘게 계속되었다. 물론 백 년 동안 실제 전투가 줄곧 계속된 것은 아니었다. 1453년에 칼레(Calais)를 제외한 프랑스 전 영토에서 영국인들이 쫓겨나기까지 백 년 동안은 전쟁의 사이사이에 휴전과 평화가 점철된 시기였다. 또 그렇게 쫓겨난 것으로 대프랑스 전쟁이 끝난 것도 아니었다. 프랑스 왕위에 대한 요구는 그 후 조지 3세(George III) 시대까지 적어도 형식적으로는 지속되었다. 즉, 잉글랜드 왕들은 1802년 아미앵(Amien) 조약이 체결될 때까지 프랑스 왕위에 대한 그들의 주장을 공식적으로는 포기하지 않았던 것이다.

에드워드의 대프랑스 전쟁은 거창하게 계획되었다. 그는 많은 돈을 뿌리며 독일 황제 루드비히 4세(Ludwig IV)를 비롯하여 저지방(네덜란드) 및 라인 강 유역의 지배자들과 동맹을 맺고, 플랑드르 도시들에서 모직물업자들의 지지를 확보했다. 네덜란드를 통해서 프랑스에 침입할 계획을 세운 그는 1338년 플랑드르로 건너갔다. 그러나 동맹자들이 싸울 의욕을 보이지 않는 가운데, 1339년과 1340년 두 차례에 걸쳐 소전투를 벌였으나 별다른 성과를 거두지 못했다. 그사이에 에드워드가 얻은 것은 1340년 6월 슬로이스(Sluys)에서 거둔 프랑스 해군에 대한 승리뿐이었다. 이해에 슬로이스 항구로 나가는 즈윈(Zwin) 강 어구에 정박하고 있던 프랑스의 대함대는 잉글랜드 상선과 해군의 움직임을 제약하고 있었다. 에드워드는 항해술에 익숙한 잘 훈련된 소함대를 가지고 프랑스 함대를 공격하여 이를 섬멸하다시피 했다. 그러나 그동안의 막대한 전비로 잉글랜드의 재정은 바닥이 나고 말았다. 전쟁은 결국 휴전으로 끝을 맺었고, 에드워드는 분노와 실망을 안고서 잉글랜드로 돌아왔다.

이제 에드워드는 새로운 전쟁 방식, 즉 직접 프랑스로 건너가 그 내부를 공격하는 길을 택했다. 이런 전략은 동맹군의 원조가 필요하지 않았으며 약탈을 통해 필요한 보급품을 얻을 수 있어 전비가 덜 들었다. 공격은 1341년 브르타뉴 공령의 상속을 둘러싸고 일어난 분쟁에서 잉글랜드와 프랑스가 각기 다른 후보자 편을 들면서 시작되었다. 1342년 이후 에드워드는 브르타뉴로 침입하여 그 대부분을 석권하고, 이곳을 기지로 하여 프랑스령 깊숙이 쳐들어갔다.

크레시 전투: 잉글랜드 장궁병과 프랑스 석궁병의 대결

1346년 에드워드는 만여 명의 병력을 이끌고 노르망디의 라 우그(La Hougue)에 상륙하여 노르망디를 서쪽에서 동쪽으로 횡단하여 나갔다. 그는 캉(Caen) 시를 유린하고 프와시(Poissy)에서 센(Seine) 강을 건너 파리로 향했으나, 프랑스군에 저지당하자 다시 진로를 북쪽으로 돌려 퐁티외(Ponthieu)와 솜(Somme) 강 지역으로 나아갔다. 솜 강을 건넌 에드워드는 8월 하순 크레시(Crécy) 마을에서 프랑스의 대군과 부딪쳤다. 프랑스의 기사들은 영국군 진영으로 돌진해 들어갔으나 잉글랜드 궁병들의 세찬 화살 공격 앞에서 대패했다.

영국군의 승리는 궁병의 힘과 더욱 잘 훈련된 군대 조직의 덕택이었다. 이 전투에서 잉글랜드의 장궁병은 프랑스 기사들의 공격을 분쇄했다. 장궁은 기술적으로는 석궁보다 오히려 뒤떨어진 것이었지만 성공의 비밀은 궁병의 기술과 훈련에 있었다. 모든 마을에는 활터가 있어 어른 아이 할 것 없이 힘든 훈련을 받았다. 장궁은 주목나무로 만든 5피트 길이의 활로 1m 가까운 길이의 화살을 쏠 수 있었으며, 화살은 200m 거리에서 2.5cm 두께의 나무나 기사의 갑옷을 뚫을 수 있었다. 그것은 500년 동안에 걸친 기병의 우월성을 끝장내는 데 일조했다. 궁병들의 승리이기도 했던 크레시 전투는 바야흐로 봉건 기사들의 시대가 지나갔음을 보여주는 사건이었다.

크레시에서의 승리 후 에드워드는 잉글랜드로 돌아가는 길을 확보하기 위해 해안 지방을 점령해 나갔다. 북진을 계속한 그는 1347년 마침내 칼레에 도달하여 이를 포위 공격했다. 칼레는 10개월 동안 저항했으나 필리프의 지원을 받지 못한 채 항복하고 말았으며, 에드워드는 칼레의 주민을 내몰고 영국인들을 거주하게 했다. 그 후 칼레는 200년 넘게 잉글랜드의 지배를 받으며 잉글랜드가 대륙으로 진출하는 주요 교두보가 되었다.[5] 그러나 1348년부터 유럽에는 흑사병이 만연하여 사회적 위기가 닥쳐왔으며, 잉글랜드와 프랑스 두 나라는 싸움을 끝낼 결정적 수단을 찾지 못한 채 전쟁은 점차 만성적인 상태로 빠져들었다.

1350년 필리프가 죽고 그의 아들 장(Jean)이 뒤를 이었으나 사위 샤를 르 모베(Charles le Mauvais)에게 조종되고 있었다. 1355년 장이 전쟁을 재개하자, 두 갈래의 영국군 원정대가 대륙으로 건너갔다. 하나는 왕 자신의 지휘하에 칼레로부터 시작되었으나 별 성과를 거두지 못했다. 다른 하나는 보르도(Bordeaux)에 있던 흑세자(Black Prince)의 지휘하에 가스코뉴와 툴루즈로 침입하여 약탈을 자행했다. 1356년 흑세자는 프와티에(Poitiers)에서 장이 이끄는 프랑스의 대군과 맞부딪쳤다. 프랑스 기사들이 영국군 진영으로 돌진했으나 다시 완패하고 말았으며, 장을 위시하여 많은 프랑스 귀족들이 포로로 잡혔다. 장은 잉글랜드로 끌려가 몸값의 흥정 대상으로 붙들려 있게 되었으며, 에드워드 3세는 엄청난 전리품을 싣고 돌아왔다. "잉글랜드 전체가 국왕의 원정에서 얻은 전리품으로 가득 찼으며, 여인치고 몸에 무엇인가 장신구를 지니지 않은 사람이 없었으며, 집에 좋은 리넨이나 장갑과 같은 전리품을 가지고 있지 않은 사람은 아무도 없었다"라고 이야기될 정도였다. 반대로 프랑스의 상황은 참담하기 그지없었다. 흑사병이 만연하고, 국왕의 부재로 정부는 무너지고, 지방은 황폐하여 농민들이 봉기하고, 영국군 병사들은 지방을 돌아다니며 약탈을 자행했다. 프랑스의 왕세자(Dauphin)는 나바르(Navarre) 당의 음모와 에티엔 마르셀(Étienne Marcel)이 이끈 삼부회의 위세 앞에 무력했다. 1358년 자크리(Jacquerie)의 반란에 동조한 에티엔이 피살됨으로써 프랑스는 겨우 위기에서 벗어날 수 있었다.

1360년 브레티니(Brétigny)에서 평화를 위한 협의가 열려 평화조약이 맺어졌다. 이 조약으로 에드워드는 프랑스 왕위에 대한 요구를 포기하고 칼레와 퐁티외를 제

---

5) 1348년 칼레에서 열린 전승 축하연에서 에드워드 3세는 애인 솔즈베리 백작 부인 조운(Joan)과 춤을 추었다. 이때 그녀의 파란색 가터(각반)가 바닥에 떨어졌다. 에드워드는 이것을 주워 그의 무릎에 동였던 바 이를 본 사람들이 그를 놀리자, 그는 프랑스어로 이렇게 대답했다고 한다. "Honi soit qui mal y pense(이를 나쁘게 생각하는 자는 창피한 줄을 알아라)." 이후 이 말은 유럽의 가장 오래된 기사단의 표어가 되었으며, 여기에서 기원한 가터 훈장이 가장 영예로운 훈장이 되었다.

외한 르와르 강 이북의 모든 땅에 대한 요구를 버리는 대신, 프와투·기엔·가스코뉴·리무쟁(Limousin) 등을 포함한 아퀴텐 전역에 대한 완전한 주권을 양도받았다. 그리고 장 왕은 50만 파운드(잉글랜드 왕의 5년간의 수입에 해당한 액수)의 몸값을 지불한다는 약속 아래 석방되기로 했다. 그중 일부를 지불하고 장은 석방되었으나 대신 그의 세 아들이 인질로 잡혀 있었다. 그중 하나인 앙주 공 루이가 도망쳤기 때문에 장은 다시 런던에 되돌아가 1364년 그곳 사보이 궁에서 생을 마쳤다. 이것은 맹세와 명예를 중시한 봉건시대 기사들의 덕목을 보여준 하나의 보기였다.

브레티니 조약 이후 9년 동안 평화가 지탱되었다. 가스코뉴의 통치자인 흑세자는 1367년 프랑스와 동맹한 트라스타마라(Trastamara)의 엔리케(Enrique)와 다툰 카스티야(Castilla) 왕 페드로(Pedro)를 원조하기 위해 에스파냐에 침입했으나 별다른 성과를 거두지 못한 채 가스코뉴로 돌아왔다. 많은 전비의 소모로 재정이 궁핍해진 흑세자는 새로운 호별세(戶別稅, fouage)를 강요함으로써 가스코뉴인들의 격렬한 반항을 불러일으켰다. 여전히 프랑스 왕을 그들의 최고 군주로 생각하고 있던 가스코뉴인들은 흑세자를 장의 아들인 샤를 5세에게 고발했다. 파리의 고등법원에서 소환장을 받은 흑세자는 거만한 태도로 이를 거부했으며, 이에 대해 샤를은 아퀴텐 공령의 몰수를 선언했다. 이렇게 해서 전쟁이 다시 시작되고, 에드워드가 다시 프랑스 왕위를 요구했다. 1370년 흑세자는 잉글랜드 편에서 이탈한 리모즈(Limoges)의 주민 3,000명을 학살했다. 그러나 전세는 대체로 잉글랜드에 불리했다. 프랑스인들은 이제 이전의 패배에서 교훈을 배웠으며, 유능한 왕 샤를과 탁월한 장군 베르트랑 뒤 게클랭(Bertrand du Guesclin)의 지휘하에 정규전을 피하고 게릴라 전술을 택했다. 게다가 잉글랜드의 해군력은 약화한 데 반해, 프랑스 해군은 카스티야 선박들의 도움을 받았다. 영국군은 어디서나 고전했으며, 1371년 흑세자는 병을 얻어 잉글랜드로 돌아갔다. 잉글랜드는 이길 가망이 없어져 가는 전쟁을 위한 비용을 마련하기가 점점 더 어려워진 반면, 프랑스는 영국인들을 몰아내겠다는 결의가 더욱 확고해졌다. 이제 잉글랜드는 칼레, 보르도, 바이욘(Bayonne)을 제외한 프랑스 내의 다른 어느 곳도 장악할 수 없는 지경이 되었다.

1376년 흑세자가 죽고, 이듬해에는 에드워드도 사망했다. 에드워드는 그가 정복한 거의 모든 것, 그가 이어받은 거의 모든 것, 그리고 전쟁 초기만 해도 어느 정도 남아 있던 프랑스인들과 영국인들 사이의 친선 감정을 거의 다 잃어버린 채 죽었다. 백년전쟁의 초기 국면에서 나타난 중요한 사실은 프랑스군이 영국군을 이길 수 없다는 점, 그러나 마찬가지로 영국군이 프랑스를 정복할 수 없다는 점이었다. 프랑스와의 전쟁은 영국인들의 생활에 중요한 영향을 끼쳤다. 그것은 소득의 재분배를 가져왔다. 일반 병사들은 봉급을 받았고, 귀족들은 약탈과 프랑스인 포로의 몸값으로 이익을 얻었으며, 군납청부업자들은 무기와 식량의 공급으로 돈을 벌었다. 전쟁은 또 외국인에 대한 증오심을 불러일으켰고, 민족적 의식을 일깨웠다. 그러나 무엇보다도 전쟁은 파산한 국왕으로 하여금 의회에 의존하게 만들었다.

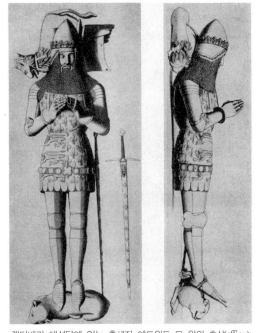

캔터베리 대성당에 있는 흑세자 에드워드 묘 위의 초상(effigy): 당시 기사의 무장 모습을 볼 수 있다.

흑사병과 장원제의 붕괴

중앙아시아에서 시작된 흑사병은 1347년 이탈리아에 들어와 급속도로 유럽 대륙에 전파되었으며, 칼레에서 도시트로 도망해 온 피난민들에 의해서 1348년 8월에 잉글랜드로 옮겨졌다. 흑사병은 검은 쥐에 기생하는 벼룩에 물림으로써 전염되었다. 처음에는 몸의 여러 군데, 특히 겨드랑이나 사타구니가 부어오르다가 검은 고름 혹이 터져 나오고 마침내는 광란이 뒤따르고 피를 토하며 죽어갔다. 그것은 더럽고 비위생적인 환경에서 극성을 부렸으며, 특히 도시의 빈민층을 유린했다. 치사율이 매우 높고 병의 진행 속도가 매우 빨라, 아침까지도 멀쩡했던 사람이 낮이 되기도 전에 죽어갔으며, 또한 남녀나 귀천을 가리지 않고 누구에게나 닥쳐왔다. 여름이 지나 기후가 서늘해지면서 병은 잠시 주춤한 듯했지만 이듬해 봄이 되자 전보다 더 심하게 창궐했다. 도시에서 많은 희생자가 발생했으나 작은 마을들 역

14세기의 흑사병: 수많은 사체를 매장하고 있는 모습

시 재앙을 면치 못했으며, 어떤 마을에서는 주민 전체가 완전히 사라지기도 했다. 사체를 묻을 사람조차 없어 들개들이 주검을 뜯어 먹는 참상을 보였으며, 병자가 스스로 무덤을 파기까지 했다. 흑사병은 1361년, 1368년, 1375년에 다시 만연했고, 병균을 옮기는 벼룩을 지니지 않은 갈색 쥐가 검은 쥐를 몰아낸 17세기까지도 완전히 사라지지 않았다.

흑사병은 격심한 인구 감소를 가져왔다. 1300년에 대략 400만 정도였던 잉글랜드의 인구가 1380년에는 200만 남짓으로 줄어들었다. 인구가 이처럼 급격히 감소한 것은 흑사병 때문만은 아니었다. 흑사병이 있기 이전에 잉글랜드의 인구는 다른 역병이나 1315년과 1317년 사이의 홍수와 흉작으로 이미 줄기 시작했으며, 이와 함께 잉글랜드 사회의 변화도 진작에 일어나고 있었다. 그러나 흑사병이 인구의 급속한 감소와 잉글랜드 사회의 변화에 커다란 영향을 미친 것은 의심할 여지가 없다. 흑사병 자체가 사회의 근본적 변화를 불러일으켰다기보다는 그것을 더욱 격화시켰던 것이다.

인구 감소는 농촌 경제에 가장 심각한 영향을 미쳤다. 인구 감소로 이용 가능한 노동력의 부족 현상이 심화되자 토지를 보유하려는 농민을 찾기가 어려워졌다. 토지는 부족하고 인구는 많아 식량에 대한 수요가 컸던 13세기에는 농민들을 토지에 매이게 하고 농노의 부담을 강화함으로써 농업 수익을 유지할 수 있었다. 그러나 인구가 감소하여 식량에 대한 수요가 줄어든 14세기에는 농업의 수익이 줄어들어 직영지 경영의 수지를 맞추기가 어려웠다. 이런 어려움에 처한 장원의 영주들은 처음에는 직영지 경영을 유지하기 위해 지난날의 관습적 농업 방식인 노역봉사를 계속 유지하거나 심지어 강화하려고 시도했다. 그러나 그러한 시도는 점점 더 큰 저항에 부딪혔다. 농노제의 강화는 농민들의 저항으로 말미암아 실효를 거두기 어려웠다. 영주에게 매년 일정한 금액을 바침으로써 장원에서 벗어난 농민이 있었는가 하면, 많은 농민들은 그냥 마을에서 도망쳤는데, 이들은 다른 곳에서 일자리와 토지를 쉽게 구할 수 있었다. 이제 예속적 부담이나 노역봉사는 웬만큼 여력이 생긴 농민들의 눈에 정당한 것으로 보이지 않았으며, 강화된 억압에 대한 농민들의 저항이 심해졌다. 그 결과 몇몇 대규모의 종교령을 제외하고 농노제를 유지·강화하려는 영주들의 시도는 포기되었으며, 농노들에게 지워진 고정된 노역봉사는 임금노동으로 대체되었다. 그러나 임금노동으로 직영지를 경작하는 것 역시 많은 비용이 들었을 뿐 아니라, 지대 지불을 둘러싼 지주와 농민 사이의 빈번한 분쟁에서 지주들은 반항적인 농민들을 다루기가 쉽지 않았다. 마침내 강압적인 물리적 힘 대신 경제적 힘이 작용하게 되었다. 농민들을 붙들어놓을 가장 효과적인 길은 농민들의 예속적 부담을 덜어주는 것이라는 사실을 알게 된 영주들은 직영지의 경작을 포기하고 이를 경작할 수 있는 사람에게 임대하는 방식을 택하게 되었으며, 이리하여 그들은 집사나 대리자가 거두어들이는 것을 수령하는 지대수취자(rentier)가 되었다. 직영지의 임대는 농노의 노역을 필요없게 만들어, 노역봉사는 화폐의 납부로 바뀌게 되었다. 이 같은 금납화(commutation) 현상은 12세기에 이미 시작되었으나, 그것이 크게 진척된 것은 14세기 후반의 일이었다.

지대의 금납화는 또한 토지의 매매를 용이하게 했다. 그 결과 토지를 등본보유(copyhold)나 임차보유(leasehold)의 형태로 가진 부유한 차지농(farmer) 계층이 등장한 한편, 토지가 보잘것없거나 전혀 없어서 일용 임금으로 노동하는 많은 영세농이나 농업 노동자 계층이 나타났다. 이른바 농민층의 분화 현상이 일어난 것인데, 금납화를 통해서 농민들은 어느 정도의 자유를 얻었지만 그 대신 그들 사이의 빈부 격차는 더욱 커져갔다. 자유는 불평등을 수반했던 것이다.

급격한 인구 감소로 말미암은 노동력 부족은 살아남은 농민들에게 유리하게 작용했다. 많은 농민들이 죽은 사람들의 토지를 차지하게 되었으며, 토지가 없는 사람들도 자기의 노동에 대해 더 많은 보수를 요구하고, 그것이 받아들여지지 않으면 다른 장원으로 떠나가 버리곤 했다. 이리하여 흑사병 이후 농업 노동자들의 지위는 전반적으로 향상하고 있었다. 식품 값은 비교적 싸고 또 내려간 데 반해 그들의 임금은 크게 올라갔다. 1351년에 제정된 노동자법(Statute of Labourers)은 이렇게 오른 노동자의 임금을 흑사병 이전의 수준으로 억제하려는 것이었다. 그것은 1330년대 초의 임금보다 더 높은 임금 지불을 불법으로 규정했으며, 치안판사(justice of peace)로 하여금 주 내의 최고임금을 정하도록 하고, 이렇게 정한 임금 이상을 요구하는 노동자나 이를 지급하는 사용자를 모두 처벌하도록 했다. 그것은 또 치안판사들에게 다른 업종에 고용되어 있지 않은 모든 건장한 남녀를 농업 노동에 종사하도록 강제하는 권한을 부여하고, 건장한 거지에 대한 구제금 지급을 금지했다. 그러나 노동자법은 일시적인 효과밖에는 거두지 못했으며, 경제적 해결보다는 불만을 자아냈다. 1351년 이후에도 임금은 꾸준히 올라가 1400년의 임금은 1300년의 임금의 두 배에 달했다. 어떤 장원에서는 임금이 1351년 이후 10년 내에 하루 3페니에서 5페니로 60%나 올랐다.

의회의 발달

전쟁을 수행하는 데 막대한 돈이 필요했던 에드워드 3세는 의회에 의존할 수밖에 없었으며, 그래서 의회의 힘이 커지고 그 지위가 높아졌다. 웨일즈와 스코틀랜드에서의 전쟁에 뒤이어 일어난 백년전쟁은 왕으로 하여금 '자신의 수입으로 살아간다(live on his own)'는 중세적 원칙을 따를 수 없게 했다. 왕령지의 수입, 법정 수입, 봉건적 수입이나 다른 관례적 부과만으로 막대한 전비를 감당할 수 없었던 에드워드는 여러 상인들이나 도시 및 주와 개별적으로 협의하는 대신 전국적인 의회 안에서 그들의 대표들과 상의함으로써 비상시의 세금을 부과하는 것이 모든 당사자들에게 편리하다는 사실을 깨닫게 되었다. 그래서 그의 치세 50년 동안에 의회는 48회나 열렸으며, 그때마다 1295년의 모범의회를 구성한 모든 계급, 즉 고위 성직자, 대영주, 하위 성직자의 대표, 주 기사와 도시 대표가 소집되었다. 에드워드는 몇몇 고위 관리, 자문관, 재판관도 소집했는데, 이들이 의회의 핵심을 이루어 의회를 지도하고 왕의 이익을 지켜나갔다.

에드워드 3세의 치세 기간에 잉글랜드 의회에서 일어난 가장 중요한 발전은 의회가 귀족원(House of Lords)과 평민원(House of Commons)이라는 역사적 구조를 갖추고, 각 원이 나름대로의 힘과 그 기본 권한을 획득했다는 점이다. 잉글랜드 의회도 처음에는 대륙의 삼부회처럼 성직자, 귀족, 평민의 세 신분이 각기 따로 모이는 기구가 되는 듯싶었다. 그러나 잉글랜드에서는 고위 성직자들이 세속 귀족들과 자리를 같이하여 모인 반면, 하급 성직자의 대표들은 자신들의 모임인 성직자 회의를 따로 가지고 있어, 성직자들이 의회 내에서 별도의 모임을 갖지 않게 되었다. 문제는 주에서 선출된 기사들이 귀족들과 함께 모이느냐 시민 대표들과 함께 모이느냐 하는 것이었다. 초기의 의회에서는 기사들이 과세를 결정하기 위해 귀족들과 함께 모인 적도 있었으나, 의회에 참석하는 귀족들이 작위 귀족(peerage)으로 고정되어 감에 따라 그들은 귀족 모임에서 배제되었다. 무거운 과세부담을 함께 지고 있던 기사들과 시민들은 국왕의 재정적 요구에 맞서기 위한 공통의 이해를 가지고 있었으며, 또한 그들이 시정을 바라는 불만 사항 역시 같은 성격의 것임을 깨달았다. 그래서 1339년에 각 주에서 선출된 기사들은 시민 대표들과 함께 모여 행동을 같이하는 기구를 형성했다. 이래서 잉글랜드 의회는 대륙의 유사 기관과는 달리 귀족원과 평민원의 상·하 양원으로 분리되고, 작위 귀족과 일부 고위 성직자가 상원을, 기사들과 시민들이 하원을 구성하게 되었다.

에드워드 2세 시대까지만 해도 왕의 자의적인 선택으로 개별적 영장을 통해 소집된 대영주들이 에드워드 3세 치하에서는 언제나 소집될 것을 요구했으며, 왕은 이를 받아들였다. 게다가 14세기 말에는 이렇게 소집받을 권한이 세습적인 것이 되어 봉건적 재산과 마찬가지로 장자상속제에 의해 대대로 이어졌다. 이렇게 정례적이며 세습적으로 소집된 세속 귀족은 공작·후작·백작·남작 등 작위를 가진 귀족으로 14세기에 그 수가 40명에서 50명 정도였다. 이들은 이른바 '왕국의 귀족들 (peers of the realm)'로서 다른 모든 계급과 동떨어진 특수 계급으로 자처했으며, 1387년 리처드 2세에 의해서 의회에 고정적으로 소집되는 귀족계급으로 그 명단이 확정되었다. 세속 귀족과 함께 2명의 대주교와 21명의 주교, 그리고 일단의 수도원장이 성직 귀족으로 상원에 자리 잡고 있었다. 1295년의 의회에는 70명의 수도원장이 소집되었으나 점차 그 수가 줄어들었으며 중세 말에는 20명 정도만이 참석했다. 한편 13세기에 의회를 주도하고 있던 판사들과 국왕 관리들의 수 역시 줄어들었으며 그들의 권한도 축소되었다. 에드워드 1세 때 30명이나 참석한 데 대하여 에드워드 3세의 의회에는 10명 정도만이, 그것도 자문관 자격으로 참석했다.

상원은 여러 가지 권한을 행사했다. 중요한 재판을 맡고, 하원에서 잘못 결정한 것을 시정하고, 국왕에게 조언하고, 과세에 동의하고, 법률을 제정했다. 이런 권한은 에드워드 2세 때 확고하게 자리 잡혔다. 에드워드 1세 때만 해도 그들은 청원자인지 의사결정자인지 분명치 않았으나, 에드워드 2세 때 의사결정자가 되었으며, 귀족으로서의 권리를 강화했다. 한편 에드워드 2세가 즉위한 1307년까지만 해도 소집되지 않기 일쑤이거나 소집된다 해도 국왕 자문관들의 물음에 답변하기 위해 잠시 얼굴을 내미는 데 지나지 않았던 기사와 시민 대표가 14세기 말이 되면 언제나 소집되었을 뿐만 아니라, 이제는 그들 자신의 회의 장소에 따로 모여6) 공동의 청원을 토의하고 제출했으며, 과세에 대한 찬반투표를 하게 되었다. 그들이 이렇게 정례적으로 출석하게 된 것은 왕과 대영주들이 그들의 지지를 얻으려고 서로 경쟁하고 있던 에드워드 2세 때부터였지만, 그들의 모임이 항구적으로 의회의 일부가 된 것은 세금을 거두어들이는 데 그들의 협력을 얻으려 한 에드워드 3세 때부터였다. 이처럼 아주 높은 계층을 제외한 각계각층의 부와 영향력의 소유자들로부터 선발되어 구성된 하원은 헌정상 중요한 자리를 차지하게 되었다. 모든 법의 제정과 특별세의 징수에 하원의 동의가 필요하게 되었으며, 하원의원들의 청원은 으레 의회 안에서 국왕의 동의를 얻게 되었다. 심지어 국왕의 선출이나 폐위와 같은 국

---

6) 의회의 개원 시에는 귀족과 평민이 함께 모였다. 그러나 그다음 실제 토의에 들어가면 귀족들만 남고 서민들은 웨스트민스터 수도원의 참사회 회의장이나 휴게실에서 따로 모였다.

가의 중대사까지도 하원의 참여하에 처리되었다.

의회가 획득한 최초의 권한은 과세에 대한 통제였다. 1297년에 국민의 동의 없이 어떠한 보조세나 세금도 부과할 수 없다는 원칙을 천명한 의회는 에드워드 3세의 치세 초인 1340년 세금 부과에 상원과 하원의 동의가 필요하다는 원칙을 확립했다. 이때 주요한 세금은 10분의 1세와 15분의 1세, 즉 동산에 대한 직접세였다. 관세는 간접세로서 에드워드 3세는 계속 자신의 권리로 이를 부과했으며, 그것도 1275년에 의회가 허용한 것보다 더 높은 세율로 부과했다. 상원과 달리 하원이 이에 반대하여 에드워드와의 사이에 오랫동안 대립이 계속되었으나, 1362년 에드워드는 앞으로 의회의 동의 없이 양모에 대해 과세할 수 없다는 법안에 동의했다. 마침내 의회는 직접세와 간접세 양쪽에 대한 과세통제권을 확보했으며, 이것은 여러 불만을 둘러싸고 국왕과 흥정할 수 있는 힘을 하원에 부여했다.

13세기 말에 의회는 법률에 대한 동의권 또한 갖게 되었는데, 그러한 권한은 의회 내의 귀족들에게 국한된 것이었다. 그러던 것이 에드워드 3세의 시대에 이르러서 하원도 비록 제한된 범위 안에서이기는 했지만 법률에 대한 동의권을 획득하게 되었다. 뿐만 아니라 하원은 그들의 청원을 법안으로 바꿈으로써 법안 제출권 또한 갖게 되었다. 즉, 국왕과 그의 자문회의에 대해 개별적으로 제출된 여러 가지 청원들은 하원에서 공통의 청원으로 종합되어 법안(bill)으로 제시되었으며, 상원이 이를 받아들이고 왕이 이를 윤허하면 곧 제정법으로 성립되었다. 하원은 그들의 청원에 대한 왕의 윤허를 조건으로 왕의 과세에 대하여 동의했다. 이것은 15세기에 정규적인 절차로 자리 잡게 되었으며, 이래서 하원은 자기들의 요구를 관철시킬 수 있는 강력한 힘을 갖게 되었다.

중세의 잉글랜드 의회는 사법적 기능을 맡은 최고의 기관이기도 했다. 의회의 사법 업무는 주로 상원의 기능이었으며, 상원은 나라의 최고 법정(High Court of Parliament)을 구성했다.[7] 한편 사법과 관련하여 하원이 맡은 중요한 역할은 부패한 관리

---

7) 그러나 상원의 사법 업무는 점차 쇠퇴해 갔으며, 많은 사건들이 점점 더 왕좌 법정, 민사소송 법정, 회계청 법정 등 보통법 법정에서 다루어졌다. 게다가 14세기에 새로운 법정인 상서청 법정(Court of Chancery)에서는 엄격한 법조문이나 판례보다는 형평(equity)의 원리에 의한 재판이 행해졌으며, 종래

에 대한 탄핵이었다. 1376년의 이른바 '선량의회(Good Parliament)'에서 처음으로 탄핵의 건이 제기되었다. 하원이 부패한 관리에 대한 고발을 상원에 제출하면 상원이 이에 대해 심판했다.

이렇듯 잉글랜드 의회는 14세기에 크게 발달했다. 양원제가 자리 잡고, 근대 의회 제도의 얼개가 형성되었다. 특히 하원은 그사이에 많은 것을 얻었다. 그들은 왕이 제시한 사항들을 토의하고, 과세에 대한 통제권을 얻고, 과세에 대한 동의의 선결 조건으로 불만 사항에 대한 시정을 요구함으로써 때때로 행정부를 통제하고, 탄핵의 절차를 만들어내고, 일부 입법에도 참여했다. 이런 하원의 영향력을 과장해서는 안 되지만 14세기에 그 발전은 괄목할 만한 것이었음에 틀림없다.

에드워드 3세의 치세 50년 동안은 반란과 반역이나 음모가 별로 없는 시대였다. 프랑스와의 전쟁으로 야심가들이 국내에서 말썽을 일으킬 엄두를 내지 못했던 때문이기도 했지만, 의회가 국가적 사업을 경영해 나가는 데 정상적인 기능을 행사하고 있었기 때문이기도 했다. 전쟁이 일어나자 에드워드는 타이유나 보조세, 즉 어떠한 직접세도 의회의 동의를 얻지 않고는 부과하지 않을 것이라고 약속했다. 그는 승리를 거두고 있던 시기 내내 의회와 협조했다. 그는 또한 의회를 통해 잉글랜드 교회에 대한 교황의 간섭을 배제하는 두 가지 법을 제정했다. 하나는 1351년의 성직록수여제한법(Statute of Provisors)이었고, 다른 하나는 1352년의 교황상소금지법(Statute of Praemunire)이었다. 전자는 교황에 의해 임명된 모든 성직자의 직위를 국왕에게 귀속시켜 교황이 잘못 지명한 성직자를 추방할 수 있게 함으로써 교황의 성직 수여를 제약하려는 것이었으며, 후자는 국왕 법정이 재판권을 가지고 있는 사항을 교황 법정을 포함한 외국 법정에 제소하는 것을 금지함으로써 잉글랜드에서 교황권의 영향력을 제약하려는 것이었다. 한편 그는 1352년 이른바 '축복받은 의회(Blessed Parliament)'에서 반역법(Statute of Treasons)을 제정했다. 이것은 국왕과 국왕의 장자를 죽이려는 행위, 국왕에 대해 전쟁을 일으키는 행위, 국왕의 적을 돕는 행위, 화폐 위조, 임무 수행 중인 상서경이나 재무관, 판사를 살해하는 행위 등

상원에서 다루어진 많은 사건들이 점차 이 법정에서 다루어지게 되었다.

을 대역죄로 규정했다.

　에드워드 3세의 치세 말기는 궁정 내의 스캔들과 부패, 전쟁 수행의 실패, 프랑스 내에서의 군사적 손실 등으로 심각한 위기를 맞은 시대였다. 실정의 책임은 노망 상태에 빠진 에드워드에게 있기도 했지만 그보다는 1371년 행정권을 장악한 그의 아들 랭커스터 공 존 어브 곤트(John of Gaunt)에게 있었다. 존은 곧 에드워드의 정부 앨리스 페러즈(Alice Perrers)와 왕의 총신 윌리엄 래티머(Latimer) 경, 런던의 부유한 상인 리처드 라이언즈(Lyons) 등에게 둘러싸였다. 흑세자와 마치 백이 이끈 일단의 귀족들이 하원을 이용하여 이들 일당을 몰아냈다. 1376년 선량의회에서 하원의 대변자인 피터 들라 매어(de la Mare)는 상원에 나아가 하원의 이름

존 어브 곤트

으로 래티머와 라이언즈의 죄상을 고발했으며, 상원은 그들의 유죄를 선고하여 투옥했다. 의회는 또한 페러즈를 국외로 추방하고 자문회의를 재편하여 9명의 새 귀족들을 자문회의에 첨가시켰다. 그러나 이 승리는 오래가지 못했다. 존 어브 곤트는 1377년 다시 의회에 대한 통제권을 장악했다. 래티머와 라이언즈는 석방되고, 페러즈는 되돌아왔으며, 들라 매어는 투옥되었다.

2. 종교적 위기와 민족주의 문화

위클리프와 롤라드 운동

　14세기의 마지막 사분기는 심각한 사회적 위기의 시기이자 또한 종교적 위기의 시기였다. 14세기에 잉글랜드의 종교 세력은 대륙에서와 마찬가지로 매우 강대했다. 성직자의 수가 총 6만 명에 가까워 인구의 약 2%에 달했으며, 국내 토지의 약 3분의 1이 성직 지주들의 수중에 있었다. 캔터베리와 요크에 있는 2명의 대주교의 관할하에 21명의 주교가 있었고, 또 이들의 관할하에 8,600명의 교구 사제가 있었다. 이들 세속 성직자들 이외에 많은 크고 작은 수도원에 수많은 남녀 수도자들이 있었다. 그러나 외형상 이처럼 강대한 잉글랜드 교회는 모두 로마 가톨릭교

회의 세계 체제하에 편입되어 있었으며, 그것은 잉글랜드 교회의 무력화와 로마 교회에 의한 잉글랜드 교회의 지배와 착취를 초래했다. 당시의 로마 교회는 성직 매매와 복수성직제, 부재 주교, 고위 성직자의 탐욕과 오만, 교구 사제의 빈궁, 탁발 수도사의 타락, 종교재판소의 부정, 인덜젠스(indulgence: 사면)의 남용 등 갖가지 타락 현상을 보이고 있었다. 이 같은 교회의 오용(abuse)은 이전 세기에도 없지 않았으나, 12~13세기에는 그래도 시토 수도회나 프란체스코 수도회의 종교적 열정이 그러한 오용의 폐단을 어느 정도 줄일 수 있었는데, 14세기에는 그 같은 열정마저도 식어버렸다. 게다가 영국인들에게 프랑스인들의 앞잡이로 치부된 아비뇽의 교황들은 14세기 들어 잉글랜드 교회에 대한 간섭을 더욱 심화시켰다. 교황은 잉글랜드의 주교직, 성당 참사회원직, 교구 사제직에 대한 후보자를 지명할 권한을 고집했으며, 그래서 교황의 임명권에 맡겨진 성직의 수가 늘어나 있었다. 주교들이 교황에게 초수입세(annate)를 바치는 것이나 종교적 사건을 교황 법정에 상소하는 것 또한 부당한 관례로 여겨지고 있었다.

이런 종교적 위기의 상황에서 오랫동안 금기로 되어왔던 교회에 대한 비판의 소리가 터져 나왔다. 그 선구자가 바로 존 위클리프(Wycliff)였다. 위클리프는 요크셔의 중류 지주 가문 출신으로 옥스퍼드에서 저명한 신학 교수이자 사상가로서 경력을 쌓았다. 과세와 교황권 문제에 관해서 반성직주의(anti-clericalism) 견해의 지지자였던 그는 그러한 사안에 관련된 정부 업무에 고용되었으며, 특히 랭커스터 공 존 어브 곤트의 애호를 받았다. 설교와 저술을 통해서 교회의 오용을 공격한 그는 반성직주의적·개신교적(Protestant)이면서 세속적·에라스투스(Erastus)적인 신앙의 주창자로서 국민적 성격을 지닌 사상가가 되었다.

그러나 위클리프의 사상은 독창적인 것이 아니었으며 체계적인 것도 아니었다. 그중 많은 부분이 혁명적인 성격을 지니고 있다는 것조차 그는 깨닫지 못했다. 그는 이단이라고 지목될 위험성이 있는 몇 가지 견해를 내놓았다. 첫째, 그는 주권의 이론, 즉 인간에 대한 모든 지배권 행사는 은총에 의존한다는, 다시 말해서 죄인은 권위나 재산에 대한 지배권을 가질 수 없다는 이론을 제시했다. 따라서 그는 성직자가 그의 재산을 잘못 사용할 경우 세속 지배자가 그의 권한을 빼앗을 수 있다고 주장했다. 둘째, 그는 참다운 교회는 신의 은총에 의해 구원이 예정된 신자들의 공동체이지, 교직자들의 종교적 계서제가 아니라고 주장했다. 그는 교황과 추기경들의 권위는 베드로에서 연유한 것이 아니라 로마의 정치조직에서 연유한 것이며, 따라서 그들도 잘못을 저지를 수 있으며, 그들이 참다운 교회에 반드시 필수적인 것은 아니라고 주장했다. 주교와 교구 사제 등 모든 성직자는 평등하며, 교황조차도 그가 신의 은총을 받지 못한 경우에는 이단으로서 심문의 대상이 되며 퇴위당해야 한다고 그는 주장했다. 셋째, 그는 신의 의지는 불가해하고 무한하여 버림받은 자는 그 자신의 죄에 의해서 지옥의 고통이 예정되고, 선택받은 자는 그 자신의 공덕(merit), 즉 소업(work)에 의해서 구원이 예정된다고 가르쳤다. 그리하여 그는 의식·고해·인덜젠스·성상 등에

존 위클리프

의한 교회의 중개적·이적적 역할을 부인하고, 설교를 성직자의 가장 중요한 임무로 삼았으며, 그리스도의 계시이자 행동의 지침으로서 무엇보다도 성서의 중요성을 강조했다. 이렇듯 위클리프는 훗날에 제시되는 개신교의 교리 가운데 핵심인 '오직 믿음에 의한 의로워짐(justification by faith only)'의 교리만을 제외하고 거의 모든 교리에 대하여 언급했다. 이 같은 위클리프의 사상은 반성직주의적·에라스투스주의적 사상과 합류함으로써 더욱 위험하게 되었다. 그는 국가를 기반으로 하는 교회를 주장했다. 그에 의하면 교회의 재산과 보호권에 대한 궁극적인 최고권은 세속 정부가 가지고 있으며, 따라서 왕정은 성직자의 임무를 종교적인 것에만 한정시키고 성직자의 재산을 몰수할 권한을 가지고 있다고 주장했다.

이 같은 주장을 편 위클리프는 1376년 선량의회 후 캔터베리 대주교에 의해 이단의 죄목으로 소환되었다. 그러나 존 어브 곤트의 보호와 런던 시민들의 지지 시위로 그를 재판하려는 시도가 무위로 돌아가자, 위클리프는 그의 교리를 더욱 급진적으로 발전시켜 나갔다. 그는 화체설(化體說), 즉 미사에서 빵과 포도주가 실제

로 예수의 살과 피로 바뀐다고 하는 교리를 부인함으로써 로마 가톨릭교회의 핵심에 대한 공격을 서슴지 않았다. 그는 영성체의 성사 안에 그리스도가 실재한다는 믿음을 유지하면서도 화체설이 온전한 진실은 아니라고 말했다. 이 같은 주장으로 해서 옥스퍼드의 신학자들은 그의 교리를 가톨릭교회의 가르침에 어긋난 것이라 규정했으며, 랭커스터 공마저도 그가 더 이상 그러한 교리를 발설하는 것을 금지했다. 그럼에도 불구하고 그가 자신의 교리를 계속 공표하자 1382년 거물급 신학자들이 런던의 도미니코 수도회 수도원에 모여 그의 주장을 이단으로 규정하고 그가 대학에서 설교하는 것을 금지했다. 그러나 여전히 그의 펜은 무디어지지 않았으며 그의 열정은 식지 않았고 그의 생각도 바뀌지 않았다. 게다가 그를 따르는 사람들이 많고 더 이상 그를 괴롭히려는 사람이 없어 1384년 그는 천수를 다하고 눈을 감았다.

당시에 널리 퍼져있던 반성직주의적 풍조 속에서 위클리프의 사상을 대중에게 널리 전파하려는 사람들이 나타났다. 그들은 중얼거리며 기도를 했는데, 이것을 비아냥거리는 뜻에서 롤라드(Lollards)라는 이름으로 불리었다. 그들은 어떤 체계적 조직도 갖추지 않은 채 가난한 설교자로서 거리로 나와, 정신적 지하운동을 펼쳐나가기 시작했다. 유력한 교회인들의 호사와 자만에 대하여 퓨리턴적(Puritanic: 청교도적)[8] 비판을 가한 그들은 덜 권위적이며 덜 기계적인 종교를 바라는 주로 하급 성직자와 젠트리, 상인, 장인, 그리고 대학생 들 사이에 동조자를 얻고 있었다. 그러나 존 어브 곤트가 반성직주의적 정책을 버리자 주교들의 반격이 자유로워져 옥스퍼드에서 그들의 숙청이 시작되었다. 롤라드에 대한 정부의 억압은 랭커스터가의 득세와 함께 날로 심해졌고, 1401년에 의회는 이단자 화형에 관한(De heretico comburendo) 법을 통과시켰다. 그러나 롤라드들은 미천하고 가난한 사람들 사이에 살아남아 15세기 내내 지하에 잔존했고, 16세기에 루터의 사상을 받아들이는 토양을 준비함으로써 장차 튜더 종교개혁의 선구가 되었다. 또한 그들 가운데 몇몇을 포함한 일단의 학자들이 성서를 영어로 번역하는 일에 착수했다. 1390년대에 완성

---

8) 310쪽 참조.

된 이들의 번역본은 영역 성서 가운데 최초의 것이었다.

민족주의적 문화

　롤라드들이 성서를 영어로 번역하기로 작정한 것은 잉글랜드 사회의 근본적인 변화의 한 측면을 반영한 것이었다. 14세기 이전 잉글랜드의 상층 사회는 세계시민적인 사회였으며, 그 문화는 라틴적이거나 프랑스적인 것이었다. 미술과 건축은 대륙의 고딕 양식이 주류를 이루고 있었으며, 교회인들은 그리스도교 세계 전역을 돌아다녔다. 충성과 용맹과 사랑을 중시한 기사의 윤리는 모든 나라의 지배 계층이 공유했으며, 여러 나라의 기사들이 함께 이슬람교도들과 싸웠다. 도시의 정치와 교역 또한 길드와 자치단체를 통하여 유럽 여러 나라에서 비슷한 길을 걸어왔다. 라틴어는 성직자들의 언어이자 학문 용어였고, 노르만 정복 이후 프랑스어는 상류 지배층의 언어로서 궁정 용어이자 법률 용어였으며, 영어는 농민들의 언어에 불과했다. 노르만 정복 이후에도 영어로 글을 쓰는 일은 계속되었지만, 영어 문학은 12~13세기의 라틴 고전이나 프랑스어 문학에 비해 볼 때 조야하고 편협한 것이었다. 그러던 것이 14세기 중엽 이후 잉글랜드의 민족성을 일깨우는 여러 힘의 작용이 활발해지고, 특히 백년전쟁으로 프랑스적인 문물에 대한 반감이 커지면서 영국인들 사이에 영어, 잉글랜드 문학, 잉글랜드 미술, 잉글랜드적 사고방식 등이 자리 잡게 되었다. 그중에서도 특히 중요한 것은, 14세기 후반의 50년 동안에 상류 계층의 언어가 프랑스어에서 영어로 바뀜에 따라 성직자들의 라틴어를 제외하고 영어가 모든 영국인들의 말이 된 일이었다. 그것은 지난 3세기 동안에 무식한 하층민들이 영어를 단순화하고 번거로운 어미변화를 줄임으로써 영어가 우아한 라틴어와 프랑스어의 특징과 더불어 놀라우리만큼 융통성 있는 언어로 성장한 결과였다. 이리하여 법정 용어가 프랑스어에서 영어로 대체되기 시작했고, 1363년 상서경은 처음으로 영어로 의회를 개원했으며, 1385년에 이르면 잉글랜드의 모든 문법 학교(grammar school) 학생들이 프랑스어를 버리고 영어로 공부하게 되었다.

　14세기 중엽 이후에도 라틴어는 여전히 교회 용어와 학문 용어 등 여러 가지 용도로 쓰이고 있었지만 이제 영어로 쓰인 저작들이 등장했다. 옥스퍼드의 학자인

캔터베리 대성당을 떠나는 순례자들

존 어브 트레비저(Trevisa)는 역사와 과학에 관한 책을 처음으로 영어로 번역했다. 기적극들 또한 영어로 쓰였다. 주요 도시의 수공업 길드 회원들이 성서에서 뽑은 이런 극들을 썼다. 15세기에는 윌리엄 캑스턴(Caxton)의 인쇄술이 나타나고, 영어가 다시 교육받은 상류 계층의 용어가 되었다. 그동안 많은 영어 방언이 있었는데, 점차 런던과 대학들이 있는 동부 미들랜즈의 말이 널리 통용되었다.

14세기 잉글랜드의 가장 중요한 저작자는 윌리엄 랭랜드(Langland), 존 가워(Gower), 그리고 제프리 초서(Chaucer), 이 세 사람이었다. 『농부 피어즈(*Piers Plowman*)』(1370 또는 1377~1379)의 저자인 랭랜드는 작은 수도원의 가난한 성직자였으나 재주와 학식이 풍부한 사람이었다. 그의 많은 시는 신학자, 탁발 수도사, 부유한 고위 성직자들과 교회의 잘못에 대한 풍자적 비판이자, 가난한 사람들이 겪는 고통에 대한 신랄한 고발을 담고 있었다. 그와 달리 부유하고 교양 있는 젠틀먼인 존 가워는 프랑스어와 라틴어와 영어로 된 시구를 명료하고 평이하게 썼다. 그는 자신의 시를 통해 사회의 죄악을 고발하는 도덕론자였지만 가난한 사람들에 대한 동정심보다는 오히려 농민반란에 대한 두려움과 혐오를 드러냈다.

런던의 부유한 포도주 상인의 아들로 태어난 초서는 귀족의 시동, 프랑스 전쟁에 참가한 병사, 이탈리아와 프랑스에 파견된 사절단의 일원, 관세 징수인, 왕유림의 관리자, 치안판사, 의회 의원 등 다양한 직업에 종사했으며, 이런 다양한 경력 덕분에 세상일에 밝아지고 인간성에 대한 깊은 통찰력을 갖게 되었다. 그는 또한 에드워드 3세의 시종으로 근무하고 궁정의 귀부인과 결혼함으로써 궁중에서 안락한 생활을 누렸다. 그는 대학에 다닌 적이 없었으나 신학이나 법률상의 문제들에 대한 조예가 깊었다. 게다가 그는 독서를 많이 하여 과학과 학문에 대한 광범한 지식을 습득했으며, 시와 산문에 능숙했다. 특히 1372~1373년에, 14세기 유럽 문화의 심장인 제노바(Genova)와 피렌체(Firenze)에 머물다 돌아온 그는 이탈리아 문화의 생명력을 잉글랜드 문학의 핏줄 안에 융합시켰다. 그는 유머 감각·도덕심·서정·풍자 등 여러 가지 기질을 지니고 있었으며, 다양한 영국인 남녀들 사이에서 뚜렷한 동질성을 추출해 내는 놀라운 재능을 보여주었다.

제프리 초서

그의 첫 걸작 『트로일러스와 크리사이드(*Troilus and Cresyde*)』에서[9] 초서는 젊은이의 영광과 비극을 기지와 연민의 정으로 그려냄으로써 지오반니 보카치오(Giovaani Boccaccio)의 감각적인 이야기들을 절묘한 성격 연구로 변모시켰다. 그의 최대 걸작 『캔터베리 이야기(*Canterbury Tales*)』(1387)는 부유한 상인, 사냥하는 수도사, 음란한 법정소환인, 세속적인 탁발 수도사, 부유한 시골 지주, 가난한 학자, 그리고 희극적인 바스의 마누라(Wife of Bath) 등 런던에서 캔터베리로 순례 여행하는 사람들의 이야기를 통해서 당대 잉글랜드 사회의 단면을 그려내고 있다. 인물의 이해, 넓은 동정심, 관용과 기지, 유머와 풍자, 시적 재능과 극적 감각, 탁월한 묘사력과 생생한 상상력 등에서 초서는 나중에 윌리엄 셰익스피어(Shagkespeare)와 찰스 디킨즈(Dickens)의 작품으로 이어지는 영국적 전통의 단초를 보여주었다.

건축에서는 14세기에 두 가지 중요한 발전이 있었다. 첫째는 13세기의 마지막 사분기와 14세기 전반기에 초기 잉글랜드 스타일의 건축, 즉 더욱 정교하고 사치스럽고 장식적인 고딕 건축이 발전했다. 그러나 이 시대의 고딕 미술은 지나치게 정교하고 지나치게 장식적이었다. 스테인드글라스 창문의 인물들은 성자들이나 전사들이나 판에 박은 듯이 형식화되고 단조로운 모습을 보이고 있었다. 14세기 후반에 나타난 수직식(Perpendicular) 양식은 잉글랜드 특유의 미술의 성격을 좀더 뚜렷하게 표현했는데, 특히 건축에서 그 특징은 모남과 절충과 비논리성이었다. 사각형의 교회 성가대석, 교구 교회의 사각형 탑, 성당의 입구 등이 모두 모남의 특징을 지니고 있었다. 절충의 특성은 수직식 양식의 핵심적 요소였는데, 이 건축 양식

---

9) 이 시는 1372년에서 1386년 사이에 쓰인 것으로 추정되고 있다.

로저 베이컨의 조상(옥스퍼드 대학 자연사박물관)

의 본질은 그 이름에도 불구하고 수직선과 수평선의 절충에 있었다. 조각과 수사본의 채색에서도 수직식 양식이 지배적이었다. 이 같은 잉글랜드 미술의 일반적 성향은 상상력보다는 유용성, 환상보다는 사실, 독단적이기보다는 합리적인 방향으로 기울었다.

과학에서도 영국인들은 사실과 경험을 중시했다. 13~14세기에 그리스의 기하학적 방법을 근대적인 실험적 방법으로 변형한 것은 옥스퍼드 철학자 그룹의 업적이었다. 그들은 귀납의 과정을 연역의 과정과 결부시켰다. 그로스테스트는 이런 과학적 탐구와 설명을 진전시킨 최초의 학자였다. 그의 제자 중 가장 저명한 학자인 로저 베이컨의 중요한 공헌은 귀납과 연역의 이중적 방법을 빛의 연구, 특히 무지개의 연구에 적용한 점이다. 이 같은 과학의 방법에 주목한 윌리엄 오컴(Ockham)은 스콜라 철학의 근본에 대해 공격을 가하기 시작했다. 그는 아리스토텔레스의 목적인(final causes), 본질(essences), 실체(substances)를 거부했다. 그는 붉음, 네모, 선함과 같은 개념은 특정한 붉은 대상, 네모난 대상, 선한 행위에 대한 경험으로부터 마음이 형성한 순전한 지적 구조물이라고 선언함으로써, 우리가 실재(the real)에 대한 어떤 지식을 얻을 수 있는 것은 개별적 사물에 대한 경험을 통해서라고 주장했다. 14세기가 되면서 영국인의 사고 습관은 연역적이거나 형이상학적이 아니라 경험적으로 되었으며, 영국인들은 사물 가운데 거주하기를 바라게 되었던 것이다.

3. 리처드 2세(1377~1399)와 농민반란

1381년의 농민반란

1377년 에드워드 3세가 죽자 그의 손자이자 흑세자의 아들인 리처드가 겨우 10세의 나이로 왕위에 올랐다. 어린 왕의 재위기에 생긴 한 가지 문제는 몇몇 부유한 유력자들이 커다란 정치적 영향력을 행사한다는 점이었다. 그들 가운데 주요 인물은 왕의 삼촌들인 랭커스터 공 존 어브 곤트, 후에 글로스터 공이 된 요크 공 에드먼드 랭리(Langley), 우드스톡(Woodstock)의 토머스, 이 세 사람이었고, 그 밖의 유력자들은 애런들, 워리크, 노팅엄 백이었다. 왕의 소년기 동안 나라의 정치는 영주들의 자문회의에 맡겨졌다. 그중 가장 유력한 자문관은 왕의 큰 삼촌인 존 어브 곤트로서 그는 방대한 랭커스터 공령을 가지고 있었다. 리처드의 치세 처음 5년 동안 왕정은 프랑스와의 전쟁에 주력했지만, 전세는 불리했고, 하원은 성과 없는 전쟁을 위해 자금을 대는 것을 꺼리고 있었다. 게다가 사회적·경제적 문제들이 고개를 들기 시작하여 위기의식이 높아져 가고 있었다. 이런 상황에서 1381년에 농민반란이 일어났다.

리처드 2세

농민반란은 사전에 계획된 것이라기보다는 자연 발생적인 것이었다. 그러나 그것은 갑작스러운 폭발이라기보다는 오랫동안 쌓여온 불만의 분출이었다. 농민들은 장원의 각종 의무를 강화하며, 노동자법을 통해서 임금을 억제하려고 한 토지소유자 계층을 미워했다. 그들은 고위 성직자들의 부와 세속화를 못마땅하게 생각했으며, 교회 재산의 몰수와 청빈으로의 복귀를 주장하면서 교회의 계서제와 재물 소유를 비난하고 다닌 롤라드들의 설교에 고무되었다. 이처럼 여러 가지 불평불만이 고여 있는 기름 웅덩이에 하나의 불꽃이 던져졌다. 그것은 인두세의 부과였다. 이제까지 주로 재산 소유 계층에 부과된 10분의 1세나 15분의 1세로 프랑스와의 전쟁 비용을 염출해 오던 의회는 1380년 인두세의 부과를 결정했다. 그것은 부유한 공작이나 가난한 농노나 같은 액수의 세액을 부담하는 것이었으며, 15세 이상의 모든 남녀에 대해 1실링이 부과되었다. 세금 자체가 불공평하고 강제적인 데다 징수자들은 혹독하기 일쑤였다. 이 같은 인두세의 강행은 이미 농촌 노동자들 사이에 널리 퍼져있던 반감과 불만을 더욱 고조시켜 마침내 반란으로 치닫게 했다.

그러나 흔히 생각하기 쉬운 일이지만 농민들의 처지가 이 무렵에 전보다 더욱 열악해졌기 때문에 반란이 일어난 것은 아니었다. 반란자들은 절망적이며 굶주린

리처드 2세의 궁정

사람들이 아니라, 토지를 가진 농민으로서 지위가 상승하고 있었으며 그들의 경제적 조건은 꾸준히 개선되고 있었다. 노동력의 부족으로 임금은 물가보다 급속하게 올라가고 있었으며, 농노들 중에는 상당한 재산을 가진 사람도 있었다. 이렇게 지위가 웬만큼 상승한 농민들은 이제 부담이 크고 억압적인 농노제를 더 이상 용인하려 들지 않았으며, 그래서 농노제의 폐지와 지대의 감면을 요구하고 나섰던 것이다. 그러나 거기에는 또한 계급 차별에 대한 사회적 반항의 요소도 결부되어 있었다. 반란은 좀더 자유롭고 평등한 세상에 대한 기대가 높아가는 가운데 구질서의 개혁이 지연되고 있는 데 대한 분노에 의해서 고무되었다. 물질적 이득을 얻으려는 소망과 사회적 평등을 주장하는 급진적 이론이 함께 작용하고 있었던 것이다. 한편 반란은 농민들만의 것이 아니었다. 반란의 지도자 와트 타일러(Wat Tyler)는 아마도 장인이었으며, 이스트 앵글리어에서는 도시민, 심지어는 몇몇 기사들까지도 가담했다.

　반란은 에식스와 켄트에서 시작되었다. 1381년 5월에 에식스의 마을 주민들이 세금 납부를 거부하여 봉기했다. 봉기는 곧 주 전체로 번졌고, 진압 임무를 띠고 파견된 판사마저 농민들에게 붙잡히고 말았다. 6월 들어 소요는 켄트에 퍼져갔다. 전에 월터(Walter)라는 이름의 병사였던 것으로 짐작되지만 나중에는 그의 생업으로 해서 와트 타일러로 널리 알려진 사람의 지도하에 켄트와 에식스의 마을과 도시의 주민들이 무장대를 형성하고 런던을 향해 나아갔다. 다트퍼드(Dartford)에 집결하여 로체스터를 지나 메이드스턴(Maidstone)에 진출하면서 점점 더 불어난 군중은 성을 점령하고 관헌 당국에 항거했다. 장원과 종교 건물들이 공격 대상이 되었으며, 농노의 부담이 기록된 장원 문서가 파손되고, 미움받은 영주들과 수도원장들이 살해당했다. 캔터베리에서는 군중이 성당으로 진입하여 떠돌이 신부 존 볼(Ball)을 감옥에서 석방시켰다. 반란자들은 이틀 만에 그리니치(Greenwich)의 블랙히스(Black-heath)에 도달했으며, 에식스에서 온 사람들은 시티(City)의 동쪽 성문인 올드게이트(Aldgate) 밖의 마일 엔드(Mile End)까지 다다랐다. 존 볼 신부가 "아담이 밭 갈고 에바가 길쌈하던 때에 그 누가 귀족(gentilman)이었는가?"라는 유명한 설교를 한 것이 아마 이 무렵의 일이었다. 윈저에서 런던탑에 온 14살의 어린 왕 리처드는 6월 13일 목요일에 상서경인 캔터베리 대주교 사이먼 서드베리(Simon Sudbury), 재무관과 여러 자문관들을 대동한 채 반도들과 면담하기 위해 배를 타고 그리니치로 향했다. 그러나 그들은 폭도들을 보자 겁에 질려 상륙할 엄두를 내지 못했다. 왕의 배가 되돌아가자 타일러는 무리를 이끌고 서쪽으로 나아갔다. 서더크에서 그들은 마셜시(Marshalsea) 감옥의 문을 열었으며, 램버스(Lambeth)에서는 캔터베리 대주교의 저택을 약탈한 뒤 런던 브리지에 다다랐다. 다리에서 그들은 아무런 저항을 받지 않았으며, 오히려 런던의 반란자들이 그들에게 합류했다. 런던브리지를 건너 플리트(Fleet) 거리로 내려간 그들은 템플(Temple) 법학원(Inns of Court)에 난입하여 법률 문서들을 불태우고, 외국 상인들의 상점을 공격했다. 이어 그들은 존 어브 곤트의 사보이 궁을 향해 내달았다. 공작은 몸을 피했지만 그의 가정의와 수위장은 피살되고, 궁전은 약탈·방화되었다. 불길에 덮인 화약 상자의 폭발로 큰 홀이 무너지고

와트 타일러의 피살

지하 창고에서 공작의 포도주를 들이켜고 있던 침입자 32명이 무너진 천장에 깔려 죽었다.

　이튿날도 약탈은 그치지 않았다. 잭 스트로(Jack Straw)가 이끄는 일단의 반란자들은 하이베리(Highbury)에 있는 재무관의 장원에 불을 질렀으며, 다른 무리는 회계청 진입을 시도했다. 이에 왕은 시장 윌리엄 월워스(Walworth), 그리고 몇몇 귀족 및 기사들과 함께 마일 엔드에 모인 반란자들을 만나러 나갔다. 왕의 일행이 군중 앞에 나타나자 그들은 무릎을 꿇고, "잘 오셨습니다. 리처드 국왕이시여, 저희는 당신 이외의 그 누구도 우리의 왕으로 원하지 않습니다"라고 아뢰었다. 그러면서 그들은 농노제의 폐지, 부역노동의 금납화(에이커당 4펜스의 지대), 자유로운 시장 접근, 대사면 등을 요구하는 청원서를 제출했고, 이에 왕은 그들이 바라는 바를 얻을 것이며, 모두 자유를 얻을 것이며, 그들이 전국을 돌아다니며 반역자들을 색출해 내면 이들을 재판에 회부할 것이라고 약속했다. 이때부터 에식스 주민들은 흩어지기 시작했다. 그러나 그사이에 한편에서는 최악의 사태가 터졌다. 켄트의 반란 군중이 런던탑을 공격하기 시작한 것이다. 도개교(성에 들어가는 들어올리는 다리)를 끌어내리고 성문을 밀어제친 군중은 큰 홀과 의상실을 지나 왕대비의 처소로 쳐들어갔다. 왕대비는 간신히 피신했으나, 반란자들은 세인트 존 예배당에서 기도하고 있는 재무경(Lord Treasurer)과 캔터베리 대주교를 찾아냈다. 반도들은 그들을 끌어내 목을 자르고는 그들의 머리를 창끝에 꽂아 들고 시내를 돌아다녔다.

토요일인 15일에 왕은 런던 시장과 더불어 스미스필드(Smithfield)에서 다시 반도들을 만났다. 그들은 잉글랜드 내에서 국왕 이외의 그 어떤 영주도 존재할 수 없다는 것, 한 사람 이외의 주교는 없애고 교회 재산을 교구 주민들에게 분배할 것, 농노제를 완전히 폐지할 것, 그래서 모든 사람들이 자유롭고 평등할 것을 요구했다. 왕은 반도들의 요구를 대부분 받아들였다. 그러나 타일러의 불손한 태도에 격분한 시장이 칼등으로 그를 내려쳐 말에서 떨어뜨리자 왕의 종자들이 그를 찔러 죽였다. 이를 본 반도들이 무기를 휘두르면서 왕의 종자들을 향해 나아갔다. 그러나 리처드는 그들을 향해 말을 달려나가면서 "여러분, 그대들의 왕을 죽이려는가? 내가 여러분의 대장이다. 나를 따르라"라고 소리쳤다. 국왕에 대한 존경심을 마음 깊이 간직하고 있던 농민들은 순순히 이에 따랐으며, 왕이 그들에게 보장한 약속을 지키리라 믿고 해산했다. 이렇게 위기를 넘겼지만 국왕과 귀족들은 농민들과 한 약속을 이행할 생각은 애당초 없었으며, 약속은 강박적 상황에서 강요된 것이었다는 이유를 들어 파기되었다.

런던의 반란자들은 이렇게 무너지고 말았지만, 반란은 이제 지방으로 번져나갔다. 런던 주변의 여러 마을에서 약탈과 방화가 자행되고, 햄프셔의 윈체스터와 요크셔의 베벌리(Beverley)와 스카버러(Scarborough)에서도 폭동이 일어났다. 하트퍼드셔에서는 세인트 올번즈 수도원의 작인들이 숲에서의 사냥, 냇가에서의 고기잡이, 자기 집에서의 제분, 자신들끼리의 토지 매매 등의 권리를 요구하면서 수도원을 포위하고 끝내 수도원장으로부터 해방의 문서를 얻어냈다. 최악의 반란은 이스트 앵글리어에서 일어났는데, 여기서는 파괴만이 아니라 살상과 보복이 잇따랐다. 서퍼크의 베리 슨트 에드먼드(Bury St. Edmund) 수도원에서는 작인들이 수도원에 쳐들어가 약탈과 살해를 자행했다. 노퍼크에서는 일단의 반란자들이 노리치를 약탈하고 야머스(Yarmouth)로 진군하여 장원 기록을 모조리 파괴했다. 그러나 질서 회복은 시간문제였다. 반란은 6월 말까지 잉글랜드의 거의 모든 지역에서 진압되었다. 탄압은 가혹했고, 수많은 반란자들이 처형되었다.

반란으로 농민들이 당장에 얻은 것은 아무것도 없었다. 마일 엔드에서 국왕이 약속한 특허장을 요구하기 위해 국왕을 찾아온 에식스의 한 농민 대표에게 리처드는 이렇게 대답했다. "너희는 농노이며, 앞으로도 여전히 농노일 것이다." 폭동에서 살아남은 자들은 다시 그들의 마을로, 그리고 이전과 다름없는 삶으로 되돌아갔다. 농민들에게는 정치적 힘이 없었고, 젠트리층이나 귀족층은 물론, 상인층에서도 동맹자를 갖지 못하여 그들의 반란은 결국 실패하고 말았다. 그리하여 당시의 사회경제 체제는 이전과 마찬가지로 작동을 계속했다. 그러나 농산물 가격과 지대의 하락, 임금의 상승, 부역노동의 감소, 무경작 토지 등에 직면한 영주들은 농노들의 부담을 엄격하게 강요할 수 없었으며, 그 결과 농노제는 서서히 쇠퇴해 갔고, 1485년에 이르면 사실상 소멸되었다.

리처드 2세의 말년

1382년부터 1386년 사이에 성년이 되면서 리처드는 지적이며 민감한 사람이 되었다. 그는 미술, 음악, 문학의 애호가였고 옷차림에 대한 세련되고 섬세한 취미를 가지고 있었다. 이렇듯 그는 교양인이었지만 왕으로서는 무자격자였다. 그는 요령 없고 충동적이며 게으른 데다가 정치적 현실감각마저 부족했고, 사람과 상황을 판단할 능력이 없었다. 그는 귀족들을 싫어해 이들을 멀리하고 좋아하는 사람들을 주변에 두고 그들에게 정치를 맡겼다. 이래서 리처드의 주변에는 그의 취미와 생각을 같이하는 궁정인들과 관리들이 진을 치게 되었다. 그중 가장 대표적인 사람은 상인의 아들로서 상서경이 되고 서퍼크 백이 된 마이클 들라 포울(de la Pole)과 시종장으로 임명된 무능한 궁정인 옥스퍼드 백 로버트 드 비어(de Vere)였다. 그러나 대영주들은 자신들이야말로 당연한 왕의 조언자들이라고 생각하여 리처드의 총신들을 싫어하고, 호주머니에 손수건을 꽂는 것과 같은 왕의 새로운 행동을 여성적인 짓이라고 폄하했다. 내성적이며 우울증에 빠진 리처드는 자신에 대한 사소한 침해 행위에 대해서 골똘히 생각하고 언젠가 복수할 때를 기다리고 있었다. 특히 그는 삼촌들의 통제에 반감을 품고 있었으며, 자기 행위에 대한 대영주들이나 의회의 간섭을 싫어했다.

1386년의 의회에서 상원과 하원이 상서경과 시종장의 해임을 요구하자 리처드는 이를 단호히 거절했다. 그러나 그가 필요로 하는 자금의 조달을 의회가 거부하자 리처드는 한발 물러설 수밖에 없었다. 의회는 들라 포울을 부패와 대프랑스전에 대한 소홀함을 이유로 탄핵하여 감옥에 가두었다. 11월에 그들은 또한 일 년 동안 권력을 행사할 개혁위원회를 구성했다. 거기에는 리처드가 가장 미워한 삼촌인 글로스터 공 우드스톡의 토머스와 왕의 가장 강력한 적인 애런들이 포함되어 있었다. 위원회는 왕이 귀족들의 충언을 듣지 않고 법에 어긋나게 통치할 경우 그를 퇴위시킬 수 있다고 경고했다. 그러나 1387년 리처드는 서퍼크 백 들라 포울을 다시 불러들이고 미들랜즈에서 군대를 일으켜, 판사들로 하여금 개혁위원회는 불법이며 의회는 왕의 동의 없이 왕의 하인을 탄핵할 권한이 없다고 선언케 했다. 이에 글로스터 공, 워리크 백, 애런들 백의 지휘하에 영주들이 곧 군대를 일으켜 왕을 위협하고 왕의 주요 고문들을 고발하여 이들을 심판할 의회의 소집을 요구했다. 1388년 '무자비한(Merciless) 의회' 또는 '경이로운(Wonderful) 의회'로 불린 이 의회에서 5인의 고발 귀족들(Lords Appellant)[10]이 제기한 고발에 따라 왕의 총신, 드 비어와 들라 포울이 추방되고, 그 밖에 리처드의 도당 대부분이 투옥되고 몇몇은 처형되었다.

이래서 글로스터 공과 그의 동료들이 잠시 동안 권력을 잡았으나 그들 또한 무능하여 점차 힘을 잃어갔으며, 1389년에 23세가 된 리처드는 그의 보호자들을 해임하고 친정을 시작했다. 그 후 9년 동안 그는 타협하고 자제하면서 무난하게 친정을 유지해 나갔다. 그는 처음 7년 동안 세금을 경감하고 의회를 자주 열었으며,

---

10) 글로스터, 애런들, 워리크, 노팅엄, 다비. 이들은 왕의 자문관들을 대역죄로 고발(appeal)했기 때문에 고발자(Appellant)라고 불렸다.

'무자비한 의회'가 추방한 사람들을 불러들이지 않고, 고발 귀족들을 자문회의에 머물러있게 하고, 아일랜드에서 잉글랜드의 힘을 되찾고, 인기 있는 반교황 정책을 추진했다. 그러나 이런 평온은 겉치레일 뿐이었다. 왕은 존 어브 곤트나 그의 아들 헨리 볼링브루크(Bolingbroke)에 대해서 표면상 원만한 관계를 유지한 듯이 보였지만, 내면으로는 깊은 반감을 품고 있었다. 그는 왕에게 충성하는 왕실 관리들의 핵심 세력을 만들어내고 온건한 영주들 사이에 하나의 당파를 구축했다. 그는 서서히 왕의 절대권이 정치 문제를 해결할 최상의 길이라고 생각하게 되었으며, 법은 왕의 마음 안에 있으며, 왕만이 법을 만들 수 있다고 선언했다. 1391년 그는 왕의 대권은 이전의 법에 의해서 제약받지 않는다는 선언을 상하 양원으로부터 끌어냈다.

이제 리처드는 서서히 고발 귀족들에 대한 복수를 시작했다. 1394년 리처드는 애런들이 왕비 보히미어(뵈멘)의 앤[Anne of Bohemia(Böhmen)]의 장례식에 늦게 도착한 것을 트집 잡아 그를 폭행하고 감옥에 가두었다. 1397년 리처드는 글로스터, 워리크, 애런들을 체포하고 흰 사슴 문장을 단 그의 군대가 지켜보는 가운데 의회를 열게 했다. 의회는 애런들을 처형하고, 글로스터에게 유죄판결을 내리고(그는 그 이튿날 칼레의 감옥에서 죽었는데, 아마도 살해되었을 것이다), 워리크를 대역죄인으로 선고했다(후에 왕에 의해서 종신 투옥으로 감형되었다). 리처드는 이듬해에 슈루즈베리(Shrews-bury)에서 열린 의회로 하여금 왕은 불가침이며 왕의 대권에 반항하는 행위는 반역이라고 선언하게 했다. 이리하여 이 의회는 '무자비한 의회'의 입법을 무효화하고, 양모에 대한 평생 동안의 보조세를 표결했으며, 그들의 권한을 18인 위원회에 위임함으로써 그들 자신의 권한을 스스로 무력하게 만들었다. 이렇게 해서 리처드는 그가 꿈꾼 절대 권력을 쥐게 되었다.

그러나 반대자들에 대한 이 같은 가혹한 탄압은 리처드에 대한 반대의 기운을 불러일으켰다. 특히 헨리 볼링브루크의 추방과 존 어브 곤트의 사망 뒤 그의 영지를 몰수한 것은 그에게 우호적이거나 중립적인 귀족들에게까지 경각심을 일으키게 했다. 이런 가운데 프랑스로 도망가 있던 헤리퍼드 공 헨리가 리처드에게 몰수당한 자기 아버지의 영지에 대한 권리를 주장하여 레이븐스퍼(Ravenspur)에 상륙했다.

이에 아일랜드 정복에 나가 있던 왕이 서둘러 귀국했으나 민심은 이미 리처드를 떠나 헨리에게 쏠려 있었고, 헨리는 요크 공인 퍼시(Percy)가와 일반 대중의 지지를 받았다. 리처드는 굴복할 수밖에 없었으며, 마침내 체포되고 말았다. 의회는 리처드를 투옥했으며, 전제와 실정을 이유로 그의 퇴위를 강요하고, 이제 랭커스터 공이 된 헨리를 왕으로 추대했다. 이렇게 해서 의회가 처음으로 왕을 퇴위시키고 다른 사람을 왕위에 앉혔다. 그러나 헨리의 즉위는 합법적인 것이 아니어서 그 후 리처드를 복위시키려는 시도가 있었지만 실패로 끝나고, 곧이어 리처드마저 감옥 안에서 비참하게 자취를 감추었다.

14세기는, 13세기를 특징지은 팽창에 종지부를 찍고, 그 시대를 지배한 확신과 가치의 붕괴를 보여준 시기였다. 세기 초엽의 무질서와 혼란 끝에 왕이 퇴위를 강요당하고 마침내 살해당하는가 하면 세기의 첫 10년대부터 이미 인구가 감소하고 지대가 하락하기 시작했다. 거기에 프랑스와의 긴 전쟁이 뒤따랐으며, 전쟁이 한창인 가운데 흑사병이 퍼져 인구가 큰 폭으로 감소했다. 다른 요인들 또한 구질서를 무너뜨리는 데 작용했다. 13세기 말경에 사용되기 시작한 장궁이 봉건제의 기반을 무너뜨리는 데 기여했으며, 경제적 침체와 부진한 직영지 경영이 장원제의 붕괴를 가져왔으며, 곤경을 타개하고자 영주들이 펼친 농노제 강화의 노력은 농민들의 반란을 불러일으켰다. 영어가 중세 초기의 세계시민주의를 무너뜨린 민족적 의식을 고양시켰으며, 마지막으로 젠틀먼·상인·법률가 들로 구성된 부유하고 교육받은 새로운 속인 중산층이 물질세계에 대한 관심을 증대시키고 반성직주의 풍조를 불러일으켰다. 그러나 한편으로 이와 같은 14세기의 위기와 혼란으로부터 자본주의, 민족주의, 개인주의, 세속주의 등과 같은 새로운 가치와 새로운 제도들이 자라나기 시작했다.

6

랭커스터가와 요크가

1. 세 헨리의 시대

헨리 4세와 반란

1399년 왕위에 오른 헨리 4세(1399~1413)는 키가 크고 인상적인 용모를 지닌 유능하고 정력적인 인물이었다. 그는 유능한 왕이자 불굴의 군인이며 인내심과 결단력이 있는 정치가였다. 본시 충동적이며 고집스러운 성격이었으나 젊은 시절과 망명 시절에 겪은 고난의 경험이 그를 조심스럽고 자제력 있는 사람으로 만들었다. 무술 시합에 능한 그는 군사적 영광을 바랐으나, 정신적 긴장이 그의 육신을 지치게 해 평생 건강이 좋지 않았다. 한때 그의 얼굴이 어찌나 창백하게 보였던지 나병에 걸렸다는 소문이 나돌 정도였다.

그는 정당한 계승권에 의한 왕이 아니라 일종의 쿠데타와 선출에 의한 왕이었다. 진정한 상속권자는 그의 아버지 존 어브 곤트의 형인 클래런스(Clarence) 공 라이어널(Lionell)의 외증손이자 마치 백인 에드먼드 모티머(Edmund Mortimer)였다. 게다가 리처드 2세를 싫어한 사람들까지도 그를 퇴위시킨 방식에 대해서는 거부감을 드러내는 경향이 있었다. 왜냐하면 리처드는 정당한 왕위계승권자이며 하느님과 교회의 축복을 받고 왕위에 오른 왕이었기 때문이다. 그래서 헨리는 의회의 선출을 통해 왕위에 올랐음에도 불구하고 막상 그 왕위계승의 정당성을 인정하는 사람은 별로 없어, 찬탈자라는 오명에서 벗어날 수가 없었다. 그리고 이것이 그에 대한 반란의 구실을 끊임없이 제공했으며, 이 때문에 헨리는 반대자들을 조심스럽고 타협적으로 대했음에도 불구하고 많은 음모와 반란에 직면할 수밖에 없었다. 그리하여 그의 치세는 많은 난관으로 얼룩졌고 그의 지위는 늘 불안했다.

헨리는 치세의 처음 9년 동안에 다섯 차례의 반란에 직면했다. 최초의 사건은 리처드 2세가 아직 살아 있던 1399년 말에 일어났다. 리처드의 이부형인 헌팅턴 (Huntingdon) 백 존 홀란드(Holland), 조카인 켄트 백 토머스 홀란드, 그리고 러틀런드(Rutland) 백과 솔즈베리 백 등 리처드를 지지한 몇몇이 헨리와 그의 아들을 암살하려는 음모를 꾸몄다. 그들은 1400년 초 윈저 성을 점령했으나 런던의 지지를 등에 업은 헨리는 군대를 보내 음모자들을 체포했다. 반란자들은 재판에 회부되어 처형되었으며, 뒤이어 리처드도 폰트프랙트(Pontefract) 성에서 의문에 쌓인 죽음을 맞이했다.

헨리에 대한 반항은 리처드 2세에 대한 동정심이 유독 컸던 웨일즈에서 먼저 일어났다. 랭커스터 왕조 초기의 웨일즈는 유난히 불온한 지역이었다. 웨일즈의 3분의 2는 약 40개 정도의 변경 영주령으로 조직되어 있었다. 이 지역은 사실상 자치를 누리고 있었으며, 주로 해안 지대인 이른바 웨일즈 공령만이 잉글랜드 왕과 왕세자의 직접 지배 아래 있었다. 잉글랜드인 정주자들은 웨일즈로부터 막대한 이익을 끌어내고 있었으며, 웨일즈의 소작인들은 잉글랜드인 지주들의 착취에 분노하고 있었다. 웨일즈는 겉으로 평화를 누리고 있는 듯이 보였지만 실제로는 심한 고통을 당하고 있었던 것이다.

반란은 1400년 웨일즈의 귀족 가문 출신인 오와인 글린두어(Owain Glyn Dwr)의 지휘하에 시작되었다. 글린두어는 원래 웨일즈의 부족적 지도자는 아니었다. 에드워드 1세 시대 이후 웨일즈의 토지소유 제도는 점차 잉글랜드의 제도와 비슷해졌으며, 이에 따라 웨일즈에서는 잉글랜드 왕으로부터 토지를 부여받고 그 대신 잉글랜드 왕의 정책을 위해 그들의 영향력을 행사하는 새로운 귀족층이 생겨났다. 글린두어도 그 같은 귀족의 한 사람으로서 런던의 법학원에서 공부했으며, 리처드 2세의 궁정에서 꽤 중요한 지위에 오르기도 했다. 그러한 그가 웨일즈 반란의 주도자로 등장한 것은 1400년에 변경 영주이자 헨리 4세의 자문관이기도 했던 리신

(Ruthin)의 그레이(Grey) 경과의 분쟁이 사적인 전쟁으로 확대하면서부터였다. 전쟁이 일어나자 옥스퍼드 대학생을 포함한 많은 웨일즈인 학자와 노동자들이 잉글랜드에서 웨일즈로 몰려들어 싸움은 민족적 반항으로 발전했으며, 글린두어는 웨일즈 공을 자칭하고, 웨일즈 전역에 대한 지배권을 주장하기에 이르렀다.

헨리 4세

가을에 헨리 4세는 몸소 북웨일즈에 나아가 앵글시까지 진출했으나 웨일즈인들의 민족적 반항은 더욱 거세어졌다. 글린두어는 많은 병력을 끌어 모을 수 있었으며, 그의 게릴라 부대들은 여러 성채와 잉글랜드화한 도시들을 공략하여 놀라운 성공을 거두었다. 그들은 산악 지형을 이용해 적을 괴롭히고 탈진시킨 다음 바위와 동굴 사이로 사라지곤 했다. 잉글랜드인들은 방어력을 집중하지 못했으며, 변경 영주들은 서로 협동하지 못했고 왕세자와도 협조하지 못했다. 반란은 오래 지속되었고, 결정적인 전투 없이 잉글랜드 왕의 원정은 아무런 성과를 거두지 못했다.

1401년 잉글랜드는 웨일즈의 반란에 대처하기 위한 일련의 법령들을 발포했다. 이 법령들은 웨일즈인들이 잉글랜드나 웨일즈 내에 세워진 잉글랜드인들의 도시에서 토지를 구입하거나, 웨일즈 내의 주요 관직을 보유하거나, 도시 또는 공로 상에서 무기를 지니고 다니거나, 잉글랜드인 여자와 결혼하는 것을 금지했으며, 또한 잉글랜드인들이 웨일즈의 법에 따라 혹은 웨일즈인의 소추에 의해서 유죄로 선고받을 수 없다고 규정했다. 두 종족을 구별하고 웨일즈인들을 열악한 지위에 머물게 하려는 이런 법령들은 웨일즈인들의 반감과 불신을 더욱더 격화시켜 그들의 민족운동이 웨일즈 전역에 확대되었다. 잉글랜드 내의 불만분자들까지 글린두어의 깃발 아래 모이게 된 1402년에는 사태가 더욱더 위험스러운 지경에 이르렀다. 이 해에 글린두어는 에드먼드 모티머의 삼촌 써 에드먼드 모티머를 포로로 붙잡았다. 모티머는 헨리가 그의 몸값을 내고 구해줄 것으로 기대했다. 그러나 헨리가 이를 거절하자 모티머는 글린두어와 손을 잡고 반란에 가담했다. 사태를 더욱 악화시킨 것은 거기에 스코틀랜드인들의 침입까지 겹치게 된 것이었다.

스코틀랜드에서는 1370년에 데이비드 2세의 조카 월터 스튜어트(Walter Stuart)가 왕이 되어 로버트 2세라 칭했다.[1] 그는 잉글랜드 왕에 대한 충성 서약을 거부하고 그의 재위 기간 거의 전부를 잉글랜드의 에드워드 3세와 리처드 2세에 대한 싸움으로 보냈다. 1390년에 그의 뒤를 이은 로버트 3세 역시 신서를 거부하자 헨리는 1400년 군대를 이끌고 북진했으나 스코틀랜드인들이 정규적인 전투를 피하고 게릴라전을 펼쳐 별다른 성과를 거두지 못한 채 철수했다. 그 뒤 1402년에 올버니(Albany) 공이 이끄는 스코틀랜드군이 잉글랜드에 침입했으나, 호밀던 힐(Homildon Hill)에서 퍼시 부자[아버지는 노섬벌런드 백 헨리 퍼시이고, 아들 헨리는 '성급한(Hotspur)'이라는 별명으로 불렸다[2]]에 의해 섬멸당했으며, 더글러스(Douglas) 백을 포함한 많은 스코틀랜드 귀족들이 포로로 붙잡혔다. 원래 퍼시 가문은 1399년의 반란 때 가장 열렬한 헨리의 지지자였으며, 헨리는 그들의 봉사에 대한 보상을 해야 할 처지였다. 그럼에도 불구하고 헨리가 그에게 주어야 할 돈을 지불하지 않고, 또 호밀던 힐 전투에서 붙잡은 포로들의 몸값을 퍼시가가 차지하는 것을 불허하자 퍼시 부자까지도 왕에게 등을 돌리게 되었다. 이리하여 1403년 퍼시가는 글린두어, 모티머가, 그리고 더글러스 백과 동맹하여 헨리를 타도하고 그들끼리 잉글랜드를 나누어 갖기로 하는 계획에 합류했다. 이처럼 북부의 유력한 가문인 퍼시가까지 반란에 가담하자 위기는 한층 더 심각해졌다.

헨리는 이 위기에 재빠르게 대처했다. 그는 웨일즈군과 합류하기 위해 슈루즈베리로 진출한 '성급한' 헨리를 그 도시 근처에서 격파함으로써 그의 치세 최대의 위기를 이겨냈다. '성급한' 헨리는 죽고 아버지 노섬벌런드 백은 항복하여 벌금을 물고 사면되었으나, 글린두어는 퍼시가의 패배 후에도 살아남아 항거를 계속했다.

---

1) 이로부터 스코틀랜드의 스튜어트 왕조가 시작되었다.

2) 퍼시가는 잉글랜드 북부의 유력한 집안으로 웨일즈와의 경계 지역을 포함하여 큰 영지를 가지고 있었다. 그들은 헨리를 왕위에 오르게 하는 데 주역을 맡았으며, 글린두어에 맞서 싸웠다. '성급한' 헨리는 1399년에 리처드 2세의 후계자로 지목된 마치 백 에드먼드 모티머의 고모 엘리자베스 모티머와 결혼했으며, 그녀의 동생은 글린두어의 딸과 결혼했다.

그는 노섬벌런드와 프랑스의 원조를 받아 웨일즈의 큰 성들 몇 개를 점거하고 웨일즈 의회를 소집함으로써 한때 웨일즈의 독립에 성공하는 듯이 보였다.

1405년 웨일즈인들의 반항이 막바지에 이르렀을 때 잉글랜드 북부가 다시 반란에 휩싸였다. 노섬벌런드 백, 요크 대주교 리처드 스크루프(Scrope), 토머스 모우브리(Mowbray) 등이 헨리에게 포로로 잡혀 있던 에드먼드 모티머를 왕위에 올리기 위해 반란을 일으켰으나, 웨스트모얼런드(Westmorland) 백 랠프 네빌(Ralph Neville)의 신속한 공격으로 진압되었다. 포로로 잡힌 스크루프는 결국 처형되었으며, 노섬벌런드 백은 스코틀랜드로 도주했다. 그 뒤 1408년에 노섬벌런드 백이 다시 기병했으나 스코틀랜드인들의 호응을 불러일으키지 못한 채 브래엄 무어(Bramham Moor)에서 요크셔의 셰리프에게 패배하여 피살되었다.

웨일즈의 반란이 계속되고 있는 동안 프랑스인들이 잉글랜드 남부 해안 지역을 침범하고 글린두어를 돕기 위해 웨일즈에 출병했다. 그들은 1403년에 플리머스를 불지르고, 이듬해에는 와이트 섬에 상륙하는가 하면, 1405년에는 펨브루크셔(Pembrokeshire)의 해버퍼드웨스트(Haverfordwest)에 상륙하여 글린두어와 손을 잡고 카마든(Carmarthen) 성을 점거했다. 그들은 또한 칼레를 공격하고 영국인 해적들의 활동을 조장하여 플랑드르 및 한자 도시들과의 해협무역을 교란했다.

그러나 글린두어 역시 인력과 보급과 자금 면에서 어려움을 겪고 있었다. 그는 웨일즈의 골짜기에서 떨쳐 나오기가 어려웠으며, 1405년 우스터(Worcester)로 진격하는 데 실패한 뒤 세력이 약해졌다. 게다가 1406년에 스코틀랜드의 제임스 1세가 잉글랜드인에게 사로잡히자 스코틀랜드와의 동맹 관계가 무너지고, 1407년에는 프랑스가 잉글랜드와 휴전을 맺으면서 프랑스의 도움마저도 얻을 수 없게 되었다. 그러는 사이 왕세자 헨리의 압박이 거세지고 애버리스트위스 성과 할레크 성이 함락됨으로써 웨일즈에서의 잉글랜드의 지배권이 확고해졌다. 그럼에도 글린두어는 끝내 항복하지 않았다. 그가 웨일즈 중부 산악 지대 안의 어디서, 언제, 어떻게 죽었는지 아무도 모르는 가운데 그에 관한 전설이 자라났으며, 이래서 그는 지금도 웨일즈 민족주의의 위대한 영웅으로 남아 있다.

왕위 찬탈자라는 약점에서 벗어나지 못하고 있던 헨리는 그의 치세의 3분의 2를 잉글랜드 북부와 웨일즈의 반란, 스코틀랜드와 프랑스의 침범과 맞서 싸워야 했다. 그의 연 수입은 9만 파운드 정도로 리처드 2세의 연 수입 11만 6,000파운드보다 적었음에도 불구하고, 칼레를 유지하는 비용과 반란을 진압하는 비용 등 막대한 비용을 감당해야만 했다. 이 같은 재정적 필요 때문에 그는 과세에 대한 동의권을 쥐고 있던 하원의 처분에 의존할 수밖에 없었으며, 따라서 그의 재위 기간은 중세를 통하여 의회가 가장 막강한 시대를 맞게 되었다.

1404년 하원은 부가적 세금을 관리할 재무관을 지명한다는 조건부로 헨리에게 부가적인 과세를 인정했으며, 또한 의회 안에 왕에 대한 조언을 할 자문회의를 둘 것을 요구했다. 헨리는 마음 내키지 않으면서도 이에 동의할 수밖에 없었다. 1406년 헨리는 하원의 회계감사 요구도 받아들였는데, 이는 2년 전에 의회가 새로운 토지세를 승인한 데 대한 대응 조치로 요구한 것이었다. 1407년에 하원은 하원만이 재정에 관한 법안을 제출할 수 있는 권한을 확보했다. 그렇다고 해서 잉글랜드 왕이 갑자기 의회에 예속하게 된 것은 아니다. 헨리는 왕권에 대한 이 같은 제약을 없애려고 노력했으며, 기회가 오자 실제로 그것을 떨쳐버렸다.

의회 말고도 교회가 또한 랭커스터 왕조를 위해 크게 기여했다. 대주교 애런들은 헨리 4세의 왕위계승을 즉시 인정했으며, 그의 주재로 거행된 대관식은 헨리의 권위를 높여주었다. 이에 대해서 랭커스터 왕들은 한결같이 교회에 순종적이었으며, 이단에 대처하는 데 주교들을 지원했다. 주교들은 1401년 완고한 이단들을 화형에 처하도록 규정한 이단자 화형에 관한 법을 선포함으로써 롤라드에 대한 처형이 가능하게 되었다.3)

1408년에 헨리 4세는 이미 최대의 위협에서 벗어나 있었다. 그 뒤 5년 동안 헨리의 통치는 비교적 안정되었으며, 그의 권위는 잉글랜드와 웨일즈, 그리고 스코틀랜드의 일부 지역에 미쳤다. 그는 타협을 통해 왕권의 근간을 유지한 채 의회와 교회의 지지를 얻어냈다. 그는 또한 덴마크와 노르웨이의 왕과의 외교적 유대를 강화함으로써 한자 도시들에 맞서 잉글랜드 상인들의 지위를 높이는 데 힘썼다.

---

3) 190~191쪽 참조.

이리하여 1413년 눈을 감을 때까지 그는 랭커스터 왕조를 탄탄한 토대 위에 세워 놓는 데 상당한 성공을 거두었다.

이렇듯 헨리의 치세 말년은 반란의 위협이 줄어들고 잉글랜드가 평화를 누린 시기였으나 왕 자신은 이제까지의 분투노력으로 지치고 쇠약해져 있었다. 이 무렵 그는 자신의 적들보다는 후계자인 헨리 왕세자에 관한 근심이 더 컸다. 핼은 방탕하고 놀기 좋아했으며, 왕위를 계승할 만한 자질이 없는 것으로 판단되고 있었다. 그러나 그는 야심에 가득 차 아버지의 자리를 빼앗으려는 생각을 품고 있었으며, 그 같은 욕망으로 점점 더 초조해진 그는 이복동생들인 보우퍼트(Beaufort)가와 동맹하여 귀족들의 지배하에 들어가 있던 자문회의를 장악하려고 했다. 그는 옥스퍼드의 롤라드를 심문하려는 부왕의 정책에 반대했으며, 대프랑스 정책에서도 아버지의 평화정책에 반대하여 전쟁을 재개하기 바랐다. 이윽고 왕세자가 왕의 퇴위를 공작한다는 소문까지 나돌자 1412년 왕은 애런들 대주교의 도움을 받아 왕세자와 토머스 보우퍼트를 자문회의에서 몰아냈다.

심신이 지친 왕은 1413년 3월에 왕정에 관한 여러 심각한 문제들을 미해결로 남겨놓은 채 눈을 감았다. 그의 육체는 전쟁과 여행으로 쇠진했으며, 그의 마음은 리처드의 살해와 대주교의 처형 등 그가 저지른 끔찍한 일들로 해서 끊임없이 괴롭힘을 당했던 것 같다. 더욱이 그의 숨이 넘어가기도 전에 아들 핼이 왕관에 손을 대는 것을 보았을 때 그는 응보적 심판의 고통을 당해야만 했다. 연대기 작가들에 의하면 헨리는 문둥병(아마 매독. 당시에는 이 두 병이 혼동되었다)으로 죽었다.

헨리 4세가 성취한 것은 그가 온갖 난관을 이겨내고 끝내 왕으로 살아남았다는 점이고, 그래서 왕관을 유능한 아들에게 넘겨줌으로써 랭커스터 가문을 하나의 왕조로 세웠다는 점이었다. 그는 대담하고 거창한 싸움을 수행할 기회를 갖지 못했지만, 국내외의 끈질긴 도전을 무력화할 만한 군사적 능력을 지니고 있었다. 프랑스가 그의 여러 가지 약점을 제대로 이용하지 못한 것은 그의 행운이었다. 프랑스의 샤를 6세는 정신 질환을 앓고 있었으며 그의 왕국 역시 잉글랜드 못지않게 심한 분열 상태에 있었다. 1407년에 잉글랜드의 주요 적대자인 오를레앙(Orléans) 공이 살해되었으며, 그 이후 프랑스의 전쟁 노력은 눈에 띄게 쇠퇴했다.

헨리 5세와 대프랑스 전쟁의 재개

1413년 왕위에 오른 헨리 5세(1413~1422)는 25세의 청년으로 한때의 거친 행동을 끝내고 심기를 바로잡아 그의 새로운 책무를 충실하고 재간 있게 수행함으로써 탁월한 지도력을 과시했다. 그는 정력적이며 용기 있는 군인 왕으로서 신이 그에게 프랑스를 정복할 특별한 의무와 재능을 부여했다고 자부했으며, 한 걸음 더 나아가 예루살렘에 대한 십자군 원정에 나서겠다고 공언했다. 그는 글린두어에 대한 전쟁 속에서 성장했으며, 왕위에 올랐을 때 이미 10년 이상 군 지휘 경력을 가지고 있었다. 그는 증조할아버지인 에드워드 3세와 마찬가지로 어떤 공동의 적에 대해 국력을 결집함으로써 잉글랜드를 통합할 수 있으며, 그때 비로소 잉글랜드 왕으로서의 영광과 명성을 얻을 수 있으리라고 기대했다. 영주들과 심지어 주교들까지도 프랑스와의 전쟁을 다시 시작하는 것을 반대하지 않았으며, 젊은 왕에 대한 전폭적인 지지를 선언했다. 그리하여 그는 프랑스의 정복이라는 하나의 목적을 달성하기 위해 그의 치세 전부를 바쳤다.

헨리는 프랑스를 공격하는 데 유리한 때를 택할 수 있었다. 1360년대에 되살아나기 시작한 프랑스의 군사력은 다시 약화되어 프랑스는 아주 취약한 상태에 있었다. 샤를 6세는 정신이상인 데다가 왕실은 두 당파로 갈려 심하게 대립하고 있었다. 한 당파의 우두머리는 부르고뉴의 장 무겁공(Jean sans peur)이었고 다른 당파는 왕의 아우 오를레앙 공을 따르는 무리였는데, 1407년 오를레앙 공이 부르고뉴파에게 살해되어 양 파의 대립이 더욱 심해졌다. 오를레앙파에 호의적이었던 아버지와 달리 헨리 5세는 부르고뉴파에 기울어졌다.

살아남은 리처드 편 사람들과의 화해와 부르고뉴파와의 동맹을 확보하고 거기에 귀족과 주교들의 지지를 받은 헨리는 전쟁 준비를 은폐하기 위해 아르마냑파(Armagnac: 1407년 이후의 오를레앙파)와 공개적인 협상을 벌였다. 1414년 8월에 파리에 파견된 잉글랜드의 사절은 헨리와 샤를 6세의 딸 카트린(Catherine)의 결혼과 노르망디, 투렌, 멘, 앙주, 브르타뉴, 플랑드르, 그리고 아퀴텐 전체에 대한 완전한 주권을 요구했다. 프랑스는 이런 터무니없는 요구를 거부한 대신 가스코뉴의 양도, 공주와의 결혼, 그리고 거액의 보상금 지불 등을 제시했으나 프랑스 침공으로 마음이 굳어져 있던 헨리는 1415년 6월에 다시 유사한 요구를 내걸고 만일 프랑스가 이를 거부하면 무력으로 이들 영토를 회복하고 프랑스 왕관을 차지할 것이라고 호언했다. 프랑스가 이 요구를 다시 거부하자, 헨리는 사우샘턴에 병력을 집결시켰다. 헨리의 야심은 영국민들의 기대와 맞아떨어졌으며, 열정에 들뜬 대영주와 기사들의 지휘 아래 대규모 군대가 편성되었다.

헨리 5세

1415년 8월 헨리는 2,000명의 중기병과 6,000명의 궁병, 그리고 약간의 공성(攻城) 포병대를 이끌고 사우샘턴을 출항했다. 이들은 5주 동안의 치열한 포위전 끝에 아르플뢰르(Harfleur) 항을 점령함으로써 노르망디에 하나의 거점을 마련했다. 오랜 포위 공격으로 병사들의 기력이 약화되었음에도 불구하고 헨리는 칼레를 향해 북진하기 시작했다. 영국군보다 다섯 배나 많고 우월한 기병을 거느린 프랑스군은 칼레 남쪽의 아쟁쿠르(Agincourt)에서 영국군의 길을 막았다. 10월 26일 그들은 중무장한 기사들의 전통적 방식으로 적을 향해 돌진했다. 영국군은 세심하게 궁병들을 배진하고 그 앞에 뾰족하게 깎은 장대를 꽂아 돌진하는 말들을 놀라게 함으로써 프랑스 기병들을 물리쳤다. 이에 중무장한 프랑스 보병들이 영국 보병들과 맞서기 위해 진흙탕 속으로 밀고 들어왔다. 영국군 보병들이 이들을 격퇴하자 궁병들이 흐트러진 프랑스군 대열 속으로 뚫고 들어가 이들을 섬멸했다. 이날 프랑스군 5,000명이 전사했는데, 그중에는 공작 3명, 백작 5명, 남작 90명이 포함되어 있었으며, 이 밖에 1,000명이 포로로 잡혔다. 영국군의 전사자는 300명이 채 못 되었다. 이 같은 승리는 궁병의 기능과 우수한 규율 및 조직의 덕택이었으며, 잘 훈련된 정예 보병대가 규율 없는 중무장 기병대보다 우월하다는 것을 다시 한 번 뚜렷이 보여주었다. 크레시와 프와티에를 능가하는 아쟁쿠르의 승리는 유럽에서의 잉글랜드의 위신을 되살려냈으며, 헨리 5세는 영국민들에게 영광스러운 영웅으로 인정되었다.

1417년 헨리는 다시 프랑스에 침입하여 캉, 바이외(Bayeux), 팔레즈(Falaise), 셰르부르(Sherbourg) 등 노르망디의 도시들을 차례로 공략하고 마침내 노르망디의 수도 루앙을 점령했다. 헨리는 여세를 몰아 일-드-프랑스(Ile-de-France)까지 위협했다. 이 같은 헨리의 성공으로 경각심을 갖게 된 프랑스의 두 당파가 한때 서로 타협하는 길을 모색했으나, 1419년에 프랑스 왕세자의 추종자가 부르고뉴 공을 살해하자 새 부르고뉴의 필리프 선량공(Philippe le Bon)은 복수를 맹세하고 헨리와 동맹하여 1420년 정신병이 재발한 왕을 종용하여 트르와(Troyes) 조약을 맺게 했다. 이 조약으로 헨리는 샤를 6세의 사후 프랑스 왕위를 이어받기로 했으며, 샤를의 딸 카트린과 결혼하여 그때까지는 섭정으로 있기로 했다. 결혼 후, 카트린은 장차 헨리 6세가 될 아들을 낳았다. 이렇게 하여 왕세자 샤를(장차의 샤를 7세)은 왕위계승권을 박탈당했지만, 남부 프랑스는 여전히 그에게 충성을 서약하고 조약을 받아들이기를 거부했다. 1421년 헨리의 동생인 클래런스(Clarence) 공 토머스가 보제(Beaugé)에서 프랑스군에게 패배하여 살해되자, 헨리는 다시 프랑스에 침입하여 드뢰(Dreux)를 점령했으며, 르와르 강 이북의 프랑스 땅 전체가 그의 지배하에 들어갔다. 그러나 그는 1422년 모(Meaux) 시에 대한 포위 공격 도중에 이질에 걸려 35세의 나이로 사망했다.

헨리 6세와 백년전쟁과 반란

헨리 6세(1422~1461)의 긴 치세는 잉글랜드 왕의 권력과 위엄이 최저로 떨어진 시기였다. 즉위 당시 그의 나이는 9개월에 불과했기 때문에 잉글랜드는 오랫동안 미성년의 왕을 두었으며, 그래서 유력한 대귀족들이 국왕의 간섭 없이 왕국을 지배할 수 있는 좋은 기회를 맞았다. 특히 헨리의 치세 전반 20년 동안이 그랬지만 그가 1437년 성년이 된 뒤에도 지도력의 공백은 계속되었다.

헨리 6세는 지성을 갖추고 신앙심이 두터운 선량한 인물이었다. 그는 이튼 컬리지(Eton College)와 케임브리지의 킹즈 컬리지(King's College)를 세웠으며, 프랑스와의 평화를 이루려 애썼고 친구와 종복들에게 너그러운 보상을 베풀고 싶어 했다. 그러나 그는 낭비벽이 있었고, 지나치게 관대했으며, 사람과 정책을 제대로 판단할 수 있는 식견이 부족해 전쟁이나 정치에는 완전히 무능력자였다. 오랫동안 미성년 왕이었던 그는 타인에게 의존하는 성향을 버리지 못해 자문관, 삼촌들, 그리고 마누라에게 좌우된 데다가 말년에는 정신이상에 빠지기까지 했다.

프랑스와의 싸움이 계속된 치세 초기의 여러 해 동안 정부는 의회가 지명한 자문회의의 지지와 지도하에 왕의 삼촌들에게 좌우되고 있었다. 왕의 큰 삼촌인 베드퍼드 공 존은 잉글랜드의 보호자(Protector)[4]와 프랑스의 섭정(Regent)을 겸했으나 주로 프랑스의 통치에 전념했다. 그는 지략과 재간이 뛰어난 군인이자 유능한 행정가였다. 한편 막내 삼촌인 글로스터 공 험프리(Humphrey)는 문예의 보호자로서, 그리고 애국심의 소유자로서 런던의 시민 대중에게 인기가 있었으나, 정치가로서는 성급하고 불안정해 다른 자문관들과 곧잘 충돌했다. 그는 잉글랜드의 보호자가 되기를 바랐으나 대영주들의 반대로 베드퍼드의 부재중에 한해서 잉글랜드의 보호자 역할을 맡는 것으로 만족할 수밖에 없었다. 사실상 자문회의를 장악하고 있던 대영주들이 정부의 이권을 둘러싸고 대립하면서 두 당파로 갈리었다. 한 당파는 글로스터가, 다른 당파는 그의 삼촌이자 윈체스터 주교인 헨리 보우퍼트 추기경이 우두머리였다. 보우퍼트는 험프리 못지않게 욕심이 많았으나 훨씬 더 꾀바르고 분별력 있는 정략가였다. 이 두 당파 간의 싸움이 어찌나 격렬했던지 1426년에 베드퍼드는 보우퍼트의 목숨을 노리는 글로스터를 말리기 위해 황급히 프랑스에서 돌아와야만 할 정도였다.

1422년 프랑스 왕 샤를 6세가 죽자 트르와 조약에 따라 헨리 6세가 샤를을 계승하여 프랑스 왕이 되었으며, 베드퍼드 공이 섭정으로서 루앙에서 북부 프랑스 일대를 지배했다. 1423년 베드퍼드는 부르고뉴의 필리프 선량공의 누이 안(Anne)과 결혼하여 부르고뉴와 제휴를 공고히 하고, 크라방(Cravant)과 베르뇌유(Verneuil)에서 잇따라 프랑스군을 물리쳤다. 바로 이때가 프랑스에서 잉글랜드의 세력이 절정에 다다른 시기였다. 그러나 베드퍼드의 노력은 헛되었다. 그의 행정은 점령한 영토의 어느 곳에서나 소극적인 저항을 받았고 끊임없이 공공연한 도피와 은밀한 배반에 직면했다. 그는 점령한 영토를 통제할 뿐만 아니라 왕세자 샤를을 지지하는 프랑스 남부 지역을 정복해야만 했다. 이 과업은 잉글랜드 왕이 가지고 있는 자원으로 성취하기엔 너무나 큰일이었다. 재정 부족이 날로 심각해지는 상황에서 의회는 전

---

4) 보호자(Protector)는 사실상 섭정(regent)과 마찬가지였다.

쟁이라는 밑 빠진 독에 한없이 돈을 쏟아 붓는 일을 점차 주저하게 되었다. 잉글랜드의 모험에 종지부를 찍은 것은 이 무모한 투자를 의회가 거부함으로써 프랑스 내에서의 군사 비용은 프랑스 안에서 거두어들인 수입으로 충당해야만 했다는 점이었다. 베드퍼드는 현명한 정치를 통해 프랑스인들의 지원을 얻으려 힘썼으나 이런 노력은 아무 실효도 거두지 못한 채 모든 곳에서 저항을 받았다.

1428년 10월 영국군은 르와르 강 이남으로 정복을 확대하기 위해 프랑스 남부 지방으로 나아가는 요충지인 오를레앙에 대한 공격을 개시했다. 그러나 도시는 쉽게 함락되지 않았고, 게다가 이때 일련의 기적이 일어났다. 무식하고 환상에 사로잡힌 농촌 처녀 잔다르크(Jeanne d'Arc)가 왕세자 샤를과 그의 추종자들에게 프랑스의 승리에 대한 새로운 믿음과 의지의 불을 붙였다. 오를레앙을 구원할 새로운 군대가 형성되고 무장한 처녀 잔은 이들과 함께 싸웠다. 그녀가 오를레앙을 구원하는 데는 군사적 천재성이나 신으로부터 받은 영감이 필요하지 않았다. 필요한 것은 프랑스의 황폐가 야기한 체념을 극복하고 샤를과 그의 대신들과 장군들로 하여금 그들의 대의에 대한 확신을 회복케 하는 일이었는데, 이 일을 그녀는 기적적인 속도로 성취했던 것이다. 오를레앙이 구출된 뒤 영국군은 자르고(Jargeau)와 파테(Patay)에서 다시 그녀와 마주쳤다. 앞에서는 서퍼크 백이, 뒤에서는 존 탤버트(Talbot)가 포로로 잡혔다. 1429년 그녀는 샤를을 유서 깊은 대관식 장소인 랭스(Reims)에서 프랑스 왕 샤를 7세로 축성함으로써 샤를에게 그의 왕국을 회복할 수 있다는 확신을 갖게 했다. 이듬해에 베드퍼드 공은 파리에서 헨리의 대관식을 치름으로써 샤를 7세의 대관식에 맞대응하려 했으나, 파리 시민들을 분노시켰을 뿐 아무런 효과도 볼 수 없었다.

잔의 비극적 최후에는 부르고뉴파가 한몫을 했다. 1430년 콩피에뉴(Compiégne)에서 잔다르크는 부르고뉴군에게 붙잡혔는데, 샤를은 이를 방관했다. 그들은 한동안 그녀를 포로로 잡고 있다가 영국인들에게 팔아넘겼다. 영국인들은 1431년 성직자들을 불러들여 그녀를 이단과 마녀로 단죄하고 분형에 처했다. 그러나 이때부터 전세는 뒤바뀌어 프랑스군은 영국군을 줄곧 북쪽으로 밀어붙였다. 국부의 쇠퇴에 따라 세금 징수액이 감소하여 잉글랜드의 재정은 바닥이 나고 파산의 위기에 처해 있었으며, 하원은 만성적인 세금 부담, 특히 패전하는 전쟁을 위한 세금 부담에 진저리가 나있었다. 사태를 더욱 심각하게 만든 것은 부르고뉴의 필리프 선량공이 이반할 궁리를 하기 시작한 일이었다. 그는 영국인들에게 양보할 것을 요청했고, 그래서 1435년에 아라스(Arras)에서 잉글랜드와 부르고뉴와 프랑스 사이에 회담이 열렸다. 이 회의에서 헨리는, 프랑스 왕위에 대한 요구를 포기하는 조건으로 노르망디와 기엔을 봉토로 양도하겠다는 프랑스 측의 타협안을 거부했다. 잉글랜드의 이런 완고한 자세가 부르고뉴 공으로 하여금 잉글랜드를 저버리고 프랑스 왕과 합류하게 만들었다.

부르고뉴가 적으로 돌아선 상황 아래서 프랑스에서 잉글랜드의 지위가 무너지는 것은 시간문제였다. 샤를 7세의 지위가 회복되고 프랑스군의 세력이 커짐에 따라 프랑스 내의 영토를 방어하기 위한 잉글랜드의 전쟁 비용은 엄청나게 증가했으며, 평화를 바라는 주장이 나타나게 되었다. 그러나 1435년 베드퍼드 공의 사망으로 견제 세력이 사라지자 글로스터 공은 끝까지 싸움을 계속해 나가기를 주장했다. 이런 주장은 전쟁으로 명성이나 부를 얻어온 사람들에게 인기가 있었지만, 현실주의자 보우퍼트 추기경은 자문회의 내의 평화파의 주장에 기울었다. 보우퍼트는 그의 조카인 존과 에드먼드 보우퍼트, 왕의 총신인 서퍼크 백(후에 공) 윌리엄 들라포울(de la Pole) 등이 포함된 일파의 지지를 얻었으며, 전쟁 추진의 어려움을 알고 있던 왕실 관리의 대부분도 그의 편을 들었다. 1444년 서퍼크는 프랑스 왕비의 질녀인 앙주의 마거리트와 헨리 6세의 결혼에 동의함으로써 2년간의 휴전을 얻어냈다. 이듬해에 잉글랜드에 온 16세의 아름다운 소녀 마거리트는 헨리 6세를 설득하여 평화에 대한 보증으로서 멘을 도로 프랑스에 넘겨주도록 했다. 그러나 이것은 영국인들의 지지를, 특히 프랑스에 땅을 가지고 있던 대영주들과 젠트리의 지지를 받지 못했다.

궁극적 승리를 열망한 프랑스인들에 대하여 영국인들은 오만과 배신으로 상대했다. 휴전 기간에 노르망디에서 브르타뉴를 습격한 사건이 일어났을 때 잉글랜드는 이에 대한 보상을 거절했다. 이에 격분한 샤를 7세는 1449년 7월 전쟁을 선포하여 노르망디를 공격했다. 40만 파운드의 부채를 짊어진 왕의 연 수입이 겨우 3

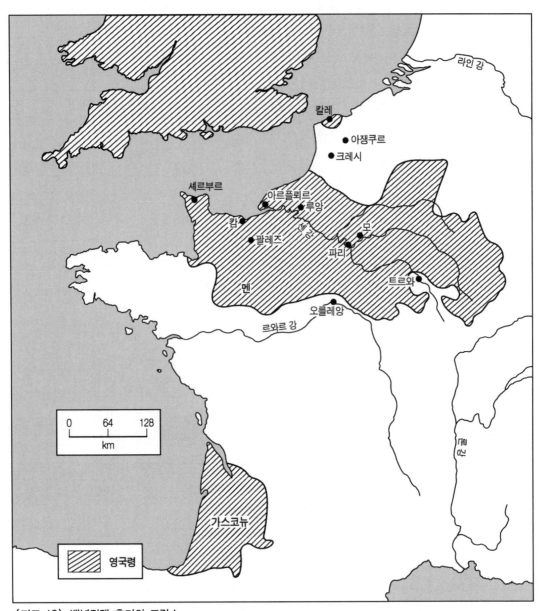

〈지도 13〉 백년전쟁 후기의 프랑스

라인 강

칼레

● 아쟁쿠르

● 크레시

셰르부르

아르플뢰르
● 루앙

캉

● 모

팔레즈

파리

멘

트르와

오를레앙

르와르 강

0   64   128
km

가스코뉴

영국령

만 파운드인 상황에서 잉글랜드는 노르망디의 성채들을 온전히 방비하기가 어려웠고 원정군으로 모집된 영국군 병사들 또한 소수에 불과했다. 이와 반대로 프랑스군은 샤를 7세의 개혁 덕택으로 병력이 많아지고 잘 훈련되어 있었다. 그의 노력으로 개선된 프랑스의 포병대는 이제까지 영국의 강점이었던 궁병과 중기병(men-at-arms)의 결합 진용을 무용지물로 만들었다. 대포의 지원을 받은 프랑스군의 공격은 놀라운 성공을 거두었으며, 영국군은 루앙과 포르미니(Formigny)에서 패배했다. 1450년 8월 말 노르망디가 프랑스군의 수중에 떨어짐으로써 영국군은 여기에서 완전히 물러나고 말았다. 엎친 데 덮친 격으로 잉글랜드 안에서는 잭 케이드(Jack Cade)의 주도하에 정부의 무능과 재정적 압박에 항거하는 봉기가 일어났다.

잭 케이드의 반란의 주된 요인은 정부의 실정에 대한 불만이었다. 사회 각계각층의 많은 사람들이 노르망디의 상실에 대해 분개하고 있었다. 의회가 무거운 과세를 승인했음에도 불구하고 공공 재정은 엉망이었다. 재판관들은 급여를 받지 못했으며, 그래서 뇌물을 받고 재판을 왜곡하고 있다고 사람들은 믿었다. 봉급을 받지 못한 병사들 또한 의지할 만한 것이 못 되었다. 그런데도 궁정과 궁정 주변에 있는 무리들은 호사스럽게 살고 있었다. 이 모든 자들이 불신과 증오의 대상이었다.

아일랜드 출신의 모험가였던 케이드는 모티머의 이름과 켄트의 수령(Captain of Kent)이라는 이름을 칭하면서 반란을 주도했다. 그러나 반란은 켄트, 서리, 서식스, 그리고 윌트셔에서만 일어났고, 그것도 두 달이 조금 넘는 단기간의 소란으로 그치고 말았다. 반도들의 사회적 출신은 1381년의 반란자들과 달리 주로 소토지소유자층과 중산층이었으며, 그 목적은 경제적인 것이기보다는 정치적인 것이었다. 그들 가운데 귀족은 없었고, 단 한 명의 기사가 있었을 뿐이지만, 젠트리, 도시의 시장들, 그리고 여러 헌드레드의 보안관(constable)들이 있었다. 주로 켄트의 무역 중심지에서 모여든 반도들 사이에는 모직물 노동자, 선원, 상인, 소수의 의회 의원, 70여 명의 젠틀먼, 그리고 약간의 농민들이 있었다. 켄트와 서식스 동부에서는 무기를 들 수 있는 모든 사람들이 봉기에 참가하도록 요청되었다.

케이드가 이끈 켄트의 반란자들은 6월 초 블랙히스에 방어진을 구축했다. 헨리

6세는 그들의 요구 사항을 듣기 위해 대리자를 보냈는데, 대답은 왕의 자문회의 안에 있는 반역자들을 제거하라는 것이었다. 그들은 행정의 개혁, 법정에서의 부패의 종식, 그리고 대신들의 교체를 요구했다. 반도들은 또한 노동자법을 폐기할 것과 가난한 농민의 토지에 대해 왕실 법정이 보호할 것을 요구했다. 그들이 지적한 악폐 가운데는 왕령 재산의 증여, 국왕 부채의 변제 불이행, 부정한 세금 징수 방법, 궁정 하급 관리들의 전횡과 부패, 주 선거에서 귀족들의 간섭 등이 있었다. 왕이 타협책을 외면하고 무력 대응을 준비하자, 세븐오우크스(Sevenoaks)로 후퇴한 반란자들은 진압하러 온 군부대를 격파하고 지휘관 두 명을 죽였다. 이 소식이 전해지자 군대가 반란을 일으켰다. 그들 가운데 많은 사람들이 마음속으로는 반란자들에 동조하고 있었던 것이다. 왕 주변의 몇몇 귀족들은 왕의 오랜 조언자들에 대해서 적의를 품고 있었다. 그중에서도 특히 노르망디의 상실에 대한 책임과 강탈 행위로 미움받고 있던 세이 앤드 실 경(Lord Saye and Sele)에 대한 원성이 자자하여 왕은 그를 투옥하겠다고 약속했다. 왕은 그를 투옥함으로써 고발자들을 달래는 한편 실제로는 그것으로 고발된 자를 보호하려고 했던 것이다.

6월 말에 블랙히스로 돌아온 반도들은 다시 이틀 후 서더크로 이동했는데, 이곳에서 런던 시의회(common council) 내의 일파가 그들과 협상했다. 세이 앤드 실이 시장과 재판관들 앞에 끌려 나오자 케이드의 추종자들이 그를 끌고 가 목을 잘랐다. 다음 날 케이드는 서더크로 물러났으며, 같은 날 저녁에 반도들은 런던브리지에 진을 쳤다. 아침까지 피비린내 나는 긴 전투가 계속된 끝에 양측은 몇 시간의 휴전에 합의했다. 국왕의 주요 자문관들과 두 대주교가 서더크에서 케이드를 만나 전반적 사면을 제의했고, 이 제의를 받아들인 반란자들은 자진 해산하여 집으로 돌아갔다. 무기를 버리지 않은 케이드는 약 일주일 동안 서더크에 머물러있다가 뱃길로 켄트로 돌아가 거기서 새로운 소요를 일으켰으나 이내 진압당하고 말았다. 7월 12일에 그는 서식스의 어느 정원에서 붙잡혀, 켄트의 셰리프 아이든(Iden)에게 피살되었다. 반도들의 처형과 더불어 평온이 회복되었으며, 윌트셔에서 일어난 봉기도 진정되었다. 잭 케이드의 반란은 기사 신분보다 더 높은 사람들이 가담하지 않았고, 잉글랜드의 다른 지역들이 움직이지 않았기 때문에 내전으로 확대하지는 않았다. 그러나 조만간 내전이 펼쳐질 무대는 이미 준비되고 있었으며, 누구보다도 나라 안의 가장 유력한 귀족들이 거기에 휘말려 들게 되어 있었다.

헨리 6세

한편 프랑스에서는 1453년 봄에 가스코뉴가 프랑스군에게 침입 당한 데 이어 7월에 프랑스군이 카스티용(Castillon)에서 승리를 거둔 뒤로는 프랑스 남서부의 잉글랜드 영토까지 모두 잃게 되어 이제 대륙에서 영국령으로 남은 것은 칼레뿐이었다. 잉글랜드로 돌아온 군인들은 패전과 영토 상실의 책임을 무능한 랭커스터 정부 탓으로 돌렸으며, 헨리 6세는 패전에 따른 여러 가지 곤경에 직면하게 되었다. 게다가 헨리는 그의 외조부인 샤를 6세에게서 물려받은 정신이상의 증상까지 나타내기 시작했다. 최초의 발작은 1453년에 일어났고 근 18개월을 끌었다. 회복은 일시적이었고 발작은 1471년 그가 죽을 때까지 되풀이되었다. 이 같은 국왕의 상태는 정치와 사회에 심각한 영향을 미쳤다. 왕의 발작 이후 유력자들 사이의 분열로 자문회의의 기능이 마비되었는데, 이런 자문회의의 헌정적 역할을 회복하는 것이 자신의 목적이라고 주장한 요크 공 주위에 강력한 반대 세력이 형성되었다.

나약한 헨리 6세의 치세 동안에 하원의 영향력이 꾸준히 세어져 그 특권이 절정에 달했다. 의회는 청원을 제정법 형식으로 제출하는 관행을 확립하고 모든 입법에 대한 동의권을 획득했으며, 비상시의 과세에 대한 표결권을 견지하고, 1450년에는 탄핵권을 되찾았다. 의회 선거는 이제 부담이라기보다 특권이 되었으며, 주에서는 젠트리 사이에 선거를 장악하려는 투쟁이 시작되었고, 흥기하는 자유농민 계층이 주의 선거에 적극적으로 참여하기 시작했다. 주에서의 선거권은 이제껏 분명하게 정해진 바가 없었다. 명목상으로는 주 법정에 제소할 수 있는 모든 사람들에게 선거권이 인정되었지만 실제로 제소권을 가진 사람이 누구인가는 주의 유력자들이 결정했다. 버러에서의 선거권 또한 통일된 규정이 없었다. 버러마다 투표권을 가진 시민들의 자격을 자체의 규약(charter)으로 결정하고 있었다. 이런 규약은 전국적인 정책보다는 각 버러의 이해관계를 더 많이 반영하고 있었는데, 그 조직이 점점 더 비민주적으로 되어감에 따라 규약들은 대부분 버러의 과두적 집단에게만 선거권을 인정하게 되었다. 이와 같은 상황에서 일련의 제정법이 새로운 선거제도를 규정했다. 셰리프들이 지정된 시간에 선거를 실시하고 그 정확한 결과를 보고하도록 했으며, 선거권과 피선거권은 주 내에 거주하는 자에게만 주어졌다. 그러다가 1430년에 중요한 법이 제정되었는데, 그것은 지나치게 많은 수의 하층민들이 참여하여 선거가 무질서하게 치러지는 것을 막기 위해 선거권을 연수 40실링 이상의 자유토지보유농(freeholder)으로 제한한 것이었다. 이 법은 하원을 부유한 토지소유자의 모임으로 유지하려는 것이었으며, 등본토지보유농(copyholder)이나 차지농과 같은 '보잘것없는 재산 소유자들'을 배제하려는 것이었다.[5] 한편 이제까지 제각기 자체의 관습에 따라 가장 유력한 도시민들을 선출해 온 도시들도 이제는 법률가, 젠틀먼, 왕실 관리, 일반 관리 들을 대표로 선출하게 되었는데, 1472년에 이르면 도시 대표의 거의 절반이 도시민이 아닌 사람들이었다.

이렇게 선거권이 제한되면서 의원 선거와 선출된 의원들의 행동에 대한 대영주들의 영향력이 점점 더 커지게 되고, 선거를 조작하는 것이 예사가 되어, 의회는 왕의 유력한 대신들의 모임인 자문회의의 수중에서 벗어나 이들 소수 지배 집단들의 의도를 실행하는 단순한 도구로 전락했다. 그러나 이렇듯 무력해졌음에도 불구하고 그것이 유지되고 조종되고 이용되었다는 사실은 그동안 의회가 획득한 영향력과 지위를 반영한 것이었다. 유럽의 다른 모든 나라에서는 그와 유사한 기관이 쇠퇴했는데, 이는 그것을 지탱해 줄 만한 힘 있는 중간계급이 없었기 때문이다. 잉글랜드에서는 그러한 중간계급, 즉 젠트리와 상인들이 국왕과 귀족들 양쪽에게 동맹 세력으로서 충분히 가치가 있다고 여겨질 만큼 힘을 지니고 있었던 것이다. 그리고 15세기 말에 이르면 이 힘이 더욱 강해졌으며, 그 결과 의회는 이들 중간계급이 손쉽게, 그리고 효과적으로 이용할 수 있는 무기가 된 것이다.

---

5) 이 법은 1832년의 선거법 개정 때까지 400년 동안 그대로 유지되었는데, 그동안에 화폐가치가 크게 하락함에 따라 투표권자 수가 크게 늘어난 것은 사실이다.

장미전쟁

장미전쟁(Wars of the Roses, 1455~1471)이라고 불리는 왕조 전쟁은 보통 1455년부터 1485년까지 지속되었으며, 그 31년 동안에 랭커스터가와 요크가 사이에 무력 충돌이 계속된 것 같은 인상을 주고 있다. 그러나 전쟁은 1471년에 사실상 끝이나 실제 교전 기간은 17년 동안이었으며, 그나마도 귀족들 간에 가끔씩 일어난 몇 번의 전투 사이사이에 긴 평화 시기가 있었다. 그것은 귀족들의 권력 다툼으로 직업군인들 간의 사적인 전투·협박·불의·폭력이 난무하고, 붙잡은 포로들을 몽땅 처형할 정도로 무자비한 싸움이었지만, 많은 인원이 동원되지는 않았고 또 하층이나 중간층 사람들은 별로 싸움에 참가하지 않았기 때문에 전쟁의 피해가 교전 당사자와 그 가문의 범위를 넘지 않았다. 도시나 시골의 건물들을 파괴하는 일도 드물었고 하물며 프랑스에서 치른 전쟁처럼 황폐를 초래하지도 않았기 때문에 일반 국민들의 고통은 생각만큼 그렇게 크지 않았다. 장미전쟁이라는 이름도 실은 잘못된 것이었다. 흰 장미가 요크가의 문장이었던 것은 사실이지만, 붉은 장미는 랭커스터가의 문장이 아니라 튜더가의 문장이었으며, 또 전투에서 장미가 휘장으로 착용되지도 않았기 때문이다. 써 월터 스코트(Walter Scott) 이전에 장미전쟁이란 명칭은 아무도 사용하지 않았다.

전쟁의 근원적인 원인은 왕위계승에 관한 분쟁보다는 국내에서의 무질서와 프랑스에서의 패배를 방지하지 못한 헨리 6세의 무력함, 그리고 그의 무력함을 자기에게 유리하도록 이용하고자 한 서머세트와 요크 등 대귀족들 간의 권력 다툼에 있었다. 당시의 잉글랜드는 전쟁에서의 방종, 약탈, 그리고 온갖 악행에 물들어서 돌아온 기사와 궁사들로 가득 차 있었으며, 일자리를 찾지 못해 굶주린 제대병들은 무슨 일을 저지를지 알 수 없는 위험한 존재였다. 한층 더 위험했던 것은 유력한 귀족들에게 사적으로 고용된 군인들의 무리였는데, 이들은 프랑스 전쟁이 끝났을 때 자기의 정치적·영토적 야심을 채우기 위해 귀족들이 거느리고 있던 사병(私兵)들이었다.

패전, 부패, 빈곤, 그리고 전국에 걸친 혼란 속에서 헨리 6세의 정부는 점점 더 약화되어 갔다. 정치의 현장에서 물러나 있던 왕은 귀족들 사이의 위험한 대립과 적대를 허용했다. 이런 적대 관계는 랭커스터가의 일원이었던 보우퍼트가와 또 다른 왕실 가문인 요크가 사이의 대립을 주축으로 하여 형성되었다. 요크가는 미약하고 부패한 궁정 안의 권력에서 소외된 데 대해 불만을 품고 있었다. 1435년에 베드퍼드 공이 사망한 뒤 요크 공 리처드가 프랑스 내의 최고 지휘관으로 임명되었으나, 그 뒤 보우퍼트가의 두 서머세트 공들에 의해서 대체되었다. 이 같은 굴욕을 당한 리처드는 자연히 그들에게 적의를 품게 되었고, 그들의 대외적 실패와 국내 정치에 대해서 비판적이었다. 이런 반목과 대립이 결국 전쟁으로 터져 나왔다. 전쟁은 프랑스에서 그들의 정력을 소비하지 못하게 된 귀족들이 잉글랜드 안에서 분란을 일으킴으로써 시작된 것이다.

귀족들 간의 대립과 적대는 왕위계승권에 관한 랭커스터 가문과 요크 가문 사이의 대립과 연관되어 있었다. 15세기 내내 랭커스터가의 왕위계승에는 불안이 따르고 있었다. 1399년의 쿠데타에 의해 권력을 잡은 랭커스터가의 왕위계승권에 비해 요크 공 리처드(1411~1460)의 왕위 요구가 더욱 타당성을 지닌 것이었기 때문이다. 리처드는 어머니 편으로 에드워드 3세의 차남인 클래런스 공 라이어널의 후손이었으며,[6] 그의 아버지인 케임브리지 백 리처드는 에드워드의 4남인 요크 공 에드먼드 랭리의 아들이었다. 이래서 헨리 6세의 치세가 실패의 양상을 보이자 불만세력들이 그를 중심으로 결집하게 된 것이다. 버젓한 왕위상속권자인 데다가, 리처드는 두뇌와 정력을 겸비한 한창 나이의 사람이었다. 잉글랜드 및 웨일즈의 변경과 아일랜드에 광대한 영지를 가진 그는 대프랑스 전쟁에서도 훌륭한 경력을 쌓았다. 그는 국왕 자문회의에서 높은 자리를 차지하겠다는 욕망이나, 보우퍼트 가문에 대한 반감, 특히 두 서머세트 공 형제인 존 보우퍼트와 에드먼드 보우퍼트에 대한 반감을 조금도 숨기지 않았다. 1447년에 그의 적들이 그를 10년 기한의 아일랜드 총독에 임명토록 공작했는데, 이는 사실상 추방과 다름없는 조처였으나, 그는 그 일을 훌륭하게 수행했다. 1450년 케이드의 반란이 있은 지 얼마 후에 그는 웨일즈로 건너가, 그의 변경 영지에서 모집한 4,000명의 병사를 이끌고 왕 앞에 나아갔

6) 205쪽 참조.

다. 왕은 그의 충성 맹세를 받아들이고 그를 새 자문회의 일원으로 임명할 것을 약속했으나, 이 약속은 지켜지지 않았고, 오히려 프랑스에서의 비참한 패전 후 돌아온 서머세트 공 에드먼드 보우퍼트가 왕의 총애를 독차지하여 여러 사람들에게서 미움을 사고 있었다. 한편 헨리의 총애를 받지 못한 사람들, 즉 요크 공 리처드를 비롯해 솔즈베리 백 리처드 네빌(Neville)과 그의 아들인 워리크 백 리처드 네빌 등은 불만과 울분을 삭이고 있었다. 1450년과 1454년 사이에 열린 두 의회에서 서머세트 공은 이들 요크파에 의해 심한 비난을 받았으며, 그 뒤에 임명된 새 자문회의는 서머세트를 투옥하고 패전에 대한 책임을 묻는 재판에 회부했다.

왕가 내에서 일어난 두 가지 일이 새로운 상황을 야기했다. 하나는 1453년 10월에 왕비 마거리트가 아들을 낳은 일이었다. 왕자 에드워드의 탄생으로 랭커스터 왕조의 지위는 강화된 반면 요크가의 왕위계승 가능성은 그만큼 줄어들었다. 요크 공도 새로 탄생한 왕자를 왕위계승자로 인정했으나, 마거리트는 그가 아들의 경쟁 상대가 될 수 있다는 두려움 때문에 요크 공을 용인할 수 없는 적으로 생각했다. 다른 하나는 왕이 정신이상 증세를 보여 아무것도 할 수 없게 된 일이었다. 카스티용 전투를 치르는 동안 헨리 6세는 정신적·육체적으로 병에 걸려 17개월 내내 시달리고 있었다. 왕비는 왕의 유고 중 나라 전체에 대한 통치권을 요구했다. 이에 대해 요크 공이 섭정권을 요구하고 귀족들이 그를 보호자로 지명했는데, 이것은 왕비의 격렬한 적개심을 불러일으켰다. 왕이 정신을 되찾자 마거리트 왕비, 서머세트 공과 그 일당은 그들의 적대자를 파멸시키기로 작심했다. 이에 1455년 5월에 요크 공과 그의 친구들은 런던으로 진군하여 세인트 올번즈의 전투에서 랭커스터 파를 격파했으며, 이 싸움에서 서머세트 공이 전사했다. 승리한 요크파는 왕을 공손히 대접했지만 마거리트는 화해의 손길을 뿌리쳤다. 1459년에 드디어 두 파는 다시 내전에 들어갔다. 요크파는 9월과 10월에 벌어진 블로어히스(Bloreheath)의 전투에서 승리했으나, 뒤이은 러드퍼드 브리지(Ludford Bridge)의 전투에서는 패배했다. 이에 따라 코븐트리(Coventry)에서 열린 의회에서 요크 공 리처드와 네빌 가문, 그리고 그들의 추종자들에 대한 실권(失權) 법안(Bill of Attainder)이 통과했으나, 이것은 국내에서 커다란 반발을 일으켰다. 마침내 1460년 7월에 왕 제조자(King-maker) 워리크 백이 요크파 군대와 더불어 칼레에서 잉글랜드로 침입하여 노샘턴에서 랭커스터파를 패배시키고 런던을 점령했다. 왕은 다시 체포되었고, 마거리트와 왕세자는 스코틀랜드로 도주했다. 10월에 요크 공이 드디어 공개적으로 왕위를 요구하기에 이르렀고, 상원은 그에 관한 타협안을 내놓았다. 즉, 헨리가 평생 왕위를 유지하되, 그 뒤에는 왕위를 요크 공과 그 후손에게 넘기기로 한 것이다. 그러나 이에 대해 왕비 마거리트가 크게 반발하여 다시 싸움이 벌어졌다. 12월 말 요크 공이 웨이크필드(Wakefield)에서 패전하여 포로로 잡히고, 풀로 엮은 왕관을 씌워 왕좌에 올려진 뒤 참수당했다. 이듬해인 1461년에 요크 공의 아들 마치 백 에드워드가 모티머즈 크로스(Mortimer's Cross)에서 펨브루크 휘하의 랭커스터파를 격파했지만, 다시 남진한 마거리트가 두 번째 세인트 올번즈 전투에서 요크파 최강의 지휘자인 워리크 백을 패배시켰다. 그러나 마거리트의 난폭하고 무질서한 군대가 자행한 약탈로 런던 시민들이 봉기하여 그녀의 런던 진입을 저지했다. 그러는 사이에 에드워드가 웨일즈의 경계 지역에서 동쪽으로 급진하여 워리크와 함께 런던으로 진입했다. 이래서 3월 초 에드워드는 웨스트민스터 홀에서 스스로 왕좌에 올랐으며, 그의 지지자들과 민중에 의해서 정당한 상속권에 의한 왕으로서 환호를 받았다. 하원은 그가 리처드 2세의 참다운 후계자로 왕위에 오른 것에 대해 감사하고 랭커스터 왕들을 찬탈자로 선언했다. 그러고 나서 에드워드와 워리크는 군대를 규합하여 북쪽으로 후퇴하는 랭커스터파를 추격했다. 3월 말에 그들은 요크셔의 타우턴 무어(Towton Moor)에서 벌어진 치열한 전투에서 랭커스터파를 격파했으며, 헨리와 마거리트, 그리고 그들의 아들 에드워드는 스코틀랜드로 도주했다. 이 전투는 사실상 62년간에 걸친 랭커스터가의 지배에 종지부를 찍었다.

헨리 6세의 치세는 약한 정부와 귀족들 간의 파벌 싸움만이 아니라 낡은 수세(收稅) 제도의 붕괴와 더불어 중세의 정부 구조 전체가 무너진 시기였다. 13~14세기에 발달한 세금은 의회의 승인을 받는 보조세와 관세, 그리고 성직자 회의에서 승인을 받는 성직보조세였다. 이런 세금은 헨리 5세의 치세에도 있었지만, 프랑스에서의 승리가 영국인들의 애국심을 불러일으킨 덕분에 그는 하원에서 거액의 세금을 승인받을 수 있었던 것이다. 그러나 헨리 6세의 치세에는 이런 과세에 대해 하원이 완강하게 저항했다. 무엇보다도 지는 전쟁을 위해 비용을 부담하는 것은 달갑지 않은 일이었다. 하원은 프랑스의 사태가 잘못 다루어지고 있는 데다가, 궁정인들이 군사 비용을 위한 자금을 가로채고 있다고 의심했다. 보우퍼트 추기경과 같은 정부에 대한 채권자들이 막대한 이익을 챙기고 있으며, 서퍼크 공과 왕비가 자기네 당파를 규합하기 위해 돈을 모으고 있는 것으로 알려졌다. 이 같은 정부에 대해서 하원은 과세를 승인해 주려고 하지 않았던 것이다.

15세기는 경기가 후퇴하고 국민소득이 줄어든 시기였다. 런던과 브리스틀을 제외하고 노리치, 노팅엄, 레스터 등 많은 도시들이 어려움을 겪고 있었다. 14세기 후반에 급속한 성장을 보인 직물공업이 15세기에 들어 정체하거나 심지어 쇠퇴했으며, 농업 거래마저 감소하고 있었다. 그 결과 많은 지역이 예전 수준의 과세를 감당할 수 없는 형편이었다. 특히 그동안 가장 안정되고 믿을 만한 수입원이었던 수출 양모에 대한 관세 수입이 줄어들었다. 14세기만 해도 하원의 보조세와 비등했던 교회의 보조세도 헨리 6세의 치세에는 이전보다 줄었다. 이런 세수의 감소로 재정이 쪼들린 왕은 번번이 차입금에 의존했으며 수지균형을 맞추기 위해 미심쩍은 편법들을 이용했다. 헨리의 정부는 부유한 신하들에게서 돈을 빌리는 대가로 그들에게 여러 가지 경제적 특혜를 부여했던 것이다.

헨리 6세의 시대는 또한 법과 질서가 문란해진 시기였다. 랭커스터가와 요크가 사이의 전투 이외에 전국에 걸쳐 강도, 강탈, 강압, 폭동, 그리고 불법적인 투옥 등 무질서와 폭력이 난무했으며, 또 이것들은 유력한 대가문들 사이의 잦은 소규모 전쟁을 유발했다. 많은 영주들이 자기 가문의 제복을 입은 군인들로 구성된 소규모의 사적 군대를 유지하고 있었다. 제복과 부양(livery and maintenance) 또는 의사(擬似)봉건제도(Bastard Feudalism)로 알려진 이런 관행은 토지급여에 기반을 두고 있던 종전의 봉건제도와 달리 임금을 주고 봉사를 사는 것이었으며, 이 같은 사병 집단은 흔히 평생 또는 일정 햇수 동안 영주에게 봉사할 것을 약속하는 계약서에 서명했다. 영주는 그들의 생계를 위해 그들에게 정부의 직책을 확보해 주는가 하면, 그들이 법정에 서게 될 때 그들을 비호해 주었다. 그들 가운데 하나가 재판을 받게 되면 그 영주는 40~50명의 무장대를 이끌고 법정에 나타나는 일이 드물지 않았다. 셰리프와 치안판사들이 위협당하고 배심원들이 매수되고, 심지어는 런던에서 파견된 순회판사까지도 거부당하기 일쑤였다. 영주나 그 패거리들을 법정에 고발할 만큼 대담한 사람은 그를 도와줄 변호사나 그를 위해 증언해 줄 증인을 찾을 수가 없었으며, 그런 일을 시도하는 것은 위험천만한 일이었다. 영주를 따르는 군인들은 흔히 무뢰한들로서 주민들에게 폭력을 가하고 난폭한 범죄를 저지르고, 소규모 전투로까지 번질 수 있는 싸움과 폭동을 일삼았다. 이런 제도는 에드워드 1세 시기에 이미 나타나고 있었으나, 15세기에 오면 그 폐단이 심해져 시골 지방에서 큰 골칫거리가 되어 있었다.

2. 요크가의 지배

에드워드 4세(1461~1483)의 개혁

에드워드의 치세 첫 10년 동안은 대체로 전쟁과 분쟁이 이어진 시기였다. 랭커스터파는 아직도 북부에서 강력했고, 마거리트 왕비는 친척인 프랑스의 루이 11세에게서 도움을 받고 있었다. 에드워드가 왕위에 오르게 된 데에는 그의 사촌인 워리크 백의 공이 컸으며, 에드워드의 왕좌는 워리크의 막대한 재력과 그의 가문인 네빌가의 막강한 세력에 힘입은 바가 컸다. 워리크는 그의 너그러움과 용기로 인기가 있었으며, 에드워드 치세의 처음 몇 년 동안 그는 잉글랜드에서 가장 강력한 사람이었다. 그의 지위는 스코틀랜드로 도주한 마거리트 왕비와 치른 싸움에서 승리함으로써 더욱 공고해졌다.[7]

그러나 에드워드는 이 힘세고 유능한 정치가인 워리크 백을 멀리함으로써 한때 왕위를 잃게 되었다. 두 사람 사이의 균열은 1464년에 에드워드가 랭커스터가와 연관이 있는 엘리자베스 우드빌(Woodville)과 비밀리에 결혼하면서 시작되었다. 프

---

7) 스코틀랜드로 도주한 마거리트는 프랑스와 스코틀랜드의 도움으로 잉글랜드 북부 지방에서 저항을 계속했으나 1464년 헥섬(Hexham)에서 패배하여 헨리를 남겨놓은 채 아들과 함께 프랑스로 도망쳤다. 헨리는 호수 지방과 랭커셔의 산지를 전전하다가 1465년 붙잡혀 런던탑에 갇혔다.

랑스 공주와의 결혼을 통한 프랑스와의 평화를 협의하고 있던 워리크 는 엘리자베스와 결혼했다는 왕의 발표를 듣고 놀람과 동시에 모욕을 느꼈다. 엘리자베스의 아버지 리버스(Rivers) 백 앤서니 우드빌(Anthony Woodville)은 최근에 귀족이 된 벼락출세자로 많은 친척들에 둘러싸여 있었는데, 에드워드는 이들 우드빌가 사람들에게 특혜를 쏟아 부음으로써 워리크와 네빌가에 대항할 만한 새로운 대영주 집단을 길러내고 있었다. 대외 정책 역시 격렬한 논쟁을 자아냈다. 프랑스와 부르고뉴는 서로 경쟁적으로 잉글랜드와의 동맹을 추구하고 있었는데, 워리크는 마거리트에 대한 지지를 접은 루이 11세와의 합의를 바랐던 반면, 에드워드는 네덜란드 내의 잉글랜드 모직물 시장을 보호하려는 의도에서 부르고뉴 쪽으로 돌아섰으며, 그의 누이 마거리트(Marguerite)와

에드워드 4세

부르고뉴의 샤를 대담공(Charles le Téméraire)과의 결혼을 통해 부르고뉴와 동맹을 맺고 프랑스에 대한 침공을 꾀했다.

1469년 워리크가 프랑스 왕 루이 11세의 지원 아래 일으킨 반란은 한때 성공했으나 일 년 후에 에드워드에 의해 진압되고 워리크는 프랑스로 피신했다. 이곳에서 프랑스에 도망해 와 있던 마거리트 왕비와 타협을 이루어낸 워리크는 1470년 9월 새로 손을 잡은 랭커스터가와 네빌가의 지원을 등에 업고 잉글랜드에 침입하여 런던으로 진군했다. 이를 저지하지 못한 에드워드가 네덜란드로 도주하자, 워리크는 헨리 6세를 런던탑에서 끌어내어 다시 왕위에 앉혔다. 그러나 이제 헨리는 천치가 되어버려 워리크가 실질적인 왕이나 다름없었다. 이윽고 에드워드의 반격이 시작되었다. 워리크가 프랑스와 긴밀한 관계를 유지하는 정책을 다시 취하자, 이에 맞서 부르고뉴 공은 잉글랜드 침공을 준비하는 에드워드 왕을 지원했다. 부르고뉴 공에게서 돈과 배를 제공받은 에드워드는 네덜란드에서 군대를 규합하여 1471년 3월에 험버 강의 레이븐스퍼에 상륙하여 런던으로 진군했다. 양군은 4월 14일 부활절에 바네트(Barnet)에서 대치했다. 짙은 안개 속에서 치러진 처절한 싸움에서 양쪽이 다 큰 손상을 입었으나, 결국 워리크가 전장에서 살해되고 헨리 6세도 붙잡혔다. 뒤늦게야 왕비 마거리트는 아들 에드워드와 더불어 도시트의 웨이머

스(Weymouth)에 상륙하여 서남부와 웨일즈에서 랭커스터파 지지자들을 끌어 모으기 시작했으나, 에드워드 왕은 그녀의 군대를 세차게 몰아붙여 세번 강변의 튜크스베리에서 격파했다. 랭커스터파의 남은 지도자들 거의 모두가 전장에서 죽거나 나중에 처형되었고, 마거리트 왕비 또한 붙잡혔으며, 랭커스터가의 어린 왕자 에드워드는 비참한 죽음을 맞았다. 이를 동정한 켄트 주민들이 봉기하여 또다시 블랙히스에 진을 쳤으나 이번에는 런던이 에드워드 왕에 대한 지지를 군건히 지켰고, 그 덕택에 왕은 5월 21일 런던으로 무난히 진입했다. 얼마 뒤 헨리 6세가 런던탑에서 죽었는데, 에드워드는 미친 헨리가 '순전히 불안감과 우울증으로' 숨졌다고 발표했으나, 그가 살해되었음은 거의 틀림없다. 에드워드는 그 후 12년 동안 비교적 안전하게 왕좌를 지켰다.

에드워드 4세는 키가 크고 잘생긴 사나이였으며, 기지와 활기에 찬 사람이었다. 누구에게나 상냥하게 대하는 다정한 태도로 그는 특히 런던 시민들에게 인기가 있었다. 그는 헨리 6세와 같이 나약하지 않았으며, 헨리 4세와 같이 불확실한 왕위계승권으로 괴로움을 당하지도 않았다. 그는 정력과 지능과 결단력을 두루 갖춘 왕이었다. 그는 국왕 법정의 권위를 회복할 필요성을 잘 인식하고 있었으며, 이를 위해 지방을 돌면서 몸소 재판을 주재하는 등 법과 질서를 회복하는 데 주력했다. 훌륭한 사업가이기도 한 그는 정부의 재정 자립을 이룩하는 데도 남다른 수완을 발휘했다. 한편 그는 전쟁을 좋아하는 젊은 군인으로서 싸움이 끝나면 술과 여자와 화려한 행사 등 쾌락을 즐긴 것이 사실이지만 이 같은 방탕의 이면에는 르네상스 전제군주의 무자비함과 강인한 정치가의 의지와 능력이 담겨있었다.

요크 왕조는 짧은 지배 기간에도 불구하고 많은 것을 성취했다. 무엇보다도 먼저 에드워드는 아주 소란스러운 지역이었던 웨일즈와 스코틀랜드 경계 지역에 대한 지배권을 강화했다. 에드워드는 웨일즈의 변경 영주들 가운데 가장 유력한 모티머가의 큰 유산을 물려받았는데, 1471년에 이 영지들, 그리고 웨일즈와 웨일즈 변경에 있는 다른 영지들을 관리하기 위해 임명된 자문회의는 이 지역에 대한 광범한 사법적·군사적 권한을 위임받았다. 장차 튜더 왕들이 그곳의 통치 기구로 설치한 웨일즈 변경령 자문회의(Council in the Marches)의 기반이 놓인 것이다. 한편 북방에 대한 통치는 그의 아우 리처드에게 그 지역의 토지를 부여하고 그를 왕의 대리자로 임명했다. 이에 따라 리처드는 그 거친 지역에서 왕권을 강화하는 데 힘썼으며, 그 후 그가 왕위에 올랐을 때 북부 국왕 자문회의(King's Council in the North)를 세웠는데, 이 또한 앞으로 튜더 왕들에게 북방의 평화를 유지해 나가는 기구로 이용되었다.

에드워드의 또 다른 주요한 성취는 국왕의 재정을 개선한 일이었다. 이를 위해 그가 취한 길은 우선, 왕의 금고를 고갈시켜 온 프랑스와의 전쟁을 포기한 일이었다. 평화의 추구는 재정 자립의 관건이었다. 그것은 막대한 전비 부담을 덜어줄 뿐만 아니라 관세 수입의 증대를 가져오는 교역의 확대를 뒷받침하는 것이었다. 에드워드 역시 처음에는 프랑스 왕위와 프랑스 내의 영국 영토에 대한 요구를 완전히 버리지 못했다. 그는 1474년 의회를 소집하여 프랑스 침공을 위한 거액의 보조세를 인준케 하고, 이듬해에 침공을 감행했다. 그러나 루이 11세가 평화의 조건으로 7만 5,000크라운을 에드워드에게 지불하고, 또 그의 여생 동안 매년 5만 크라운의 연금을 지불하기로 약속하자 그는 주저 없이 이 제의를 받아들였던 것이다. 1475년 프랑스와 조약이 체결되어 국내외에 평화가 자리 잡으면서 교역이 크게 번성하고, 이에 따라 런던 상인들의 세력이 점점 강력해졌다. 에드워드는 이들 상인들과 긴밀한 관계를 유지하는 데 힘썼으며, 그 결과 상인들은 심지어 왕이 요구하는 강제 대부와 일종의 강제 헌금인 덕세(德稅, benevolence)까지도 받아들였다. 이 밖에도 에드워드는 화폐 개주를 통해서 이익을 얻는가 하면 해외무역에 투자하여 수익을 올리기도 했다. 재정 개선을 위한 또 다른 길은 착실한 왕령지의 집적이었다. 에드워드가 왕이 되었을 때 몇몇 구왕령이 그의 소유가 되었는데, 여기에 그는 중세 후기의 최대 유산 셋을 부가했다. 하나는 요크가의 재산으로 이것은 그의 아버지로부터 물려받은 것이었다. 다른 하나는 랭커스터 공령으로 이것은 에드워드가 랭커스터파를 패배시킨 후에 획득한 것이었다. 셋째는 바로 워리크의 광대한 재산으로 그의 반란 뒤에 몰수한 것이었다. 이 밖에 왕의 동생인 클래런스 공 조지와 다른 반란 영주들로부터 몰수한 재산도 있었다.

건전한 재정은 왕의 독립성을 증대시켰다. 비록 그렇게 큰 피해를 입힌 것은 아니었지만 그래도 교역에 해를 끼치고 도시와 시골을 무질서와 혼란으로 빠뜨린 장미전쟁은 시골과 도시의 중산층으로 하여금 강력한 왕에게 눈을 돌리게 했다. 그들은 에드워드 4세가 그의 치세 22년 동안에 의회를 단지 다섯 번밖에 소집하지 않았는데도 이에 대해서 경각심을 나타내지 않았다. 그것은 당파의 도구로 떨어진 의회가 신뢰를 잃어버렸기 때문이다. 과중한 과세를 증오한 중산층은 왕국의 재정을 더욱 건전하고 확고한 기반 위에 세움으로써 '자신의 수입으로 살아간다'는 원칙을 실현시킨 유능하고 강력한 왕을 환영하고 지지했던 것이다.

에드워드가 왕권을 행사한 제도들은 자문회의, 내실, 비서관, 그리고 법정이었다. 자문회의에서 에드워드는 대영주들보다는 기사들, 법관과 변호사들을 더 많이 중용했다. 이래서 자문회의는 왕에게 의존하고 왕에게 조언하고 왕의 뜻을 실행하는 기구가 되었으며, 그동안에 잃어버린 몇 가지 사법권을 되찾았다. 14세기 이래 자문회의는 웨스트민스터 안의 천정이 별들로 장식된 방인 성실청(星室廳, Star Chamber)에서 하나의 법정으로서 열렸는데, 이제 그것은 벌금과 투옥으로 그 당시의 폭력을 억제하는 기구의 구실을 겸하게 되었다. 일상적 행정기구로 구실한 것은 왕실, 특히 내실이었다. 에드워드는 왕령을 관리하는 데 내실을 이용함으로써 중세 회계청의 복잡한 절차에서 벗어날 수 있었다. 그는 또한 비서관을 널리 이용했다. 비서관은 항상 자문회의의 일원이었으며, 모든 사항에 관한 서신을 다루었고, 어새(御璽, signet seal)로 영장을 발급했다. 그러나 정부의 권능이 성실청의 명령이나 어새로 발급한 영장 이상의 것이었음을 분명히 알고 있던 에드워드는 그 자신과 궁정의 위엄을 높임으로써 신민에 대한 군주의 권한을 높이려고 노력했다.

에드워드가 군주의 권한을 어느 정도까지 높이려고 했는지를 정확히 이야기하기는 쉽지 않다. 그러나 『잉글랜드의 통치(The Governance of England)』(1470?)의 저자인 써 존 포터스큐(Fortesque)는 국왕이 가난하고 신하들이 국왕만큼이나 부유한 곳에서는 왕국이 번영할 수 없으며, 따라서 왕은 그가 남에게 준 토지를 되찾고, 신하들이 대영지를 집적하는 것을 방지해야 하며, 또한 그의 자문회의가 대영주들에게 지배되지 않도록 해야 한다고 주장했다. 그렇다고 해서 잉글랜드의 왕이 절대적이어야 한다는 뜻은 아니었다. 제한군주국인 잉글랜드와 절대군주국인 프랑스를 구별한 그는, "잉글랜드 왕은 나라의 법을 자기 마음대로 변경·변형할 수 없다. 왜냐하면 그는 그의 인민을 국왕의 권한만이 아니라 입헌적 권한으로 통치하기 때문이다"라고 선언했다. 포터스큐의 목적은 왕을 대영주들의 지배로부터 구출하는 것이지 왕을 초법적으로 지배하는 절대군주로 만드는 것이 아니었다.

짧은 통치 기간이었음에도 불구하고 강력하고 평화스러운 왕국을 이루어내는 일에서 에드워드 4세의 성취는 놀랄 만한 것이었다. 그는 장차 16세기에 튜더 왕들이 완수할 왕권의 부활 작업에 시동을 걸었다. 그래서 근대 영국사의 시작은 관례적으로 인정되어 온 1485년보다는 오히려 1471년으로 잡는 것이 더 적절할 듯싶다. 왕의 권위를 다시 확립함으로써 15세기 이래 정부체제에 침투한 갖가지 병폐들을 치유하기 시작한 이른바 신왕국(new monarchy)의 기초는 1485년에 보즈워스(Bosworth)[8]에서 승리를 거둔 튜더가의 헨리 7세보다는 오히려 1471년에 바네트와 튜크스베리에서 승리를 거둔 요크가의 에드워드 4세가 닦았다고 생각되기 때문이다. 많은 과제를 후계자인 튜더 왕들에게 남겨놓기는 했지만, 에드워드는 그들이 세울 나라의 기반을 마련했다. 그의 치세를 통한 요크가의 군주정은 튜더 왕조의 성공을 예견케 하고 또 실현시키는 데 이바지했다. 헨리 7세의 성공은 그의 기초 작업과 선례에 힘입은 바가 컸던 것이다. 튜크스베리 전투 이후 에드워드 4세는 12년을 더 살았다. 1483년에 그는 방탕한 생활로 지쳐 40세의 나이에 급사했다. 그러나 이때 이미 잉글랜드 왕의 옥좌는 반석 위에 자리 잡은 것처럼 보였다.

에드워드 5세, 리처드 3세

에드워드 4세가 세상을 떠났을 때 왕위를 이어받은 아들 에드워드는 열두 살의 소년이었다. 에드워드 4세는 권위의 지반을 넓히기 위해 그 자신의 가문이나 아내의 우드빌 가문과 연관을 맺고 있던 대영주들에게 의지했는데, 그의 치세 동안은 그러한 장치가 꽤 매끄럽게 굴러갔지만, 그가 죽은 뒤에는 거기에 따르기 마련인 여러 가지 위험이 드러나기 시작했다. 즉, 지나치게 힘센 소수 지배자들 사이의 상

---

8) 236, 249쪽 참조.

호 불신, 특히 글로스터 공 리처드와 우드빌 가문 사이의 불신은 지배 집단을 약화시켰고, 그 집단 밖으로 밀려나 있던 북부의 퍼시 가문이나 웨일즈 및 서부 미들랜즈의 버킹엄 공과 같은 경쟁자들이 그 틈을 노리고 세력을 펼칠 기회를 맞았다.

에드워드 5세(1483, 2개월 재위)의 짧은 재위 기간에 실제 통치자는 섭정인 그의 어머니 엘리자베스 우드빌이었으며, 벼락출세한 그녀의 친척들이 여러 고위직을 차지하고 선왕의 친근한 동조자 몇몇과 더불어 권력을 나누어 가졌다. 어린 왕을 앞세우고 권력을 전단한 그들은 권력에 참여하지 못한 다른 귀족들의 질시와 증오의 대상이 되었으며 일반 국민들에게도 인기가 없었다. 그사이에 선왕의 동생인 글로스터 공 리처드는 북부에 머물러있었다. 리처드는 전승과 셰익스피어의 희곡이 그려낸 바와 같은 무지막지한 악당은 아니었다. 내성적이고 수줍고 조용한 사람이었던 리처드는 진지하고 심지어 퓨리턴적인 성격의 소유자였다. 오른쪽 어깨가 왼쪽 어깨보다 높이 올라간 기형의 꼽추 모습으로 그려진 셰익스피어의 리처드상은 튜더가의 등장을 정당화하기 위한 선전의 산물이었다. 그가 헨리 6세와 그 아들을 죽였을 뿐만 아니라, 1478년 자신의 형 클래런스의 죽음에도 책임이 있는 냉혈한이 아니었던 것은 분명하며, 또한 그가 저지른 짓으로 치부된 여러 냉혹한 범죄 역시 분명한 증거가 있는 것은 아니었다. 그는 늘 형 에드워드 4세에 대해서 충실했으며, 또한 훌륭한 군인이자 유능한 행정가였다. 에드워드 4세는 잉글랜드 북부의 통치에 대한 커다란 권한을 그에게 맡겼으며, 그 역시 형이 세운 정부를 온전히 유지하고 개선하려는 의도를 지니고 있었다. 그러나 형의 때 이른 죽음으로 스스로 권력을 잡느냐 아니면 그것을 놓치느냐 하는 선택의 기로에 직면한 그는 결국 그것을 잡기로 결단했다.

그를 왕과 왕국의 보호자로 지명하는 형의 유언을 알게 된 리처드는 북부에서 급거 남하했다. 그는 에드워드 3세의 다섯째 아들 토머스의 후손인 버킹엄 공 스태퍼드(Stafford)와 행동을 같이하여, 대관식을 거행하기 위해 런던으로 향하고 있던 왕과 우드빌가 사람들을 붙잡았다. 궁정 내의 우드빌 일족 몇몇은 해외로 도주했고 왕대비는 웨스트민스터의 성역으로 피신했다. 런던에 들어온 리처드는 쉽사리 자문회의를 설득하여 그를 보호자로 인정하게 했다. 이렇게 그가 인기 없는 우드빌가 일당을 치고 스스로 보호자가 되었을 때에도 별다른 의심을 사지 않았으며, 오히려 세간의 지지를 받았다. 그가 성공한 것은 많은 자문관들이 그를 지지했고, 영국인들이 어린 왕 밑에서 일어날 수 있는 혼란을 두려워했기 때문이었다. 그러나 다음 몇 달 동안 리처드는 지나치게 앞서나갔다. 세간에는 음모와 모략에 관한 소문이 자자했고, 리처드는 몇몇 자문관들, 특히 에드워드 4세의 신임이 두터웠던 윌리엄 헤이스팅즈(Hastings) 경에 대해서 의심을 품게 되었다. 그는 자문회의에서 왕대비와 헤이스팅즈가 마법으로 그의 목숨을 해치려 한다고 고발하고, 헤이스팅즈를 반역죄로 몰아 재판 없이 참수했다. 그러고는 그의 고해신부인 샤 박사(Dr. Sha)와 버킹엄 공으로 하여금 에드워드 4세의 결혼은 무효이고 그의 아이들은 서출이며, 따라서 리처드가 정당한 후계자라고 선언케 했다. 그들의 주장은 에드워드 4세가 엘리자베스 우드빌과 결혼하기 전에 이미 엘리너 탤버트(Lady Eleanor Talbot)와 약혼했기 때문에 엘리자베스는 에드워드의 법적인 아내가 아니며, 따라서 두 왕자는 서자로서 왕위계승권이 없다는 것이었다. 이에 의회는 에드워드의 결혼이 무효이며 리처드가 정당한 왕이라는 사실을 인정했다. 6월 26일 리처드는 웨스트민스터 홀에 나아가 스스로 옥좌에 앉음으로써 에드워드 5세의 왕위를 찬탈했으며, 뒤이어 7월 6일 리처드 3세(1483~1485)로서 대관했다. 그로부터 한 달 후 에드워드 5세와 그의 동생 요크의 리처드는 런던탑 안에서 질식사했는데, 이 암살의 배후가 누구인지 확실히 알 수는 없지만 다른 누구보다도 리처드였을 가능성이 컸다.

리처드가 두 어린 조카들을 서자라고 천명하게 함으로써 그 자신이 정당한 왕위계승자라고 선언했을 때만 해도 별다른 반대가 없었으나, 그가 그들을 런던탑 안에서 살해하게 하자 그에 대한 광범한 반감이 일어났다. 1483년 10월에 한때 리처드의 동맹자였던 버킹엄 공이 반란을 일으켰다. 반란은 신속하게 진압되고 버킹엄은 머리를 잘렸지만, 리처드는 안심할 수 없었다. 국왕 살해의 죄를 씻으려는 이런저런 시도도 아무런 소용이 없었다. 그는 잉글랜드 상인들을 격려하기 위해 덕세나 강제 차입의 관행을 중지하고, 법정에서의 협박과 부패를 없애는 의회 입법으로 환심을 사려했지만 이 또한 쓸모가 없었다. 사태를 더욱 나쁘게 한 것은 그의 유일한 아들이 1484년 4월에 숨진 일이었다.

The true Portraiture of Richard Plantagenest, of England and of France King Lord of Ireland the third King Richard

리처드 3세

버킹엄 공이 반란을 일으킨 목적은 리치먼드(Richmond) 백인 헨리 튜더를 왕위에 올리려는 것이었다. 이제 리처드의 가장 강력한 적수는 헨리였다. 헨리는 어머니 마거리트 보우퍼트를 통한 랭커스터가의 왕위계승권을 주장했는데, 그러한 왕위계승권은 사실 근거가 박약한 것이었다. 헨리 5세의 왕비 카트린 드 프랑스는 왕의 사후 웨일즈의 오우언 튜더(Owen Tudor)와 결혼했는데, 그 사이에서 태어난 리치먼드 백 에드먼드 튜더가 랭커스터가의 존 어브 곤트의 서자에서 비롯된 보우퍼트 가문의 소생 마거리트와 결혼하여 낳은 아들이 바로 헨리 튜더였기 때문이다. 헨리는 1471년 튜크스베리에서 랭커스터파에 가담하여 싸웠으나 이 직후에 브르타뉴로 도망쳤다가 나중에는 프랑스에서 피난처를 구했다. 어린 조카의 살해로 리처드의 통치가 점점 더 인기를 잃어감에 따라 그에게 기회가 오는 듯했다. 게다가 리버스 백, 헤이스팅즈 경, 버킹엄 공 등의 처형이 리처드의 권력 기반을 더욱 약화시켰다. 1485년 봄에 러처드가 헨리 튜더의 침입에 대비하기 위해 강제 차용을 시행하자 그에 대한 적대감은 극에 달했다.

헨리 튜더가 1485년 8월에 2,000명의 병력을 이끌고 프랑스에서 출항했을 때 그는 별다른 저항을 받지 않았다. 헨리가 상륙한 웨일즈의 해변 밀퍼드 헤이븐(Milford Haven)에서 웨일즈인들은 그를 열광적인 환호로 맞이했으며, 그 호전적인 지방을 가로지르는 동안에 그는 일단의 열렬한 지지자들로 군대를 일으킬 수 있었다. 그는 웨일즈와 미들랜즈를 지나 레스터로 진군했으며, 상륙한 지 3주 뒤인 8월 22일 보즈워스 필드(Bosworth Field)에서 리처드와 맞부딪쳤다. 리처드의 병력은 헨리의 병력보다 더 많았으나 리처드의 우익을 맡은 노섬벌런드 백은 싸우기를 거부했으며, 그의 오랜 전우 써 윌리엄 스탠리(Stanley) 역시 형세를 관망하다가 결정적인 순간에 부하들을 이끌고 헨리 편으로 돌아서 버렸다. 스탠리의 이탈은 리처드의 패배를 확실하게 했다. 리처드는 도주하기를 거부하고 왕관을 쓴 채 끝까지 싸우다 쓰러졌다. 왕관은 가시덤불 속으로 굴러 떨어졌으며, 스탠리가 이를 주워 들어 승리자의 머리 위에 얹었다. 승리한 헨리는 에드워드 4세의 딸 엘리자베스와 결혼함으로써 랭커스터가와 요크가를 통합했는데, 이는 튜더가의 붉고 하얀 장미로 상징된 화해를 의미했다.

리처드의 치세는 매우 짧았다. 법과 질서를 바탕으로 한 정부를 재건하려 했던 요크파의 시도는 결국 실패로 돌아갔다. 보즈워스의 전투는 흔히 새로운 왕조의 개막과 중세 잉글랜드의 종언을 알린다는 중요한 의미가 부여되고 있으나, 헨리 7세를 잉글랜드 최초의 근대적 왕이라고 생각하는 데는 의문의 여지가 있다. 그의 견해나 의도, 그리고 그가 택한 방법에는 별로 혁신적인 것이 없었으며, 그의 치세에 중세와 완전히 단절한 것도 아니기 때문이다. 그의 즉위는 당대인들에게 1399년이나 1461년의 변화보다 더 중요한 것으로 보이지 않았다. 1485년 당시의 사람들 생각으로는 헨리가 왕위를 오래 지탱할 수 있을지조차 의심스러웠다. 그의 등극이 대체로 받아들여진 것은 리처드가 죽었기 때문이며, 나라가 내란에 지칠 대로 지쳐 있었기 때문이었다. 그러나 그보다 더 유리한 왕위계승권을 가진 경쟁자들이 그를 내몰아선 안 될 까닭 또한 없었다.

3. 15세기의 사회와 문화

혼란과 새로운 변화

실패로 끝난 대프랑스 전쟁이 장미전쟁으로 이어진 15세기의 잉글랜드는 혼란과 파당, 폭력과 불법의 세계였다. 특히 장미전쟁 기간은 지나치게 힘센 대영주들의 권력투쟁과 이를 막지 못한 무기력한 왕권으로 해서 정치가 실종되고 사회적 혼란과 무질서가 널리 퍼진 시기였다. 사회적 혼란은 주로 시골 지방의 현상이었으며, 그것은 토지를 둘러싼 토지소유자들 상호 간의 투쟁에 의해 야기된 것이었다. 그들은 제각기 장원 법정의 유지와 지대 수취의 강화, 그리고 혼인정책을 통한 토지 증식에 힘썼을 뿐 아니라, 더욱 흔히는 직업 군인들의 무력으로 인근 토지를 점거했으며, 이를 위해서는 백주에 공공장소에서의 폭행이나 살상까지도 서슴지 않았다. 영주 가문의 제복을 입은 가신들에 의해서 저질러지는 이 같은 불법행위에 대해서 그 피해당사자는 물론, 법정의 배심원까지도 신변에 위협을 느껴 제대로 대처하지 못하기 일쑤였다. 이 같은 정치적·사회적 혼란은 그렇지 않아도 지대와 가격의 하락, 인구 감소에 따른 노동력 부족 등 14세기 말부터 15세기 중엽까지 지속된 농업의 불황으로 고통받고 있던 사람들의 불행을 가중시켰다. 게다가 15세기 중엽 잉글랜드는 한자 상인들과 대립하고 부르고뉴 공과 다툼으로써 네덜란드와의 교역이 부진해지고, 프랑스인들에 의해서 가스코뉴와의 교역도 한때 중단되었다.

15세기는 이처럼 중세 말의 혼란과 불법이 판치는 퇴폐의 시기였으며, 농업의 불황과 교역의 쇠퇴로 사람들의 생활이 어려워진 시기였으나, 한편으로는 새로운 변화가 일기 시작한 시기이기도 했다. 노동력 부족으로 직영지 경영이 어려워진 영주들은 부역노동을 임금노동으로 대체하거나 직영지 경작을 아예 포기하고 이를 농민들에게 임대하는 길을 택하게 되었다. 다른 한편으로는 노동력이 많이 소요되는 곡물 경작을, 노동력이 비교적 덜 소요되는 목양으로 전환하는 방식을 택하기도 했는데, 그것은 농업의 불황을 극복하는 가장 유효한 방법의 하나였다. 14세기 중엽부터 다음 세기 동안 직영지 경영에 어려움을 겪어 가세가 기울어간 대영주들과 달리 곡물 경작을 목양으로 전환한 중소 규모의 토지소유자들과 부유한 차지농들은 그 지위가 올라가게 되었다. 14세기 이래 줄어든 인구도 15세기 후엽부터 서서히 늘어나기 시작했으며, 이에 따라 토지가 이전의 가치를 회복하고 농업의 이윤도 되살아나기 시작했다.

15세기, 특히 그 후엽은 중세적 도시가 번성한 시기였으며, 외국무역도 에드워드 4세의 치세가 끝나기 전에 점차 번성의 길로 접어들고 있었다. 베네치아 상인들의 배는 플랑드르로 가는 도중 으레 사우샘턴이나 런던에 들렀으며, 한자 동맹의 상인들도 런던 중심지에 거류지를 만들었는데, 이것이 바로 스틸야드(Steelyard)이다. 그 밖에 이탈리아나 남부 독일 출신의 은행가들은 금융업에 종사하면서 왕실이나 성당에 자금줄 노릇을 하고 있었다. 오늘날 런던의 금융 중심지를 롬바드 (Lombard)가라고 부르는 것은 이곳에서 이탈리아인들이 금융업을 하고 있었기 때문이다.

모직물 공업의 발달

무엇보다도 15세기는 양모와 모직물 교역으로 잉글랜드가 큰 이익을 거두어들이고 있던 시대였다. 13세기 말에 3만 포대를 넘었던 양모 수출량은 14세기 이후 점점 줄어들었지만, 15세기 후반기까지는 그래도 연평균 7,000~1만 포대 정도가 되었다. 양모는 처음에는 주로 플랑드르의 상인들에 의해 교역되어 왔으나, 1363년부터 스테이플 상인(Company of the Staple)이라고 불린 일단의 상인들이 칼레에 항구적인 거점, 즉 스테이플을 유지하면서 그 주도권이 점차 잉글랜드 상인들의 수중으로 넘어오게 되었다. 에드워드 4세는 양모에 대한 과세를 수월하게 하기 위해 그들에게 양모 수출의 독점권을 부여하는 대신 수출 양모에 대해서 부대당 2파운드 또는 양모 가격의 4분의 1에 해당하는 높은 관세를 부과했다. 코츠월즈와 이스트 앵글리어, 그리고 요크셔의 계곡 일대에서 생산된 양모는 당시 유럽에서 최고급 양모로 인정받아 그 대부분이 저지방 국가나 이탈리아의 직물공업에 원료로 공급되고 있었다.

잉글랜드 내에서도 모직물은 일찍부터 생산되어 왔는데, 그것은 주로 국내 소비용의 거친 직물을 가내에서 소규모로 직조한 것이었다. 그러나 14세기에 에드워드 3세가 수출 양모에 대해 높은 관세를 부과하고 대륙에서 생산되는 고급 모직물의 수입을 금지하는 한편, 저지방 국가로부터 숙련된 모직물 기술자를 불러들임으로써 국내의 모직물 공업이 급속하게 발달하고 생산기술도 크게 향상하여 모직물 공업이 장차 잉글랜드의 국민 산업으로 발전할 기틀이 마련되었다. 이런 모직물 공업에는 대규모의 기업가와 소규모의 수공업자 등 여러 계층의 사람들이 함께 참여했다. 대규모의 제조업자는 대개 기업가로 변신한 지주들이나 부유한 자유토지보유농들이었는데, 이들은 한편으로는 여전히 농업 생산자이기도 했다. 역시 농업을 겸하는 것이 보통이었던 영세한 모직물업자들은 자기 집 안에 두서너 대의 베틀을

염색공

가지고 있는 직조공이었다. 그 밖에 축융(縮絨)공, 염색공, 전모(剪毛)공 들이 있었는데, 이들 중에는 모직물업자의 지위로 올라간 이가 있는가 하면 수공업에 종사하면서 농사를 짓는 이도 있었다.

이 같은 모직물 공업은 주요 양모 생산지인 코츠월즈, 이스트 앵글리어, 요크셔 계곡에 근접한 코븐트리, 요크, 노리치, 솔즈베리 등과 같은 도시에서 먼저 발달했다. 그러나 그것은 도시의 성벽 안에 계속 머물러있기가 어려웠다. 도시에서는 직조·축융·염색·전모 등 여러 공정이 제각기 자체의 길드를 가지고 있어 이들을 한군데로 모으기가 어려웠다. 게다가 직조한 모직물을 축융하는 데는 물레방아를 돌릴 시냇물이 필요했다. 또한 그것은 여러 공정의 작업을 병행하는 공장과 함께 모직물업자 자신의 가내 작업장이 있어야 했으며, 여기에 필요한 여러 건물과 각 공정에서 일하는 노동자들의 거처를 마련하는 데는 기존의 밀집된 도시보다 도시의 교외 지역에 새로 들어선 시골 마을이 더 적합했다. 이래서 모직물 공업은 점차 도시에서 시골 지역으로 옮겨갔다.

모직물 공업이 도시에서 시골 지역으로 옮겨감에 따라 그 모든 과정을 관리하고 완성된 생산품을 직물상인에게 내다 파는 새로운 대규모 직물업자(clothier)가 등장했다. 이들은 농장주로부터 양모를 구입하여 이를 농민의 오두막집으로 가져가, 여자와 아이들에게 빗질하고 실을 잣게 한 뒤 이 털실을 직조공에게 가져가 직물을 짜게 하고, 이것을 축융공과 염색공과 전모공에게 차례차례로 넘겨 마무리 작업을 하게 한 뒤 완성된 모직물을 시장으로 실어 날랐다. 선대제(putting-out system)라 불리게 된 이 같은 제도에 입각한 대규모의 모직물업에는 대자본은 물론, 길드의 규제로부터의 자유, 그리고 위험을 감내할 직물업자와 임금을 받고 일하려는 노동자가 필요했으며, 이런 생산체제의 출현은 바로 자본주의적 공업의 출발을 의미하는 것이었다.

잉글랜드에서 생산된 모직물은 처음에는 한자 상인, 이탈리아와 네덜란드의 상인들에 의해 노브고로드(Novgorod), 가스코뉴, 중앙유럽, 비잔티움(Byzantium) 등 유럽 각지에 수출되었다. 15세기 중엽 한자 동맹, 부르고뉴, 프랑스와의 대립으로 한때 모직물 교역이 쇠퇴했으나, 에드워드 4세가 한자 상인들에게 이전의 특권을 되돌려주고 루이 11세와 화의를 맺어 가스코뉴와의 교역권을 얻음으로써 수출이 다시 크게 늘어났다. 잉글랜드는 이제 원료인 양모의 수출을 주로 하던 나라에서 공업제품인 모직물의 수출을 주로 하는 나라로 변모했다. 1350년에 대략 3만 포대에 이른 양모 수출량이 1485년에는 1만 포대 정도로 줄어든 데 반해, 1354년에 5,000단(cloth: 폭 2야드에 길이 24야드) 미만이던 모직물 수출량은 1400년에 3만 단, 1485년에는 5만 단 정도로 늘어났다. 양모 수출에 대해서 높은 관세가 부과된 것과 달리 잉글랜드산 모직물의 수출에 대해서는 소액의 관세가 부과되었다. 특히 잉글랜드의 모직물상에게 부과된 수출관세는 외국인 경쟁업자들에게 부과된 것보다 더욱 낮았으며, 이것은 잉글랜드의 모직물상을 더욱 유리하게 했다.

15세기에 이 같은 모직물 수출을 주도한 것은 모험상인들(Merchant Adventurers)의 조직이었다. 머서(mercer: 포목상)라고 불린 직물상들이 핵심을 이루고 있던 모험상인들은 안트베르펜(Antwerpen)과 브뤼헤(Brugge) 등 저지방 도시들과 교역했다. 그들의 선단은 모직물을 수출하고 그 대신 주로 서남부 프랑스에서 생산되는 포도주를 수입했다. 모험상인들에 의한 교역량이 늘어남에 따라 외국 상인들에 의한 교역량이 줄어들었으며, 1480년 무렵에 이르면 영국인들이 취급한 전체 교역량의 약 80%를 이들 모험상인들이 지배했다. 양모와 모직물 이외에 주로 이탈리아 상인들에 의해 수출된 것은 주석·납·가죽 등이었으며, 수입품으로는 포도주 이외에 피렌체인들이 비단·면직·건포도·설탕·백반·벨벳·공단·금은 제품·보석·책·종이 등을, 제노바인들이 염료로 쓰인 대청을, 그리고 베네치아인들이 향료와 사치품 등을 들여왔다.

사회계층의 변화: 중산층, 농민, 여성

도시의 번성과 교역의 발달은 중산계급의 발흥을 가져왔다. 전 세기부터 진행해 온 중산계급의 발흥은 15세기에 와서 한층 더 현저해졌다. 서부 지방에서 젠트리로 간주되던 대가문 중에는 원래 모직물 공업을 통해서 부를 이룩한 사람들이 적지 않았다. 시골의 부유한 신흥계급으로 등장한 이들은 토지를 사들이고 이웃 젠트리와 혼인 관계를 맺음으로써 특권적 사회계층 안으로 편입되었다. 이와 같은 신흥 젠트리는 자신이 스테이플 상인이나 모직물업자로 분류되는 것을 자랑으로 삼았다. 토지관계업과 금전관계업은 흔히 구분하기 어려웠으며, 교역으로 쌓은 부가 토지를 살찌우는 길로 유입되었다. 한편 기사 계급 중 많은 사람이 젠틀먼이라고 불린 시골의 젠트리가 되었는데, 이들은 몰락한 상류계급으로서 대농이 된 사람들과 함께 농촌의 중간계급을 구성했다. 젠틀먼의 자식들 중에는 장인이나 상인의 가게에서 도제로 수업한 사람들이 많았는데, 이들이 점차 도시의 유력자로 등장했다. 도시와 농촌공동체의 동화, 시민과 시골 젠틀먼 사이의 장벽의 붕괴, 문장(紋章) 가문의 출신자와 상층 부르주아 사이의 혼인 등 귀족과 시민의 사회적 통합이 바로 잉글랜드 사회를 프랑스 사회와 점점 더 구별되게 한 중요한 요인이었다.

15세기의 경제불황과 사회변화는 영주층, 특히 대영주층에게 대체로 불리하게 작용한 반면, 농민과 노동자에게는 오히려 유리하게 작용했다. 노동자와 농민들은 높은 임금과 안정된 가격으로 해서 농업의 불경기 속에서도 그들의 지위를 지탱해 나갔다. 자신의 토지에서 일하고 양·닭·돼지·소·꿀벌 등을 친 등본토지보유농들은 곡물을 생산하는 대토지소유자들보다 더 유리했다. 웨스트 라이딩(West Riding), 서부 지역, 이스트 앵글리어 등 모직물 공업 지역의 소토지보유농들은 방사와 직포로 수입을 보충할 수 있었다. 좀더 사업가적인 농민은 영주의 직영지를 임대받아 경영함으로써 흥기할 수 있었다. 그들 대부분은 여전히 등본토지보유농이었지만 종종 수년 또는 수세대 기한으로 토지를 임차함으로써 요우먼(yeoman)으로 변신했다. 요우먼이란 원래 비교적 부유한 자유토지보유농을 지칭한 말이었는데, 이제는 자유토지보유농, 등본토지보유농, 임차토지보유농(leaseholder)을 막론하고 모든 부유한 농민에게 적용하는 용어가 되었다. 이들 요우먼이 다음 3세기 동안 잉글랜드 사회의 핵심적 계층이 되었다.

사회적·경제적 변혁은 부유한 요우먼들을 신흥 기업가로 상승시킴과 동시에 부유한 농민과 차지인, 서기, 집사, 마름과 같은 하급 토지관리자들을 또한 화폐지대와 현물지대를 바치는 기업가적 차지농의 지위로 부상시켰다. 그중 부유한 사람들은 그들의 영주와 마찬가지로 토지를 겸병(집적: consolidate)하고 인클로우즈(inclose)하려고 노력했다. 그것으로 개방경지가 갑자기 사라진 것은 아니었지만, 점차 인클로우즈되어 울타리로 막은 농장으로 바뀌어갔으며, 화폐를 매개로 하여 지주·차지농·임금노동자라는 이른바 농업경영의 3분할제가 자리 잡게 되었다.

중세 유럽의 기사들은 으레 귀부인 앞에 무릎을 꿇고 사랑을 호소하는 모습으로 그려지고 있지만, 실제 중세 사회에서 기사와 귀족 계급의 사람들이 결혼 상대자를 선택하는 데 '사랑'은 별로 고려의 대상이 되지 않았다. 신부와 신랑은 흔히 어린아이이기 일쑤였고, 성인인 경우에도 부모들이 높은 값을 내거는 상대에게 자식들을 팔아넘기곤 했다. 자식들의 결혼은 흔히 가세를 확장하거나 유력한 보호자의 지지를 얻기 위한 놀이에서의 산대로 간주되었으며, 놀이의 희생자가 반항할 경우 종종 무자비한 처벌이 뒤따랐다. 15세기에도 여전히 현실이었던 이 같은 오랜 관습은 사랑을 열망하고 귀부인에 대한 기사의 봉사와 헌신을 노래한 낭만적인 중세 문학의 색조와는 맞지 않는 것처럼 보인다. 교육을 받은 중세의 남녀에게 결혼과 사랑은 별개의 문제였다. 결혼 생활 안에서 사랑이 싹틀 수도 있었으며, 또 그렇지 않은 경우 아내가 자기의 권리를 주장하려고 애쓴 경우도 있었으며, 또 더러는 그러한 노력이 성공할 때도 있었다. 그러나 결혼 생활에서 주도권은 남편이 쥐고 있었으며, 주먹과 매로 그 권리를 지켜나간다고 해서 이를 나무라는 소리는 좀처럼 듣기 어려웠다.

그러나 이제 그러한 정략결혼이 점차 사랑을 바탕으로 한 결혼에 자리를 내주게 되었다. 부모가 자녀의 운명을 그들 자신에게 맡기기 시작한 것이다. 그리고 이런 자유와 사랑의 승리 이면에는 이름 없는 투사와 순교자의 긴 명단이 있었다. 15세기 후엽 민중의 발라드 문학에는 사랑을 바탕으로 한 결혼의 모티브가 점점 더 뚜렷이 드러났다. 결혼의 자유를 얻으려는 자녀들의 부모에 대한 투쟁은 일반인들의 생각을 표현하는 팸플릿의 한 주제가 되었으며, 연극 무대의 가장 흔한 소재는 결혼을 갈망하는 연인의 헌신에 관한 것이었다.

문화

이전 세기들에 비해서 15세기는 지적으로 불모의 시기였다. 대학생의 수가 줄고 학문적 논의도 활발하지 못하고 시문의 우아함도 떨어졌다. 그러나 그 대신 발라드·캐럴·도덕극 등 민중 문학이 번성했다. 로빈 후드에 관한 발라드는 셰리프에 대한 증오, 요우먼 계층에 대한 존경, 왕의 재판에 대한 신뢰 등 당대의 여러 특징을 반영했다. 원래 춤을 위한 노래로 시작한 캐럴은 15세기에 들어 춤이 사라지고 그리스도교 축제, 특히 크리스마스를 위해 쓰여졌다. 15세기 전반기에 절정에 달한 기적극에 도덕극이 부가되었는데, 그 대표작인 『에브리먼(Everyman)』에서는 죽음이 모든 사람을 하느님에게 불러들인다. 발라드·캐럴·연극 등은 원래 구전의 일부였는데, 문자 해독률이 높아지면서 글로 쓰이기 시작했다. 노퍼크의 패스턴(Paston)가의 글들은 당대 최고의 영어 산문에 속한다. 15세기는 성속을 막론하고 상류 계층의 남녀들이 영어로 글을 쓰는 관습이 퍼진 시기였다.

15세기는 또한 『트로이 북(Troy Book)』(1420)을 지은 존 리드게이트(Lydgate)와 『아서의 죽음(Le morte d'Arthur)』(1469)을 지은 써 토머스 맬러리(Malory)의 시대였고, 케임브리지 대학의 퀸즈 컬리지(Queen's College)와 킹즈 컬리지의 예배당을 지은 노퍼크의 석공 레지널드 일리(Reginald Ely)의 시대이자, 옥스퍼드의 올 소울즈 컬리지(All Souls College)를 창시한 캔터베리 대주교 헨리 치철리(Chichele), 그 컬리지를 아름다운 색채 유리창으로 장식한 존 글래지어(Glasier)의 시대였으며, 윈체스터 성당 내에 있는 윌리엄 어브 위컴의 공양제단(William of Wickham's Chantry)과 세인트 올번즈 성당 내에 있는 글로스터 공 험프리9) 기념물의 조각가들의 시대였다.

당시 런던 주민들의 절반가량이 글을 읽을 줄 알았던 것으로 추정되고 있는데, 이처럼 문자 해독 인구가 많았던 주요한 원인의 하나는 14~15세기에 문법학교를

---

9) 험프리는 옥스퍼드의 보들레이언(Bodleian) 도서관에 수사본의 대수집물을 기증한 문예후원자였다.

글로스터 대성당 내부(성가대석과 동쪽 창): 초기 수직식 건축 양식의 한 보기

설립한 데 있었다. 이 시기는 혼란과 무질서의 시대이기는 했지만 교육이 크게 발전한 시기였다. 1382년 위컴의 윌리엄이 윈체스터에 세운 문법학교의 학생들은 귀족과 유력 인사의 자제들이었는데, 이것은 잉글랜드에서 사립 퍼블릭스쿨(Public School)의 효시였다. 그 뒤 1440년에 헨리 6세는 이튼에 또 다른 문법학교를 세웠다. 이와 함께 각계각층 사람들이 문법학교뿐만 아니라 초등학교를 세우기 시작하여, 15세기 말에는 500~600개의 학교가 잉글랜드 전역에 걸쳐 설립되어 있었다. 그 결과 영국인의 약 15퍼센트가 글을 읽을 수 있게 되었다. 같은 시기에 런던 시와 웨스트민스터 시 중간에 네 개의 법학원이 세워져 보통법 판사들과 법률가들을 길러냈다. 이들 법학원을 구성한 법률가들과 법학 연수자들이 국왕 법정에 제소할 배타적 권리를 가지고 있었다.

15세기 말 잉글랜드의 문화에 중요한 변혁을 몰고 온 것은 윌리엄 캑스턴이 인쇄술을 도입한 일이었다. 켄트의 양모 상인으로서 브뤼헤에서 인쇄술을 배운 캑스턴은 1477년 그곳에서 들여온 인쇄기를 웨스트민스터 수도원 경내에 설치했다. 이때부터 지식의 일반화가 일어나 지식이 일반인의 소유가 되어갔다. 화약이 전술상에서 기사 계급의 몰락을 가져온 것이라면, 인쇄기는 지식 면에서 봉건제를 파괴했다고 할 수 있다. 캑스턴의 시대는 소일거리나 쑥덕공론으로 글을 쓴 것이 아니라 대개 법률, 사업, 또는 지방 정치에 대한 견해 등 어떤 실용적 목적을 위해 글을 썼다.

이스트 앵글리어, 웨스트 라이딩, 코츠월즈 등지에서는 모직물업자와 양모 상인들이 그들의 부를 교구 교회의 건축에 바쳤다. 당시의 민족주의적 감정의 고양에 호응하여 후원자와 건축가들은 이런 교회를 순수 영국적인 수직식 양식으로 지었다. 그것은 넓은 입구와 목재 지붕, 정교하게 조각된 합창대석, 그리고 네 귀에 첨탑이 있는 네모형 탑을 가지고 있었다. 부자들은 대성당이나 교구 교회 안에 공양제단을 설치하여 죽은 자의 명복을 빌게 했다. 그것은 중세 후기의 개인주의적 신앙, 죽음에 대한 전념, 교회의 중개에 대한 의존 등을 반영하는 것이었다. 공양제단을 세운 상인들은 하느님의 영광보다는 자신들의 영혼의 미래에 대한 관심이 더 컸으며, 그들이 공들여 만든 무덤들은 그리스도에 대한 헌신보다는 차라리 그들 자신의 세속적 성공을 보여주는 것이었다. 15세기의 영국인들의 취향은 보수적이었으며, 그들의 지적 논의는 메말랐고, 그들의 시문은 어설픈 것이었다. 그러나 그러한 외면적 쇠퇴의 밑바닥에서 점점 더 빨라지는 사회적 변화와 더불어 상층과 중간의 양 계층 안에서 교육받은 세속인 대중이 성장하고 있었으며, 그래서 다음 세기에 그들은 신학문과 이탈리아 르네상스 미술을 반겨 맞이하게 될 것이었다.

7
군주제의 확립

1. 헨리 7세: 튜더 왕조의 창건

내란의 평정

보즈워스 전투의 승리로 헨리 튜더는 리처드 3세의 왕관을 차지했다. 그러나 국민들에게 그 전투는 한동안 뜸했던 두 왕가 간의 왕위 다툼 전쟁의 또 하나의 국면으로 비쳐졌을 뿐, 아무도 그것으로 오랫동안 계속된 전쟁이 끝장나리라고 기대하지 않았다. 더욱이 헨리는 웨일즈의 별 신통치 못한 가문 출신인 데다 그의 왕위 상속권 주장은 그 근거가 매우 박약하여 새 왕조의 밝은 앞날을 예상한 사람은 별로 없었다. 그렇지만 그가 세운 새 왕조는 그러한 예상을 깨고 한 세기 이상 존속했을 뿐 아니라, 지역적으로 분열되어 있던 봉건적 잉글랜드를 더욱 통합된 근대적 왕국으로 만들어놓았다.

자신의 지위가 매우 불안정하다는 사실을 잘 알고 있던 헨리로서는 보즈워스 전투에서 리처드 3세가 자식을 남기지 못한 채, 요크파의 많은 유력 인사들과 함께 전사한 것이 매우 다행한 일이었다. 그러나 요크가에는 왕위 상속권에서 그보다 훨씬 우선하는 인물들이 살아 있었다. 리처드 3세가 후계자로 지명한 생질이자 링컨 백인 존 들라 포울(de la Pole)과 에드워드 4세의 열 살 난 조카로 런던탑에 유폐되어 있던 워리크 백 에드워드가 바로 그러한 인물들이었다. 이런 상황에서 헨리에게는 요크파와 화합을 모색하는 일이 시급했다. 그는 많은 요크 당파 사람들을

헨리 7세

그대로 공직에 머물러있게 했으며, 의회의 건의를 수용하는 형식으로 에드워드 4세의 장녀인 엘리자베스(Elizabeth)를 왕비로 맞아들였다. 이듬해에 엘리자베스가 아들을 낳자 헨리는 이 아들에게 브리튼의 전설적인 왕의 이름을 따라 아서라는 이름을 붙였다. 이렇게 해서 요크가와 랭커스터가는 아서를 통해 하나로 결합되었고, 그럼으로써 새 왕조의 기반이 크게 강화되었다.

그러나 그것으로 새 왕조에 대한 위협이 완전히 사라진 것은 아니었다. 헨리는 치세 초 10여 년 동안에 요크 당파의 크고 작은 음모에 시달려야 했다. 음모의 구심점은 런던탑에 갇혀 있는 워리크 백이었다. 요크파 사람들은 그가 런던탑에서 탈출했다는 거짓 소문을 퍼뜨리면서 정체가 모호한 램버트 심널(Lambert Simnel)이라는 소년을 워리크라고 내세웠다. 그들은 아일랜드에서 6,000명의 군대를 동원하고, 에드워드 4세의 누이이자 부르고뉴 공의 미망인인 마거리트에게서 2,000명의 독일 용병을 지원받았다. 이들 반란군은 링컨 백의 지휘 아래 1487년 랭커셔에 상륙하여 런던으로 진격했다. 그러나 내란에 넌더리가 난 영국인들은 이들 침입자에게 냉담했으며, 헨리 7세는 요크셔의 스토우크(Stoke)에서 이들을 격파했다. 이 전투에서 유력한 계승권자였던 링컨 백은 다른 많은 요크파 지도자들과 함께 전사하고, 심널은 사로잡혀 궁전의 부엌데기 신세가 되었다가 나중에는 매사냥꾼이 되었다.

끈질기게 살아남은 요크파 사람들은 몇 년 뒤 훨씬 더 위협적인 반란을 시도했다. 이번에도 그들은 플랑드르의 한 상인 집안 출신의 퍼킨 워베크(Perkin Warbeck)라는 젊은이를 내세웠는데, 그는 런던탑에서 살해된 것으로 알려진 에드워드 4세의 두 왕자 중 아우인 요크 공 리처드로 행세했다. 그를 이용하려는 사람들을 빼고 이 터무니없는 사기극을 믿는 사람은 아무도 없었다. 그러나 요크파를 위시하여 외국의 여러 세력들, 즉 프랑스 국왕, 요크파의 한결같은 지원자인 부르고뉴의 마거리트, 그리고 스코틀랜드 왕 등의 지원하에 워베크는 1495년에서 1497년 사이에 세 차례나 잉글랜드 침공을 시도했다. 1495년 워베크가 이끈 군대는 켄트에 상륙했으나 격퇴당하고 말았다. 패배한 워베크는 아일랜드를 거쳐 스코틀랜드로 건너갔다. 그는 스코틀랜드 왕 제임스 4세의 지원을 받아 1497년까지 재차 잉글랜드 침공을 시도했지만, 역시 패배만을 맛보았다.

때마침 이 무렵에 콘월 지방에서 보조세의 징수에 반대하는 봉기가 일어났다. 1497년 5월 주로 광부들인 콘월 주민들이 국왕에 청원하기 위해 런던을 향해 출발했다. 도중에 서머세트에서 불만에 찬 일부 귀족까지 이들에 가세하여, 반란자들이 1만 5,000명가량으로 불어났다. 그러나 이들은 무기도 제대로 갖추지 못한 오합지졸에 불과하여 런던을 향해 나아가는 도중 왕의 진압군 앞에서 맥없이 무너지고 말았다. 봉기가 일어나자 워베크는 이를 다시 한 번 거사할 기회로 삼았으나, 그가 소수의 무리를 거느리고 콘월에 상륙했을 때는 사태가 끝난 지 이미 석 달이나 지난 뒤였다. 그는 리처드 4세라고 자칭하면서 3,000~4,000에 이르는 콘월인들을 규합했지만, 기대했던 외국의 도움을 얻지 못하여 이번에도 역시 실패하고 말았다. 생포당한 그는 런던탑에 갇혀 있다가 그 후 또 다른 음모와 연루되어 결국 1499년 교수대에서 삶을 끝마쳤다. 이때 그 불똥이 워리크 백에게도 튀어, 그 역시 참수대에서 기구한 삶을 마쳐야 했다.

워베크의 거사 이후로도 역모의 불씨가 완전히 꺼진 것은 아니었지만, 1497년을 고비로 헨리는 더 이상 무력 도발에 직면하지는 않았다. 헨리는 일찍이 보즈워스 전투에서 승리함으로써 훌륭한 군인으로서의 풍모를 보여주었고, 이후 계속된 반란도 성공적으로 진압했다. 그러나 그는 군인이기보다는 오히려 기업가적 자질을 타고난 실제적이고 타산적인 인물이었다. 그는 잉글랜드가 이제 안정과 평화를 갈망하고 있음을 간파했고, 그래서 왕위를 확고히 다진 뒤에는 과거의 상처를 치유하기 위해 용서와 화해의 정책을 추구했다. 일련의 음모와 반란을 분쇄하면서도 처형을 최소화하는 등 가능한 한 관용을 베풀었다. 그는 그런 자제력과 함께 왕위를 지켜내려는 확고한 결의도 가지고 있었으며, 또한 국정을 파악할 고도의 지적 능력과 그것을 수행할 열성과 부지런함도 겸비했다. 뿐만 아니라 그는 군주정을 재건하려던 에드워드 4세의 노력을 물거품으로 만든 요인의 하나였던 만년의 무절제하고 방탕한 성품에서도 벗어나 있었다. 헨리는 이런 모든 자질을 가지고 국정의 중심으로서의 국왕의 위치를 다시 확립함으로써 신생 왕조를 탄탄한 반석 위에 올려놓았다.

대외 관계

헨리 7세의 외교정책의 기조는 전쟁을 회피하고 교역의 기회를 확대하는 것이었다. 그는 자신의 잉글랜드 왕위계승에 대해 국제적인 인정을 받고자 했다. 그러나 치세 초반의 상황은 그의 뜻대로 돌아가지 않았다. 그에게 적대적이었던 주위의 여러 나라들이 요크 당파의 음모를 음으로 양으로 지원했는데, 그중에서도 특히 프랑스의 향배가 핵심적인 사안이 되었다. 백년전쟁 이후에 국가적 통합을 이룩한 프랑스는 이제 인적·물적 자원 면에서 잉글랜드보다 훨씬 더 강한 나라로 부상했는데, 프랑스의 왕 샤를 8세가 브르타뉴 공령의 병합을 시도하고 나선 것이다. 원래 그 주민이나 언어가 브리튼의 콘월 지방과 가까웠던 브르타뉴는 일찍부터 잉글랜드와 관계가 긴밀했으며, 프랑스에 대해서는 사실상 독립적인 지위를 유지해왔다. 만일 브르타뉴가 프랑스의 지배하에 들어가면 영국 해협의 남부 해안 전역이 프랑스의 통제하에 들어갈 것이므로, 브르타뉴를 둘러싼 이 같은 사태의 전개는 영국인들의 프랑스에 대한 전통적인 적대감을 더욱 고조시켰다. 헨리 자신은 오랫동안 프랑스에 망명해 있으면서 프랑스 왕의 도움을 받는 등 개인적으로 프랑스에 신세를 지고 있었다. 그러나 이런 상황에서 그는 프랑스의 세력 확장을 저지하는 조처를 취하지 않을 수 없었다. 그리고 이를 위해 그가 택한 것은 프랑스와 경쟁 관계에 있던 에스파냐와 동맹을 추구하는 일이었으며,[1] 그것은 1489년 메디나 델 캄포(Medina del Campo) 조약으로 구체화했다. 조약의 주요 내용은 잉글랜드와 에스파냐 양국이 함께 대프랑스 전쟁에 들어갈 것, 그리고 잉글랜드의 왕세자 아서와 에스파냐의 공주 캐서린을 결혼시킬 것 등이었다. 이 결혼은 1501년에 이

---

1) 에스파냐는 1469년 아라곤(Aragon)의 페르난도와 카스티야의 이사벨라의 결혼으로 통합왕국이 된 이후 프랑스와 함께 유럽의 양대 강국의 하나로 성장했으며, 15세기 말에서 16세기 전반기의 유럽 역사는 이 두 강대국 사이의 대립과 투쟁을 중심으로 전개되었다.

루어졌으나 아서가 결혼한 지 반년도 채 못 되어 사망하자, 에스파냐와 동맹 관계를 유지하기 위해 헨리는 바로 캐서린을 차남인 헨리(뒷날의 헨리 8세)와 다시 결혼시키는 일을 추진했다. 오랜 우여곡절 끝에 이 결혼은 1509년에 성사되었는데, 무리하게 성사시킨 이 결혼은 결국 많은 사람들의 피를 부르며 파경을 맞게 될 것이었다.

한편 브르타뉴에서는 1491년 프랑스와 2세의 상속녀 안(Anne)이 프랑스의 샤를 8세와 결혼함으로써 프랑스의 브르타뉴 병합이 결정적인 단계로 들어갔다. 게다가 샤를 8세가 퍼킨 워베크를 프랑스로 초청하여 환대하자, 프랑스에 대한 전쟁을 결심하게 된 헨리는 1492년 10월 대군을 이끌고 칼레에 상륙하여 불로뉴(Boulogne)로 진격했다. 싸움은 불과 3주 만에 영국군의 승리로 끝났으나 내심 그 이상의 확전을 바라지 않았던 헨리는 전투를 계속하기 어렵다는 군대 지휘관들의 의견을 받아들여 평화를 교섭하기 시작했다. 프랑스 역시 잉글랜드와 강화하기를 바랐다. 그동안 꾸준히 이탈리아 침공의 뜻을 품어온 샤를 8세는 때마침 이탈리아의 내분으로 호기를 맞자 서둘러 잉글랜드와 강화함으로써 북쪽의 우환을 없애려 했던 것이다. 평화 교섭은 손쉽게 결실을 보았다. 11월에 에타플(Etaples)에서 맺은 조약에서 샤를 8세는 퍼킨 워베크를 프랑스에서 추방하기로 하고, 또한 헨리에게 막대한 보상금을 지불하기로 약조했다. 그것은 파멸적인 전쟁보다 실속 있는 평화를 선택한 헨리의 커다란 승리였다. 그리고 이 승리는 그에게 또 하나의 중요한 외교적 성공을 안겨주었다. 프랑스와 강화함으로써 프랑스의 오랜 동맹국인 스코틀랜드와의 평화 또한 가능해졌던 것이다.

잉글랜드의 야욕을 경계하여 줄곧 프랑스와 동맹 관계를 유지해 온 스코틀랜드는 잉글랜드에는 눈엣가시 같은 존재였다. 두 나라 사이에는 국경을 따라 분쟁과 교전, 타협과 휴전이 주기적으로 되풀이되었다. 1488년 호전적인 젊은 제임스 4세가 제임스 3세를 몰아내고 스코틀랜드의 왕위를 차지했을 때 잉글랜드에 대한 반항의 불꽃이 다시 타올랐다. 1495년 워베크가 스코틀랜드에 들어왔을 때 제임스 4세는 그를 지원하여 잉글랜드에 쳐들어가기도 했다. 그러나 헨리는 평화정책을 버리지 않았다. 제임스와 합의에 도달하려고 노력한 끝에 1497년 마침내 휴전협정이 성립되었지만 이 역시 오래 지탱되지 못하자 헨리는 1499년 그의 딸 마거리트와 제임스 4세의 결혼을 제의했다. 3년 뒤 제임스의 동의로 성사된 이 결혼 역시 양국 간의 영구적 평화를 보장하지는 못했다. 그러나 이 결혼의 더욱 중요한 의미는 먼 훗날에 있었다. 한 세기 뒤에 이들의 증손자가 잉글랜드의 왕위를 계승했고, 그럼으로써 오랫동안 적대해 오던 잉글랜드와 스코틀랜드의 두 왕국이 그를 통해 결합하게 되는 것이다.

램버트 심널 사건 이후 헨리는 아일랜드에서 자신의 권위를 확립하는 데에도 어느 정도 성공을 거두었다. 튜더 왕조 초창기에 잉글랜드의 지배 영역은 페일 지역으로 줄어들어 있었다. 게다가 그 지역의 귀족이나 젠트리 계층은 주로 잉글랜드에서 건너간 사람들의 후손이었지만, 그중 많은 사람들이 아일랜드 문화에 동화되어 있었다. 페일 너머는 아일랜드계나 노르만-아일랜드계의 여러 부족의 족장들이 제각기 지배하고 있었다. 그들은 잉글랜드 정부의 통제에서 완전히 벗어나 있었다. 페일은 잉글랜드가 주로 앵글로-아일랜드계 귀족 가운데서 임명한 총독이 다스렸다. 헨리 7세의 치세 초기에 킬데어(Kildare) 백 제럴드 피츠제럴드(Gerald Fitzgerald)가 이 지역의 총독이었다. 심정적으로 요크파였던 그가 심널의 반란에 동조하자 헨리는 그를 제거하고, 대신 1494년에 영국인 써 에드워드 포이닝즈(Poynings)를 파견했다. 포이닝즈는 드로이더에 의회를 소집하여 일련의 법령을 제정했다. 그중 하나는 이후 아일랜드 의회는 잉글랜드 왕의 사전 승인을 받지 않은 의제를 다룰 수 없다고 선언했고, 다른 하나는 잉글랜드에서 제정된 모든 법령은 아일랜드에도 똑같이 적용되어야 한다고 규정했다. 포이닝즈의 법으로 아일랜드는 튜더 왕조의 법체제 안에 들어오게 되었는데, 이 법은 1782까지 그대로 통용되었다.

국내 정치

내치 면에서 헨리가 주력한 것은 새로운 정부 기구를 만들어내는 것이 아니라 기존의 여러 정부 기구의 기능을 강화하고 효율화하는 것이었다. 중앙정부의 핵심은 국왕 자신과 국왕 자문회의였다. 헨리의 자문회의 역시 이전과 마찬가지로 귀족과 고위 성직자, 그리고 국왕의 주요 관직 보유자들로 구성되어 있었다. 그러나 헨리는 낮은 신분 출신의 관직 보유자들을 자문회의에 대거 참여시킴으로써 전문 지식을 가진 이들 하급 관직자들의 역할과 영향력이 더욱 커졌다. 이처럼 그가 원하고 좀더 쉽게 통제할 수 있는 인물들로 자문회의를 구성함으로써 그는 이 기구에 대한 통제권을 장악할 수 있었다. 자문회의의 주요 업무는 국왕에게 조언하고, 나라의 행정을 돌보고, 그리고 일부 사법 업무도 처리하는 것이었다. 헨리의 자문회의는 그중에서도 특히 사법 기능의 강화와 개선을 통해서 15세기의 혼란 속에 극도로 어지럽혀진 법과 질서를 바로 세우는 데 주력했다.

보통법은 중세 잉글랜드가 남겨준 자랑스러운 유산의 하나였음에도 불구하고, 15세기 잉글랜드의 보통법과 보통법 법정들은 경직된 형식, 까다롭고 느린 절차, 과중한 비용, 그리고 무엇보다도 왜곡되고 악용되는 배심제도 등으로 해서 올바른 사법 기능을 실현하기보다는 오히려 방해하여, 무고한 사람들이 억울함을 당하고 범죄자가 벌을 면하는 경우가 많았다. 그러나 억울함을 당한 사람이 불만을 제기할 길이 완전히 막혀 있지는 않았다. 법정에서 억울함을 당한 사람은 누구나 청원의 형식으로 국왕과 국왕의 자문회의에 불만을 호소할 수 있었다. 14세기에 시작된 상서청 법정이 바로 이런 청원을 다루는 법정이었다. 국왕 자문회의의 위원인 상서경이 주재하는 이 법정에서는 엄격한 법조문이나 판례보다는 형평의 원리에 따라서 판결이 내려졌다.[2] 성실청 법정 역시 이 같은 국왕 자문회의의 사법적 활동에 그 기원을 두고 있었다. 헨리 7세는 장미전쟁 이후 계속된 무질서를 바로잡고 보통법 법정의 비리와 결점을 시정하기 위해 이 성실청 법정의 사법 업무를 활성화했다. 성실청 법정에서는 배심제도가 적용되지 않았으며 원고의 고발과 피고의 답변, 증거의 수집과 증언의 청취 등에 의해서 사건을 공정하고 신속하게 처리해 주었다. 성실청 법정은 다음 왕조 시대에 자문회의와 분리된 독자적인 법정으로 발전하면서 정치적 탄압 기구로 전락하여 백성들의 원성의 대상이 되었지만, 튜더 시대에는 인기 있고 바쁜 법정으로 남아 있었다.

헨리는 지방정부의 강화에도 힘썼다. 15세기의 전쟁은 폭력적인 사회 분위기를

---

2) 185쪽의 주 7) 참조.

조장하여 사람들은 곧잘 폭력에 의존하곤 했다. 헨리는 지방의 법과 질서를 유지하기 위하여 일련의 법령을 제정했다. 사병을 거느리는 것이 금지되고 배심원의 위증과 부정행위가 처벌되었으며, 지방 관리의 의무와 권한이 더욱 명확하게 규정되었다. 지방에서의 질서 회복과 치안 유지를 위해 헨리가 주로 의존한 기구는 치안판사였다. 치안판사가 처음 모습을 드러낸 것은 14세기의 일이었다.[3] 시골의 젠트리층에서 선발된 이들은 순회판사들을 보조하고 지방 법정에서 사소한 사건들을 담당해 왔다. 그들의 업무는 15세기를 거치면서 계속 늘어났는데, 튜더 시대에 들어서 그들의 권한이 한층 더 강화되어 이제 치안판사는 더욱 많은 범죄행위들을 처리하게 되었다. 비록 무보수의 명예직이었지만, 헨리 치하에서 그것은 지방의 유력한 젠트리로서의 위신을 세워주는 직책인 데다 고위 관직으로 나아가기 위한 일종의 수련 과정으로도 간주되었기에 젠트리들에게는 아주 중요한 경력이었다.

재정정책

그러나 왕권을 확립하고 정부 기능을 강화하는 데는 무엇보다도 왕이 충분한 재원을 확보하여 재정적으로 자립할 필요가 있었다. 중세 후기의 많은 왕들의 힘이 미약했던 것은 그들이 전쟁이나 사치 등으로 재산을 탕진하고 가난해진 탓 또한 컸기 때문이다. 헨리는 재정적으로 의회에 의존하고 있는 왕은 강력한 군주가 될 수 없다는 사실을 잘 알고 있었다. 왕은 '자신의 수입으로 살아간다'는 원칙, 즉 합법적으로 인정된 국왕의 정상적인 수입으로 왕실의 재정을 꾸려나가야 한다는 영국인들의 기본적 견해를 따르려고 노력했다. 그것이 바로 의회의 통제에서 벗어나 왕권을 강화하는 길이었기 때문이다. 원래 별다른 재산이 없었을 뿐만 아니라 상당한 빚까지 지고 있던 헨리는 왕위에 오르자마자 이용 가능한 모든 소득원을 활용하여 왕실의 부를 늘리는 데 진력했다.

왕의 수입에는 정상적인 수입과 비정상적인 수입의 두 가지가 있었다. 전자는 왕령지 수입, 관세 수입, 재판권 수입, 봉건적 부수권(feudal incident) 등 정례적으로

---

3) 182쪽 참조.

인정된 합법적인 수입이었고,4) 후자는 전쟁과 같은 긴급 시에 의회 안팎에서 한시적으로 허용하는 보조세나 덕세, 또는 거의 강제적인 차입(loan) 등이었다. 헨리는 주로 전자에 의존했다. 그는 랭커스터와 요크, 이 두 왕가의 방대한 토지를 물려받은 데다, 보즈워스 전투에서 그에게 적대한 자들이나 그 후 음모나 반란에 가담한 자들의 땅을 몰수함으로써 왕령지를 크게 늘렸으며, 이를 효율적으로 경영함으로써 왕령지에서의 수입을 더욱 증대시켰다. 헨리의 첫 의회는 턴 세와 파운드 세(tunnage & poundage)를 평생토록 거두도록 허용했다.5) 그는 해외무역을 적극 장려함으로써 이 관세 수입 역시 최대한으로 늘렸다. 재판권 행사에 따른 수입 또한 크게 늘어났다. 영장 발부나 재판 진행에 따른 각종 수수료, 범법자에 대한 무거운 벌금, 그리고 심지어 사면권의 판매 등으로 늘어난 수입도 상당했다. 뿐만 아니라 헨리는 봉건적 권리의 행사로 생기는 각종 수입을 증대시키는 데도 유별난 노력을 기울였다. 그는 심지어 1504년의 의회에서 이미 죽은 아들 아서의 기사 서임에 대한 봉건적 부조와 2년 전에 결혼한 딸 마거리트의 결혼에 대한 부조의 부과를 인정케 했다. 그는 15세기의 혼란 속에 은닉되고 잊혀진 상속세, 후견권, 재산복귀와 같은 국왕의 봉건적 부수권을 다시 밝혀내고 조사할 위원회를 설치했다. 이와 같은 헨리의 재정정책은 인기가 없었으며, 특히 리처드 엠프슨(Empson)이나 에드먼드 더들리(Dudley) 같은 재정 업무 담당자는 미움의 대상이 되었다.

헨리는 또한 재정기구의 기능을 효율화하는 방안도 강구했다. 그가 즉위했을 당시의 재정기구는 회계청이었는데, 이 기구는 이미 300년의 역사를 가진 복잡하고 까다로운 절차로 업무 처리에 많은 시간이 소요되고 매우 비효율적이었다. 문제를 해결하기 위해 헨리는 중세 왕들의 방식으로 돌아가 재정 업무를 회계청에서 내실

---

4) 왕이 '자신의 수입으로 살아간다'는 것은 이 같은 정상적인 수입으로 살아간다는 것을 의미했다.

5) 턴 세는 수입 포도주에 턴(tun: 252갤런들이 큰 술통)당 부과되는 보조세였고, 파운드 세는 기타 다른 수출입 물품에 파운드당 부과되는 보조세였다. 이 두 관세는 기원은 서로 달랐지만, 14세기 중엽부터 함께 운용되었고, 15세기 초엽부터 새 국왕의 첫 의회가 평생토록 징수할 수 있게 승인해 주는 것이 관행으로 되었다. 찰스 1세는 이런 승인을 얻지 못하고 그것을 거둠으로써 의회의 저항을 받았으며, 이 문제는 정치적 쟁점이 되었다. 이 관세들은 1787년에 폐지되었다.

로 옮기고, 내실의 재무관인 써 토머스 러블(Lovell)과 써 존 헤런(Heron)으로 하여금 이를 관리하도록 했다. 그러면서도 헨리의 재정 제도는 역시 주로 그 자신의 활동에 의존했다. 그는 손수 재무관의 회계 장부를 꼼꼼하게 점검하고 페이지마다 친필로 서명을 했다. 그리하여 그의 치세에 왕실의 수입은 연 5만 2,000파운드 정도에서 약 14만 2,000파운드로 늘어났다. 빚으로 치세를 시작해야 했던 그는 죽을 때 풍족한 유산을 후사에게 물려줄 수 있었다.

2. 사회·경제·문화

인구와 사회계층

13세기 말에 400~500만에 달했던 잉글랜드의 인구는 14세기 이래 급격하게 줄어들어 15세기 후반까지도 200만 명 수준에 머물러있었다. 그러나 1470년 무렵부터 인구는 서서히 증가하기 시작했다. 처음에는 아주 느리게, 그리고 나중에는 좀더 빠르게 증가하여, 17세기 초에는 다시 400만을 넘어, 3세기 전의 수준을 회복했다. 튜더 시대의 잉글랜드에서 일어난 여러 극적인 사건들은, 이처럼 급속하게 증가하는 인구로 말미암아 저물가와 고임금의 15세기 잉글랜드 사회가 고물가와 저임금의 사회로 바뀌어가는 상황을 배경으로 펼쳐졌다.

튜더 초기의 잉글랜드에는 대략 50명 정도의 작위 귀족이 장미전쟁에서 살아남아 있었다. 이후에 튜더 왕조의 왕들은 제각기 새로운 귀족들을 만들어냈지만 그수는 크게 늘어나지 않았다. 헨리 8세는 38명의 새로운 귀족을 만들어냈으나 작위수여에 인색했던 엘리자베스 1세는 긴 치세 동안 단지 14명만을 새로 귀족으로만들어냈을 뿐이어서 그녀가 죽을 무렵 작위 귀족의 수는 60명이 채 안 되었다. 귀족은 그들이 소유하고 있는 작위와 상원의 의석, 그리고 막대한 부 등으로 다른토지 소유 계급과 구별되었다. 이들의 평균 소득은 연간 1,000파운드 정도였는데, 가장 부유한 귀족인 버킹엄 공의 연간 소득은 그 여섯 배나 되었다. 15세기 말경부터 귀족들은 방어를 위한 성채보다는 안락한 생활을 위한 저택을 짓기 시작했는데,

이 저택들은 이후 400년 동안 잉글랜드를 지배하게 될 전원 저택 문화를 여는 징표가 되었다.

　귀족의 아랫자리를 차지하면서 귀족과 더불어 잉글랜드의 상층부를 이루고 있던 젠트리들은 6,000명 남짓이었다. 당대인들은 종종 이들을 세 계층으로 구분했다. 전체 젠트리의 1할이 채 못 되는 기사는 그중에서 가장 부유했으며, 평균 연간 소득이 귀족의 5분의 1 정도였다. 그 아래로는 기사의 수보다 두 배가량 많고 소득이 그 절반 정도 되는 에스콰이어(esquire)가 있었다. 에스콰이어는 원래 기사의 종자를 일컫던 칭호였는데, 이제는 보통 장원을 가진 영주를 지칭하는 말이 되었다.[6] 젠트리층의 제일 밑에 있는 젠틀먼(gentleman)은 원래 육체노동을 하지 않는 귀한 (gentle) 신분의 사람들을 지칭하는 말로, 넓은 의미로는 작위 귀족까지를 포함한 모든 귀족층 사람들을 지칭하기도 했지만, 실제적으로는 좀더 좁은 의미로 에스콰이어보다 한 단계 아래의 대략 5,000명가량을 헤아리는 소지주들을 가리켰다.

　전체로서의 젠트리 계층은 13~14세기의 기사 계급과 새로운 두 집단, 즉 토지를 매입한 상인이나 법관, 그리고 젠트리의 지위를 얻기에 충분한 정도의 토지를 축적한 부유한 농민(요우먼)들의 총집합체였다. 젠트리의 형식상 기준은 가문을 상징하는 문장(紋章)의 소유 여부였다. 15세기에 사실 상당한 재력이 있는 자라면 문장을 가질 권리를 얻는 것은 그리 어려운 일이 아니었다. 그래서 젠트리는 실제로는 농업 생산에 직접 종사하지 않고 지대 수입만으로 여유 있게 살 수 있을 만큼 많은 토지를 소유한 사람들을 가리키는 말이었다. 따라서 잉글랜드에서는 젠트리와 시민의 구별이 그렇게 엄격하지 않았다. 젠트리 가문의 차남 이하 아들들은 종종 상인의 도제가 되어 상업으로 부를 쌓았고, 거꾸로 부유한 상인이 토지를 매입하여 지주가 되는 경우 한 세대 정도만 지나면 젠트리로 인정받았던 것이다.

　젠트리의 밑으로는 요우먼층(yeomanry)이 있었다. 젠트리와 마찬가지로 요우먼도 그 범주를 분명하게 가리기가 어려워 어떤 사람이 때론 요우먼으로, 때론 그냥 농부(husbandman)로 불리기도 했다. 원래 법적으로는 연수 40실링 이상의 자유토지보

---

6) 에스콰이어 혹은 스콰이어(squire)는 방패 소지자(shield bearer)를 뜻하는 라틴어 scutarius에서 유래했다. 그리고 19세기가 되면 squirearchy는 대체로 시골 젠트리 전반을 가리키는 말로 쓰였다.

레스터셔의 뉴튼 린퍼드(Newton Linford)에 있는 16세기 무렵의 소농가(cruck-framed house)

유농을 지칭했지만, 현실적으로는 대규모 차지농이나 많은 토지를 보유한 등본토지보유농까지도 그렇게 불려 14~15세기를 지나는 동안에 그 수가 증가했다. 이들은 대개 100~200에이커 정도의 토지를 보유한 부유한 자영농으로서 농경지 외에 흔히 목장지도 가지고 있었으며, 직접 농사를 지으면서 종종 임금노동자를 고용하기도 했다. 요우먼은 물질적으로 여유 있는 생활을 했고, 때로는 그들 바로 위 계층인 젠틀먼보다 더 풍요로운 경우도 있었다. 나라를 지키는 데 크게 기여한 잉글랜드의 창병과 궁병이 주로 이들에게서 나왔다는 사실은 그 사회적 중요성을 보여준다. 이들이 사회의 상층과 하층의 중간에 위치하여 양 계층 사이의 간극을 메우고 있던 것은 당시 대륙에서는 볼 수 없는 잉글랜드 특유의 현상으로 이후 잉글랜드 역사 발전에 영향을 미친 중요한 요인의 하나였다.

요우먼 아래로는 훨씬 더 많은 수의 토지보유농(tenant)이 있었다. 장원제가 무너짐에 따라 중세의 인신예속적 농노가 사라지고 농민들은 대체로 노역봉사 대신 현물지대나 화폐지대를 납부하는 임차토지보유농으로 변신했다. 이들의 경제적 여건은 토지보유 기간의 안정성과 지대의 수준에 따라 다양한 차이를 보이고 있었다.

그러나 대체로 관습토지보유농(customary tenant)과 임의토지보유농(tenant at will)으로 대별된다. 관습토지보유농은 지대 수준이나 토지보유 기간 등의 조건들이 장원의 관습에 따라 정해져 있고 영주가 쉽게 이를 바꿀 수 없어 농민의 토지보유가 비교적 안정적이었다. 그중에서도 장원의 문서에 등재되어 있는 토지보유 조건들에 관한 기록의 등본을 가지고 있는 농민인 소위 등본토지보유농의 지위는 그만큼 더 안정적이었다. 즉, 이들은 영주가 보유지를 함부로 빼앗을 수 없었고, 대를 이어 토지 임대차 관계를 갱신할 수 있어서 일종의 영구임대나 다름없는 토지를 보유하고 있었다. 그러나 보통의 관습토지보유농이거나 등본토지보유농이거나 그들의 토지보유 조건들은 한결같지가 않았으며, 그래서 정작 중요한 것은 등본의 소유 여부보다 정확한 토지보유 조건이었다. 그 조건이 분명하면 해당 농민은 상대적으로 안전했지만, 조건이 불분명하고 영주가 자의적으로 그 조건을 변경할 수 있다면 농민의 처지는 그만큼 더 위태로웠으며, 그래서 이들은 튜더 시대에 진행된 인클로저의 희생자가 되었던 것이다. 그러나 이들보다 더 불안한 처지에 놓여 있던 농민들은 임의토지보유농이었다. 이들의 보유지에 대한 지대의 수준이나 토지보유의 기한 등은 전적으로 영주가 임의로 정할 수 있었으므로 이들은 자신의 땅에서 언제라도 쫓겨날 수 있었다.

사회적 피라미드의 맨 밑바닥에는 코티저와 임금노동자가 있었다. 아마도 영국인의 셋 가운데 둘을 차지한 이들은 단칸방의 오두막과 한두 에이커의 빌린 땅뙈기에, 그리고 품팔이에 생계를 의존했다. 그들은 고된 일과 절약으로 근근이 생계를 꾸려나갔으며, 농사가 잘되어 빵 값이 싼 해에는 숨을 돌렸지만 흉년이 들면 호구조차도 어려웠고 쉽사리 질병의 희생자가 되기도 했다.

튜더 초기의 잉글랜드는 9할이 넘는 인구가 시골에서 살았지만, 국부 가운데 상당한 부분을 도시가 차지하고 있었다. 14세기와 15세기를 지나는 동안 도시의 부는 크게 늘어났다. 1330년 무렵 도시의 부는 국부의 7% 정도에 불과했지만, 두세기쯤 뒤에는 15%로 증가했다. 특히 런던의 성장이 대단했다. 16세기 초 지방의 대도시인 요크, 브리스틀, 노리치 등의 인구가 1만, 그리고 다른 10여 도시의 인구가 5,000에 불과한 데 비해, 런던의 주민 수는 6만이나 되었다. 런던에는 로마나 베네치아와 같은 이탈리아 도시들의 보석 가게가 무색할 만큼 보석으로 가득 찬 금은방들이 즐비한 거리가 있었지만 빈민들이 살아가는 지저분한 거리들 또한 많았다. 런던은 시골과 마찬가지로 심한 빈부의 격차를 드러내고 있었다. 하위의 4분의 3이 도시 전체 부의 겨우 4%를 차지한 데 비해, 상층 5%가 80%를 차지하고 있었다. 게다가 15세기 말을 지나면서 도시의 정치는 점점 더 과두정의 성격이 두드러져 갔다. 심화된 부의 불평등과 사회적 격차는 헨리 7세 시대 사회의 두드러진 특징이었다.

토지의 겸병과 인클로저

개인적 자유의 확대가 또한 불평등을 심화시키는 하나의 주요인으로 작용했다. 중세 잉글랜드의 농노들은 대부분 30에이커 정도의 땅을 보유하며 나름대로 평등을 유지하고 있었다. 그러나 노동지대의 금납화, 토지시장의 출현, 농노제의 점차적인 소멸, 영주 직영지의 임차지화 등은 이러한 평등을 무너뜨렸다. 기업적 능력이 있는 농민들은 착실하게 토지를 축적한 반면, 그렇지 못한 농민은 점차 땅 없는 노동자로 밀려났다. 헨리 7세의 시대에 오면 농노제는 사실상 소멸했지만, 상속이나 결혼 또는 토지의 구매를 통하여 토지의 겸병(兼倂, engrossing)이 계속 진행되었다. 이제 중요한 사회적 구분은 법적 지위가 아니라 부, 즉 소유한 토지에 의해 이루어져, 사회계층은 넉넉한 토지를 가진 부유한 농민과 품팔이 노동에 종사하는 토지 없는 노동자로 나뉘게 되었다. 토지 겸병 현상은 튜더 시대에 더욱 가속화했다. 소수의 부유층이 점점 더 많은 토지를 사들임에 따라 계속 늘어나는 인구가 토지를 얻기는 더욱 어려워졌다. 사실 토지의 겸병은 인클로저보다 더 심각한 사회문제였다. 그것은 잉글랜드 전역에 걸쳐 진행된 반면, 인클로저는 주로 이스트 미들랜즈 지방에 국한되었기 때문이다.

인클로저는 장원 영주나 부유한 농민들이 자신의 경작지에 이웃한 땅을 사들여서, 그 둘레에 울타리를 치고, 이 구획된 경지를 개방경지와는 별도로 경작하는 것이었다. 15세기를 통하여 농민들은 지조를 서로 교환하거나 매입하는 방법으로 보유지를 통합해 나갔고, 그럼으로써 더욱 효율적인 영농을 할 수 있었다. 이런 인클

레스터셔의 폐촌 그레이트 스트레턴(Great Stretton)의 인클로저가 이루어진 경지. 옛 개방경지의 이랑과 고랑의 패턴이 남아 있다.

로저는 비난할 일이 아니었다. 그러나 장원 영주가 개방경지의 드넓은 지조들을 병합하여 울타리를 치고, 작인들을 내쫓고, 경작지를 목초지로 전환하여 여기에 대규모로 양 떼를 기를 때 문제는 아주 달라졌다. 더욱 나쁜 것은 영주가 방목지와 같은 마을 공유지에 울타리를 치고, 마을 주민들에게서 가축을 방목할 권리를 박탈하는 일이었다. 최악의 사태는 영주가 아예 농민들을 송두리째 내몰고 마을의 개방경지를 거대한 목장으로 바꿔버렸을 때 일어났다. 마을은 황폐해지고 농민들이 정처 없는 유랑민 신세로 전락한 것이다.

이런 인클로저에 대한 사회적 비난이 일자 1489년 의회는 경작지를 목장으로 전환하거나 가옥을 허물어뜨리는 일을 금지했으나 이 법은 제대로 시행되지 않았다. 1485년에서 1500년 사이에 미들랜즈 일대에서는 대략 1만 6,000에이커에 이르는 토지에 인클로저가 이루어졌고, 그중 1만 3,000에이커 이상이 목장으로 바뀌었다. 목장으로 전환하는 것을 부추긴 동인은 이윤의 추구였다. 양모와 양고기에 대한 수요가 늘어나 그 값이 점점 더 올라감에 따라 목양이 곡물 경작보다 더 많은 이윤을 가져다주었다. 게다가 목양은 곡물 경작보다 훨씬 더 적은 일손으로도 가능했기 때문에 더욱더 유리했다.

1516년 써 토머스 모어(More)는 유명한 저서 『유토피아(Utopia)』에서 한때 그렇게 온순했던 양들이 이제는 농민들의 집은 말할 것 없고 사람들까지 먹어치우고 있다고 비난했다. 그의 비난은 언뜻 보기에 지나치다는 느낌이 없지 않다. 미들랜즈를 제외하면 아직도 많은 지역이 인클로저의 물결에 휩쓸리지 않았으며, 더욱이 미들랜즈에서도 인클로저가 성행했던 레스터셔의 경우 개방경지는 겨우 1할 정도만이 목초지로 전환되었기 때문이다. 그러나 모어의 비난은 결코 터무니없는 것은 아니었다. 비록 잉글랜드 전체로 볼 때는 그 규모가 대단치 않은 것이었을지라도 실제로 목양을 위한 인크로저를 겪은 마을의 주민이 당한 고통은 말할 수 없이 컸다. 세 마을 중 하나가 인클로저를 겪었으며, 전체 370개 마을 중 40개 마을은 인클로저로 말미암아 아예 사라져버렸다. 비록 인클로저로 나라 전체의 부는 증가했을지라도, 그 대신 적지 않은 농민들이 조상 전래의 삶의 터전에서 내쫓기는 고통을 겪어야 했다.

공업

인클로저와 토지 겸병으로 발생한 사회적 불만과 고통을 잉글랜드는 농촌 공업을 통해 일부 흡수하고 해소할 수 있었다. 농민들은 농업뿐만 아니라 일부 공업에도 종사하고 있었다. 특히 중세 말기에 몇몇 공업이 도시에서 농촌으로 옮아감에 따라 농촌 공업이 널리 퍼지게 되었는데, 그것은 전통의 제약에서 벗어나 시장의 요구에 유연하게 대응하면서 발달할 수 있었던 것이다. 월트셔와 서퍼크에서 농민들은 직물을 짰고, 콘월과 데번에서는 주석을, 북부에서는 석탄을 캤으며, 서부 미들랜즈에서는 못이나 철사와 같은 철물을 제조했다. 이 같은 농촌 공업 가운데서도 특히 중요한 것은 단연코 모직물 공업이었으며, 그 중심지는 글로스터, 월트셔, 서머세트 등 서부 지역과 이스트 앵글리어, 요크셔의 웨스트 라이딩 등 목축업이 발달한 지역이었다. 이 직물공업은 자본가적 직물업자들이 선대제를 통해 지배하고 있었다.

건축업은 채석업을 포함한다면 거의 직물공업만큼 많은 인구를 고용하고 있었다. 15세기 말과 16세기 전반기(前半期)에 교회 건축의 바람이 다시 일었다. 16세기 초엽에는 귀족과 젠트리들 또한 시골 저택을 짓기 시작했으며, 덩달아 많은 소젠트리들과 부유해진 요우먼들도 그들의 집을 재건축했다. 건축업에 버금가는 분야는 광업이었다. 1500년 무렵이면 대부분의 탄전이 개발되었는데, 1486년에 수력 펌프가 처음으로 탄갱의 물을 퍼내는 데 사용되어 더욱 깊은 곳에서 채탄할 수 있게 되었다. 헨리 7세의 치세에 한때 부진했던 주석의 생산도 부쩍 늘었으며, 서머세트의 멘디프 힐즈(Mendip Hills)에서는 납 생산이 활기를 띠었다. 금속공업 역시 번영했으며, 버밍엄(Birmingham)은 칼, 말 재갈, 못 등을 만드는 대장간의 소리로 시끄러웠다. 금속공업보다 어쩌면 더 중요했던 것이 가죽공업이었다. 가죽은 신발, 의복, 혁대, 물주머니, 풀무 등을 만드는 재료로서 그 쓰임새가 아주 많았기 때문이다. 튜더 초기의 많은 인클로저는 사실 목양보다는 가죽 생산용 다른 가축 사육을 위한 것이었다. 마지막으로, 헨리 7세가 보조금까지 지급하면서 특히 장려한 것이 조선공업이었다. 최초의 보조금을 받은 브리스틀의 캐닌지즈(Canynges) 조선소는 100명의 목수와 노동자를 고용하여 총 3,000톤의 선박을 건조했으며, 그 밖의 다른 여러 항구에서도 조선공의 망치 소리가 울려 퍼지고 있었다.

모든 공업이 농촌 공업이었던 것은 물론 아니다. 도시 주민들의 주된 생업은 상업과 서비스업이었지만, 수공업에 종사한 주민 수도 꽤 많았다. 도시의 수공업은 도시 주민들의 일상생활에 필요한 갖가지 물품과 주변 농촌 주민들이 사용하는 농기구를 주로 만들어내는 것이었으며, 도시마다 푸주한, 제빵공, 주조장, 가죽 무두질공, 의복제조공, 구두수선공, 양초제조공, 제모공, 대장장이 등 온갖 수공업자가 있었다. 그러나 이런 도시 수공업은 중세 말 이래 경직화한 수공업 길드의 규제 때문에 발달을 제약당하고 있었다. 마스터가 될 길이 막힌 직인들은 길드의 규제를 피해 농촌 지역으로 이주하는가 하면 그들 자신의 독자적인 길드인 이른바 직인 길드(Journeyman guild 또는 yeoman guild)를 만들기도 했는데, 이런 현상은 튜더 시대에도 계속되었다.

한편 길드의 마스터들 중에서도 사업이 번창하여 부유해진 소수의 마스터들이 그렇지 못한 여느 마스터들보다 우월한 지위에 오르고 길드의 지배권을 장악하게 됨에 따라 군소 마스터들의 처지가 어려워졌다. 게다가 런던을 비롯한 몇몇 대도시에서는 여러 업종마다 조직된 수많은 수공업 길드 가운데 서로 연관된 몇 가지 업종의 길드가 합병하여 거대한 길드가 조직되었다. 리버리 컴퍼니(livery company)[7]라고 불린 이들 유력한 길드는 물품 생산을 하지 않고 제품의 판매권을 독점하여 마치 상인 길드와 같은 조직이 되었으며, 이들이 사실상 도시의 상권은 물론, 행정의 실권까지도 장악하게 되었다. 더욱이 이제 옛 마스터-도제의 관계가 근대적인 고용주-피고용인의 관계로 바뀌어가고 있었다. 이런 새로운 상황에서 중세적 형태의 낡은 수공업 길드는 쇠퇴의 길을 밟을 수밖에 없었다. 유력한 특권적 길드는 점점 더 과두적이며 독점적으로 되어간 반면, 소규모의 수공업자들은 상인들만큼 부유하거나 강력해질 수 없었으며, 그래서 런던을 비롯한 모든 도시에서 수공업 길드의 힘은 점점 더 약해져 갔다. 게다가 경제생활에 대한 튜더 정부의 통제 정책도 길드를 위축시키는 데 한몫 거들었다. 1504년에 제정된 법은 정부의 동의 없이 길드가 공업과 관련한 새로운 규율을 제정하지 못하게 하고, 또 공업 분쟁이 일어났을 경우에 길드의 회원이 국왕 법정에 제소하는 것을 길드가 막지 못하게 했다. 이것은 과두적인 길드의 횡포로부터 일반 국민을 보호하려는 튜더 정부의 이른바 온정주의(paternalism) 정책의 하나였지만, 이 역시 반인클로저법과 마찬가지로 그다지 실효를 거두지 못했다.

---

7) 이 길드의 회원들은 도시의 주요 행사나 축제 때 각기 자기들의 제복(livery)을 입고 참석했는데, 이런 소수의 리버리 컴퍼니들이 사실상 도시의 행정을 장악하고 있어 그들이 곧 도시 정부 자체나 다름없었다. 런던의 시청을 길드홀이라 부르는 것도 그곳이 바로 런던 리버리 컴퍼니들의 집회소, 즉 그들의 길드홀이었던 데서 연유했다.

수공업자들의 노동시간은 길었다. 그들의 노동시간은 보통 해가 긴 3월부터 9월까지는 약 2시간 정도의 식사 시간을 포함하여 아침 5시부터 저녁 7시 혹은 8시까지 14~15시간 정도였고, 해가 짧은 9월부터 이듬해 3월까지는 아침 6시에서 저녁 6시까지 12시간 정도였다. 이와 같이 노동시간은 비록 길었지만, 노동 강도가 약한 데다 각종 휴일이 많고 일감도 적어 실제 노동 일수는 주 3일 정도에 그쳤기 때문에 장시간 노동도 그럭저럭 견딜 만했다. 그러나 이렇게 노동 수요와 노동 일수가 적다 보니 그만큼 수입도 적을 수밖에 없었다.[8) 수입의 대부분은 식비로 지출되었다. 먹을거리로는 빵과 치즈, 그리고 가끔 생선(특히 청어)이 식탁에 올랐고, 음료로는 에일을 많이 마셨다. 풍년이 들어 물가가 싸고 일거리가 많을 때는 별 근심 없이 살아갈 수 있었지만 흉년이 들어 물가가 비싸고 일거리가 모자랄 때는 가난한 농민들보다도 더 어려움을 겪어야만 했다.

교역과 해양 활동

사업가적 소질을 지닌 헨리 7세는 외국과의 교역을 장려하여 그의 치세에는 해외무역 또한 번성했다. 16세기 초에도 잉글랜드의 주된 수출품은 여전히 양모와 모직물이었으며, 이 품목이 전체 수출의 8~9할을 차지했다. 양모 수출량은 좀더 줄어든 데 비해 1485년에 5만 단 정도이던 모직물 수출량은 1510년에 약 9만 단으로 늘어났다. 1450년 무렵까지도 모직물은 잉글랜드의 몇몇 항구에서 선적되어 대륙의 대서양 연안에 있는 여러 도시로 실려갔다. 그동안 잉글랜드 상인들은 발트 해와 서부 독일 지역으로 진출하려고 노력했으나, 한자 동맹의 격렬한 저항에 직면했고, 거의 한 세기에 걸친 경쟁 끝에 1470년 무렵 결국 이 지역에서 밀려나고 말았다. 프랑스와의 교역 역시 백년전쟁 이후로 끊이지 않은 프랑스와의 분쟁으로 부진했다. 그리하여 잉글랜드의 모직물 수출상들은 남아 있는 큰 시장인 네덜란드, 특히 안트베르펜으로 몰려들었으며, 여기서 그들은 15세기를 거치면서 특

---

8) 가령 코븐트리의 한 제모공 노동자는 하루 4펜스의 품삯을 받았는데, 주당 3일을 일할 경우 그의 연수입은 50실링을 넘지 않았을 것이다. 이 중에서 집세로 5실링, 의복 값으로 4실링, 신발 값으로 1실링을 사용하되, 연료나 양초 등 그 밖의 자잘한 생필품들은 별로 돈을 들이지 않고 자급할 수 있었다.

권적 지위를 획득했다. 안트베르펜 무역의 개척자들은 1486년 런던 모험상인단을 결성한 런던의 모직물상들이었다. 그들은 다른 도시 상인들의 진출을 막고 모직물 무역을 독점했다. 헨리 7세는 1496년과 1506년에 네덜란드와 맺은 두 차례의 무역협정으로 잉글랜드와 네덜란드 양국 간의 무역자유의 원칙을 확보했는데, 그 내용은 대체로 잉글랜드 상인들에게 유리했다. 이리하여 런던 모험상인들은 헨리 7세의 치세에 번영했고, 그들의 번영은 국내의 모직물 공업을 더욱더 활성화시켰다.

잉글랜드 상인들은 발트 해 연안과 북서부 독일 상권에서는 밀려났지만, 지중해 무역에 침투하는 데에는 어느 정도 성공을 거두었다. 그들은 베네치아 상인들의 독점의 틈을 비집고 들어가 조금씩 지중해의 교역로를 열어나가면서 크레타(Crete)와 키오스(Chios)에서 고급 포도주를 들여왔으며, 피렌체와 조약을 맺어 그 외항 피사(Pisa)를 잉글랜드산 양모의 집산지로 삼았다. 남부 프랑스와의 교역은 주로 보르도에서 포도주를, 툴루즈에서는 염료로 쓰이는 대청을 수입하는 것이었는데, 상품의 운송은 대체로 프랑스 선박으로 이루어졌다. 이에 의회는 1485년 잉글랜드 최초의 항해법(Navigation Act)을 제정하여 외국 선박으로 포도주를 수입하는 것을 금지하고, 이어 1489년에는 두 번째 항해법으로 외국 선박으로 대청을 수입하는 것도 금지했다. 잉글랜드 선박의 수송 능력이 운송 수요를 충족시킬 수 없어서 이 법들이 제대로 시행되지는 못했지만, 그것들은 일종의 경제적 민족주의가 중세의 세계주의적 상업에 처음으로 침투하게 되었음을 보여주는 것이라 하겠다.

헨리 7세는 15세기 말에서 16세기 초에 걸쳐서 일어난 이른바 신항로의 개척에도 그 나름대로 공헌했다. 동양에 이르는 새로운 항로를 발견하는 모험에 앞장섰던 포르투갈이나 에스파냐와 달리, 네덜란드·프랑스·이탈리아 등과의 무역을 통해서 이득을 보고 있던 잉글랜드는 실상 새로운 방향에서 모험을 감행할 필요를 크게 느끼지 못하고 있었다. 그러나 나라의 장래가 바다에 있다는 것을 느낀 헨리는 한 이탈리아 출신 항해가의 모험을 지원함으로써 북아메리카 항로를 개척하는 데 이바지했다. 제노바에서 태어나 베네치아 시민이 된 존 캐버트(Cabot: Giovanni Caboto)는 아시아에 이르는 데는 대서양의 북서항로를 통하는 것이 아프리카 남쪽을 돌아가는 것보다 훨씬 더 빠를 것이라고 믿었다. 그러나 포르투갈과 에스파냐에서 지원을 받지 못한 그는 1490년경 브리스틀에 왔다. 브리스틀의 뱃사람들은 일찍부터 고래잡이를 위해 아이슬란드(Iceland)까지 항해했고, 아이슬란드를 넘어 대서양 저 멀리 염료 나무가 많은 전설의 섬 브라질(Brazil)을 찾아 나서기도 했다. 캐버트는 브리스틀의 도움으로 작은 선박 한 척으로 1497년 여름 대서양을 건너 뉴펀들랜드(Newfoundland) 근처의 어느 해안에 도달했다. 콜럼버스(Columbus)처럼 그도 아시아에 도달했다고 믿었다. 거대한 흥분이 런던과 브리스틀을 휩쓸었다. 그 열기를 업고 캐버트는 다섯 척의 배를 확보하여 이듬해에 2차 항해를 떠났으나, 이번에는 다시 돌아오지 못했다. 1508년에는 그의 아들 세바스천(Sebasstian)이 아버지의 유업을 이어 허드슨 만(Hudson Bay)까지 항해하고 이듬해에 귀환했다. 그러나 그가 돌아왔을 때 이미 헨리 7세는 세상을 뜬 뒤였으며, 새 왕은 대서양에서의 신항로 개척보다는 유럽에서의 전쟁에 더 많은 관심을 가지고 있었다.

해외무역이 국부를 증진하고 많은 상인들로 하여금 거대한 부를 축적하게 해주었지만, 규모의 면에서 그것은 사실 연안 및 내륙 교역의 1할 정도에 불과했다. 국내 교역 역시 헨리 7세 치세에 뚜렷이 증대했는데, 그것은 평화를 유지하고 각 국과의 교역을 증대하는 데 힘쓴 헨리의 정책에 힘입은 바가 컸다. 큰 강과 그 지류를 통해 각종 물산들이 내륙 곳곳에 공급되었다. 그러나 더욱 깊숙한 내륙 교역은 육로를 통해 이루어졌고, 코븐트리·레스터·베드퍼드와 같은 많은 도시들은 수레와 말 등을 이용한 육로 운반을 통해서만 물품 교역이 가능했다. 16세기 초에 잉글랜드에는 연중 몇 주 동안 시장이 열리는 정기시가 350개도 넘게 있었다. 그러나 매주 한 번씩 서는 주시(週市)가 보통 사람들의 일상생활에는 더 중요한 구실을 했다. 당시의 잉글랜드에는 이런 주시가 760개나 있었으며, 평균적으로 누구나 10km쯤만 가면 그런 시장에 닿을 수 있었다.

문화

튜더 시대는 학문과 예술의 분야에서도 눈부신 발전을 본 시대였는데, 그 기초 또한 튜더 초기에 마련되었다. 튜더의 왕들이 질서 구현에 진력하는 동안 소수의

토머스 모어(한스 홀바인 그림)

선구적 학자들은 이탈리아 르네상스의 신학문을 전파하기에 여념이 없었다. 윌리엄 그로신(Grocyn)은 1485년에서 1491년까지 이탈리아에서 그리스어를 공부하고 돌아와 옥스퍼드에서 이를 가르쳤고, 같은 무렵에 토머스 리너커(Linacre)는 그리스어와 의학을 공부하고 와서 왕립의사협회(Royal Society of Physicians)를 설립했다. 부유한 런던 상인의 아들이었던 존 콜레트(Colet)도 이들의 뒤를 이어 이탈리아에서 신플라토니즘 철학을 접하고, 그리스어 문법과 문학을 습득했다. 1496년에 돌아온 그는 옥스퍼드에서 인문주의를 전파했고, 교회의 악폐를 신랄하게 비판하면서 초기 그리스도교의 순수와 단순성으로 되돌아갈 것을 역설했다. 잉글랜드의 인문주의자들은 이탈리아 이북의 다른 인문주의자들과 마찬가지로 그리스·로마의 고전 연구 이외에 성서와 초기 그리스도교 시대 교부들의 저작들에 대해서도 관심을 가졌다. 세속적이고 심미적인 이탈리아 르네상스에 비해 북부 르네상스는 종교에 대한 관심이 더 커서 깊은 경건함을 간직하고 있었다.

콜레트는 마침 그 무렵 그리스어 공부를 위해 옥스퍼드에 온 에라스뮈스(Erasmus)에게 큰 영향을 끼쳤다. 스콜라 학자들의 전통적 해석과 다른 그의 새로운 성서 강의는 이단적 생각의 전파를 우려한 보수주의자들을 당혹케 한 반면, 에라스뮈스를 포함한 젊은 인문주의자들에게 신선한 자극을 주었다. 에라스뮈스는 이후에도 여러 차례 잉글랜드를 방문하여 오랫동안 머물면서 그리스어판 신약성서를 연구하고 출간했으며, 그런 과정을 거치면서 당대 유럽 최고의 인문학자로 성장했다. 토머스 모어는 콜레트, 에라스뮈스 등과 교유하면서 인문주의의 영향을 받았다. 그는 『유토피아』에서 인클로저 등을 통해 빈부가 양극화해 가는 당대의 사회적 모순을 날카롭게 비판하면서 공산적 이상사회를 묘사했다. 『유토피아』는 또한 상상적인 이교도 사회를 그리스도교 사회와 비교함으로써 유럽 사회의 치부를 암묵적으로 고발하기도 했다. 1526년에는 북부에서 당대 최고의 독일 화가였던 한스 홀바인(Hans Holbein)이 처음으로 잉글랜드에 왔다. 그는 1542년에 런던에서 죽기까지 많은 초상화를 남겼는데, 그 덕분에 우리는 헨리 8세를 비롯하여 당대 잉글랜드의 많은 인물들의 모습을 알 수 있게 되었다.

모어의 『유토피아』

16세기 초만 해도 새 학문은 소수의 선각자에게 국한되었고, 옥스퍼드와 케임브리지의 두 대학에서 한결같이 보수적 스콜라 학자들의 반발에 부딪혔다. 그렇지만 16세기 중엽 무렵이 되면 스콜라 철학은 활력을 잃고 말았는데, 거기에는 무엇보다 세속주의적 교육의 성장이 큰 몫을 했다. 14~15세기 동안에 세워진 이튼과 윈체스터를 비롯한 여러 학교들이 교회의 교육 독점을 무너뜨렸는데, 15세기 말에는 각 도시들과 부유한 상인들이 설립한 학교 수가 크게 증가했다. 특히 1509년 콜레트가 설립한 세인트 폴 스쿨은 진보적인 교수법과 그리스어, 지리, 박물학 등의 새로운 교과목들을 도입하여 인기를 끌었다. 고등교육 기관으로는 1517년 옥스퍼드에 코퍼스 크리스티(Corpus Christi) 칼리지가 설립되었다. 이 칼리지는 인문주의 연구를 위한 최초의 대학이었으며, 이후 옥스퍼드와 케임브리지에 이런 새로운 칼리지가 속속 설립되었다. 마침내 1535년에는 정부가 왕령으로 교회법 연구를 억제하는 한편, 그리스어·히브리어·수학·의학 등의 연구를 장려했고, 스콜라 철학자의 모호한 주석을 폐기할 것을 요구하기에 이르렀다.

새 학문의 성장에는 인쇄술의 보급도 세속주의 교육에 버금가는 구실을 했다. 15세기 말에 새로운 인쇄술이 도입된 이래 곳곳에 많은 인쇄소가 생겨나고, 그에 따라 대중의 읽을거리가 크게 증가했는데, 이는 장기적으로 광범한 독서 대중의 성장을 돕고 대규모 사설 도서관의 설립을 촉진했다. 이런 인쇄 문화의 발달이 없었더라면 인문주의자들의 혁명적 사상이 그렇게 빨리 전파되지는 못했을 것이다.

3. 헨리 8세의 치세 전기: 외교와 전쟁

헨리 8세

너무나 오랫동안 잉글랜드의 왕은 제왕이기보다는 '동등자들 중의 제일인자'에 불과했고, 왕위는 귀족의 일개 분파를 대변하는 것에 지나지 않았다. 법률제도를 비롯한 왕국의 모든 체제는 가문에 대한 충성, 귀족들 간의 경쟁의식, 그리고 정실주의와 사적 인맥에 좌우되어 왔다. 그러나 1509년 헨리 7세가 아들 헨리에게 물려준 것은 모든 신민의 신뢰를 회복하고 왕국 전체를 지배하는 새로운 군주정이었다.

18세의 젊은 나이로 즉위한 헨리 8세는 여러 가지 면에서 비범한 재능을 지닌 인물이었다. 그는 뛰어난 지적 능력을 타고났다. 르네상스 시대에 태어나 새로운 시대의 문화를 섭취한 최초의 잉글랜드 왕인 그는 라틴어로 된 고전을 두루 섭렵했고, 프랑스어와 에스파냐어로 말할 수 있었으며, 수학을 이해하고, 당대 석학들과 함께 천문학이나 신학을 논했다. 그는 스포츠에도 만능이었다. 승마와 사냥, 그리고 활쏘기 등에서 출중한 재주를 보였고, 특히 마상 창시합의 달인이었다. 뿐만 아니라 음악에도 조예가 깊어 루트와 풍금 등의 여러 악기를 켜고, 아름다운 목소리로 노래를 부르고, 미사곡을 비롯한 많은 노래를 작곡하기도 했다.

한편 젊고 잘생긴 헨리 8세는 화려한 것을 좋아하고 정열적이며 방탕하고 삶을 즐기는 성격의 소유자였다. 그는 그와 같은 호방한 성격과 활달한 행동으로 대중적 인기를 모았다. 한편 자부심이 강하고 이기적인 그는 온건하고 관대한 부왕과 달리 냉혹하고 잔인한 면모를 드러내는 일도 드물지 않았다. 민심을 얻기 위해 그는 부왕의 세금 징수관으로 국민의 원성을 산 더들리와 엠프슨을 처형하는 것으로 치세를 시작했으며, 이후에도 신임하던 중신이나 귀족과 성직자, 그리고 심지어 왕비들을 처형하는 일까지도 서슴지 않았다. 그는 일상적 통치 업무를 모두 토머스 울지(Wolsey)에게 맡기고 자신은 삶을 즐기는 것으로 나날을 보냈다. 낮에는 사냥이나 마상시합 등을 즐기고, 밤에는 술과 노래와 춤, 그리고 잔치로 시간을 보냈다. 이렇게 젊음의 즐거움을 누리면서 보낸 치세의 전반기 동안에 그는 이렇다 할 업적을 이루지 못했다. 오히려 그는 프랑스와 에스파냐와의 전쟁에서 헛된 명예와 영광을 좇는 가운데 부왕이 물려준 재정을 탕진했다.

1511년 교황은 이탈리아에서 프랑스를 몰아내기 위해 에스파냐 및 베네치아 등과 신성동맹(Holy League)을 맺었는데, 헨리 8세는 이 동맹에 가담했다. 그리고 이듬해에는 장인인 에스파냐 왕 페르난도(Fernando)의 요청으로 프랑스를 침공할 병력을 에스파냐로 보냈다. 그러나 페르난도는 약속한 병력이나 보급품을 보내지 않은 채 그 기회를 이용하여 피레네 산맥 남쪽의 나바르(Navarre)를 점거했다. 영국군은 덥고 습한 에스파냐의 여름에 포도주 과음과 이로 인한 이질 등의 전염병으로 고통받다가 결국 지리멸렬한 상태로 철수할 수밖에 없었다. 2년 뒤인 1513년 6월에 헨리는 독자적으로 프랑스 침공을 감행했다. 그는 칼레에 상륙하여 프랑스 군대를 격파하면서 서서히 남쪽으로 진격하여 8월에 이른바 '박차들의 전투(Battle of Spurs)'⁹⁾에서 승리한 데 이어 테루안(Thérouanne)이라는 작은 도시를 점령하고, 9월에는 투르네(Tournai)를 함락시켰다. 이와 같이 약간의 전과를 올리기는 했지만, 이를 위해 그는 막대한 재정을 낭비하고 속 빈 영광 속에 귀환했다. 그 후에도 헨리는 전쟁을 원했지만 국내외에 평화를 바라는 요구가 드세어지는 가운데 새로 싸움을 시작할 만한 전비를 마련할 수가 없는 데다가 페르난도의 배신에 대해 앙갚음하려는 마음도 작용하여 결국 프랑스와 평화를 협의하게 되었다. 평화조약은 1514년 8월 체결되었는데, 이 조약으로 잉글랜드는 점령한 투르네의 보유를 인정받고, 1492년의 에타플 조약에서 잉글랜드 왕이 받기로 했던 보상금이 두 배로 증액되었다. 이와는 별도로 헨리의 누이동생 메리(Mary)와 프랑스 왕 루이 12세의 결혼이 합의되어 서둘러 혼인식이 거행되었다.¹⁰⁾

한편 헨리가 프랑스 침공으로 잉글랜드를 비운 틈을 타 프랑스와 동맹을 맺고

---

9) 8월 16일 긴가트(Guinegate)에서 벌어진 이 전투에서 테루안을 구원하러 온 프랑스군의 패주가 아주 급속했기 때문에 이런 이름이 붙었다.

10) 헨리 7세는 1507년 딸 메리와 불로뉴 대공 카를로스[Carlos, 뒷날의 카를 5세(Karl V) 황제]의 약혼조약을 맺고 이들을 1514년 5월 이전에 결혼시키기로 약조했는데, 카를로스가 이 약조를 지키지 않은 것을 이유로 헨리 8세는 마음 내켜 하지 않는 그녀를 이미 나이 52세인 루이 12세와 정략결혼을 시켰다. 그러나 결혼 이듬해인 1515년 루이가 사망하자 메리는 이전부터 마음에 두고 있던 서퍼크 공 찰스 브랜던(Brandon)과 재혼했다.

있던 스코틀랜드의 제임스 4세가 잉글랜드 국경을 침범했다. 그러나 유능한 장군 서리 백이 이끈 잉글랜드군은 1513년 8월 플로든 힐(Flodden Hill)에서 제임스를 맞아 격렬한 전투 끝에 스코틀랜드군을 섬멸했다. 이 전투는 스코틀랜드의 국가적 재앙이었다. 국왕 제임스 4세가 전사했을 뿐만 아니라, 수많은 귀족과 고위 성직자, 그리고 기사들이 왕과 운명을 같이했다. 왕위를 계승한 제임스 5세는 이제 겨우 첫 돌을 지난 갓난아이였으며, 헨리 8세의 누나인 왕대비 마거리트가 섭정을 했다.

울지의 외치

헨리의 치세 전반의 20년 동안 잉글랜드 정치를 사실상 주도한 인물은 울지였다. 서퍼크의 입스위치(Ipswich)에서 푸주한의 아들로 태어나 어려서부터 두각을 나타낸 울지는 옥스퍼드의 모들린(Magdalen) 컬리지를 거쳐 통상적인 출세 코스로서 교회에 들어갔다. 1507년에 헨리 7세의 궁정교회 신부가 되어 왕실에 발을 들여놓은 이후 그는 승승장구하여 출세 가도를 달렸다. 1509년에 헨리 8세의 국왕 자문회의 위원이 되고, 투르네 주교, 링컨 주교, 그리고 요크 대주교를 거쳐 1515년에 추기경과 상서경의 지위에까지 올랐으며, 마침내는 교황 특별사절(legatus a latere)의 자리까지 얻어내 성·속을 아우르는 권력의 정점에 서게 되었다. 이런 출세는 그의 예리한 판단력과 정력적인 업무 추진력, 그리고 국왕에 대한 충실한 헌신의 결과였다. 그러나 한편 그는 지위가 올라가고 권세가 커지면서 허영과 사치와 과시욕에 사로잡혔다. 그가 호화로운 저택 햄프턴 코트(Hampton Court)에서 웨스트민스터 홀로 향하는 행차에는 으레 수백 명의 제복 입은 종자들이 뒤를 따랐다. 값비싼 진홍색 법의를 입고 역시 화려하게 치장한 당나귀 등에 올라탄 그는 길가에 우글거리는 군중에게서 풍겨오는 고약한 냄새를 막기 위해 식초 적신 스펀지를 오렌지 껍질 속에 담아 연신 코끝에 대면서 나아갔다고 전해진다. 국왕의 총애를 한 몸에 받은 그는 이후 1529년에 몰락할 때까지 국왕의 용인 아래 전쟁과 외교를 포함한 국내외 정치 전반을 주무르다시피 했다. 권세가 커지면서 그는 왕에게 품의하지 않은 채 독단으로 일을 처리하는가 하면 심지어 국왕을 속이기까지 했다. 그가 외국에 보낸 서신에서 '나와 나의 군주(ego et rex meus)'라고 쓴 것은 라틴어 용법에는 맞았지만 좀더 겸손한 관직자라면 삼갔을 문구였다.

울지의 첫 외교 업적은 1514년 프랑스와의 평화를 이루어낸 것이었다. 그러나 평화는 52세의 루이 12세가 메리와 결혼한 지 1년도 채 못 되어 사망하고 프랑스와 1세(François I)가 즉위하면서 깨어질 위기에 처했다. 헨리 8세 못지않게 활동적이고 야심적이며 허영심 많은 프랑스와는 이탈리아 북부의 마리냐노(Marignano)에서 스위스와 밀라노의 군대를 격파하고 밀라노를 다시 프랑스령으로 회복하는 한편 스코틀랜드 왕위를 주장하는 올버니(Albany) 공을 스코틀랜드에 보내 섭정 마거리트를 내쫓게 하는 등 헨리의 심기를 몹시 상하게 했다. 화가 난 헨리는 프랑스에 대한 전쟁을 다시 시작하려 했으나, 의회가 필요한 재정지원을 거부했다. 이에 울지는 스위스 용병들과 독일 황제 막시밀리안(Maximilian)에게 자금을 지원하여 프랑스와 싸우게 하려 했으나 막시밀리

추기경, 토머스 울지

안은 돈만 챙기고 좀처럼 움직이지 않았다. 그러자 울지는 다시 교황, 베네치아, 에스파냐, 그리고 신성로마제국 등으로 반프랑스 동맹을 조직하려고 시도했다. 그러나 1516년 초에 사망한 페르난도의 뒤를 이어 에스파냐 왕이 된 카를로스 1세가 느와이용(Noyon)에서 프랑스와 1세와 협정을 맺음으로써 이 또한 무위로 돌아갔다.

1517년에 울지는 다시 한 번 기회를 잡았다. 카를로스와 프랑스와는 모두 에스파냐와 프랑스 사이의 근원적인 적대 관계가 느와이용에서의 일시적인 협정으로 해소될 수는 없으며, 그래서 그들 사이의 우의도 곧 깨어지고 말 것이라는 점을 느끼고 있었다. 그리하여 그들은 모두 잉글랜드와 손을 잡으려 했으며, 이런 상황에서 울지는 유럽 외교의 조정자로서의 역할과 수완을 다시 한 번 과시할 수 있었다. 오랜 협상 끝에 그의 노력은 마침내 1518년 10월 런던 조약으로 열매를 맺었다. 로마 교황, 신성로마제국 황제, 에스파냐, 프랑스, 그리고 잉글랜드가 참여한 이 조약은 서유럽 그리스도교권의 평화를 약속한 일종의 집단 안전보장 조약이었

으며, 이를 주선하고 주도한 울지와 잉글랜드의 위상이 그만큼 높아졌다. 게다가 1520년에는 헨리 8세가 프랑스로 건너가 프랑스와 1세와 마상시합과 잔치로 2주간이나 함께 지내면서 우의를 다진, 이른바 '금란의 들(Field of Cloth of Gold)'에서의 화려한 행사를 치르기도 했다.

그러나 울지가 구축한 이번의 외교적 틀도 오래가지 못했다. 1519년 막시밀리안이 사망한 후 프랑스와 1세와 황제의 위를 놓고 경합한 카를로스 1세가 승리하여 카를 5세(Karl V)로서 신성로마제국의 제위까지 차지하면서 균열이 일어나기 시작했다. 프랑스는 합스부르크(Hapsburg)가에 의해 동·서·북의 세 방향에서 포위당한 형국에 처했으며, 이로 말미암아 합스부르크가의 카를 5세와 발르와가의 프랑스와 1세 간의 적대 관계가 다시 첨예해졌던 것이다.[11] 금란의 들에서 프랑스와 1세와 우의를 다지면서도 은근히 세를 과시하려고 애쓰는가 하면 그 뒤 바로 카를 5세와 만나기도 하면서 형세를 관망해 온 헨리와 울지는 두 초강자 간의 대립에서 결국 우세가 분명한 카를 5세와 손을 잡았다. 1521년 가을 헨리는 카를 5세와 조약을 체결하고 딸 메리와 카를의 혼인을 약속하는 한편 프랑스와의 전쟁에 뛰어들기로 했다.

1522년에 재개된 프랑스와의 전쟁에서 헨리는 엄청난 재정만 허비했을 뿐, 아무런 성과도 거두지 못했다. 영국군은 프랑스 북부의 농촌을 약탈하고 불지르면서 1523년에는 한때 파리 근처에까지 도달했지만 전비 부족과 동맹군의 지원을 받지 못하여 결국 철수하고 말았다. 게다가 영광도 소득도 없이 국민의 부담만 증가시키는 전쟁에 대한 불만의 소리가 점점 높아져 자칫 폭동으로 발전할 기세까지 보였다. 헨리가 이렇게 어려움에 빠져있던 것과 대조적으로 카를 5세는 1525년 2월 파비아(Pavia) 전투에서 프랑스군을 대파하여 프랑스와 1세를 포로로 잡았다. 동맹국의 승리로 기대에 부풀었던 울지는 즉각적인 프랑스 침입을 제안했지만 전비가 부족한 카를 5세는 이에 응하지 않았을 뿐만 아니라, 약속한 결혼 지참금을 마련

---

11) 합스부르크가와 발르와가 사이의 적대 관계는 이후 약 40년 동안 유럽 외교 관계의 중심축을 이루었다. 특히 이탈리아에 대한 지배권을 둘러싸고 두 왕가가 각축전을 벌인 이른바 이탈리아 전쟁은 1559년의 카토-캄브레시스(Cateau-Cambrésis) 조약으로 종결될 때까지 60여 년을 끌었다.

하지 못한 메리와의 혼약을 파기하고 포르투갈의 이사벨라(Isabella)와 결혼해 버렸다. 화가 난 헨리는 1525년에 프랑스와 강화를 맺고 이듬해에는 이탈리아의 여러 나라들까지 끌어들여 카를 5세에 대항하는 코냐(Cognac) 동맹을 결성했다. 1527년 카를 5세가 로마를 유린하고 교황을 포로로 사로잡음으로써 카를의 세력이 막강해지자 헨리는 1528년 카를에 대해 선전포고했다. 아무런 준비도 없이 시작되어 이듬해까지 계속된 이 전쟁은 잉글랜드에는 큰 재앙이었다. 이 전쟁으로 안트베르펜과의 직물 무역이 타격을 받아 잉글랜드는 경제적으로 아주 큰 손실을 입었다. 프랑스 역시 주로 이탈리아에서 벌어진 전투에서 패배를 거듭했으며, 그 결과 교황은 완전히 황제 카를의 손아귀에 들어갔다. 헨리가 카를의 이모인 캐서린과의 이혼을 추진한 것이 바로 이런 상황에서였으며, 이 일련의 과정에서 울지는 결국 헨리의 신임을 잃고 실각했다.

프랑스 및 에스파냐와 여러 차례 치른 전쟁에서 헨리와 울지는 잉글랜드의 진정한 이익이라는 문제에 그다지 주의를 기울이지 않았다. 그들은 잉글랜드는 자신의 이익이 직접 위협받지 않는 한 대륙의 문제에 개입하지 않는다는 헨리 7세의 외교정책의 핵심 원칙을 잊어버렸다. 변덕스러운 감정, 황당한 꿈, 그리고 매사에 참견하기 좋아하는 성격 등이 헨리 8세의 치세 전반기 20년 동안 잉글랜드의 외교정책을 좌우했다.

울지의 내치

1515년 이후 울지는 외교뿐만 아니라 내정에도 막강한 권력을 행사했다. 그는 국왕의 신임을 바탕으로 정부와 교회 양쪽의 고위직을 독차지함으로써 행정 전반을 통제했으며, 또한 탁월한 행정 능력으로 국왕 권력의 강화에 이바지했다. 그러나 그는 의회를 다룰 줄 몰랐고, 그래서 의회 없이 통치하려고 했다. 1523년에 제2차 대프랑스 전쟁의 재정 마련을 위해 울지는 1515년 이래 처음으로 의회를 소집했으나, 하원은 그가 요구한 액수의 절반 정도만 가결해 주었으며, 이후 그는 두 번 다시 의회를 소집하지 않았다. 울지의 가장 큰 약점은 재정 분야에 있었다. 그는 교역의 중요성을 이해하지 못했으며, 당대의 경제적 동향도 제대로 파악하지 못했다. 그는 인클로저 저지정책을 취함으로써 젠트리들의 반감을 샀는가 하면, 궁정 경비를 절약하기 위해 정신들의 연금과 부수입을 줄임으로써 반대자들의 수를 증가시켰다.

울지가 큰 성과를 올린 것은 사법 분야였다. 그는 특히 헨리 8세 초기에 다소 위축되어 있던 성실청을 다시 활성화하여 그 권위를 높이고 관할권을 넓혔다. 그는 폭동, 싸움, 질서 문란 등을 처벌하는 데 이를 널리 이용하고, 위증, 문서위조, 명예훼손 등의 사건을 교회 법정에서 성실청으로 옮겼다. 특히 그는 성실청을 국왕이 주로 이용하던 법정에서 일반 국민들이 이용하는 대중 법정으로 바꿈으로써 그것을 정상적인 사법기관의 일부로 만들었다. 울지는 또한 유언, 계약, 재산상의 분쟁 등 민사사건을 형평의 원칙에 의하여 판결해 온 상서청 법정을 더욱 효율적이고 편리하며 엄중한 법정으로 만들었다. 그러나 이처럼 많은 사건들이 보통법 법정에서 이들 국왕 자문회의와 관련된 법정으로 이관됨으로써 그만큼 보통법 법정의 재판 관할권이 축소되었으며, 이에 반감을 품게 된 보통법 법률가들 역시 울지의 적이 되었다.

울지는 국가를 지배한 것처럼 교회도 지배했다. 그는 요크 대주교이자[12] 추기경인 데다 교황을 압박하여 교황 특별사절의 지위까지 획득하고, 그 자격으로 잉글랜드 교회 전체를 지배했다. 그는 교회를 지배하는 한편 교회의 개혁을 도모했지만, 개혁가로서는 지극히 부적절한 인물이었다. 그는 성직 겸임, 부재 성직자, 축첩 등 당시의 교회가 노정하고 있던 거의 모든 악폐를 그 자신이 저지르고 있었다. 그는 부패한 고위 성직자 중에서도 가장 탐욕스러웠으며, 게다가 부정한 아들까지 두고 있었다. 이 같은 약점을 가진 인물에 의한 개혁의 성과는 극히 미미할 수밖에 없었다. 그리고 그 과정에서 그는 주교의 지위와 영향력을 너무나 약화시켜 놓았기 때문에 이후 국왕과의 투쟁에서 주교들은 감히 왕에게 맞설 엄두조차 내지 못하게 되었다.

---

12) 그가 캔터베리 대주교가 되지 못한 것은 1504년에 캔터베리 대주교가 된 워럼(Warham)이 울지가 사망한 때까지도 그 지위를 유지하고 있었기 때문이다.

4. 헨리 8세의 치세 후기: 로마와의 결별과 정부개혁

로마와의 결별

1520년대 후반으로 접어들면서 헨리에게는 통치상의 중대한 문제가 다가오고 있었다. 이미 중년이 된 그에게는 딸만 하나 있었을 뿐, 아직 적자인 아들이 없었다. 12세기에 마틸더가 왕위를 요구했을 때 한번 혼란을 경험한 바 있는 잉글랜드에서 만일 딸 메리가 왕위를 계승하게 된다면 튜더 왕조는 위험에 처할 것이며, 그렇게 되면 15세기의 무정부 상태와 혼란이 되살아날 것이었다. 6살이나 연상인 왕비 캐서린에게서 새삼 후사를 얻는다는 것은 기대하기 어려웠다. 맏딸 메리를 제외하고는 자식마다 사산되거나 유아 때 사망하자 헨리는 형제의 아내를 취한 자는 무자식이 되리라는 성서 구절이 마음에 걸렸다. 그는 형수와의 결혼을 승인한 교황의 조처는 하자가 있으며, 따라서 그 결혼은 원천적으로 무효라고 생각하게 되었다. 게다가 그에게는 이 무렵 앤 불린(Anne Boleyn)이라는 젊은 연인이 생겼는데, 이 여인에 대한 열정이 왕위계승에 관한 그의 조바심을 더욱 자극했다. 이리하여 그는 1527년 마침내 이혼 문제를 공론화하기 시작했다.

그러나 이혼이 극히 어렵다는 것이 명백해졌다. 헨리는 교황의 허락을 얻어내려 했으나, 1527년 카를 5세가 로마를 점령하고 교황을 손아귀에 넣음으로써 그럴 가망이 사라졌다. 카를 5세가 이모인 캐서린의 이혼을 반대했기 때문이다. 프랑스와 동맹하여 카를 5세에 대항함으로써 교황을 자유롭게 하려 한 울지의 시도 역시 실패로 끝났다. 우여곡절 끝에 1529년 런던에서 이혼 소송의 심리가 열렸으나 교황은 재판 절차를 중단시키고 사건을 로마의 교황 법정으로 이관시켜 버렸다. 모욕적인 처사를 당한 헨리는 일을 성취하지 못한 울지를 희생양으로 삼았다. 울지는 교황상소금지법 위반죄로 고발되었으며, 상서경직과 재산의 일부를 잃었다. 사방에 적을 만들어온 그에 대하여 의회는 갖가지 죄목을 씌워 고발함으로써 보복하려 했으나 헨리는 그 이상의 처벌을 원하지 않았다. 1530년 4월 그는 16년 전에 지명된 대주교직에 취임하기 위해 처음으로 요크에 들어갔는데, 취임 전야에 전격적으로 체포되었다. 정확한 죄목은 알려지지 않았지만 그는 재판에 회부되기 전에 레

앤 불린

스터 수도원에서 사망했다.

　외교적 노력이 실패하자 헨리는 반성직주의 세력과 결탁하여 교황과 정면 대결하는 길을 택했다. 이 무렵 잉글랜드에는 반성직주의 감정이 널리 퍼져있었다. 많은 고위 성직자들은 세속적인 부와 명예의 추구에 혈안이 되어 있어서 민중의 존경과 사랑을 받지 못했다. 그들은 엄청난 재산과 특권을 누리고 막강한 권력을 휘두름으로써 로마에 복종하는 것에 대한 회의와 교황에 대한 반감을 불러일으켰다. 교회는 방대한 토지 재산을 소유하고 온갖 명목으로 돈을 거두어들임으로써 민중의 분노를 샀으며, 그 돈이 부패와 사치의 도시로 비난받는 로마로 흘러들어 감으로 해서 분노는 더욱 커졌다. 게다가 교황들은 교황령에 대한 지배권을 유지하기 위해 이탈리아의 세속 정치에 깊이 간여했고, 그래서 이 시기의 많은 영국인들에게 교황은 그리스도교 세계의 정신적 지도자라기보다는 오히려 이탈리아의 여러 군주들 가운데 하나로 비쳐졌다. 일반 국민들 사이에 팽배한 이런 반성직주의 감정과 로마에 대한 불신을 등에 업고 헨리는 교황에 대하여 공격을 가할 수 있었던 것이다.

　1529년 울지가 몰락하자 오랜만에 다시 의회가 소집되었는데, 1536년까지 존속한 이 유명한 종교개혁의회는 잉글랜드의 종교와 정치를 변혁시킨 일련의 중요한 법들을 통과시켰다. 그 결과 잉글랜드는 로마와 관계를 단절했을 뿐만 아니라, 정부의 형태와 조직 면에서도 일대 혁신을 이루었는데, 국왕을 도와 이 모든 과정을 주도한 인물이 토머스 크롬웰(Cromwell)이었다. 대장장이의 아들로 태어난 그는 정규 교육을 받지 못한 대신, 이탈리아와 네덜란드 등 유럽 대륙을 돌아다니면서 다방면으로 경력을 쌓고 세상에 대한 견문을 넓혔다. 그 후 그는 울지의 수하에 들어가 그를 섬기다가 1529년 의회에 진출했다. 반성직주의 기운이 팽배한 하원에서 그는 성직자의 부패에 대한 공격을 주도하면서 헨리의 주목을 받아 궁정에 들어갔다. 이듬해에 그는 자문회의 위원이 되고 이어 왕의 측근 그룹에 참가하게 된 후 승승장구 여러 핵심 요직에 올랐다. 그는 흔히 전제적인 왕에 봉사한 잔인하고 교활하고 탐욕스러운 마키아벨리식 권모술수가로 비난받아왔다. 그가 냉정하고 사정없는 사람이었던 것은 사실이지만, 문제의 핵심을 꿰뚫어보는 예리한 통찰력, 뚜렷한 목적의식, 그리고 강력한 추진력을 지닌 유능한 현실정치가였던 점에는 틀림없다. 그는 국왕의 권력을 강화하고 나라의 부를 증대하는 일에 매진했고, 이를 달성하는 길을 잉글랜드에서 교황권을 축출하고 교회의 부를 몰수하는 데서 찾았다. 다만 울지가 의회를 무시하고 일을 추진했던 데 반해, 그는 의회를 통해서 이 과업을 수행했다. 헨리는 바로 그의 자문을 받아 의회를 앞세워서 교황에 대한 공격에 나섰던 것이다.

토머스 크롬웰

교황에 대한 정면공격에 앞서 헨리는 우선 국내의 교회와 성직자를 압박함으로써 교황에게 우회적인 압력을 넣기 시작했다. 1529년 의회는 교회 법정의 지나친 유언검인(probation) 수수료 부과를 금지하고, 교회의 장례 비용을 규제하고, 복수 성직을 금지하는 법들을 연이어 통과시켰다. 이듬해에 헨리는 한 걸음 더 나아가 잉글랜드의 성직자 집단 전체를 교황상소금지법 위반으로 고발했다. 이런 고발은 성직자들에게 터무니없는 것이었지만, 여론은 그들에게 불리했고, 결국 교회는 거액의 벌금을 물고 국왕의 용서를 받았다. 곧이어 그들은 국왕을 그들의 유일한 보호자, 유일한 최고 영주이며, 그리스도의 법이 허용하는 범위 안에서 '최고의 수장(supreme head)'으로 인정하기까지 했다. 성직자들에 대한 공격은 1532년에 뒤이어졌다. 이해 5월에 헨리는 이른바 '성직자의 항복(submission of clergy)'을 받아냈는데, 그것은 성직자들이 국왕의 허가 없이 새로운 교회 법규를 만들 수 없으며, 기존의 교회법은 국왕이 임명하는 위원회에서 재검토되고 왕의 동의를 얻어야만 유효하다는 것이었다.

헨리는 이런 조치로 교황을 압박하여 이혼 허가를 얻어낼 심산이었다. 그러나 헨리는 멀리 있고 카를 5세는 가까이 있었기에 교황의 자세는 좀처럼 달라지지 않았다. 이리하여 교황에 대한 공격의 수위는 더욱 높아져서 교황권을 겨냥한 일련

|왼쪽| 우스터 주교, 휴 래티머

|오른쪽| 캔터베리 대주교, 토머스 크랜머

의 법들이 제정되었다. '성직자의 항복'에 앞서 1532년 3월에 제정된 초수입세잠정제한법(Act in Conditional Restraint of Annates)[13]은 교황에 대한 성직자의 초수입세(初收入稅) 납부를 잠정적으로 유보시켰다. 한편 이혼을 반대하던 캔터베리 대주교 워럼이 이해에 사망하자, 헨리는 후임에 고분고분한 토머스 크랜머(Cranmer)를 임명했다. 그해 말에 앤 불린이 임신을 하자 헨리는 이듬해 1월 서둘러 크랜머의 주재 아래 비밀리에 결혼식을 올렸다. 태어나는 아이가 적자가 되기 위해서는 신속한 조치가 필요했고, 그래서 로마와의 결별로 나아가는 여러 조치들이 서둘러 취

---

13) 이 법은 또 성직자를 임명하는 데 교황이 성별(聖別)을 거부하는 경우 잉글랜드 안에서 성별할 수 있도록 하는 규정을 포함했다. 그리고 2년 뒤 로마와의 단절이 결정적으로 굳어졌을 때, 이 법은 그 납부를 전면 중단하는 초수입세완전제한법(Act in Absolute Restraint of Annates)으로 바뀌었다.

해졌다. 1533년 3월에 로마에 상소하는 것을 막기 위해 상소제한법
(Act in Restraint of Appeals)이 제정되었다. 이 법은 종교개혁의회의 입
법 중 사실상 가장 중요한 것으로서, 교회와 관련된 최고 사법권을
국왕의 통제 아래에 두었다. 크롬웰이 쓴 이 법의 전문은 잉글랜드는
모든 외국의 사법권에서 벗어난 주권국가로서, 그 영역 안에서는 국
왕이 최고권자라고 선언했다. 5월에 크랜머가 이혼 소송을 심리하여
헨리의 첫 결혼을 무효라고 선언했으며, 6월에 앤 불린이 왕비로 책
봉되었다. 이듬해인 1534년 초에 왕위계승법(Act of Succession)으로 계
승권이 헨리와 앤 불린의 자녀에게 있음이 선언되고 연말에 제정된
수장법(Act of Supremacy)은 국왕이 잉글랜드 교회의 최고 수장임을 선

윌리엄 틴들

언했는데, 이는 지난해의 상소제한법이 선포한 원칙을 재확인하는 것이었다. 뒤이
어 제정된 반역법(Treasons Act)은 앤과의 결혼에 대한 비판을 금지하며 왕위계승법
의 원칙을 수용하겠다는 선서를 모든 신민에게 요구하고 이를 거부하는 것을 대역
죄로 규정했다.

　이리하여 잉글랜드는 로마에 대한 복종에서 벗어나게 되었고, 이제까지 교황이
잉글랜드에서 행사하던 모든 권한을 헨리가 장악하게 되었다. 젊은 시절 정통 신
앙에 충실했던 헨리는 마르틴 루터(Martin Luther)를 논박하는 논문을 발표하여 한때
교황으로부터 '신앙의 수호자(fidei defensor)'라는 칭호를 받기도 했는데, 그런 헨리
가 이제 로마의 통제에서 벗어난 독자적인 잉글랜드 교회를 수립한 것이다. 그러
나 그것은 대륙에서 전개되고 있던 종교개혁과는 직접적 관계가 없었다. 독일에서
건너온 새로운 종교 사상에 대해 깊은 관심을 지니고 있던 크랜머는 헨리에게 루
터교를 수용하도록 설득했지만, 헨리는 정통 가톨릭교의 신앙에서 크게 벗어나려
하지 않았다. 루터파 군주들의 도움이 필요했던 헨리는 1536년에 성직자 회의가
제시한 10개 신앙 조항(Ten Articles of Faith)을 받아들였는데, 잉글랜드 교회 최초의
신앙 진술이라 할 이 10개 조항은 성서의 권위를 강조하고 7성사 가운데 영세·고
해·성체의 세 성사만을 규정하는 등 루터의 가르침을 상당히 반영했다. 그러나 헨
리는 곧 정통 교리로 되돌아갔다. 1539년 의회가 제정한 6개조항법(Act of Six

Articles)은 7성사를 모두 수용하고, 화체설을 부정하는 자를 사형에 처하도록 규정했다.

헨리는 정통 신앙으로 되돌아갔지만, 그의 신민들은 루터교를 조금씩 받아들이고 있었다. 1520년 루터파의 서적이 잉글랜드에 처음 들어온 이래 그의 사상은 먼저 학자들과 상인들에게 받아들여졌다. 케임브리지에서는 크랜머와 휴 래티머(Hugh Latimer)를 비롯한 학자들이 새 사상을 토론했고, 런던에서도 대륙과 교역한 상인들이 이를 퍼뜨렸다. 성서의 번역이 새로운 신앙의 확산에 크게 이바지했다. 루터를 직접 방문한 적이 있는 윌리엄 틴들(Tyndale)이 최초로 신약을 영어로 번역했고, 그에 이어 커버데일(Miles Coverdale)은 신·구약을 모두 영역했다. 크롬웰은 헨리를 설득하여 1536년 커버데일의 성서를 모든 교구 교회에 비치하도록 했으며, 그 결과 많은 신자들이 직접 성서를 접할 수 있게 되었다.

잉글랜드 왕국과 로마의 오랜 관계가 단절되는 '혁명적' 변화를 일반 국민들은 대체로 별다른 저항 없이 받아들였다. 그들은 무엇보다도 이 변화의 진정한 의미를 제대로 깨닫지 못했다. 미사는 그대로 집전되고, 각종 성사도 종전과 마찬가지로 시행되어 실제 신앙생활에서 달라진 것이 별로 없었기 때문이다. 그들은 일련의 사태를 국왕과 교황의 일시적인 싸움으로 생각했고, 이 싸움에서 기꺼이 국왕 편을 들 자세를 갖추고 있었다. 무엇보다도 그들 사이에 널리 퍼져있던 반성직주의와 로마에 대한 깊은 반감이 심각한 민중적 저항 없이 로마와 결별하는 것을 가능케 했던 것이다. 한편 교회는 감히 국왕의 처사에 저항할 엄두를 내지 못했다. 주교와 대수도원장 등 고위 성직자는 대다수가 출세 지향적이었고, 흔히 왕에게 고용되어 법률가나 행정가로 봉사했다. 게다가 울지의 시대에 주교의 지위와 영향력은 현저하게 약화되어서 국왕에 맞설 만한 힘이 없었다. 그러나 저항이 전혀 없었던 것은 아니다. 켄트의 수녀 엘리자베스 바튼(Barton)은 헨리의 이혼을 비난하고 그가 머지않아 퇴위당할 것이라고 예언함으로써 체포되어 처형되었다. 그녀의 뒤를 이어 더욱 저명한 두 사람이 죽음으로써 이런 변화에 저항했다. 당대 최고의 문사이자 울지의 후임으로 상서경에 발탁된 토머스 모어와 로체스터(Rochester) 주교 존 피셔(Fisher)는 헨리가 요구한 선서를 끝내 거부함으로써 결국 참수당했다.

수도원 해산

헨리의 종교개혁은 로마와 결별한 데서 그치지 않았다. 그는 수도원이 소유하고 있는 방대한 토지에 눈을 돌려 이를 차지할 길을 모색하기 시작했다. 당시 교회는 잉글랜드 전체 토지의 거의 3분의 1을 소유하고 있었으며, 수도원 소유 토지는 그 절반 정도에 달했다. 이 무렵 헨리는 부왕에게서 물려받은 유산과 1520년대에 거둬들인 세금을 전쟁 비용으로 탕진해 버린 데다가, 1530년대에는 가톨릭 세력으로부터 왕국을 방어하는 비용도 증가하여 재정적으로 큰 어려움에 처해 있었다. 그러나 이혼 및 로마와의 갈등 등 현안 문제에서 의회의 지지가 절실하여 의회에 손을 벌릴 처지가 못 되었다. 이런 형편에서 헨리는 수도원의 해산을 통해 그 재산을 차지하기로 결단을 내린 것이다.

헨리의 뜻에 따라 수도원을 해산하는 일 역시 크롬웰이 주도했는데, 그는 겉으로 수도원의 부패와 태만을 조사한다는 구실 아래 세밀한 재산 조사를 실시했다. 6개월에 걸친 조사로 작성된 재산목록인 『교회재산평가(*Valor Ecclesiasticus*)』는 『둠즈데이 북』에 버금갈 만큼 세밀하고 철저한 것이었다. 이 조사의 결과를 근거로 하여 그는 수도원의 해산 조치에 나섰는데, 그것은 두 단계로 나뉘어 취해졌다. 1536년에 우선 연수 200파운드 이하의 작은 수도원 약 300곳이 해산되었고, 그 후 3년 동안에 더욱 큰 500여 수도원이 자진 해산하거나 강제 해산되었다.

그러나 수도원 해산은 '은총의 순례(Pilgrimage of Grace)'라고 불린 잉글랜드 북부의 민중 봉기에 커다란 빌미를 제공했다. 로마와의 단절에 따른 여러 종교적 변화가 보수적인 북부 잉글랜드 주민들의 불만을 자아냈던 것이다. 정치적·경제적 불만도 봉기를 유발하는 데 한몫했다. 귀족들은 벼락출세한 크롬웰이 그들의 '특권(liberties)'을 공격하는 것에 분개했으며, 젠트리들은 그들의 토지용익권을 제약하는 용익권법(Statute of Uses)에 대하여 불평했다. 농민들은 흉작과 인클로저와 높은 지대에 시달리고 있었으며, 수공업자들은 모직물 공업을 규제하는 법에 대해 불만을 품고 있었다. 무엇보다도 무거운 세금이 모든 사람들을 괴롭혔다. 이리하여 반란에는 농민과 수공업자 등 민중뿐만 아니라 귀족과 젠트리를 포함하여 사회 각 계층이 참여했고, 그 요구 사항은 여러 계층의 불만을 그러모은 것이었다. 반란은 처음에는 성공을 거두는 듯했다. 1536년 10월 링컨셔에서 일어난 봉기는 곧 요크셔와 컴벌런드 등지로 확산되어 젠틀먼 출신인 로버트 애스크(Aske)의 지도 아래 수만 명이 집결했다. 그러나 정부는 군대를 소집하는 한편, 회유와 지연책으로 시간을 벌고 계층 간의 이간을 꾀하여 반란세력을 분열시켰다. 국왕에 대한 반란자라기보다 청원자로 자처한 순례자들은 그들의 요구를 들어주고 애스크를 용서하겠다는 서퍼크 공의 거짓 약속을 듣자 아무런 저항도 없이 해산하고 말았다. 그러나 이듬해 초에 일어난 사소한 소요를 구실로 탄압이 시작되었다. 두 명의 귀족이 참수되고 애스크 역시 재판에 회부되어 죽었으며, 200여 명이 처형되었다. 작은 수도원의 해산이 '은총의 순례'에 빌미를 제공한 반면에, 봉기의 실패는 거꾸로 큰 수도원의 몰락을 촉진했다. 봉기에 연루된 많은 수도원이 즉시 해산되고 많은 수도원장들이 처형되었다. 마침내 1539년에는 의회가 나머지 모든 수도원을 해산하고 그 재산을 국왕에 귀속시키는 법을 제정했다.

수도원의 해산은 엄청난 문화적·사회적·경제적 변화를 몰고 왔다. 종교적 삶의 한 중요한 양식이 사라지면서 이후 수세기 동안 잉글랜드에서는 수도사와 수녀를 보기 어렵게 되었다. 비록 열정과 영향력의 위대한 날들은 지나갔지만, 아직도 사회 각 계층의 존경을 받으면서 학문과 예술을 비롯한 여러 측면에서 큰 기여를 해온 수도사들이 흩어져버리자, 런던·옥스퍼드·케임브리지를 제외하고는 어디에서도 수준 높은 지식인 사회를 찾아보기 어렵게 되었다. 그 대신에 로마 교회의 보루인 학식 있는 수도사들이 사라짐에 따라 개신교로의 전환이 더욱 쉽고 빨라지게 되었다. 게다가 수도원 건물의 대대적인 파괴로 중세 잉글랜드의 많은 아름다운 건물이 사라졌을 뿐만 아니라, 수도원이 간직하고 있던 값진 미술품, 특히 많은 서적들을 잃었다. 수도원 해산은 또한 상원의 구조에도 변화를 초래했다. 그동안 상원은 수도원장과 주교 등 성직자들이 다수를 차지해 왔는데, 이제 더 이상 수도원장들을 볼 수 없게 됨으로써 비성직 귀족들이 다수를 차지하게 되었다.

수도원 해산은 무엇보다도 부의 분배, 즉 소유 토지의 배분에 커다란 변화를 가져왔다. 수도원 해산으로 국왕에게 귀속되었던 방대한 토지는 일부가 크롬웰 같은 대신들에게 분배되었으나, 그 대부분은 매각되었다. 몇몇 귀족과 함께 상인, 법률가, 관료들이 그 일부를 매수했으나, 주된 매수자는 젠트리들로서, 이들이 매각 토지의 대략 3분의 2 정도를 사들였다. 시간이 지남에 따라 다시 그 일부는 부유한 요우먼의 수중에 들어갔으며, 이런 요우먼들이 토지를 사들인 상인, 법률가, 관료 등과 더불어 젠트리의 반열에 오름으로써 젠트리의 수가 크게 늘어났다. 이후의 잉글랜드 역사에서 이름을 날리게 되는 세슬(Cecil)가나 러슬(Russell)가와 같은 몇몇 신흥 명문 가문들도 바로 이런 과정을 통해서 등장했던 것이다. 이 모든 수도원 토지의 매수자들은 이 같은 종교적 개혁조치를 유지하는 데 헨리와 이해관계를 같이했고, 따라서 그들은 헨리의 권력을 뒷받침해 주는 든든한 배후 세력이 되었다. 헨리는 처음에 수도원 해산으로 획득한 막대한 부를 학교를 설립하거나 하급 사제의 빈곤을 구제하는 등 학문과 종교를 발전시키는 데 쓰겠다고 약속했다. 그러나 실제로 이런 용도에는 약간의 돈을 사용했을 뿐, 그 대부분을 치세 말에 다시 시작한 프랑스와의 전쟁에 쏟아 부었다. 그가 새로 획득한 토지를 대거 매각한 것도 이 전쟁의 비용을 염출하기 위해서였다.

정부와 행정의 개혁

1530년대는 로마와의 단절 및 수도원의 해산과 같은 종교적인 격변만이 아니라 정치 면에서도 커다란 변혁이 일어난 시기였다. 케임브리지의 역사학자 G. R. 엘튼(Elton)이 '튜더 혁명'이라고 부른 이 변혁은 두 방향에서 일어났는데, 하나는 잉글랜드가 어떠한 외부 권위의 간섭도 받지 않는 완전한 주권국가가 되었다는 것이고, 다른 하나는 중세의 개인적 왕실 행정이 근대의 국가적 관료행정으로 바뀌었다는 것이다. 로마와의 단절을 통한 앞의 개혁과 마찬가지로 행정개혁 역시 크롬웰이 주도했다.

상소제한법의 전문에서 크롬웰은 잉글랜드를 황제의 위엄과 존귀한 지체를 가진 최고의 수장인 국왕에 의해 통치되는 하나의 제국(empire), 즉 완전한 주권국가라고 주장했다. 수장법에서 재확인된 이런 주장에 따라 잉글랜드 안에서 교황 사법권이 전면 배제되었고, 헨리는 세속 국가뿐만 아니라 교회의 최고 지배자로서 절대적 권력을 쥐게 되었다. 그러나 헨리와 크롬웰은 이런 대변혁을 의회의 제정법을 통해서 수행했다. 헨리는 "의회가 열리고 있는 시기처럼 국왕의 지위가 높은 때는 없다"고 말했다. 이와 같이 의회가 국가의 불가결한 요소이며 입법에서 국왕의 동반자임을 인정한 헨리와 크롬웰은 아직 초보적 기구에 불과한 의회를 적절히 이용하고 통제했다. 그리고 이렇게 다루어지는 과정에서 의회는 제도적으로 급속하게 발전했다. 헨리의 치세에 의회에서 통과된 제정법의 양은 모든 중세 왕들의 제정법을 합한 것과 맞먹었다. 이리하여 잉글랜드는 '의회 안의 국왕(King-in-Parliament)'이 최고권을 가진 주권국가가 되었다. 다시 말해서 잉글랜드는 완전한 주권을 가진 하나의 제국이되, 그 제국은 국왕이 자신의 대권에 입각하여 발하는 왕령을 통해 통치하는 절대 왕국이 아니라 의회가 대표하는 신민의 동의로 제정된 법을 통해 통치하는 제한 왕국이었던 것이다.

정부의 일대 변혁과 병행하여 역시 크롬웰의 주도 아래 획기적인 행정개혁이 이루어졌다. 그중 특히 주목되는 것은 추밀원(Privy Council)의 성장이었다. 헨리 7세 때에는 느슨하게 조직된 방대한 자문회의 안에 중추 모임을 따로 두어 이를 중심으로 자문회의를 운용했다. 그러던 것이 헨리 8세 치세에 와서 울지가 이 모임을 해체하고 성실청을 중심으로 이를 운용했는데, 울지가 몰락한 뒤에 다시 중추 모임이 부활했고, 크롬웰은 이 모임을 정기적으로 회합하는 공식적인 국가기구로 발전시켰다. 이후 이 기구는 추밀원이라고 불리었는데, 핵심 대신들을 비롯한 15명 내지 20명의 위원들로 구성되는 이 기구는 이전에 왕실 관리들이 맡았던 기능들을 물려받아 왕국의 중앙행정 전반을 통괄하고, 지방 관리들을 지도·통제함으로써 지방행정도 장악했다. 크롬웰은 자신이 차지한 국왕 비서관(King's Secretay)의 지위를 다른 모든 관직 위에 올림으로써 재정·외교·국방·종교 등 국정 전반을 총괄하는 최고 통제권을 장악했다. 한편 수도원 해산으로 방대한 양의 재산이 왕실에 들어오자 헨리 7세가 손수 운용하던 내실(Chamber) 수준으로는 크게 늘어난 재정 업무를 감당할 수 없게 되었다. 그래서 크롬웰은 재정 업무를 국왕의 개인 활동에 의존하던 내실에서 떼어내어 새로 설립한 6개의 독자적인 재정기구에서 관장하도록 했다.[14] 그중에서도 특히 수도원 해산으로 새로 획득한 토지를 관리한 국왕수입증식원(Court of Augmentations of King's Revenue)은 중세적 왕실 행정에서 벗어난 근대적 관료행정의 효율성을 보여주었다.

지방행정, 그리고 웨일즈와 아일랜드

국왕의 주권에 대한 장애는 로마 교회만이 아니었다. 중세 이래 왕국의 이곳저곳에는 '특권구(liberties 혹은 franchises)'라고 불리는 많은 소지역들이 산재해 있었는데, 이 지역들은 이런저런 특권을 보유하고 있어서 왕령이 제대로 시행되지 않았다. 주로 북부 잉글랜드, 웨일즈와 웨일즈 변경령들에 자리한 이 특권구들은 15세기에 일어난 많은 소요의 근원지들이었다. 크롬웰은 1536년 의회 입법을 통하여 이들 특권구를 모두 없애버리고, 이듬해에 중앙의 국왕 자문회의의 지부로서의 북부 자문회의(Council of the North)를 새로 설치하여, 왕의 관리들로 구성된 이 항구적 기구가 5개 북부 주들을 다스리도록 했다. 이로써 역사상 최초로 잉글랜드 전역의 모든 주민이 국왕의 직접적인 통치를 받게 되었다.

웨일즈에서도 국왕의 통치권이 강화되었다. 오랫동안 웨일즈는 독자적으로 조직된 공국이었고, 변경령들은 변경 영주들이 실질적으로 지배하는 일종의 소왕국으로서 범죄자들의 도피처요 끊임없는 말썽의 온상이었다. 1525년에 울지는 웨일즈 자문회의를 부활시켜 문제를 해결해 보려 했으나 별다른 효과를 거두지 못했다. 이에 크롬웰은 1536년 웨일즈를 완전히 합병했다. 변경령을 폐지하여 그 일부는 잉글랜드의 주들에 합치고, 나머지는 웨일즈에 합쳤으며, 웨일즈는 12개 주로 나누고 잉글랜드 하원의 의석 24석을 배당했다. 마침내 1543년에는 웨일즈의 법이 폐지되고 잉글랜드의 법이 도입되었으며, 치안판사 제도가 도입되고, 재판 용어로 영어가 쓰이게 되었다. 이런 조처들은 웨일즈에 법과 질서를 증진시키기는 했지만, 동시에 웨일즈의 고유문화를 파괴하는 결과도 초래했다. 그 후로 웨일즈는 잉글랜드화한 젠트리들이 헌정의 토대의 일부를 형성한 고장이 되었다.

---

14) 왕령 수입과 관세 수입 등을 다루어온 회계청, 랭커스터 공령 재산을 관리한 랭커스터 공령(Duchy of Lancaster), 헨리 7세가 획득한 토지를 관장한 일반조사원(Court of General Surveyors), 수도원 해산으로 들어온 토지를 처리한 국왕수입증식원(Court of Augmentations of King's Revenue), 초수입세 및 십일세청(Court of First Fruits and Tenths), 그리고 후견수입청(Court of Wards) 등이 그것이다.

1536년 무렵의 헨리 8세(한스 홀바인 그림)

한편 아일랜드는 간혹 잉글랜드 사람이 총독으로 파견되기도 했지만, 대체로 총독의 지위를 독점한 킬데어 가문이 실권을 장악하고 있었다. 울지의 시대에는 대륙에서의 모험에 골몰하느라 아일랜드를 방치했는데, 크롬웰은 이곳에서도 국왕의 지배권을 강화하는 데 힘썼다. 1534년 킬데어 백이 런던에 소환되었다가 런던탑에서 사망하자, 잉글랜드의 반가톨릭 정책에 반감을 품고 있던 그의 아들이 교황과 카를 5세에게 도움을 청하여 반란을 일으켰다. 한때 반란 세력이 완전한 통제권을 장악하는 듯했지만, 결국 잉글랜드군이 상륙하여 1535년 8월 1년여 만에 진압되었다. 킬데어가는 재산을 몰수당하고 완전히 몰락했는데, 이것은 아일랜드의 역사에서 하나의 전환점이 되었다. 그때부터 튜더 왕조는 아일랜드를 직접 통치하는 정책으로 선회했기 때문이다.

반란을 진압한 뒤 잉글랜드는 아일랜드에 반교황 정책을 강요했다. 크롬웰은 1537년 더블린 의회로 하여금 헨리를 아일랜드 교회의 수장으로 삼고 수도원을 해산하는 입법 조치를 취하도록 했다. 몰수한 수도원 토지의 일부는 잉글랜드에서처럼 국왕 지지 세력을 회유하는 데 쓰였다. 드디어 1541년에 헨리는 더블린 의회로부터 '아일랜드의 왕'이라는 칭호를 얻어냈는데, 이로써 교황을 아일랜드의 왕으로, 그리고 잉글랜드 왕을 교황으로부터 아일랜드를 봉토로 급여받은 영주로 여겨온 아일랜드인들의 생각을 불식하려 했던 것이다.

헨리의 거듭된 결혼과 말년

헨리는 왕국을 온통 회오리바람 속으로 몰아넣으면서 앤 불린과 결혼했지만, 그가 간절히 바란 왕자를 얻는 데는 실패였다. 앤은 첫아이로 딸 엘리자베스를 낳고, 둘째는 아들이었으나 사산했다. 첫 결혼의 악몽이 되살아난 헨리는 앤에게서 마음이 떠나 제인 시모어(Seymour)라는 새로운 여인에게 눈을 돌렸다. 결국 앤 불린은 간통죄로 기소되었고, 간통은 곧 반역죄로 인정되어 1536년 5월 참수되었다. 곧이어 제인 시모어와 결혼한 헨리는 이듬해 10월 마침내 고대하던 왕자 에드워드를 얻었지만 이번에는 산모 제인이 사망했다. 홀로 된 헨리를 위하여 크롬웰은 1540년 1월 클리브즈(Cleves)의 앤과의 결혼을 주선했다. 클리브즈(클레베)는 플랑드르 지방에 있는 루터파의 작은 공국이었는데, 크롬웰은 이 결혼을 통해 개신교 세력과의 동맹을 도모하고자 했던 것이다. 결혼식은 치렀지만, 이른바 이 '플랑드르의 암말'을 보고 기겁한 헨리는 신방에 들기를 거부하고 결국 결혼을 무효화했다. 이 일로 해서 크롬웰은 헨리의 분노를 사 십 년 권좌에서 쫓겨났고, 그의 권력을 시기한 정적들의 공격을 받아 그해 7월에 마침내 목이 잘리고 말았다. 헨리의 다섯 번째 부인은 크롬웰 축출의 주역 노퍼크(Norfolk) 공의 질녀인 캐서린 하워드(Howard)였다. 그러나 19세의 젊은 왕비는 초로의 왕에 만족하지 못하고 행실이 문란하여 역시 목을 대가로 바쳐야 했다. 헨리는 1543년에 여섯 번째로 결혼함으로써 비로소 파란 많고 피로 얼룩진 그의 결혼 행로를 끝낼 수 있었다. 이미 두 번이나 결혼한 경력이 있는 마지막 왕비 캐서린 파(Parr)는 성마른 노년의 헨리를 잘 돌보았으며 그보다 더 오래 살았다.

크롬웰의 처형 이후 헨리는 치세 말기를 전쟁으로 보냈다. 그는 오랫동안 프랑스 내의 옛 잉글랜드 땅에 대한 봉건적 권리를 되찾겠다는 부질없는 꿈에 젖어 있었다. 1542년 7월 프랑스와 1세와 카를 5세가 10년의 우의를 깨고 다시 전쟁에 돌입하자, 헨리는 이를 다시 한 번 유럽에 개입할 기회로 삼았다. 그러나 프랑스와 동맹 관계에 있는 스코틀랜드가 마음에 걸렸다. 스코틀랜드의 제임스 5세는 헨리의 조카였지만 열렬한 친프랑스-반잉글랜드주의자였고, 정부는 데이비드 비튼(Beaton) 추기경이 이끄는 친프랑스파가 주도권을 잡고 있었다. 헨리는 스코틀랜드를 프랑스에서 떼어놓기 위해 제임스와 협상을 시도했으나, 별 성과를 거두지 못했다. 그러자 헨리는 1542년 10월 먼저 스코틀랜드 침공을 단행했다. 제임스는 1만이 넘는 군대로 반격을 가했으나, 불과 3,000의 영국군이 솔웨이 모스(Solway Moss)에서 이들을 격멸했다. 참패 소식을 접한 제임스 5세는 그 충격으로, 태어난 지 7일밖에

안 된 딸 메리 스튜어트를 남겨두고 사망하고 말았다. 헨리는 스코틀랜드에 에드워드 왕자와 메리 스튜어트를 결혼시키기로 하는 조약을 강요하는 등 스코틀랜드에 친영국 세력을 부식하는 조치들을 강구했다. 그러나 헨리의 강압 정책은 오히려 역효과를 내어 친프랑스파가 득세했고, 후방의 안전을 도모하려던 그의 노력은 성공을 거두지 못했다.

1543년 초에 헨리는 황제 카를 5세와 동맹을 맺고, 여름에 프랑스에 대한 전쟁을 선포했다. 그리고 이듬해 7월에는 몸소 5만 가까운 대군을 이끌고 프랑스에 침입했다. 그는 9월에 비싼 대가를 치르고 불로뉴를 함락시켰으나, 그사이에 카를 5세는 단독으로 프랑스와 강화해 버렸다. 질질 끌어온 전쟁은 1546년에야 끝이 났다. 잉글랜드는 불로뉴를 8년간 보유한 다음 8만 크라운을 받고 반환하기로 했다. 하지만 이 하잘것없는 승리를 위해 헨리는 수도원 해산으로 얻은 막대한 재산을 모두 탕진해 버렸다. 그의 치세 마지막 7년은 온통 잘못된 선택, 기회의 상실, 오만, 헛된 명예, 낭비 등으로 점철되었다. 병들고 겉늙은 헨리는 많은 빚을 남겨놓은 채 1547년 1월 눈을 감았다.

5. 개신교와 가톨릭교의 대립

에드워드 6세 시대: 서머세트와 노섬벌런드

헨리는 사후를 대비하여 섭정회의(Council of Regency)라는 집단적 통치 기구를 마련하고, 유언으로 이 기구에 통치를 맡겼다. 이는 섭정 한 사람에게 권력이 집중되지 않도록 하려는 배려였다. 그러나 이 기구는 전혀 그 구실을 하지 못하고, 어린 신왕 에드워드 6세의 외숙이자 대프랑스 전쟁에서 명성을 얻은 유능한 군인인 하트퍼드(Hertford) 백 에드워드 시모어가 재빨리 호국경(Lord Protector)의 이름으로 권력을 장악했으며, 이어 서머세트 공의 작위까지 획득했다. 권력을 잡은 서머세트는 먼저 에드워드와 메리 스튜어트를 결혼시키기로 한 약조를 실현코자 했다. 스코틀랜드를 프랑스에서 떼어내어 잉글랜드와 통합하려던 헨리 8세의 계획을 실천에 옮기려 했던 것이다. 그러나 스코틀랜드가 이를 거부하자 그는 침공을 단행하여 1547년 9월 핑키(Pinkie) 전투에서 스코틀랜드군을 패퇴시켰다. 잉글랜드는 승리는 거두었지만 스코틀랜드 왕국 전체를 점령할 힘은 없었다. 게다가 이듬해 6월에 프랑스가 군대를 파견하여 사태에 개입했고, 다섯 살 난 어린 여왕 메리가 프랑스로 건너가 프랑스 왕세자와의 결혼에 동의함으로써 스코틀랜드와 프랑스 양국이 더욱 밀착했다. 1549년 여름에 프랑스군이 잉글랜드가 점거하고 있던 불로뉴를 공격함으로써 전쟁이 재개되었다. 그러나 종교적 분쟁과 인클로저를 반대하는 반란 등 불안한 국내 사정으로 잉글랜드는 전쟁을 적극적으로 수행할 형편이 못 되었다. 황제를 공격할 기회를 엿보고 있던 프랑스 역시 잉글랜드와 전쟁을 계속할 뜻이 없었다. 이리하여 1550년 3월 마침내 화의가 성립되어 잉글랜드는 40만 파운드를 받는 대신 원래 예정보다 4년이나 일찍 불로뉴를 프랑스에 돌려주었다.

서머세트는 대외 관계에서뿐만 아니라 국내문제, 즉 종교와 사회경제적 불만에 대한 대처에서도 성공하지 못했다. 그는 유능한 군인이었지만 유능한 정치가는 아니었다. 자유주의적이고 이상주의적인 면모를 지니고 있던 서머세트는 헨리 8세의 강압 정책을 완화하고자 했지만, 결과적으로는 야심가들의 발호와 정부의 불안정, 그리고 사회적 혼란을 초래했으며, 가난한 사람들의 고통을 덜어주기 위한 그의 시도는 번영하는 중간계급의 적대감을 불러일으켰다.

열렬한 개신교도가 아니었음에도 불구하고 그는 개신교의 성장을 크게 북돋았다. 1547년에 소집된 에드워드 6세의 첫 의회는 반역법과 6개조항법을 비롯하여 이단을 규제하고 탄압하는 법률들을 대부분 폐지했다. 그 결과 개신교 관련 저술들이 쏟아져 나오고, 주교관에서 선술집에 이르기까지 이와 관련한 논쟁이 홍수를 이루었다. 슈트라스부르크(Strassburg)의 마르틴 부처(Martin Butzer)를 비롯한 대륙의 여러 학자들이 다양한 개신교 사상을 잉글랜드에 들여왔다. 그들의 논의는 다양했지만 근본적으로는 루터의 교리에 바탕을 둔 것으로서, 그 핵심은, 구원은 오직 믿음에 의해서만 얻을 수 있으며, 종교적 진리의 유일한 원천은 성서뿐이라는 것이었다. 그들은 성사 중심적이고 의례와 형식이 지배하는 제도적 종교인 가톨릭교를 비판하면서 개개인이 직접 읽는 성서에 근거한 종교적 체험을 강조했다. 토론은 주로 성체 성사에 집중되었다. 개신교도들은 성찬식의 빵과 포도주가 실제로 예수의 살과 피로 바뀐다고 하는 가톨릭교의 화체설을 부정했으나, 그 자리에 무엇을 대체할 것인가에 대해서는 합의를 보지 못했다. 양식 있는 대학자였던 캔터베리 대주교 크랜머는 이런 토론에서 아주 중요한 몫을 담당했다. 신학적으로 개신교 쪽에 점점 더 기울어간 크랜머는 대륙의 개혁가들과 긴밀히 접촉하면서도, 대부분의 영국인이 수용할 수 있는 절충점을 끊임없이 모색해 나갔던 것이다.

1547년의 의회는 또한 죽은 사람의 명복을 빌기 위해 설립된 수많은 공양제단을 철폐하고 그 재산을 몰수했으며, 여러 컬리지, 병원과 구빈원(poorhouse, workhouse), 그리고 모든 종교 동아리(guild)를 해산했다.[15] 이런 조치들은 교회의 사회적 역할을 축소시키고, 잉글랜드 사회의 세속화를 촉진했다. 한편 개신교 사상의 확산으로 성상 파괴 소동이 벌어지자 서머세트는 교회에서 모든 성상과 성화를 철거하도록 지시했다. 이 바람에 수도원 해산에 이어 다시 한 번 교회의 그림, 조각, 공예품 등 많은 문화적 자산들이 파괴되었다.

다양한 개신교 사상이 유입되고 평신도 개개인의 성서 읽기가 보급됨에 따라 종교적 표현이 자유롭게 되었고, 이런 표현의 자유가 무질서와 혼란을 야기하자 정부는 예배의 통일성을 기할 필요를 느꼈다. 그래서 크랜머의 주도로 왕국 전역에서 공통으로 쓰일 영어로 된 『제1차 공동기도서(First Book of Common Prayer)』가 제정되었다. 아름다운 산문체로 된 이 기도서의 기조는 여전히 보수적이었지만, 성찬식을 그리스도의 희생을 기념하는 의식으로 보는 견해를 채택하고, 사제와 회중(congregation)이 예배에 동참하는 만인사제주의 교리를 반영하는 등 개신교적 색채가 가미되어 있었다. 1549년의 의회는 통일법(Act of Uniformity)을 제정하여 모든 교회에서 이 기도서를 사용하도록 했다. 이 법은 또한 사제의 결혼을 허용하는 조항도 담고 있었다.

천 년의 세월을 지나면서 삶의 일부로 녹아 있던 관행과 의식의 갑작스러운 변화에 민중은 당혹하고 분노했다. 6월에 새 기도서가 도입되자 데번과 콘월 지역에

---

15) 2,374개의 공양제단, 90개의 컬리지, 110개의 병원과 구빈원이 해산되었으며, 이때의 토지 몰수로 정부는 61만 파운드의 수입(수도원 해산으로 얻은 수입의 5분의 1)을 얻었다.

서 반란이 일어났다. 켈트어를 사용하고 있던 콘월의 농민들은 런던이 잘 알아들을 수 없는 영어 기도서를 강요하는 데 분개하여 옛 방식대로의 미사를 요구하며 봉기했고, 많은 사제들도 이에 가담했다. 반란의 주요 동기는 종교적 불만에 있었지만, 최근에 부과된 양과 직물에 대한 세금과 높은 물가 등 경제적 불만도 작용했다. 그러나 반란은 결국 스코틀랜드전에 투입된 베드퍼드(Bedford) 백 존 러슬이 이끈 독일 및 이탈리아 용병과 인접 주의 젠트리들이 소집한 민병대에 진압되고 말았다.

같은 시기에 중부와 남부 여러 지역에서도 소요가 일어났다. 이런 소요는 대체로 인클로저에 반대하여 일어난 것이었는데, 그중 가장 격렬했던 것은 노퍼크에서 일어난 케트의 반란(Kett's Rebellion)이었다. 반란의 주모자 로버트 케트 자신은 성공한 무두장이이자 두 장원의 소유주였지만, 반도들은 대부분 가난한 농민들이었다. 이들의 주된 요구 사항은 지주들이 인클로저를 통해 공유지를 사유화하지 못하게 하라는 것과 지대를 인하하라는 것이었다. 튜더 체제가 확립되어 가는 과정에서 일어난 가장 심각한 도전이었던 이 반란에는 이 시대의 경제적 여건과 지적 분위기도 크게 작용했다. 16세기 중엽의 빠르고 지속적인 인구 증가로 중세에는 겪지 못했던 물가 상승과 실업이라는 현상이 사회불안의 요인으로 등장한 한편, 가난한 사람들에 대한 동정과 인클로저에 대한 비난 등의 지적 분위기가 민중의 소요를 용인하고 심지어 이를 부추기기도 했다. 수도원이 해산된 이후 빈민 구호의 일까지 떠맡은 서머세트의 정부는 처음에는 주저하면서 회유책을 시도했으나, 결국 워리크 백의 지휘 아래 군대가 동원되었고, 반란은 분쇄되었다.

케트의 반란은 서머세트의 몰락을 가져왔다. 그렇지 않아도 대외 정책의 실패로 궁지에 몰리고 있던 그는 가난한 사람들에 대한 동정적인 자세와 반란에 대한 미온적인 대처 때문에 지주들의 지지를 잃었다. 그의 정적인 워리크 백 존 더들리가 질서와 강한 정부를 요구하는 세력의 중심이 되어 1550년 2월 서머세트를 몰아내고 권력을 장악했다. 곧 노섬벌런드 공의 작위까지 거머쥔 더들리는 헨리 7세의 재정 관리 에드먼드 더들리의 아들이었다. 헨리 8세 말기에 뛰어난 군사적 경력을 쌓은 노섬벌런드 공은 정치적 술수도 뛰어난, 정력적이고 냉혹한 인물이었다. 그는 재정 상태를 개선하기 위해 먼저 프랑스 및 스코틀랜드와의 전쟁을 끝냈으며,16) 왕실 토지의 상당 부분을 처분하고, 일부는 추종자의 충성을 확보하기 위해 증여했다. 그리고 그는 대역 모의 혐의를 뒤집어씌워 서머세트를 처형했다.

노섬벌런드 공은 서머세트를 제거할 당시 가톨릭교도와 제휴했는데, 권력을 장악한 다음에는 태도를 바꾸어 가톨릭교도를 추밀원에서 몰아내고 급진적인 개신교 강화 정책을 추진했다. 아직도 남아 있는 성상과 성화가 모두 제거되고 그 사용이 금지되었다. 그리고 1552년에 역시 크랜머의 주도 아래 『제2차 공동기도서』가 제정되었는데, 이것은 1차 기도서보다 개신교적 색채를 훨씬 더 분명하게 띠고 있었다. 새 기도서는 성서에 근거하지 않는 모든 것은 폐지되어야 한다는 원칙에 입각해 있었다. 미사라는 이름 자체를 포함하여 가톨릭교의 많은 의식이 폐지되고, 화체설이 부정되었다. 곧이어 제정된 제2차 통일법은 이 기도서의 사용을 의무화했다. 세례 의식과 성직자의 복식이 좀더 단순해졌으며, 모든 사람들에게 일요일의 예배 참석이 의무화되었고, 불참할 경우에는 벌금이 부과되었다. 이리하여 에드워드 6세의 재위 기간 중에 잉글랜드 교회는 결정적으로 개신교화했다. 헨리 8세 때의 교회 개혁이 정치적이고 입헌적인 것에 그친 데 비하여, 에드워드 시대의 개혁은 교리와 의식의 면에서 급진적 변화를 보인 것이다.

탄탄할 것 같던 노섬벌런드의 권력은 어이없게 끝장났다. 1553년 봄 지적으로 조숙했지만 병약했던 에드워드에게 죽음이 닥쳐왔기 때문이다. 폐결핵을 앓아온 왕의 병세가 깊어지자 위기를 느낀 노섬벌런드는 서둘러 헨리 8세의 누이동생 메리의 외손녀인 레이디 제인 그레이(Grey)를 자기 아들 길드퍼드(Guildford)와 결혼시키고, 왕을 설득해서 왕위를 제인 그레이와 그 상속자에게 넘기는 유언장을 만들게 했다. 7월 초에 에드워드는 짧은 생을 마감했다. 왕이 죽은 지 나흘 뒤 추밀원은 제인을 여왕으로 선포했다. 그러나 노섬벌런드의 이 대담한 도박은 합법적 왕위계승권자인 헨리 8세의 장녀 메리 공주의 신병을 확보하지 못함으로써 결국 실패로 끝나고 말았다. 동생이 사망하기 직전에 체포를 우려한 메리는 서퍽크에 있

---

16) 292~293쪽 참조.

는 가톨릭교도 가문의 요새로 피신하여, 그곳에서 자신이 진짜 국왕임을 선포하고 군대를 모으기 시작했다. 노섬벌런드는 소부대를 이끌고 진압에 나섰으나, 수천의 군사가 메리 진영에 집결했고, 지지 세력이 급격히 불어났다. 마침내 7월 19일 추밀원은 메리를 여왕으로 선포했고, 노섬벌런드조차 "메리 여왕 만세"를 외칠 수밖에 없었다. 이리하여 노섬벌런드의 무모한 모험은 9일 천하로 끝났고, 그는 결국 처형되었다. 메리가 런던에 입성하자 런던 시민은 일찍이 없었던 열렬한 환호로 여왕을 맞이했다. 노섬벌런드의 음모에 말려든 무고한 제인 그레이는 투옥되었는데, 1554년 메리에 대한 반란이 일어나자 끝내 처형되고 말았다.17)

메리 여왕의 시대: 로마로의 복귀

메리는 영국 역사상 최초의 여성 군주가 되었다. 메리 여왕은 위엄과 기품을 지녔고, 즉위 과정에서 보여주었듯이 용기와 판단력도 구비한 매력적인 인물이었다. 특히 그녀는 시작을 아주 잘했다. 노섬벌런드 공과 다른 두 공모자만 처형했을 뿐, 나머지 모든 반대파에게는 자비를 베풀었다. 메리의 치세 전반을 통하여 법은 잘 준수되었고, 일상적인 행정도 잘 굴러갔으며, 상당한 재정 개혁도 이루어졌다. 그러나 인자하고 우아한 품성을 지녔던 메리는 '피의 메리(Bloody Mary)'라는 살벌한 별명을 얻었다. 독실한 가톨릭교도인 그녀는 어머니 캐서린으로부터 에스파냐적 경건함을 이어받았고, 어머니의 치욕을 같이 느꼈다. 그녀는 자신에게 모욕을 안겨준 종교개혁을 증오했고, 오욕의 세월 동안 가톨릭교 신앙은 그녀에게 유일한 위안이었다. 열렬한 가톨릭교 신앙을 지닌 그녀는 백성들을 로마 교회의 둥지에 되돌려놓음으로써 그들의 영혼을 구제하려고 결심했다. 그리하여 정치적 반대파를 다루는 데는 관대할 수 있었으나, 종교 문제에서는 무자비했다. 그것은 그녀 자신에게는 비극을, 그리고 왕국에는 고통을 안겨주었다. 민중이 메리에게 보냈던 지지와 환호는 튜더 왕조의 적법한 왕위계승자에 대한 것이지 가톨릭교 군주에 대한 것이 아니었으며, 로마로의 복귀를 원한 것은 더욱이나 아니었다. 메리의 비극은

---

17) 299쪽 참조.

메리 튜더

이 사실을 깨닫지 못한 데 있었다.

메리의 첫 의회는 민첩하게 여왕의 계획을 실행했다. 의회는 헨리 8세와 캐서린의 이혼을 무효화하여 메리의 정통성에 관한 시비를 깨끗이 씻어냈으며, 에드워드 시절의 종교 관련 법령들을 모두 폐지하여 교회를 헨리 8세가 사망한 당시의 위치로 되돌렸다. 이로써 옛 방식의 미사가 되살아나고, 교구에서 쫓겨났던 주교들이 복권되어 되돌아왔다. 그러나 의회는 헨리 8세의 교회로 되돌아가는 것은 찬성했지만, 헨리 8세의 체제에 손을 대는 일은 마다했다. 의회는 교회에 대한 국왕의 지배권을 부정하거나 교황권을 회복하려 하지 않았으며, 미사에 참여하는 것을 강요하지 않았고, 몰수된 수도원 토지를 되돌려주기를 거부했으며, 그리고 무엇보다도 에스파냐의 왕자와 결혼하려는 여왕의 계획에 이의를 제기했다.

메리 여왕 역시 부왕처럼 후사의 필요성을 절박하게 느꼈다. 그녀 자신이 후사를 얻지 못하면 개신교도로 자란 17세 아래의 배다른 동생 엘리자베스가 왕위를 이을 것이고, 그러면 가톨릭교의 장래는 암담해질 것이 빤했다. 즉위할 때 이미 37세였던 메리는 아직 독신이었다. 의회는 영국인과의 결혼을 청원했지만, 여왕은 이를 무시하고 자신과 가톨릭교 신앙의 보호자로서 남편을 유럽 최강의 합스부르크 가문에서 구했다. 더욱이 황제 카를 5세는 그녀의 이종 사촌인 데다 지금까지 어려울 때 의지해 왔던 그녀의 조언자였다. 이 무렵 프랑스와 네 번째이자 마지막으로 전쟁 중이었던 카를은 잉글랜드와 동맹하기 위해 아들 펠리페(Felipe)와 메리의 결혼을 추진했고, 메리는 비밀리에 펠리페의 청혼을 받아들였다.

그러나 이것은 메리의 큰 실책이었다. 에스파냐에 예속될 것을 우려하는 영국인들의 반발을 무마하기 위해 세심한 조처들이 결혼 조약에 명문화되었다. 메리와 펠리페는 공동 군주가 되지만, 펠리페는 단지 명목상의 국왕이 될 것이고, 궁정과 정부의 관직은 영국인들이 맡을 것이며, 잉글랜드는 자신의 법률에 따라 독자적으로 통치되고, 외교도 독자적으로 추구되어 카를의 전쟁에 말려들지 않을 것이며, 그리고 메리가 자식 없이 죽으면 펠리페는 잉글랜드 왕위에 대해 아무런 권리도 주장할 수 없다고 규정되었다. 그러나 이런 안전 조치가 강구되어 있었음에도 불구하고 많은 사람들이 결혼에 반대했다. 상서경으로서 여왕의 최고 보좌관 역할을 하던 스티븐 가드너(Stephen Gardiner) 주교조차 반대했고, 많은 추밀원 위원들 역시 그러했다. 메리의 만류에도 불구하고 하원이 반대 청원을 하자 그녀는 의회를 해산해 버렸다.

1554년 1월 결혼 조약이 체결되자 즉각 곳곳에서 항의 시위가 일어났다. 런던과 가까운 켄트에서 일어난 써 토머스 와이어트(Wyatt)의 반란이 가장 격렬했다. 와이어트가 4,000 가까운 무장 병력을 규합하여 런던 근교까지 진격하자, 진압 부대까지도 반군에 가담했다. 두려움에 빠진 추밀원이 어찌할 바를 모르고 있던 것과 달리 여왕은 다시 한 번 침착성과 용기를 보여주었다. 그녀는 와이어트가 꾸물거리고 있는 사이 런던 시청으로 달려가 신민의 충성심에 호소함으로써 형세를 반전시켰다. 신속하게 왕군이 결성되어 반군을 분쇄했다. 이 반란으로 100명 가까운 사람이 처형되었는데, 이 바람에 반란과 전혀 무관했던 제인 그레이도 남편과 함께 목숨을 잃었다. 엘리자베스 공주 역시 투옥되었으나, 확실한 연루의 증거 없이 처형하지 말라는 추밀원의 경고 덕분에 목숨을 건질 수 있었다. 반란은 이렇게 무너졌지만 아무 구실도 하지 못한 것은 아니다. 그것은 잉글랜드가 에스파냐인 왕을 바라지 않는다는 것을 보여주었으며, 영국인들이 개신교 신앙을 반에스파냐적인 그들의 애국심과 동일시하는 데 이바지했다.

와이어트의 반란이 진압된 후 4월에 열린 메리의 두 번째 의회는 펠리페와의 결혼 조약을 승인했으며, 7월 말에 펠리페는 잉글랜드로 건너와 결혼식을 올렸다. 11월에 메리가 펠리페와 함께 소집한 그녀의 세 번째 의회는 잉글랜드 교회를 가톨릭교회로 되돌리고 교황의 우월권을 회복시키는 여러 입법 조치를 취했는데, 이 일은 추기경 레지널드 포울(Reginald Pole)이 교황의 사절로서 잉글랜드에 들어온 것에 때맞춰 이뤄졌다. 확고한 가톨릭교도로서 헨리 8세 때 망명했다가 20년 만에 돌아온 포울은 잉글랜드를 교회 분열의 죄에서 풀어주고 그동안 처분된 교회 토지

메리 튜더하의 개신교도 처형

의 현재 소유권을 완전히 인정해 준다는 교황의 사면장을 가지고 고국으로 돌아왔으며, 이런 교황의 보장 아래 의회는 1528년 이후 헨리 8세의 치세 동안 제정된 교회 관련 법률을 모두 폐지함으로써 최소한 문서상으로는 잉글랜드의 교회를 종교개혁 이전의 상태로 되돌려 다시 로마 교회의 품에 안기게 했다.

뿐만 아니라 의회는 이단을 처벌하는 옛 법을 되살리고, 이전의 교회 법정의 사법권을 회복함으로써 종교적 박해의 길을 열었다. 정부는 전체 성직자 수의 약 4분의 1에 해당하는 2,000명의 성직자를 대처(帶妻) 등의 이유로 축출했다. 종교적 박해로 목숨을 잃은 최초의 희생자는 소위 매슈의 성서(*Matthew's Bible*)를 편집한 존 로저스(Rogers)였다.[18] 1555년 2월 초 그는 전향하면 용서해 주겠다는 제의를 거부하고 스미스필드에서 화형에 처해졌으며, 열렬한 개신교 주교인 존 후퍼(Hooper)와 다른 성직자 3명이 그 뒤를 따랐다. 본보기 처형으로 개신교 사상을 억압하려던 당국의 기도가 역효과를 나타내 복종보다는 오히려 저항의 기세가 확산되자 박해가 더욱 심해져 연말까지 300명 가까운 사람들이 산 채로 불태워졌다.

순교자의 대부분은 남서부 잉글랜드 도시들의 수공업자와 소상인, 도제와 일반

---

18) 로저스는 틴들과 커버데일이 번역한 신·구약 성서를 합쳐 토머스 매슈라는 익명으로 출판했다.

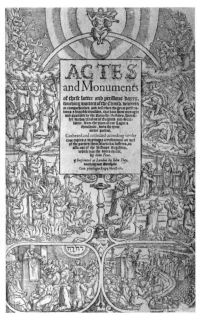

|왼쪽| 존 폭스
|오른쪽| 폭스의 『순교자의 책』

노동자 등 미천한 서민층이었으며, 성직자를 제외하고 젠트리 출신은 한 사람도 없었다. 화형을 당한 성직자는 21명에 불과했으나 그중에는 토머스 크랜머 대주교, 위대한 설교자 휴 래티머, 니콜러스 리들리(Ridley) 런던 주교 등 저명한 사람들이 포함되어 있었다. 10월에 옥스퍼드에서 처형된 래티머는 함께 형장의 장작더미 위에 선 리들리에게 "마음 편안히 가집시다, 리들리 님. 그리고 남자답게 처신합시다. 오늘 우리는 하느님의 은총으로 잉글랜드에 다시는 꺼지지 않을 촛불을 켜게 될 것입니다"라는 말을 마지막으로 남기고 불길에 싸였다. 래티머처럼 마음이 굳세지 못했던 크랜머는 당국의 회유로 자기 신앙의 잘못을 고백하고 교황의 최고권을 인정하는 굴복의 문서에 서명했다. 그러나 1556년 3월 21일 정작 그의 마지막 날이 되자 운집한 군중 앞에 나선 그는 죽음에 대한 두려움 때문에 진리에 어긋나게 썼던 모든 것들을 부인했다. 그는 자신의 신앙을 버린 것을 부인하고, 성사에 대한 가톨릭교회의 견해를 부인하고, 교황의 최고권을 부인했다. 그러고 나서 스스로 화형장으로 걸어나가 진리를 저버린 문서에 서명한 자신의 손을 맨 먼저 뜨거운 불길 속에 태우면서 의연하게 죽어갔다.[19]

메리와 포울은 참된 종교를 위한 순수한 열정으로 이렇게 수많은 사람들을 불꽃 속에 살랐다. 그러나 그들이 주도한 박해 정책은 완전한 실패로 끝났다. 메리의 치세에 처형된 희생자의 수는 대륙의 희생자 수에 비하면 그리 많은 것이 아니었지만, 영국의 역사에서는 유례가 없는 일이었다. 그 대부분이 일반 서민인 희생자들은 순교자로 추모되어 국민들의 가슴속 깊숙이 스며들었고, 로마 가톨릭교에 대한 증오심과 개신교의 정신을 북돋았다.[20] 이제 개신교는 지금까지 결여하고 있던 열정적이고 영웅적인 전설을 갖게 되었으며, 위대한 용기와 불굴의 정신을 지닌 종교로 국민의 기억에 각인되었다.

결혼 조약의 규정에도 불구하고 영국인들의 우려는 현실로 나타났다. 1556년 에스파냐 왕위를 계승한 펠리페는 이듬해 프랑스와 전쟁을 재개하고, 메리를 설득하여 잉글랜드를 전쟁에 끌어들였다. 전쟁 초기에는 펠리페가 승리했으나, 곧 잉글랜드의 패배로 전세가 바뀌었다. 1558년 새해 벽두에 프랑스의 기습 공격으로 칼레가 함락되었으나, 펠리페는 이를 되찾기 위해 아무런 노력도 하지 않았다. 칼레는 사실 지키기에 돈이 너무 많이 들고, 그에 비해 별 쓸모가 없는 도시였다. 그러나 백년전쟁의 승리와 성취의 상징으로 두 세기나 보유해 왔고, 또한 프랑스 침공의 교두보로 기능해 왔던 칼레를 힘없이 내준 것은 국민적인 치욕으로 받아들여졌다.

그해 여름 메리는 병이 들었고, 가을로 접어들면서 병세가 악화되었다. 아이를 갖지 못하고, 남편으로부터 홀대받고, 백성에게조차 외면당한 메리는 깊은 마음의 상처를 안은 채 11월에 숨을 거두었다. 메리의 비극은, 백성의 가슴은 영국적이고 개신교적인 데 반해, 그녀 자신의 마음은 에스파냐적이고 가톨릭적인 데 있었다.

---

19) 이러한 박해로 해서 여왕은 '피의 메리(Bloody Mary)'라고 불리게 되었다.

20) 1563년 존 폭스(Foxe)가 이 순교자들에 관하여 쓴 『순교자의 책(*Book of Martyrs*)』은 그 후 수세기 동안 영국에서 성서 다음으로 많이 읽히는 책으로 꼽혀왔다.

8

엘리자베스 1세 시대

1. 종교와 경제

국교회의 확립

메리 여왕의 뒤를 이어 엘리자베스 1세가 즉위했다. 그러나 그녀가 물려받은 왕국은 여러 가지로 어려움에 처해 있었다. 나라는 전쟁 중인 데다, 국고는 비어 있었고, 교역은 침체해 있었으며, 무엇보다 국민은 종교로 해서 깊게 분열되어 있었다. 25세의 젊고 매력적인 새 여왕은 자신이 직면한 난제들을 하나하나 훌륭하게 처리해 나갔다. 큰 키에 건장한 몸매를 지닌 엘리자베스는 부왕처럼 허영심이 많고 자존심이 강했지만, 폐비의 딸로 성장기를 보내고 언니 메리의 치세 동안 살얼음 밟듯 위태로운 여건을 헤쳐나가면서 자연히 신중하고 절제하는 성격을 형성하게 되었다. 그녀는 천재적인 정치적 감각을 타고났다. 달래고 어르고 위협하고 속이면서 말로써 상대를 다루는 재간이 뛰어났으며, 그러한 재간으로 그녀는 국내외의 경쟁자들을 교묘하게 요리했을 뿐만 아니라 행정가로서도 뛰어난 현실 파악 능력을 구비했으며, 무엇보다 통치 업무에 열과 성을 다 바쳤다.

엘리자베스 1세가 해결해야 할 최우선 과제는 종교 문제였다. 여왕은 특정 신조에 집착하는 종교적 인물이 아니었다. 그녀가 종교 문제에서 취한 노선은 국민들 사이의 갈등을 없애고 통합을 도모하는 것이었으며, 이런 견지에서 그녀가 택한 길은 개신교로 돌아가는 것이었다. 여왕은 즉위 후 즉시 온건한 개신교도인 윌리

겸손의 상징인 노새를 탄 벌리 경, 써 윌리엄 세슬

엄 세슬(Cecil)을 국무상(secretary of state)에 기용했다. 나중에 벌리(Burghley) 경이 된 세슬은 뛰어난 판단력을 갖춘 인물로서, 죽을 때까지 거의 40년을 여왕의 중요 자문관으로 충직하게 봉사했다. 여왕은 추밀원에서 과격한 가톨릭교도를 축출하고 온건한 개신교도들을 기용했다.

종교 문제의 해결은 1559년에 소집된 여왕의 첫 의회에서 이루어졌다. 수장법이 다시 제정되었는데, 그것은 대체로 영국 교회를 로마에서 분리한 헨리 8세의 수장법을 회복하는 것으로, 잉글랜드 교회의 수장은 로마 교황이 아니라 잉글랜드 왕임을 천명하는 것이었다. 수장법과 함께 제정된 통일법은 모든 교구가 새 기도서를 사용하도록 규정했다. 새 기도서는 에드워드의 제2 기도서에 기초했지만, 화체설에 대해 모호한 태도를 취하는 등 그보다 약간 보수적인 방향으로 수정된 것이었다. 그것은 또 일요일의 예배 참석을 의무화했지만, 이를 어겼을 경우의 벌칙은 가벼웠다. 뒤이은 왕령으로 성직자의 결혼이 허용되고, 또 성직자의 복식이 규정되었다. 그 뒤 1563년에 성직자 회의는 39개조 신앙 조항(39 Articles of Religion)을 채택했다. 이것은 에드워드 때에 제정된 42개조 신앙 조항을 수정한 것으로, 표현에 다소 모호한 점이 있기는 하지만 칼뱅교에 바탕을 두고 있었다. 39개조 신앙 조항은 1571년에 의회에서 영국 교회의 교리로 제정되었는데, 이 또한 약간의 수정을 거치기는 했지만 오늘날까지 영국 교회의 기본적인 교리로 남아 있다.

스코틀랜드의 종교 분쟁

스코틀랜드의 종교개혁은 잉글랜드와는 전혀 다르게 전개되었다. 그것은 가톨릭 정부에 대한 밑으로부터의 반란이었으며, 더욱 격렬하고 비타협적인 형태를 취했

엘리자베스 1세

존 녹스

다. 스코틀랜드는 제임스 5세의 딸인 어린 여왕 메리를 대신하여 프랑스 출신의 모후인 마리 드 기즈(Marie de Guise)가 오랫동안 프랑스의 군대와 관리의 도움을 받아 다스리고 있었다.[1] 이 같은 프랑스의 지배에 대한 반감과 가톨릭교에 대한 불만이 겹친 가운데 개신교 세력이 민족 감정으로 강화되었다. 때마침 1559년 5월에 망명에서 돌아온 칼뱅교도인 존 녹스(Knox)가 정열적인 설교를 통해 애국심과 종교적 열정에 불을 질렀다. 그리하여 프랑스의 지배에 반대하고 교회 재산을 차지하고자 한 개신교 귀족들의 주도로 반란이 일어났다.

같은 해 여름에 이들은 엘리자베스에게 도움을 요청했다. 종교적 급진주의를 혐오한 데다 무엇보다 군주에 대한 반역을 인정할 수 없었던 여왕은 망설였다. 프랑스에서는 1559년 앙리 2세가 무술 시합에서 부상을 당해 갑자기 사망하는 바람에 15세의 어린 프랑스와 2세가 국왕으로 즉위했고, 전해에 그와 결혼한 메리는 이제 프랑스의 왕비가 되어 있었다. 따라서 스코틀랜드의 반란자들에 대한 지원은 바로 프랑스에 대한 도전이었다. 그렇다고 사태를 그냥 수수방관하다가는 프랑스의 스코틀랜드 지배가 강화될 것이며, 프랑스와 스코틀랜드와 가톨릭교의 결합된 세력은 잉글랜드에 중대한 위협이 될 터였다. 한동안 망설인 끝에 엘리자베스는 결국 개입을 선택했다.

엘리자베스는 처음에 돈을, 가을에는 화약과 대포를 보냈다. 프랑스가 증원군을 파견하겠다고 위협하자, 여왕은 이를 차단하도록 북으로 함대를 파견했다. 이 함대는 이듬해 1월 스코틀랜드 앞바다에서 프랑스 함대를 격파했다. 오랫동안 지상군의 파견을 꺼려온 여왕은 3월에 마침내 8,000의 병력을 국경 너머로 보냈다. 잉글랜드의 무력 개입에다가 6월에 섭정인 마리가 죽자, 프랑스는 마침내 평화 협상을

---

1) 292~293쪽 참조.

추진하여 7월에 에든버러 조약이 체결되었다. 이 조약으로 잉글랜드와 프랑스 양군이 모두 철수하고, 스코틀랜드 정부는 개신교 귀족의 수중에 들어가게 되었다. 엘리자베스가 즉위했을 때 메리를 잉글랜드 국왕으로 선포했던 프랑스는 엘리자베스를 합법적 국왕으로 인정했다. 이로써 잉글랜드의 국제적 위신이 크게 올라갔으며, 북쪽 뒷문의 안전이 보장되었다. 무엇보다 개신교를 공통 기반으로 하여 잉글랜드와 스코틀랜드가 오랜 적대 관계를 청산하고 평화의 시대를 열었으며, 앞으로 두 왕국이 통합으로 나아갈 길을 닦아놓게 되었다.

종교 문제를 둘러싼 스코틀랜드와의 관계는 대략 이렇게 가닥이 잡혔지만, 여왕 메리 스튜어트는 오랫동안 엘리자베스의 골칫거리로 남아 있었다. 메리는 매혹적인 여성이기는 했지만, 감정을 주체하지 못하고 판단력이 모자라며 조심성 없고 충동적인 인물이었다. 1560년 12월 남편 프랑스와 2세가 재위 1년 반도 채 넘기지 못하고 사망하자 메리는 스코틀랜드로 돌아왔는데, 헨리 7세의 외증손녀인 그녀는 적통이 아닌 엘리자베스를 잉글랜드의 국왕으로 인정하기를 거부했다. 스코틀랜드인보다는 프랑스인으로서의 정체성을 가진 메리는 가난하고 후진 스코틀랜드의 운명에 대한 관심보다는 잉글랜드의 왕위에 대한 욕망이 더 컸다. 그녀는 잉글랜드 왕위에 대한 계승권을 강화하기 위해 헨리 7세의 외증손자이자 자신의 사촌인 단리(Darnley) 경 헨리 스튜어트(Stuart)와 재혼했다.[2] 그러나 그녀는 곧 허영심 많고 욕심 사납고 부도덕한 단리에게 등을 돌렸고, 질투심에 사로잡힌 단리는 메리의 이탈리아인 비서인 리치오(Riccio)를 메리의 식탁에서 살해했다. 이로부터 1년이 채 되기 전에 이번에는 단리가 메리의 정부인 보스월(Bothwell) 백 제임스 헵번(Hepburn)에게 무자비하게 살해되었다. 그런데도 이 사건으로 의심을 받고 있던 메리가 곧 보스월과 결혼하자, 칼뱅교도뿐 아니라 가톨릭교도들도 여왕의 무분별한 애정 행각에 격분한 나머지 반란을 일으켜 메리를 폐위하고 투옥하였다. 그녀는 감옥을 탈출하여 군대를 일으켰으나 실패하고 결국 1568년 잉글랜드로 도망쳤다. 엘리자베스는 메리를 자신의 보호 아래 두었으나, 엘리자베스에게 메리는 매우 민감하고 위험한

---

2) 이 결혼에서 장차 스코틀랜드의 제임스 6세이자 잉글랜드의 제임스 1세가 될 제임스 스튜어트가 태어났다.

존재였다. 메리는 잉글랜드에서 완고한 가톨릭교도를 위시한 불만 세력의 구심점이 되어 끊임없이 역모를 기도했다. 결국 그녀는 엄격한 감시를 자초하여 연금 상태로 여생을 보내다가 1587년 단두대에서 생을 마감했다.

가톨릭교도와 퓨리턴

종교 문제를 해결하는 데 엘리자베스는 온건한 중도 노선을 견지함으로써 일반 국민이 받아들일 수 있는 교회를 수립하는 데는 성공했지만, 열렬한 가톨릭교도와 급진적 개신교도까지 만족시킬 수는 없었다. 여왕의 즉위 이후 한동안 가톨릭교는 무기력 상태에 빠져있었는데, 메리 스튜어트가 잉글랜드에 오면서부터 잉글랜드 교회와 여왕의 왕좌에 대한 가톨릭교의 위협이 크게 늘어났다. 그 결과 1569년 이후 3년 동안 몇 가지 요인들이 결합하여 잉글랜드는 음모와 반란으로 얼룩지게 되었다.

메리 스튜어트를 둘러싸고 형성된 가톨릭교의 위협은 먼저 1569년 이른바 '백작들의 반란(Revolt of the Earls)'으로 나타났다. 세슬의 득세에 불만을 품고 있던 일단의 보수적 귀족들이 세슬을 축출한 다음 메리를 구출하여 잉글랜드 최고의 귀족이자 유일한 공작인 노퍼크 공 토머스 하워드(Howard)와 결혼시키고, 그녀를 엘리자베스의 계승자로 내세워서 가톨릭교를 부활시킬 것을 모의했다. 그러나 이 모의는 들통이 났고, 노퍼크는 여왕에게 굴복했다. 이로써 남부 귀족 세력은 붕괴되었으나, 함께 거사를 도모했던 노섬벌런드 백 토머스 퍼시와 웨스트모얼런드 백 찰스 네빌은 여왕의 소환령을 받자 굴복보다는 반란을 선택했다. 이들은 11월에 북부에서 군사를 일으켜 남으로 진격했다. 그러나 기대했던 가톨릭교도의 호응을 얻지 못한 채 왕군에 밀리자, 두 백작은 더럼에서 군대를 해산하고 스코틀랜드로 도망쳤다. 북부는 은총의 순례 이후 불과 30여 년 만에 다시 피의 회오리바람 속에 휩싸였으며, 몇 달 사이에 450여 명이 처형되었다. 그것은 지역에 세력 기반을 둔 귀족들이 중앙정부에 저항한 최후의 봉건적 반란이었다.

백작들의 반란이 무위로 끝난 뒤인 1570년 2월, 교황 피우스 5세(Pius V)가 뒤늦게 엘리자베스 여왕을 파문에 처하고 폐위를 선언하는 교서를 발표했다. 이로써 잉글랜드의 가톨릭교도들은 국왕에 대한 충성의 의무가 면제되었다. 이 교황의 교서는 가톨릭교도의 반란을 부추기는 것이나 마찬가지였으며, 이 때문에 가톨릭교도는 정치적으로 더욱 위험한 존재가 되고 역모의 용의자로 간주되었다. 정부는 이 교서를 최후통첩으로 받아들였으며, 의회는 반역의 범위를 확대하여 여왕의 정통성을 부인하거나 여왕을 이단자로 부르는 행위 등을 반역죄로 다스리게 했다. 교서는 실제로 잉글랜드의 가톨릭교도 사이에 광범한 반역의 기운을 불러일으키지는 못했지만, 대신 그것은 런던에 있던 피렌체 은행가인 로베르토 리돌피(Roberto Ridolfi)를 부추겼다. 1571년 리돌피는 메리와 노퍽크 공을 결혼시키고, 가톨릭교도들의 무장봉기와 때맞춰 에스파냐군이 침공하여 엘리자베스를 제거하고 메리를 즉위시켜 가톨릭교를 회복시킨다는 시나리오를 꾸몄다. 교황은 이를 열광적으로 환영하고, 펠리페 2세도 군사 지

메리 스튜어트

원을 약속했다. 그러나 일이 구체적으로 진행되기 전에 모의는 탄로 났고, 노퍽크 공은 결국 참수를 면치 못했다. 의회는 메리의 처형을 강력하게 주청했으나 여왕은 이를 끝내 거부했다. 이런 일련의 역모 사건은 잉글랜드 국민들의 가슴속 한편에 에스파냐에 대한 적의와 가톨릭교에 대한 증오심을, 그리고 다른 한편에 여왕에 대한 충성심을 새겨놓았다.

1575년 이후 대륙에서 가톨릭교 사제들이 잉글랜드로 흘러들어 오자 정부는 더욱 신경을 곤두세웠다. 이들은 대부분 대륙으로 망명한 잉글랜드의 가톨릭교도로서, 대륙에서 교육과 훈련을 받고 순교를 각오하고 귀국한 사람들이었는데, 1580년까지 이런 사제 100명가량이 비밀리에 활동하고 있었다. 이러한 상황에 대처하기 위해 의회는 국민을 가톨릭교로 개종시키는 것을 반역으로 규정하는 법을 제정

했다. 1580년 예수회 수도사를 파견하는 등 교황의 적대 행위가 더욱 노골화하자 잉글랜드의 반가톨릭교 정책도 덩달아 강화되었다. 국교기피처벌법(Recusancy Laws)이 제정되어, 일요 예배 불참에 대한 벌금이 한 주에 1실링에서 한 달에 20파운드로 크게 올랐고, 가톨릭교로 개종시키는 자뿐 아니라 개종하는 자도 사형에 처하도록 했다. 1585년에는 가톨릭교 사제가 영국에 존재하는 것 자체가 반역죄로 규정되었다. 아직 종교와 정치가 분리되지 않은 상황에서 250명가량의 가톨릭교도가 죽임을 당했는데, 이 숫자는 대륙에서의 종교적 희생보다는 훨씬 적은 것이었지만, 종교적 분쟁의 잔인함을 보여주기에는 충분했다.

잉글랜드 교회는 가톨릭교가 가하는 외부의 위협과 싸워야 할 뿐만 아니라, 다른 한편으로 내부의 위협과도 씨름해야 했다. 그 위협은 '퓨리턴(Puritan)'이라 불리는 종교적 급진파로부터 나왔다. 퓨리턴이라는 용어는 1570년대에 처음 쓰였지만, 그 운동은 메리 여왕 시절에 대륙으로 망명했던 개신교도들이 개혁가가 되어 돌아오면서 일어났다. 퓨리턴들은 여러 갈래의 견해를 대변하고 있어서 결코 조직화된 교파를 형성하고 있었던 것은 아니다. 그러나 그들은 모두 칼뱅의 가르침을 바탕으로 하고 있었다. 그들은 가톨릭교를 불신했고, 잉글랜드 교회 안에 아직 남아 있는 가톨릭적 요소를 깨끗하게 씻어내어 교회를 '정화(purify)'해야 한다고 주장했다.

1560년대에 퓨리턴들은 먼저 제의(祭衣) 논쟁을 전개했다. 그들은 성직자가 착용하는 흰색 제의가 로마 교회의 것과 너무 닮았다고 비판하면서, 사제가 복장을 마음대로 선택할 수 있어야 한다고 주장했다. 이 논쟁은 다른 의식과 형식에도 확대되어 성찬식에서의 무릎 꿇기 관행과 세례 때 성호 긋기도 비판받았다. 논쟁은 좀더 위험한 단계로 옮겨갔다. 퓨리턴들은 교회는 신도들의 자발적 결사체로서 국가와는 별개의 것이며, 회중은 그들의 목사(minister)를 스스로 뽑아야 한다고 믿었다. 그들은 주교의 권위를 거부하고, 스코틀랜드에서 진행되고 있는 것과 같은 장로교적 교회 체제를 도입할 것을 요구했다. 주교의 권위를 부정하는 것은 곧 그를 임명하고 권력을 부여한 교회 수장으로서의 국왕의 권위를 부정하는 것이었다. 그리하여 엘리자베스 여왕은 신속하게 이들을 탄압하는 조치를 취했다. 대표적 퓨리턴 논객이었던 토머스 카트라이트(Cartwright)가 케임브리지 대학에서 쫓겨나고 결국은 대륙으로 망명 길에 올랐다.

퓨리턴들은 여러 가지 방법으로 잉글랜드 교회에 칼뱅교의 요소를 도입하려고 노력했다. 1571년에는 의회를 통한 개혁을 시도하기 위해 기도서를 수정하는 법안을 제출했다. 그러나 여왕은 이런 법안의 상정 자체를 원천적으로 봉쇄했다. 의회 입법이 여의치 않자 퓨리턴들은 성서 강해(prophesying)를 통해서 또는 당회(classis)와 같은 성직자 중심의 집회를 통해서 장로교 조직을 잉글랜드 교회에 도입할 방법을 모색하기도 했다. 한편 교회 개혁을 기대하기 어렵다고 생각한 일부 급진적 퓨리턴들은 아예 잉글랜드 교회에서 독립된 별도의 교회를 수립하고자 했다. 1580년 로버트 브라운(Browne)과 헨리 배로우(Barrow)가 이끄는 일단의 퓨리턴들은 새로운 형태의 종교 조직을 결성했다. 그들은 교회와 국가는 어떠한 관계도 맺어서는 안 되며, 신도의 자발적 결사인 회중이 교회의 단위가 되어 그 어떤 상부 권위의 감독이나 통제 없이 교회를 이끌어나가야 한다고 주장했다. 이들은 나중에 분리파(Separatists) 혹은 조합교회파(Congregationalists)로 불렸다.

퓨리턴의 이런 활동은 정부의 강력한 탄압을 불러일으켰다. 퓨리턴에 동정적이던 캔터베리 대주교 에드먼드 그린덜(Grindal)은 여왕의 탄압 명령을 거부함으로써 대주교직에서 해임되었다. 1583년 그의 후임인 존 위트기프트(Whitgift)는 교회 정부를 변경하려는 시도에 단호하게 대처했다. 그는 모든 성직자들에게 수장법과 통일법의 핵심 내용에 대한 서약을 요구하고, 불응하면 고등 종교 법정(Court of High Commission)을 통해 처벌했다. 위트기프트의 강압 정책으로 많은 종교 지도자가 투옥되고 때로는 처형되면서 퓨리터니즘 운동은 쇠퇴했다. 그러나 엘리자베스는 퓨리터니즘 문제를 단순히 묻어두었을 뿐 해결한 것은 아니었다. 퓨리터니즘은 젠트리와 런던의 시민 가운데서 계속 자라나고 있었고, 제임스 1세 치세에 다시 강렬하게 타오를 때까지 거기에서 내연하고 있었다.

경제개혁

엘리자베스 여왕이 직면한 또 하나의 문제는 어려운 경제 사정이었다. 여왕이 즉위할 무렵 정부 재정은 쪼들렸고, 질이 낮은 화폐는 실질 가치를 유지하지 못하여 유통 질서를 어지럽히고 있었다. 16세기 전반까지 성장과 번영을 누려오던 모직물 무역이 1551년 노섬벌런드가 단행한 화폐개혁을 계기로 급격히 침체했으며, 이에 따라 산업 전반이 활기를 잃고, 실업과 빈곤이 만연하여 많은 사람들이 부랑자로 떠돌았다. 세기 중엽에 닥친 이 같은 경제적 위기의 근본 원인은 물가앙등에 있었다. 중세 말의 한 세기 반 동안 안정적이거나 또는 하락했던 물가가 1500년부터 1540년 사이에 약 50%나 상승했고, 그다음 20년 동안에는 무려 두 배로 폭등했다. 이것은 물자 부족 때문이라기보다는 주조된 화폐의 양이 급격히 증가했기 때문이었다. 게다가 은 함유량을 줄인 불량 화폐의 대량 주조는 물가앙등을 더욱 부채질했다. 치세 말 파산 위기에 직면한 헨리 8세, 그리고 에드워드 6세의 치세 초에 서머세트가 이런 불량 화폐를 주조함으로써 물가가 어지러울 정도로 치솟았고, 소매상들은 이와 같은 새 주화를 받으려 하지 않았다. 이를 개선하기 위해 노섬벌런드는 실링을 액면가의 절반으로 절하하는 조치를 취했는데, 그것은 곧 잉글랜드산 직물의 값을 두 배로 상승시켰으며, 그 결과 안트베르펜의 직물시장이 붕괴하고 수출 붐이 끝장났다. 안트베르펜 시장은 1560년대에 잠시 되살아났으나, 때마침 네덜란드가 에스파냐에 대한 독립 전쟁을 일으키는 바람에 안트베르펜이 크게 파괴되었고, 그 결과 잉글랜드의 직물산업이 침체되고, 그에 종사하던 사람들이 큰 고통을 당했다.

재정정책 면에서 엘리자베스는 부친인 헨리 8세보다 조부인 헨리 7세를 더 많이 따랐다. 여왕은 구두쇠처럼 인색하다는 비난을 들었지만, 사실 그것이 성공 비결의 하나였다. 정부는 재정지출을 크게 억제함으로써 평시에는 수입이 지출을 감당하고도 남아돌았다. 여왕의 치세 전 기간을 통해 잉글랜드의 공공 재정은 대륙의 경쟁국들보다 훨씬 더 안정적이었고, 그만큼 의회에 의존하지 않고서 국정을 이끌어 갈 수 있었다. 전쟁이 일어나 엄청난 재정이 소요될 때에도 엘리자베스는 국민에게 과중한 세금 부담을 지우기보다는 왕실 토지를 매각하는 방법을 택했다. 즉위 초에 스코틀랜드 개신교도를 지원할 때, 에스파냐의 '무적함대(Armada)'와 싸울 때, 그리고 1590년대에 아일랜드 반란을 진압할 때 왕실 토지가 대량으로 매각되었는데, 그것은 국민적 불만을 살 고액의 과세보다 더 현명한 정치적 선택이었다.

경제 문제를 해결하기 위해 정부가 취한 첫 조치는 화폐개혁이었다. 1560년에서 1561년까지 정부는 10년 전에 노섬벌런드가 시작한 화폐개혁을 완료했다. 화폐에 대한 신뢰를 회복하기 위해 은의 순도가 낮거나 가장자리를 깎아내어 무게가 줄어든 불량 주화를 회수하고, 액면가가 실제 함유된 은의 가치와 일치하는 새 경화를 발행했다. 이 조치는 큰 성공을 거두어 통화의 혼란을 극복하고 안정된 통화 질서를 확립했다. 화폐개혁에 뒤이어 1563년 의회는 경제 문제 전반에 걸친 일련의 입법 조치를 취했다. 인클로저를 규제하고, 영농을 장려하고, 사치품 수입을 금지하고, 식료품 시장의 안정을 위해 곡물과 가축의 거래를 허가제로 하고, 어업을 증진하기 위해 수요일과 금요일에 생선을 먹게 하는 등 많은 법률이 제정되었다. 그중에서도 특히 주목되는 것은 유명한 산업 법전인 도제법(Statute of Apprentices)이었다.

도제법은 주로 농업을, 그리고 부차적으로 직물업을 장려하기 위해 그 이외의 업종에 종사하는 것을 어렵게 만든 입법 조치로서 다른 업종에 종사하려면 7년간의 도제 수련을 거치도록 규정했다. 이 법은 또한 고용 안정을 위해 고용주가 노동자를 고용할 때는 일정 기간(보통 1년)을 의무적으로 고용하도록 강제하고, 하층민이 부랑자로 떠도는 것을 막기 위해 노동자가 일자리를 찾을 때는 이전 직장의 증명서를 제시하도록 했다. 한편 치안판사에게 임금을 규제하는 권한을 부여하고, 그가 정한 수준 이상의 임금을 지급하지 못하도록 통제했다. 이런 조치는 중세의 길드적 규제를 국가적 차원으로 전환하려는 시도였으며, 유럽의 어떤 정부도 취하지 않았던 경제생활에 관한 가장 포괄적인 입법 조치였다. 그것은 도시에서의 실업과 농업 노동자의 부족, 그리고 생활비의 증가 등 산업화와 가격혁명에 따른 모든 부정적 결과들을 조절하려는 대응책이었다. 이 법의 목적은 기존의 계급 구조를 유지하고 노동력을 안정적으로 확보하려는 것이었으나, 법 자체에 여러 예외 규정이 있는 데다가 실제 적용에 있어서도 많은 예외가 허용되어 그 실효를 충분히 거두지는 못했다.

엘리자베스 여왕의 재위 기간에 잉글랜드 사회정책의 초석이 되는 구빈법(Poor Law)이 또한 제정되었다. 빈민과 부랑 인구의 증가는 튜더 시대의 골칫거리였는데,

여왕의 치세에 이르러 문제가 더욱 심각해졌다. 16세기의 전 기간에 걸쳐 지속된 인플레이션으로 노동자들의 실질임금은 계속 줄어들었다. 게다가 안정된 일자리를 얻는 것도 쉬운 일이 아니어서 여왕의 치세에 도시 인구의 거의 3분의 1 정도는 일자리를 얻지 못한 채 구걸이나 자선에 의존해서 살아가는 처지였다. 늘어나는 빈민층이 사회적 불안 요소로 대두하자 튜더 왕조는 의회 입법으로 이들을 통제했다. 1536년에 최초로 구빈법이 제정되었지만 효과적으로 시행되지 못해왔다. 그런데 1590년대에 극심한 기근이 들자 폭동을 두려워한 의회는 1597년 새로 구빈법을 제정했다. 1601년에 약간의 수정을 거친 이 법은 그 후 250년 동안 빈민 정책의 기본 틀이 되었다. 빈민 구제는 이때까지 교회가 관리하는 자선사업의 영역이었는데, 이제 그것은 국가의 관할 사항이 되었다. 구빈법은 각 교구에 빈민 감독관을 두고, 이들로 하여금 확실한 생계 수단이 없는 사람에게 주거지와 일자리를 마련해 주도록 권한을 부여했다. 그리고 이를 위해 교구 단위로 빈민 구제를 위한 구빈세(poor rate) 납부를 의무화했다. 그러나 그와 동시에 구빈법은 구걸하거나 떠돌아다니는 행위를 금지하고, 이를 어길 때는 가혹하게 처벌했다. 보호와 통제는 동전의 양면을 이루게 마련이어서, 도제법과 마찬가지로 구빈법도 한편으로 빈민의 생계를 보호해 주는 반면, 그들이 부랑민으로 떠돌며 사회를 불안하게 하지 못하도록 통제하려는 입법 조치였던 것이다.

정부의 경제정책들이 엘리자베스 치세기의 경제성장에 어느 정도 기여했겠지만, 성장의 더 깊은 동인은 급속한 인구 증가에 있었다. 여왕의 치세 동안 인구는 대략 300만에서 400만으로 증가했는데, 이는 끊임없이 물가를 압박했다. 게다가 아메리카에서 막대한 양의 금과 은이 유입되면서 야기된 가격혁명도 물가 상승을 부채질했다. 그래서 16세기 후반기에 물가는 약 60% 상승하여 임금상승률을 앞질렀으며, 이는 곧 이윤의 증대를 보증했고, 이윤의 증가는 다시 기업을 자극하고 자본의 축적을 가능하게 했다.

상공업과 농업

자본가적 직물업자가 지배하는 직물공업은 엘리자베스 시대에 들어와 몇몇 혁신적인 기술이 도입되었다. 무엇보다 중요한 것은 콜체스터(Colchester)를 중심으로 발달한 '신직물(new draperies)'이었는데, 이것은 잉글랜드의 옛 직물보다 더 가볍고 결이 고운 모직물이었다. 한편 랭커셔의 직조공들은 아마와 무명으로 능직물(綾織物)의 일종인 퍼스천(fustian)을 짜기 시작했는데, 이 직물 역시 인기를 끌었다. 더욱 괄목할 만한 발전은 석탄 산업에서 이루어졌다. 숲이 점점 사라지자 런던 시민들이 난방용으로 석탄을 사용하게 된 데다, 제염·제당·유리 제조 등의 각종 산업에서 석탄을 연료로 사용함에 따라 석탄 산업이 붐을 이루게 된 것이다. 제철업을 비롯한 금속공업 또한 크게 발전하여 여왕의 치세 말기에 잉글랜드는 대륙에서 앞을 다퉈 구입해 간 대포를 생산했다.

직조공

　새로운 공업 기술의 도입에는 종교적 박해를 피해 대륙에서 잉글랜드로 건너온 종교적 난민들이 크게 기여했다. 신직물의 직조 기술은 주로 박해를 피해 도망쳐 온 네덜란드의 칼뱅교도들에 의해 전래되었다. 프랑스의 칼뱅교도인 위그노(Huguenot) 숙련공들도 엘리자베스 시대에 처음으로 유입되었다. 그중에는 노련한 기업가와 금융가들도 있었으며, 이들은 잉글랜드 경제의 상대적 후진성을 끌어올리는 데 크게 공헌했다. 대륙으로부터 인적 자원을 유입하는 일은 정부가 직접 추진하기도 했다. 여왕은 광업과 금속공업이 발달한 남부 독일에서 몇몇 자본가들을 불러들여 이들에게 납이나 구리 등 금속공업의 독점권을 허용했는데, 이들이 기술자와 광부들을 데리고 옴으로써 광업과 금속공업의 기술 발전에 이바지했다.

　공업의 팽창에 비해 무역은 상대적으로 정체했다. 1576년 에스파냐군의 안트베르펜 파괴로 수출시장을 잃은 직물업자들은 독일의 함부르크(Hamburg)와 엠던

|왼쪽| 16세기의 런던브리지 부근 |오른쪽| 엘리자베스 1세 시대의 의회: 여왕의 앞 좌우에 성속의 귀족들이 앉아 있고, 주 기사와 도시 대표인 하원의원들은 아래 전면에 서 있다.

(Emden), 그리고 네덜란드의 미들버그(Middleburg) 등지로 새로운 수출시장을 찾아 나섰다. 그러나 한편으로 그들은 다른 영국 상인들의 참여를 허용하려 하지 않았다. 1564년 런던의 모험상인들은 유럽에 대한 직물 수출 독점권을 확보했다. 새로운 시장의 개척으로 직물 수출은 차츰 회복되었지만, 여왕의 통치 전 기간을 통하여 1540년에 도달했던 수준의 80%를 넘어서지 못했다.

상공업이 잉글랜드의 경제에 활력을 불어넣은 것은 사실이지만, 근간이 되는 산업은 농업이었다. 국민의 대부분은 여전히 농업으로 생계를 꾸려가고 있었고, 증가하는 인구를 먹여 살릴 수 있었던 것은 영농 방법의 개량에 의해서였다. 농민들은 점점 더 거름주기를 강화하고 토지 이용의 효율성을 높여나갔다. 엘리자베스 시대에는 곡물 가격이 양모 가격보다 더 급속하게 올랐기 때문에 목양을 위한 인클로

16세기의 의사당과 웨스트민스터 홀과 웨스트민스터 수도원

저가 그만큼 줄어들었다. 치세 말에는 농업 개량을 위하여 목장을 농경지로 전화하는 인클로저 운동이 일어나기도 했는데, 이는 인클로저를 하면 곡물의 생산량이 크게(50% 정도) 늘어난다고 생각되었기 때문이다. 그동안에 생산성은 착실히 증가해서, 13세기에 에이커당 6~12부셸이었던 밀 생산량이, 엘리자베스 시대에는 16~20부셸로 늘어났다. 17세기 초에 이르면 양과 소의 값도 한 세기 전보다 거의 두 배 가까이 올랐다. 이런 개선이 없었더라면 잉글랜드는 증가하는 인구가 야기하는 위기를 극복할 수 없었을 것이다.

2. 해양 대국으로의 길

신항로의 탐험

잉글랜드의 상인들은 초창기에 신항로 탐색에 참여했음에도 불구하고 막상 대양무역에 뛰어드는 데는 뒤늦었다. 영국인들의 대양 활동은 헨리 7세의 사망과 더불어 중단되었다가 거의 반세기 만인 1551년에 이르러서야 재개되었다. 즉, 대서양과 백해(White Sea)로 새 시장 개척에 나서서 이후의 장기적인 해외 팽창의 시대를 연 것은 에드워드 6세 때의 일이었다. 이해에 노섬벌런드의 화폐개혁 조치로 안트베르펜 시장이 무너지자 일군의 런던 상인들이 새로운 교역로를 찾기 위해 토

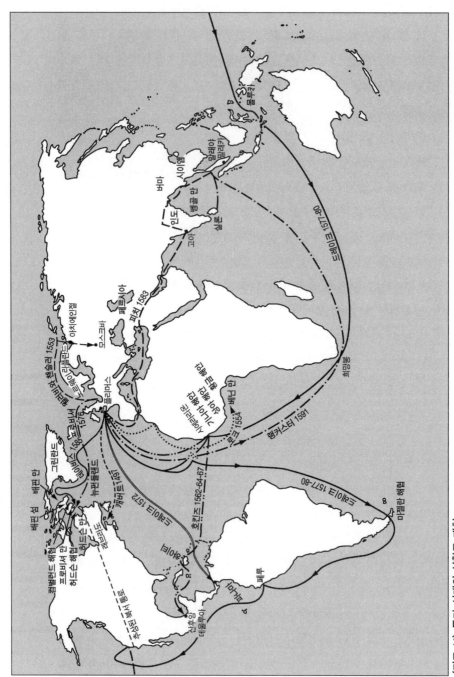

〈지도 14〉 튜더 시대의 신항로 개척

머스 윈덤(Wyndham)을 파견했다. 그는 모로코(Morocco)에서 무어인들과 교역을 트는 데 성공했고, 이후 이 교역은 항구적인 것이 되었다. 뒤이어 그는 1553년에 아프리카 해안을 따라 남하하여 기니아(Guinea)까지 진출하고 금과 상아와 후추 등을 획득하여 큰 성공을 거두었다. 다시 이듬해에는 로크(Lok)가 더 큰 규모의 선단을 이끌고 상아 해안(Ivory Coast)까지 항해했다. 그는 막대한 양의 황금과 노예를 가져와서 엄청난 돈을 벌었으며, 사악한 흑인 노예무역에 종사한 최초의 영국인으로 기록되었다.

경기 침체에서 벗어나려는 또 다른 모험은 동양으로 가는 북동항로를 찾으려는 시도로 나타났다. 1553년 써 휴 윌러비(Hugh Willoughby)와 리처드 챈슬러(Chancellor)가 세 척의 배를 이끌고 노르웨이 북부 해안을 돌아 항해했다. 도중에 챈슬러와 떨어지게 된 윌러비는 러시아 해안을 따라 내려가다가 월동할 곳을 찾지 못한 채 결국 모든 승무원과 함께 동사하고 말았다. 그러나 챈슬러는 어렵사리 백해에서 겨울을 나고 육로를 통해 모스크바까지 갈 수 있었다. 그는 거기서 러시아 황제의 환대를 받고 무역협정을 맺었다. 그리하여 동양으로 가는 뱃길을 찾는 데는 실패했지만, 그 대신 러시아와의 교역로가 열렸다. 잉글랜드 최초의 주식회사인 모스크바 회사(Muscovy Company)가 설립되어 직물을 수출하고, 밀랍·쇠기름·모피·밧줄과 같은 희귀한 상품을 수입했다.

새로운 시장을 찾기 위한 노력은 엘리자베스 여왕 시대에 들어와서 한층 더 활발해지고 다양해졌다. 우선 이 무렵 한자 동맹이 쇠퇴함에 따라 잉글랜드 상인들은 오랫동안 봉쇄되었던 발트 해로 다시 진출할 수 있게 되었다. 그들은 1579년 이스틀랜드 회사(Eastland Co.)를 설립하여 북동부 독일로 직물을 수출했을 뿐만 아니라 지중해 무역도 재개했다. 지중해 무역은 헨리 7세 때 개척되었다가 세기 중엽에 중단되었는데, 상인들의 힘겨운 노력으로 다시 교역로가 열린 것이다. 1581년에 투르크 회사(Turkey Co.)가, 그리고 두 해 뒤에는 베네치아 회사(Venice Co.)가 설립되어 지중해 무역을 독점했다. 이 두 회사는 1592년 레반트 회사(Levant Co.)로 합병하여 이후 2세기 넘게 존속했다. 영국인들은 또한 남대서양에 대한 포르투갈인들의 독점권에 도전하고 희망봉을 도는 항로에도 관심을 기울였다. 일군의 런던

써 월터 롤리

써 리처드 그렌빌

상인들이 파견한 탐험대는 1591년과 1596년 두 차례에 걸쳐 수마트라(Sumatra)와 말래야(Malaya) 반도까지 항해하여 교역 가능성을 탐색했다. 그 결과 1600년에 동인도회사(East India Co.)가 설립되었으며, 이후 영국 역사상 최대의 무역회사가 되었다. 이런 회사들은 국왕으로부터 특허를 받아 특정 지역에서의 개발과 교역, 혹은 식민사업 등에서 배타적인 독점권을 누렸다. 이들 특허회사는 국가로부터 독점권을 승인받기는 했지만, 자유롭게 활동하는 기업이라는 면에서 에스파냐와 포르투갈의 모든 상업적 모험사업이 국가의 엄격한 통제하에 있었던 것과는 큰 대조를 보이고 있었다.

동양으로 가는 신항로를 개척하려는 기대하기 어려운 사업도 다시 시도되었다. 1576년 북서항로 개척에 나선 마틴 프로비셔(Martin Frobisher)는 마침내 성공했다는 소식을 가지고 돌아와서 엄청난 투기 열풍을 불러일으켰다. 그러나 다음 두 번의 항해에서 그 항로는 단지 북아메리카의 허드슨 만(Hudson Bay)으로 들어가는 것에 불과하다는 사실이 드러났다. 그 후 존 데이비스(Davys)는 세 차례나 항해하면서 프로비셔보다 더 북쪽으로 거슬러 올라감으로써 그린란드(Greenland), 프리슬란트, 배핀 섬(Baffin Island) 등에 관한 지리적 지식을 크게 증진시켰으나, 그 너머는 얼음에 막혀 항해할 수 없었다. 이들과 달리 북동항로를 찾아 나선 모스크바 회사는 1580년 아서 페트(Pett)와 찰스 재크먼(Jackman)을 파견하여 다시 한 번 북동항로를 탐색케 했으나, 이들도 얼음 바다 때문에 실패할 수밖에 없었다.

아메리카 식민지의 개척과 교역

한편 아메리카의 식민지 개척도 시도되었다. 이 모험에는 써 험프리 길버트(Humphrey Gilbert)와 써 월터 롤리(Walter Raleigh), 그리고 써 리처드 그렌빌(Grenville)이 뛰어들었다. 서로 친척 관계인 이들은 모두 선원이나 상인 출신이 아니라 젠트리들이었다. 길버트는 1583년 대서양을 횡단하여 뉴펀들랜드에 상륙하여 이를 영국령으로 선포했다. 그 뒤 식민할 땅을 물색하기 위해 대륙의 본토로 항해했으나 선박이 좌초하여 실패하고, 귀국 길에 배가 침몰하여 불귀의 객이 되고 말았다. 아메리카에 식민하는 과업은 길버트의 이부동생인 롤리가 수행했다. 1584년 롤리는 식민할 땅을 찾기 위해 두 척의 배를 파견했는데, 이 배는 오늘날의 노스캐롤라이나 연안의 로어노우크(Roanoke) 섬에 도착했다. 롤리는 이 땅을 처녀(virgin) 여왕을 기념하여 버지니아(Virgnia)

써 프랜시스 드레이크: 왼쪽 위의 삽화는 그의 에스파냐 본토 공격과 그가 일주한 지구를 나타내고 있다.

라 이름 짓고, 이듬해에 사촌인 그렌빌의 인솔 아래 100명의 식민들을 파견했다. 그러나 기근과 인디언에 시달리던 식민들은 1년도 못 버티고 마침 찾아온 프랜시스 드레이크(Drake)의 함대 편으로 귀향해 버렸다. 1차 식민이 실패한 후 롤리는 1587년 150명의 식민들을 다시 보냈다. 그러나 무적함대와의 전쟁 때문에 1590년에야 구조대가 다시 찾아갔을 때 그곳에는 버려진 목책만 남아 있었다. 이 실패로 아메리카 식민지 건설사업은 결국 스튜어트 시대의 과업으로 넘어가게 되었다.

엘리자베스 시대의 영국인들은 평화적인 교역과 항로의 개척에만 몰두한 것이 아니라 사악한 노예무역과 약탈 행위도 서슴지 않았다. 써 존 호킨스(Hawkins)는 일찍이 1560년대에 서아프리카 해안에서 흑인 노예를 사들여 카리브 해(Caribbean Sea) 일대의 에스파냐 식민지에 팔고, 그 지방 산물인 가죽·설탕·진주 등을 실어와 떼돈을 벌었다. 영국인들은 이 노예상인을 위대한 모험가로 칭송했고, 엘리자베스 여왕도 선박을 대여하는 방식으로 투자에 참여했다. 그러나 1567년 출항한 3차 항해는 재앙으로 끝났다. 노예무역을 마치고 돌아오는 길에 에스파냐인들이 호킨스의 선단을 공격하여 6척의 선박 중 2척만이 간신히 탈출하여 귀국할 수 있었다.

호킨스의 재앙은 영국인의 분노를 자아냈다. 잉글랜드의 뱃사람들은 이제 상업의 위장을 걷어치우고 본격적으로 약탈 행위에 나섰다. 그들은 대서양을 누비고 다니면서 에스파냐의 무역선과 식민지를 습격하기 시작했는데, 그것은 일종의 포고 없는 전쟁이었다. 그중 가장 두드러진 활약상을 보인 인물은 드레이크였다. 그는 파나마 지협 인근에 출몰하여 에스파냐인들을 괴롭히고, 많은 물품을 약탈하여 잉글랜드로 실어 날랐다. 내심 흐뭇하게 여기던 여왕은 항의하는 에스파냐 대사를 어르고 달래면서 양국의 관계를 교묘하게 유지해 나갔다. 1577년 드레이크는 마젤란(Magellan) 해협을 지나 태평양까지 진출하여 남아메리카의 서부 해안에서도 약탈을 자행했다. 그는 그 길로 내처 태평양을 횡단하고 아프리카를 돌아 귀향함으로써 역사상 두 번째로 지구를 일주하는 항해를 완수했다.[3] 그 뒤 에스파냐와의 긴장이 고조되던 1585~1586년에도 그는 카리브 해 일대의 에스파냐 식민지들을 수없이 노략질했다.

에스파냐와의 대결

오랜 과정을 거쳐 관계가 악화되어 온 잉글랜드와 에스파냐는 1588년 마침내 전쟁으로 치달았다. 북아메리카에서의 식민 활동도 에스파냐를 자극했지만, 드레이크를 위시한 영국인의 약탈 행위는 에스파냐의 위신을 크게 손상시켰다. 그러나 그것이 잉글랜드와 에스파냐가 승부를 겨루는 대접전을 벌인 주된 원인은 아니었다. 더욱 중요한 원인은 에스파냐에 대한 네덜란드의 반란을 잉글랜드가 지원한 데 있었다. 이때 네덜란드는 에스파냐의 왕 펠리페 2세의 지배하에 있었는데, 가톨릭교의 수호자를 자처한 펠리페가 개신교를 탄압하고 과중한 세금을 부과하는 등 강압 정책을 펴자 그에 대한 불만이 1566년 반란으로 폭발했다. 압제에 대한 저항으로 시작된 반란은 점차 독립 전쟁으로 발전해 갔으나, 1578년 이후 그 세력은 크게 약해졌다. 남부와 북부가 분열하여 전체 17개 주 가운데 오늘날의 벨기에(België)에 해당하는

---

3) 엘리자베스 여왕은 에스파냐의 항의에도 불구하고 막대한 보물을 싣고 돌아온 드레이크의 배 '황금의 사슴(Golden Hind)'호에 나아가 그를 기사로 임명했다.

메리 스튜어트의 처형:
처형 전 십자가를 손에 들고
처형대에 엎드려 있는 모습

남부 10개 주가 독립 전쟁의 대열에서 이탈했고, 1584년경에는 북부 7개 주마저 분쇄될 처지에 놓였다. 에스파냐의 위협에 맞서 은밀하게 네덜란드를 지원하면서도 전쟁을 원치 않았던 엘리자베스는 그동안 에스파냐와의 직접적인 충돌을 피하기 위해 외교적 노력을 기울여왔다. 그러나 네덜란드가 펠리페의 수중에 들어가면 그것이 잉글랜드 침공의 발판으로 사용될 것이라고 판단한 여왕은 마침내 결단을 내려 1585년 레스터 백 로버트 더들리(Dudley)의 지휘 아래 군대를 파견했다. 그러나 레스터 백은 아무런 성과도 거두지 못하고 결국 두 해 만에 불명예스럽게 귀환했다. 궁정 내의 매파로서 비둘기파인 벌리 경과 오랫동안 경쟁해 오던 그는 얼마 뒤에 숨을 거두었다. 그러나 해상에서는 드레이크를 비롯한 여러 약탈자들이 에스파냐인들을 공격하여 좋은 성과를 거두고 있었다.

이에 펠리페는 네덜란드를 진압하려면 우선 잉글랜드를 쳐부숴야 한다고 판단했다. 1587년 2월에 단행된 메리 스튜어트의 처형으로 그는 잉글랜드를 침공하려는 결심을 더욱 굳혔다. 그녀가 처형되기 전 4년 동안만 해도 메리가 연루된 역모가 여러 차례 있었다. 그중 마지막 것인 1586년 앤서니 배빙턴(Babington)의 역모 역시 이전의 것과 마찬가지로 엘리자베스를 몰아내고 메리를 즉위시키려는 것이었다. 그러나 이 모의는 처음부터 포착되었고, 메리 자신이 깊이 연루되어 있다는 사실이 드러나 여왕도 이번에는 처형하라는 요구를 무시할 수 없었다. 메리는 결국 파란만장한 생을 형장의 이슬로 끝마쳐야 했다.

펠리페가 잉글랜드 침공을 결심한 1587년 무렵에는 서유럽의 국제정치 지형이 16세기 전반기와는 판이하게 달라져 있었다. 엘리자베스가 즉위하기 이전 반세기 남짓한 동안 서유럽의 국제정치는 프랑스와 에스파냐 간의 적대와 전쟁이 지배했다. 그동안 잉글랜드는 스코틀랜드 및 그 동맹국인 프랑스와 적대하면서 에스파냐와 우호 관계를 유지해 왔다. 그러나 그 이후 기존의 국제정치 체제는 서서히 해체되고, 개신교와 가톨릭교의 대립을 축으로 하는 새로운 체제가 옛것을 대체했다. 이제 잉글랜드는 유럽 최강의 개신교 국가로서 스코틀랜드와 선린 관계를 유지하고, 네덜란드와 프랑스 개신교도의 지원자가 되었다. 프랑스는 일련의 허약한 왕들 아래에서 개신교도와 가톨릭교도 간의 처절한 종교 동란을 거의 세기말까지 겪으면서 국제정치 무대에서 별다른 목소리를 내지 못하고 있었다. 엘리자베스는 프랑스의 왕자들과 두 차례에 걸쳐 혼인 협상을 벌이면서 프랑스와 에스파냐의 접근을 막아왔다. 그러나 가톨릭 종교개혁(Counter Reformation)의 열정 속에서 프랑스와 에스파냐는 오랜 적대 관계를 청산하고 동맹을 맺었다. 그리하여 이제 잉글랜드는 가톨릭교의 수호자로 등장한 에스파냐와 적대자로 맞서게 되었다.

펠리페의 전략은 무적함대를 잉글랜드 해협으로 보내 남부 네덜란드를 평정한 파르마(Parma) 공이 그곳에서 보유하고 있는 3만 병력을 동원하여 잉글랜드 본토를 직접 침공하는 것이었다. 펠리페는 1587년 카디스(Cadiz) 항에 함대를 집결시키기 시작했다. 그러자 드레이크가 항구로 쳐들어가 아직 장비도 갖추지 않은 30척가량의 대형 선박을 파괴하여 에스파냐의 계획을 물거품으로 만들었다. 이 타격으로 계획은 한 해가 늦추어져 1588년 5월에야 침공 준비가 완료되었다. 리스본(Lisbon) 항에 집결한 무적함대는 전함과 식량 수송선을 포함하여 각종 선박 약 130척과 8,000명의 수부, 그리고 1만 4,000명의 병사로 이루어진, 그야말로 유럽 역사상 최대 규모의 함대였다. 그러나 에스파냐는 잉글랜드보다 대형 대포와 포병의 수가 적었고, 무기와 보급품 또한 충분치 못했을 뿐만 아니라 항해 능력의 면에서도 잉글랜드 선박보다 훨씬 뒤떨어져 있었다.

잉글랜드는 헨리 8세 때에 이미 상당한 규모의 효율적인 해군을 창설했으나, 그의 사후에 함대가 아주 퇴락해 버렸는데, 엘리자베스는 1570년대 이후 호킨스의 주도 아래 더욱 근대적인 해군을 재건했다. 캐러크(Carrack)라고 불린 이전의 배는 선폭이 넓어 기동성이 낮고, 탑처럼 높이 솟은 상층 구조물이 있어서 쉽게 기울어지는 단점이 있었는데, 16세기 후반에 들어서면서 유럽의 전함은 차츰 갤리언(galleon)이라 불리는 큰 범선으로 대체되었다. 갤리언은 선체가 좁고 길어 민첩하고, 상층 구조물이 제거되어 안정성이 높았으며, 긴 선체의 측면에 더 많은 대포를 장착하고 있었다. 잉글랜드는 최신식으로 설계된 갤리언을 에스파냐와 버금가는 규모인 25척이나 보유했고, 게다가 인명 살상용의 무겁고 짧은 사거리의 대포가 아니라 선박 파괴용의 가볍고 훨씬 긴 사거리의 대포를 장착하고 있었다. 당시 가장 '현대화한' 유럽 최고의 함대를 보유하고 있던 잉글랜드 해군과 비교하자면 에스파냐의 '무적함대'는 사실 그 이름에 걸맞지 않은 것이었다.

5월 20일 드디어 무적함대는 총사령관인 메디나-시도니아(Medina-Sidonia) 공의 지휘 아래 잉글랜드를 징벌하기 위해 리스본 항을 떠났다. 북상하는 함대는 악천후와 질병에 시달리며 지체하다가 7월 중순에야 잉글랜드 해협으로 접근했다. 플리머스 항에 정박하면서 동태를 주시하고 있던 잉글랜드 함대는 무적함대가 해협으로 들어오자 재빨리 바람을 등에 업고 그 뒤를 쫓았다. 그들은 전면적 접전을 피하면서 매일 함포 사격으로 무적함대의 양 날개를 괴롭혔으나, 초승달 모양의 그 기본 대형을 깨뜨리지는 못했다. 그러다가 운명의 날이 다가왔다. 7월 28일 밤 칼레 항 앞바다에 정박해 있는 무적함대를 향해 잉글랜드의 총사령관 찰스 하워드(Howard) 경은 화공을 펼쳤다. 에스파냐의 선장들은 다가오는 화공선을 피하기 위해 닻줄을 끊었고, 배들은 표류하며 좌충우돌했다. 마침내 견고하던 무적함대의 초승달 대형이 무너졌다. 날이 새자 잉글랜드 함대는 그레블린의 전투(Battle of Gravelines)로 알려진 싸움에서 공격을 개시했다. 에스파냐 함대는 용감하게 싸웠으나 결국 심각

|위| 도주하는 에스파냐의 무적함대
|아래| 무적함대와 맞서 싸운 영국 해군 기함,
아크 로열호

한 타격을 입었다. 잉글랜드 함대는 허둥지둥 북쪽으로 도주하는 에스파냐 함대를
포스 만까지 뒤쫓아가다 되돌아왔다. 패주한 에스파냐 함대는 멀리 스코틀랜드와
아일랜드의 북서쪽을 거쳐 에스파냐로 돌아갔다. 그동안에 함대는 악천후로 많은
배가 부서지고 선원들은 식량과 식수의 부족으로 엄청난 고통을 겪었다. 에스파냐
로 되돌아간 선박은 출발 당시의 절반 남짓에 불과했다. 사실 그들은 전투를 통해
서보다는 영국인들이 '개신교의 신풍(Protestant God's wind)'이라 부른 폭풍 때문에
더 큰 피해를 당했던 것이다.

잉글랜드는 당대 유럽 최강의 나라를 상대로 승리를 거둠으로써 스스로를 지킬 수 있었으며, 이 승리로 잉글랜드의 국제적 지위가 크게 올라갔다. 에스파냐의 우세는 그 후에도 한 세대 이상 지속되었지만, 그 절정기는 지나갔다. 영국인들은 이를 계기로 스스로의 힘과 운명에 대한 자신감을 가지게 되고, 대양과 더불어 펼쳐질 위대한 미래에 대한 기대를 키워나가게 되었다. 뿐만 아니라 에스파냐의 침략을 맞고 또 일치단결하여 그것을 물리친 공동의 경험을 통해 국민의 공동체 의식과 애국심이 한층 더 뚜렷해지고 공고해졌다.

그러나 무적함대의 격퇴는 전쟁의 끝이 아니라 시작이었다. 에스파냐와의 전쟁은 어느 한쪽의 결정적 승리 없이 여러 전선에 걸쳐서 지구전으로 치러졌고, 엘리자베스의 치세가 다할 때까지 끝나지 않았다. 지상전은 주로 네덜란드에서 벌어졌는데, 영국군은 6,000명 규모의 병력으로 네덜란드의 독립을 지원하기 위해 싸움을 계속했다. 한편 엘리자베스는 프랑스의 왕위를 주장하는 개신교도인 나바르(Navarre)의 앙리를 돕기 위해 여러 차례 원정대를 파견함으로써 전쟁은 프랑스로 확대되었다. 그러나 지상전보다는 해상전이 더 중요했다. 잉글랜드는 1589년 드레이크의 지휘 아래 대규모 함대를 동원하여 포르투갈 원정을 시도했지만, 커다란 희생만 낸 채 실패로 끝났다. 다음 몇 해 동안에도 에스파냐의 보물 함대를 가로채기 위해 해안 봉쇄를 시도했지만, 펠리페가 재빨리 해군을 재건하여 이에 맞섬으로써 이 또한 별로 신통한 성과를 거두지 못했다. 그러다가 1595년에 아일랜드에서 반란이 일어나고 펠리페 2세가 이들을 돕기 위해 대규모 함대와 군대를 파견하자 전쟁은 아일랜드까지 확대되었다.

아일랜드

잉글랜드의 아일랜드 정책은 엘리자베스 1세 여왕 때에 새로운 단계에 접어들었다. 그것은 잉글랜드의 지배권을 페일 지방을 넘어 더 서쪽으로 확장하려고 했을 뿐만 아니라, 아일랜드에 잉글랜드의 이주민을 정착시키려는 것이었다. 이런 정책은 지속적으로 추진되어 여왕의 치세가 끝날 무렵에는 아일랜드 전역이 잉글랜드의 통제 아래 놓였으며, 특히 아일랜드 서남부의 먼스터(Munster) 지역에 대한 식

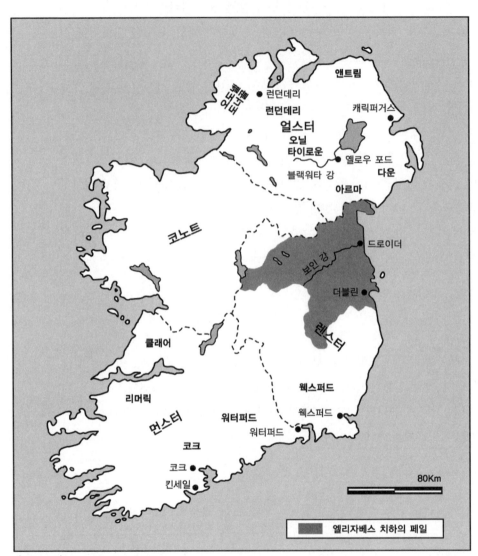

앤트림

런던데리

런던데리

캐릭퍼거스

얼스터

오닐
타이로운

옐로우 포드

블랙워타 강

다운

아르마

코노트

드로이더

보인 강

더블린

렌스터

클래어

웩스퍼드

리머릭

워터퍼드

웩스퍼드

먼스터

워터퍼드

코크

코크

80Km

킨세일

엘리자베스 치하의 페일

〈지도 15〉 16세기의 아일랜드

민사업이 광범위하게 추진되었다. 한편 아일랜드인들은 정복자인 잉글랜드에 저항하는 과정에서 열렬한 가톨릭교도가 되었다. 왜냐하면 에스파냐와 더불어 교황은 그들의 잠재적 동맹자인 데다가, 교황이 파견한 예수회의 선교 활동이 또한 큰 성공을 거두었기 때문이다.

에식스 백, 로버트 데버루

아일랜드인들은 1580년 먼스터에서 잉글랜드의 지배에 저항하여 봉기했다. 그들은 에스파냐의 군대까지 끌어들이면서 싸웠지만, 1583년에 결국 잔인하게 진압당했다. 더욱 강력한 반항운동은 북부의 얼스터에서 일어났다. 잉글랜드에서 타이로운(Tyrone) 백의 작위를 받은 휴 오닐(Hugh O'Neill)이 1595년 얼스터를 기반으로 독립 전쟁을 일으켰다. 그는 아일랜드의 독립을 위해 상호 투쟁을 중단하고 대동단결할 것을 호소하여 군사적으로 상당한 성공을 거두었고, 그 결과 그동안 조용했던 여러 지역이 그를 지지하여 일어섰다. 먼스터에서는 잉글랜드 이주민들이 쫓겨나 식민사업이 무너졌다. 한편 에스파냐는 아일랜드를 새로운 전쟁터로 삼고자 두 차례 함대를 파견했으나 번번이 폭풍 때문에 효과적인 작전을 펴지 못했다.

1599년에 잉글랜드는 에식스(Essex) 백 로버트 데버루(Devereux)를 사령관으로 하여 대규모의 군대를 파견했다. 그러나 오닐은 잘 버텨냈으며, 에식스 백은 6개월 동안 자원과 병력을 모두 소모한 끝에 결국 아일랜드에 대한 지배를 사실상 포기하는 수치스러운 휴전협정을 맺고 잉글랜드로 되돌아갔다. 이듬해 잉글랜드는 마운트조이(Mountjoy) 경 찰스 블런트(Blount)의 지휘 아래 2만의 대군을 파견했다. 그의 지휘하에 잉글랜드군은 가축을 살육하고 농작물을 불태우는 등 마을을 황폐화시키면서 오닐의 세력을 하나하나 격파해 나갔다. 싸움이 끝날 무렵인 1601년에야 에스파냐 군대가 남부 해안에 상륙했다. 오닐은 이들과 합류하기 위해 남쪽으로 내려왔으나 마운트조이는 이들 연합 세력을 패퇴시켰으며, 이로써 아일랜드의 독립 투쟁은 좌절되고 말았다.

엘리자베스 여왕의 치세 말기

엘리자베스 치세 말의 10년은 영광의 시대 뒤의 슬픈 후주곡 같은 시기였다. 그동안 외침과 내란의 위협 속에서 국민적 결속이 이루어지고 애국심과 희생정신이 고취되어 왔는데, 이제 외침의 공포가 사라지자 사회적 긴장의 이완 현상이 나타났다. 오랫동안 지속된 전쟁은 엄청난 재정을 소모했고, 견디기 어려운 고통을 국민들에게 안겨주었다. 방대한 왕실 토지를 매각하여 전비를 조달했지만, 전체 전비의 절반은 국민이 세금으로 떠안았다. 전쟁의 혼란 속에 무역과 산업이 침체한 데다가 계속된 흉년이 고통을 가중시켰다. 정치의 장에서도 불협화음이 생겨났다. 전비를 조달하기 위해 의회가 필요했던 여왕은 그동안 세 차례 의회를 소집했지만 어느 의회와도 우호적인 관계를 유지하지 못했다. 특히 정부가 독점을 허용하는 특허장을 남발하는 데 대해서 불만이 고조되었다. 수많은 일상생활 용품에 독점이 허용되어 물가가 오르고 대중의 고통 속에 독점업자만 살찌게 되자 1597년의 의회는 독점을 반대하는 목청을 높였다. 1601년의 의회는 더욱 격렬하게 불만을 토로함으로써 정부와 의회의 충돌은 튜더 시대에서 가장 심각한 양상을 나타냈다. 게다가 과격한 가톨릭교와 급진적 퓨리터니즘이 조장하는 종교적 갈등도 만만치 않았다.

정치 기강이 해이해진 틈새에서 튜더 시대 최후의 역모가 시도되었는데, 그 주모자는 여왕의 총신 에식스 백이었다. 1590년대에 젊음과 미모로 나이 든 여왕의 총애를 받은 그는 1596년 카디스 항을 공격하여 에스파냐 함대를 크게 격파해서 군사적 명성도 얻었다. 젊고 야심만만한 에식스는 벌리 경을 비롯한 여왕의 오랜 대신들이 사망하거나 노쇠함으로써 비게 된 권좌를 차지할 야망을 품고 있었다. 그러나 1599년 아일랜드 독립운동의 진압에 실패하고 불명예스럽게 귀국함으로써 특별 법정에 회부되어 관직을 박탈당하고 말았다. 이후 그는 여왕의 총애를 회복하려고 여러모로 노력했으나 이 또한 실패하자 마음을 고쳐먹었다. 그는 1601년 2월 동료와 불만 세력을 규합하여 궁정을 점령하려는 모반을 일으켰다. 그는 런던

시에 봉기를 호소했으나 여왕에 대한 런던의 충성은 흔들림이 없었으며, 반란은 결국 실패하고 에식스는 참수되고 말았다. 에식스가 처형됨으로써 권력은 벌리 경 윌리엄 세슬의 차남인 로버트 세슬의 수중으로 넘어갔다. 작은 체구에 곱사등이인 로버트 세슬은 왕위계승 문제를 놓고 스코틀랜드의 제임스 6세와 협상했고, 이후 제임스 치세에도 주요 대신으로 권력을 누렸다.

솔즈베리 백, 로버트 세슬

엘리자베스 여왕은 1603년 3월 24일 45년의 긴 치세와 70년의 긴 삶을 마감하고 눈을 감았다. 그 긴 치세와 삶을 통해 그녀는 잉글랜드를 번영하고 발전하는 왕국으로 만들었으며, 이 왕국에서 잉글랜드의 문화가 전례 없으리만큼 활짝 꽃을 피웠다. 그리하여 그녀의 치세는 후대에 향수 어린 시절로 회상되고 선정의 황금시대로 기억되어 왔다. 역대 어느 군주도 엘리자베스 여왕만큼 찬미와 송덕의 대상이 되지는 못했다.

3. 통치 제도와 문화

추밀원과 의회

헨리 8세의 치세 후기에 크롬웰이 행정을 개혁한 이후 추밀원은 최고 행정 기구로 자리 잡았다. 물론 최종적인 정책결정은 여전히 국왕의 권한에 속해 있었고, 주요 정책을 결정할 때 엘리자베스 여왕은 추밀원 안의 소수 핵심위원의 자문에 의존했다. 그러나 추밀원은 정부의 최고 기관으로서 많은 양의 행정 및 사법 업무를 처리했다. 엘리자베스 여왕의 추밀원은 20명 이내의 고위 관리로 구성되었는데, 통상 캔터베리 대주교, 상서경, 재무관, 옥새관(Lord Keeper) 등등을 포함했다. 추밀원은 지방정부의 활동을 감독하고, 해외 주재 대사들에게 훈령을 내리고, 왕실 가계를 감독했다. 그것은 점차 경제 문제와 종교 관련 법률의 시행, 그리고 육해군 작전 등을 다루게 되었을 뿐만 아니라, 국민의 청원에 대한 청취와 법정 역할까지도 수행하게 되었다.

튜더 왕조하에서도 의회는 아직 일상적 통치 업무에 불가결한 기구가 아니었다. 튜더 왕들은 과세가 필요할 때와 같이 의회가 유용하다고 생각될 때 의회를 소집했다. 헨리 7세는 모두 일곱 번 의회를 소집했는데, 그 가운데 여섯 의회는 재위 첫 12년 동안에 소집되었으며, 재정적 자립을 확립한 뒤에는 의회를 소집할 필요가 없었다. 헨리 8세 치세에는 처음 6년 동안에 의회가 여섯 번 소집되었는데, 이후 울지가 권력을 장악한 14년 동안에는 단 한 번만 소집되었으며, 울지가 쫓겨난 뒤 소집된 의회는 7년 동안 존속했다. 이런 사실들은 의회가 몹시 불규칙적이며 자의적으로 운용되었음을 보여주는데, 군주는 의회를 언제 소집하고 해산할 것인가를 결정할 뿐만 아니라, 어떤 문제를 다룰 것인가도 결정했다. 게다가 군주는 합법적으로 하원의 구성에 영향을 미칠 수 있어서, 어떤 의회든지 으레 의원의 절반 정도는 정부 지지자로 채울 수 있었다.

이런 사정은 엘리자베스 여왕 시대에 와서도 크게 달라지지 않았다. 여왕은 45년의 치세 동안 의회를 13차례 소집했고, 한 의회의 존속 기간은 보통 2개월 정도에 불과했다. 검약한 재정 운용으로 의회를 자주 소집할 필요가 없었기 때문이다. 사실 여왕은 선대의 왕들과 마찬가지로 의회의 기능을 국왕이 요구하는 조세를 가결해 주고, 정부가 제안하는 법안을 심의·통과시켜 주며, 기타 국왕이 자문을 구할 때 이에 응하는 것 등에 한정하고자 했다. 그녀는 종교 문제와 여왕의 결혼이나 후계 문제 등과 같은 중요한 국사에 의회가 관여하는 것을 허용치 않았다. 부왕보다 훨씬 더 세련되게 의회를 조종한 그녀는 이론상 하원에서 선출되지만 실제로는 자신이 지명하는 의장(Speaker)과 의원을 겸직하는 추밀원 위원을 통해 하원을 통제했으며, 때로는 의회 운영에 직접 개입하기도 했다. 엘리자베스는 가끔 의회에 나타나서 뛰어난 연설 솜씨로 의원들을 설득하고 그들의 충성심을 불러일으키곤 했다. 엘리자베스는 1601년 의회에서의 마지막 고별 연설에서 이렇게 말했다. "하느님이 나를 이렇게 높은 지위에 올려놓았지만, 나는 그대들의 사랑으로 통치해 왔

다는 사실이야말로 내 왕관의 최대 영광으로 생
각한다……. 그리고 그대들은 이 자리에 더 힘세
고 더 현명한 군주를 일찍이 가진 적이 있으며,
또 앞으로도 가지게 될 터이지만, 나보다 더 그대
들을 사랑한 군주는 결코 없었으며 또 앞으로도
없을 것이다."

　그러나 의회가 여왕의 국정 수행에 들러리만
섰던 것은 아니었다. 헨리 8세가 로마와 단절하기
위해 의회를 이용하는 과정에서 이미 의회는 그
힘을 크게 키웠으며, 그의 치세기는 의회가 입법
기술을 연마하고 자신감을 가다듬은 시기였다. 엘
리자베스 시대에 와서도 의회의 힘과 영향력은
꾸준히 성장했고, 치세 말기의 의회는 더욱 공격
적이며 독립적으로 되었다. 의원들은 법안 심의
를 위한 삼독회 제도를 확립하는 등 의사진행 절
차를 발전시키고, 의원 특권도 하나하나 확보해
가고 있었다. 그들은 여왕의 반대에도 불구하고

엘리자베스 1세 시대의 장원 하우스

끈질기게 종교나 후계 문제 등을 논의했으며, 자
유롭게 국왕의 정책을 비판했다. 다음 왕조에서 불거진 의회와 국왕 간의 갈등은
사실 어느 날 갑자기 튀어나온 것이 아니라, 이미 엘리자베스 시대에 그 뿌리를
두고 있었다.

　이와 같은 하원의 성장은 꾸준히 힘을 늘려가던 젠트리의 진출에 힘입은 것이었
다. 시골 젠트리는 이 무렵 하나의 계급으로서 왕국 안에서 아주 부유하고 강력한
집단이 되어가고 있었다. 그들은 튜더 왕조 기간에 그 수와 부가 부쩍 늘어났다.
잉글랜드는 아직도 계서제적 신분 사회였지만, 개인들의 사회적 이동은 활발하게
이루어졌다. 튜더 시대 말기의 많은 젠트리들은 부유한 요우먼이나, 더 흔하게는
상공업자로 크게 성공하거나 법률가나 관리로 출세한 집안 출신이었다. 그들은 단

순히 그 수만 증가한 것이 아니라 그 계층 전체의 부도 증가시켰다. 해산된 수도원 토지의 많은 부분을 획득한 뒤에도 그들은 꾸준히 왕실과 때로는 귀족의 영지를 사들였다.[4] 그래서 그들의 소유 토지는 15세기에 왕국 전체 토지의 4분의 1 정도이던 것이 17세기 중엽에는 거의 절반으로 늘어나 있었다. 의회의 의석이 더욱 중요해지고 매력적으로 되어가자 젠트리들은 대거 하원으로 몰려들었으며, 그럼으로써 그들은 사회적 지위를 더욱 높이고 영향력을 한층 더 강화시켜 나갔다.

중세와 마찬가지로 하원은 주 기사와 도시의 시민 대표로 구성되어 있었다. 주 기사는 엘리자베스의 치세 동안 내내 90명으로 고정되어 있었지만, 도시 대표의 숫자는 튜더 왕조 전 시대에 걸쳐 착실하게 증가했다. 헨리 8세의 첫 의회에서 224명이던 도시 대표의 수가 엘리자베스의 첫 의회에서는 310명으로, 그리고 마지막 의회에서는 다시 372명으로 늘어났다. 여기에 주 대표 90명을 합하면 하원의 원은 모두 462명이 되었다. 그래서 만일 각 도시가 그 시민만을 대표로 뽑았다면 하원에서 시민의 수는 주를 대표하는 시골 젠트리의 네 배가량이 되었을 것이다. 그러나 실제로는 그 비율이 반대로 나타나 시민 1명에 젠트리가 4명꼴이었는데, 그렇게 된 까닭은 의원의 거주지가 반드시 그가 대표하는 선거구여야 할 필요는 없었으며, 그래서 그 도시 밖에 거주하는 많은 젠트리들이 도시 대표로 선출되었기 때문이다.

지방정부

지방행정에서도 튜더 왕조는 커다란 개혁을 이룩했다. 지방 관리의 행정 활동이 크게 확대된 한편 중앙정부의 통제와 감독 역시 강화되었다. 특히 튜더 시대에 처음으로 주지사(lord lieutenant) 제도가 도입되었는데, 원래 지방 귀족들의 군사적 역할이 축소되면서 헨리 8세가 비상시에 주 단위의 군대를 조직하기 위해 고안한 임시 직책이었던 것이, 1585년에 지방정부 조직의 정점으로서 항구적인 기구로 확립된 것이다. 주지사의 주된 임무는 지역방위를 위해 민병대를 조직하고 훈련시키는

---

[4] 286~287쪽 참조.

것이었으며, 이를 위해 필요한 경우 군법으로 다스릴 권한도 가지고 있었다. 그는 군사적 임무 이외에도 종교 관련 법률을 시행하거나, 기근이 닥쳤을 때 구제사업을 수행하며, 또한 시장을 규제하는 등 여러 부가적인 기능을 담당했다. 이런 업무를 수행하는 데 지방의 다른 모든 관리들은 주지사에게 복종하고 또 그를 도와야 할 의무가 있었다. 뿐만 아니라 그는 중앙정부와 지방행정을 잇는 공식적인 통로 구실을 했다. 주지사는 거의 대부분 그 지방의 귀족 중에서 임명되었으며, 또한 흔히 추밀원 위원이기도 했다. 그러나 주지사는 종종 주를 떠나 있었기 때문에 그의 부재중 그를 대신할 부지사들이 임명되었는데, 이들 자리는 그 지방 젠트리들의 몫이었다.

중세 잉글랜드에서 강력한 권한을 행사했던 셰리프는 튜더 시대에 들어와 그 힘이 많이 줄어들었지만 그래도 여전히 중요한 지방정부의 구실을 맡고 있었다. 셰리프는 주 법정의 관리로서 범인을 체포·감금하고, 법정에 출두시키며, 배심원을 구성하고 법정의 판결을 집행했다. 그 밖에도 그는 주 내의 왕령지를 관리하고 국왕에게 갚아야 할 채무를 거두어들이고, 주 기사의 선출을 위해 주 법정을 소집하는 등 여러 가지 잡무를 수행했다. 이런 임무 수행에는 많은 경비가 소요되었기 때문에, 비록 그 임기가 1년에 불과했지만, 사람들은 될 수 있는 대로 그 직무를 마다하기 일쑤였다.

튜더 시대의 지방정부가 크게 의존한 것은 치안판사였다. 역시 젠트리들의 몫이었던 치안판사는 수와 기능 면에서 튜더 왕조 전 기간에 걸쳐 급속도로 늘어갔다. 왕조 초기에 이들의 숫자는 각 주에 평균 10명 미만이었으나, 엘리자베스 시대 중엽에 40명 내지 50명으로 증가했고, 치세가 끝날 무렵에는 90명 선까지 늘어났다. 치안판사의 기본 업무는 사법 사건을 처리하고 치안을 유지하는 일이었다. 중죄의 재판은 각 지역에 1년에 한 번 방문하는 순회판사에게 맡겨졌지만, 그 밖의 사소한 사건들은 치안판사가 담당했다. 이들은 1년에 네 번 2~3일의 일정으로 열리는 주 법정에 모여 각종 민·형사 문제를 처리하고, 지역공동체의 민원을 듣고 해결했다. 사법 업무 외에도 치안판사는 많은 행정 업무에 종사했다. 그들은 군대 소집 업무를 돕고, 해당 지역의 임금과 물가를 정하고, 여관과 선술집의 허가를 내주고,

도로와 교량을 관할하고, 구빈법의 시행을 감독했다. 16세기를 거치면서 시골의 젠트리들은 의회 의석을 통해 중앙 무대에 진출하는 한편, 치안판사직을 통해 지방정부를 장악하고 있었다.

도시의 경우, 그 대부분은 아직도 인구 5,000 정도의 규모를 벗어나지 못했고, 대도시라고 할 노리치, 브리스틀, 요크 등도 기껏해야 1~2만 명에 불과했다. 그에 비해 런던은 여왕의 치세 말기에 인구가 30만에 육박하는 거대도시였다. 정부는 런던의 팽창을 막기 위한 정책을 추진하기도 했지만, 인구는 여왕의 치세 동안 배로 늘어났다. 급격히 늘어나는 빈민들의 대거 유입이 그 주요한 원인의 하나였다. 덩치는 엄청나게 커졌지만, 시 정부의 형식적 구조는 변하지 않은 채 이전 그대로였다. 런던은 26개 구(ward)로 구성되어 있었는데, 각 구에서 자유민, 즉 길드의 회원들이 참사회원(alderman)과 시의회의원(common councillor)을 선출했다. 그들은 또 런던의 동업조합(company)들이 지명하는 두 명의 참사회원 중에서 시장을 선출했다. 실권은 소수의 부유한 상인들의 수중에 있었으며, 이들이 12개의 대동업조합을 통해 통제권을 행사하고 있었다. 런던은 다른 특허도시(chartered town)들과 마찬가지로 자치권을 누리고 있었다. 그러나 국왕은 시골에서처럼 고용 규제, 물가 통제, 치안 유지, 빈민 구제, 세금 징수, 군대 소집 등 많은 일에서 도시 치안판사들의 도움에 의존했다.

문학

에스파냐와의 오랜 전쟁으로 치세 말기에는 피폐와 혼란이 야기되었지만, 엘리자베스 시대의 사회상은 전반적으로 밝고 희망찬 모습을 보여주었다. 그것은 중세에서 벗어나 좀더 긴장감 있고 열정적인 르네상스적 세계로 옮아가는 활기찬 사람들의 모습이었다. 16세기 전반기만 하더라도 새로운 학문은 주로 신학적 논쟁이 대부분을 차지했는데, 이제는 더욱 광범하고 세련된 인문주의로 확대되었다. 지동설과 같은 혁명적 개념에서 보듯이 과학 지식이 크게 향상되고, 신항로의 개척으로 사람들은 세계에 대한 더욱 폭넓은 지식을 갖게 되었다. 게다가 그 시대 영국인들은 좋은 정부를 가졌고, 증대하는 부를 누렸으며, 에스파냐를 격퇴함으로써 애국적 자존심을 만끽했다. 자신감에 찬 그들은 위대한 문학을 낳고, 음악과 건축 등에서도 뛰어난 성취를 이룩했다.

엘리자베스 시대의 작가들은 그 시대의 넘치는 활력을 포착하여 그것을 위대한 문학으로 표현했다. 이렇게 문학의 꽃이 활짝 핀 시기는 대략 1580년에 시작하여 셰익스피어가 사망한 1616년경까지 지속되었다. 그들은 그러한 과정을 통해서 영어를 훌륭한 언어로 가꾸어놓았는데, 오늘날의 영어는 바로 그와 같은 엘리자베스 시대 사람들이 만들어냈다고 할 수 있을 것이다.5)

엘리자베스 시대의 작가들은 많은 훌륭한 산문을 남겼다. 윌리엄 캠던(Camden)은 각 고장을 돌아다니며 지방의 문헌과 민간전승을 조사하여 『브리타니아(*Britannia*)』(1586)를 저술했고, 리처드 해클루트(Hakluyt)는 세 권으로 된 방대한 분량의 『영국 민족의 주요 항해, 여행 및 발견(*The Principal Navigations, Voyages, Traffiques and Discoveries of the English Nation*)』(1589)에서 영국인들의 해외 팽창 활동을 대서사시로 그려 크게 인기를 끌었다. 그리고 새뮤얼 대니얼(Daniel)은 『잉글랜드의 역사(*Hstory of England*)』(1612~1618), 다재다능한 롤리는 『세계의 역사(*History of the World*)』(1614)와 같은 역사서를 남겼다. 그러나 무엇보다 해설적 산문의 압권은 리처드 후커(Hooker)의 『교회 조직체의 법에 관한 논고(*Of the Laws of Ecclesiastical Polity*)』(1594~1597)였다. 이 책에서 후커는 모든 종교적 관행의 정당성의 근거를 성서에서만 구하려는 개신교의 주장을 논박하면서 잉글랜드 교회를 변호했다. 그는 인간의 이성으로 이해 가능한 자연법이 우리의 삶에서 성서만큼이나 유용한 빛을 제공해 준다고 주장했다. 이 저술은 물론 그 시대의 종교적 논쟁에서 아주 중요한 문헌이지만, 그보다 더 중요한 것은 그것이 엘리자베스 시대 산문의 모든 풍요로움을 온전히 구현한 위대한 산문이라는 점이다. 한편 존 릴리(Lyly)는 『유퓨즈, 기지의 해부(*Euphues, or the Anatomy of Wit*)』(1579)와 그 속편인 『유퓨즈와 그의 잉글랜드(*Euphues and His England*)』(1580)에서 산문에 시적 음조와 운문적 장식을 부여하려고 시도했는데, 그의 화려한 문체는 유퓨이즘(euphuism)이라는 말을 남겼을 정도로 널리 영향을 미쳤다. 그러나 그는

---

5) 네덜란드와 에스파냐에서, 그리고 라틴어와 그리스어에서 새 말들이 쏟아져 들어와 영어의 어휘를 풍성하게 했다.

써 필립 시드니

산문을 미사여구로 치장하고 운문을 흉내 내려 함으로써 사물을 정확하게 묘사하는 산문의 생명력을 훼손했다는 비판을 받기도 했다. 영국 경험철학의 토대를 다지고 제임스 1세 때는 상서경까지 지낸 써 프랜시스 베이컨(Bacon)은 산문에 있어서도 간결한 표현과 잘 짜여진 형식에서 최고봉에 이른 『수상록(*Essays*)』(1597)을 남겼다.

엘리자베스 시대 영국인들은 산문보다는 시에서 훨씬 더 뛰어난 재능을 보여주었다. 송시(ode), 소곡(song), 단가(madrigal), 목가(eclogue), 발라드(ballad), 소네트(sonnet) 등 시민의 감정을 표현하는 모든 종류의 서정시가 고도의 문학적 경지에 다다랐으며, 무운시(無韻詩)는 희곡의 특징적인 형식이 되었다. 엘리자베스 이전에는 서리 백 헨리 하워드(Howard)와 써 토머스 와이어트(Wyatt) 등이 대표적인 시인이었는데, 이들은 소네트 형식을 잉글랜드에 도입함으로써 시의 발전에 이바지했다.

이들의 뒤를 이어 써 필립 시드니(Sidney)는 아름다운 사랑의 감정을 격조 높은 소네트에 담았다. 그는 에스파냐와의 전쟁 때 죽음의 위험 속에서 발휘한 고귀한 정신 때문에 당대인들의 칭송을 받기도 했으며, 사후에 유고가 발표되면서 시인으로도 존경받았다. 『아스트로펠과 스텔라(*Astrophel and Stella*)』(1591)는 108편의 사랑의 소네트와 11편의 단가를 모은 시집인데, 아름다운 시구와 힘찬 정서는 그런 종류의 시의 최고봉을 이루었다. 그는 또한 문학비평의 초기적 시도라고 할 수 있는 『시를 위한 변론(*Apologie for Poetrie*)』(1595)을 통해 평론가의 자질도 발휘했다. 그러나 셰익스피어를 별도로 한다면 당대 최고의 시인은 역시 에드먼드 스펜서(Spenser)였다. 그는 12편의 목가로 이루어진 연작 시집인 『목자의 달력(*The Shepherd's Calendar*)』(1579)을 출판하여 일약 유명해졌다. 1580년 그는 아일랜드로 가게 되었으며 이후 이런저런 관직을 맡으면서 죽을 때까지 20년을 그곳에서 살았는데, 그의 최고 걸작 『요정 여왕(*The Faerie Queene*)』(1596)은 그가 끝내 벗어나지 못했던 그 변방에서

|왼쪽| 글로우브(지구좌)
극장(Globe Theatre): 1599년
런던의 사더크(Southwark)에
세웠다. 여기서 셰익스피어의
극을 초연했다.
|오른쪽| 윌리엄 셰익스피어

쓴 것이었다. 『요정 여왕』은 1598년 아일랜드 민중의 반란 때에 원고 일부가 불타 버려 미완으로 남게 되었지만, 스펜서는 이 우화적인 대서사시로 불후의 명성을 얻었고, 후세 시인들에게 커다란 영향을 끼쳐 '시인 중의 시인'으로 불리게 되었다.

엘리자베스 시대 문학이 가장 화려하게 꽃핀 것은 역시 희곡에서였다. 여왕의 치세 초만 하더라도 아직 초보적인 상태였던 연극은 아마추어들에 의해 궁정이나 귀족의 저택 혹은 여관의 뜰에서 공연되었으며, 배우들은 부랑자 취급을 받았다. 그러나 연극은 대중이 가장 즐기는 오락이 되면서 놀라울 정도로 빨리 발전했다. 1574년에 레스터 백의 후원 아래 최초로 극단이 창립되고, 두 해 뒤에는 런던에 처음으로 극장이 세워졌으며, 이후 여러 극장이 잇따라 지어졌다. 초기에는 아직 무대장치나 소품들이 별로 쓰이지 않았으며, 여성 역할은 소년들이 맡았다.

대중의 오락을 위한 연극의 가능성은 먼저 토머스 키드(Kyd)와 크리스토퍼 말로 우(Christopher Marlowe)가 보여주었다. 키드의 『스페인의 비극(Spanish Tragedy)』(1586) 은 그 시대에 가장 인기 있는 연극의 하나였다. 말로우는 『절름발이 티무르 대제 (Tamburlaine the Great)』(1590)와 『포스터스 박사의 비극적인 전기(Tragical History of Dr. Faustus)』(1592)로 당시의 무대에 큰 파문을 일으켰다. 그는 잉글랜드의 비극에 없었던 무운시를 도입하고 새로운 주제를 다루었다. 말로우는 『절름발이 티무르 대제』에서 티무르(Timour)가 정복자로서 제국을 건설해 가는 과정을 그림으로써 인간의 권력 욕구를, 그리고 『포스터스 박사의 비극적인 전기』에서는 파우스트 전설을 소재로 하여 궁극적 지식에 대한 인간의 한없는 갈증을 다루었다. 그의 비극은 자신의 운명에 대해 스스로 주인이 되고자 하는, 운명의 수레바퀴를 통제하는 신에게조차 도전하는 르네상스적 인간 개념을 반영했다. 그러나 그는 술집에서 사소한 시비 끝에 29살의 젊은 나이로 비명횡사하는 바람에 그의 천재적 재능을 충분히 발휘할 시간을 얻지 못했다.

말로우가 완성하지 못하고 남긴 과업은 그와 동갑내기인 윌리엄 셰익스피어의 몫으로 남았다. 당시의 극작가들이 일반적으로 교육받은 사람들이고, 말로우 또한 케임브리지 대학 출신이었던 것과 달리, 셰익스피어는 대학 근처에도 가보지 못했으며, 괄시받는 광대 사회 출신이었다. 그러나 그는 다른 모든 사람들을 훨씬 뛰어넘었다. 그는 특히 성격묘사에서 어느 누구도 감히 흉내 낼 수 없을 만큼 뛰어난 천재성을 보임으로써, 후에 불멸의 존재가 된 수많은 인물들을 창출해 냈다. 그는 많은 위대한 비극에서 고결한 인물들이 성격적 결함 때문에 파멸해 가는 모습을 그렸다. 『줄리어스 시저(Julius Caesar)』(1599~1600)에서 브루터스(Brutus)는 정치적 결벽성 때문에, 『햄리트(Hamlet)』(1600~1601)는 우유부단함 때문에, 『오셀로(Othello)』(1604~1605)는 남의 말을 쉽게 믿는 경솔함으로, 『리어 왕(King Lear)』(1605~1606)은 허영심으로, 그리고 『맥베스(Macbeth)』(1605~1606)는 야망 때문에 비극의 주인공이 되었다. 셰익스피어는 비극뿐만 아니라 희극이나 기타 모든 종류의 희곡에서도 최고의 경지에 도달했다. 그의 이런 성공은 인간 본성에 대한 날카로운 통찰력, 인물을 창출하는 천재적 능력, 모든 종류의 인간에 대한 관심과 애정, 그리고 완벽한 영어 구사 능력 덕분이었다. 셰익스피어는 또한 주옥 같은 시편을 써냄으로써 잉글랜드 문학을 풍성하게 한 가장 위대한 시인의 반열에도 올랐다. 그리하여 그는 영국 문학사상 어느 누구도 필적할 수 없는 화려한 금자탑을 쌓아 올렸다.

9

의회와 군주의 갈등

1. 제임스 1세

제임스 1세의 즉위

후사를 남기지 않은 엘리자베스 여왕은 왕위를 스코틀랜드의 스튜어트 왕가에 넘겼다. 그래서 스코틀랜드의 제임스 6세가 잉글랜드의 제임스 1세로 즉위했다.[1] 잉글랜드인들은 대체로 제임스 1세를 환영했다. 첫돌을 갓 지난 나이에 스코틀랜드 왕으로 즉위한 그는 소년기를 살인과 음모 속에서 보내면서 나름대로 생존의 지혜를 터득했고, 36년의 세월 동안 풍파가 그치지 않는 나라에서 왕좌를 지켰다. 가느다란 다리에 용모도 볼품없는 데다가 암살범의 단검을 염려해서 입은 잘록하고 두툼한 누비옷은 그를 우스꽝스러워 보이게 했다. 그러나 외모와는 달리 제임스는 지적이고 재치가 있었으며, 또한 약삭빠른 현실주의자였다. 상당한 학식을 갖춘 그는 시를 짓고, 신학에 관한 논문을 쓰고, 정치 이론에 관한 저술을 발표했다. 이런 재능으로 귀족들을 길들이고 장로교도들을 규제함으로써 그는 스코틀랜드에서는 꽤 성공한 군주였다. 그러나 그 같은 재능은 새로운 왕국을 효과적으로 통치하는 데 별다른 도움이 되지 못했다. 국고를 탕진하고, 사냥을 즐겨 국사를 소홀히 하고, 의회에서 왕권신수설에 대해 장광설을 늘어놓으며, 무능한 궁정 총신에게 국

---

[1] 제임스 6세는 잉글랜드 왕 헨리 7세의 외손자인 스코틀랜드 왕 제임스 5세의 외손자로서 헨리 7세의 핏줄이 이어진 마지막 생존자였다. 410쪽 계보도 참조.

제임스 1세

사를 맡김으로써 그는 스코틀랜드에서와 같은 성공을 거두지는 못했던 것이다.

제임스는 새로 얻은 왕국에 대해 큰 기대를 품었던 만큼 스코틀랜드에 대해서는 특별한 애착을 보이지 않았다. 그는 오랜 재위 기간 동안 스코틀랜드에 단 한 번 1617년에 6개월간 방문했을 뿐이다. 그의 소망은 두 왕국을 완전히 통합하는 것이었다. 그는 두 왕국의 왕으로서 법적으로는 각기 개별적으로 외국과 조약을 체결할 수 있는 권한을 가지고 있었지만, 그 권한을 거의 사용하지 않았다. 그래서 두 왕국은 대외 관계에서 자연히 단일한 단위를 형성하게 되었고, 이를 위해 그레이트 브리튼(Great Britain)이라는 명칭이 채용되었다. 제임스는 더 나아가 법률과 의회, 그리고 교회를 하나로 통일하여 두 왕국을 하나의 완벽한 브리튼 왕국으로 통합하고자 했지만 그의 이런 소망은 이루어지지 않았다.

종교 문제

제임스 1세가 잉글랜드에서 처음 당면한 문제는 종교 문제였다. 국왕의 즉위에 즈음하여 퓨리턴들은 '천인청원(Millenary Petition)'으로 불리는 청원서를 제출했다. 천 명의 성직자들이 서명했다고 하여 그런 이름이 붙은 이 청원서에서 퓨리턴들은 여러 교회 개혁안을 제시했다. 그들은 좀더 단순한 예배 의식, 설교의 중요성, 몇몇 의식의 폐지, 새로운 성서의 번역 등을 요구했으며, 이 문제들을 논의하기 위한 회의를 제안했다. 제임스는 이 요청을 받아들여 햄프턴 코트에 주교들과 추밀원 위원들, 그리고 퓨리턴 대표자들의 회의를 소집하고 몸소 이를 주재했다. 제임스는 퓨리턴들의 요구를 어느 정도 받아들이는 듯했다. 그러나 주교들과 퓨리턴들 사이에 격렬한 언쟁이 벌어진 가운데 퓨리턴들의 주요 대표자인 레널즈 박사(Dr. Reynolds)의

입에서 장로(presbytery)라는 말이 튀어나오자, 이들을 스코틀랜드의 장로교도들과 같다고 판단한 제임스는 마침내 분노를 터트려 이렇게 말했다. "스코틀랜드의 장로와 군주 사이는 마치 하느님과 악마 사이나 같다……. 주교도 필요 없고, 국왕도 필요 없다고(No bishop, no king)……. 그래, 그것이 너희 무리가 말하고자 하는 전부라면, 내가 그들을 국교에 순종토록 하거나 아니면 그들을 이 땅에서 쓸어내 버릴 테다." 결국 회의는 몇 가지 사소한 개선을 선언하는 데 그침으로써 대체로 주교 측의 승리와 퓨리턴 측의 실망으로 끝나고 말았다.2) 그 후 국왕과 주교들은 보수적 태도를 견지함으로써 주교 제도는 신의 뜻으로 정해졌다는 교리에 맞서는 토론을 봉쇄하고, 교회 정부에서 주교의 권한을 제한하려는 여러 제안들을 배격했다. 그 결과 국교회의 규정을 따르려 하지 않는 많은(최소한 50명 정도의) 성직자들이 성직에서 쫓겨났다. 그러나 이와 같은 억압에도 불구하고 퓨리터니즘은 움츠러들지 않고 여러 계층의 사람들 사이에 퍼져나갔다. 결국 국교회는 가톨릭교도를 제외한 다른 모든 영국인들의 신앙을 자신의 품 안에 포용하지 못했고, 따라서 국민은 차츰 종교적 갈등 속으로 빠져들게 되었다.

새로운 왕에게 실망한 것은 퓨리턴만이 아니었다. 제임스는 원래 종교 문제에 관용적이었으며, 특히 퓨리턴들보다 가톨릭교도들에 대해서 좀더 너그러운 편이었다. 따라서 가톨릭교도들은 그가 엘리자베스와 달리 자신들에게 더 호의적일 것으로 기대했다. 그러나 국교회 주교들과 추밀원 위원들이 가톨릭교에 대한 그의 관용 정책을 강하게 반대한 데다가 1604년에 소집된 첫 의회가 가톨릭교에 대한 적대적 성향을 강하게 드러내자 왕도 가톨릭교에 대한 억압 정책을 택할 수밖에 없었다. 이에 배신감과 좌절감에 젖은 소수의 가톨릭교도들이 이른바 폭약 음모 사건(Gunpowder Plot)을 일으켰다. 로버트 케이츠비(Catesby)를 필두로 한 이 음모자들은 1605년 11월 5일 열릴 의회 개회식에 국왕과 상하 양원의 의원들이 다 모일 때, 이들 모두를 폭약으로 날려버릴 계획을 꾸몄다. 그리고 이것이 전국적 반란의

---

2) 그러나 이 회의는 중요한 결실을 하나 거두었다. 그것은 새로운 성서 번역을 추진하기 위한 위원회를 구성한 것이었다. 이 작업은 1611년에 완성을 보았는데, 이렇게 해서 탄생한 흠정판(King James Version) 성서는 근대 영어의 또 하나의 중요한 초석이 되었다.

신호탄이 될 것으로 기대한 그들은 개신교의 지도자 전부가 몰살된 후 무기력해진 일반 대중을 상대로 한 봉기는 꼭 성공하리라고 생각했다. 그러나 폭파와 동시에 봉기할 조직을 준비하던 과정에서 비밀이 누설되어 그중 한 사람이 모의를 밀고했다. 결국 개회 전날 밤 모의 주모자의 한 사람인 가이 포크스(Guy Fawkes)가 의회 건물 지하실에서 폭약 더미를 지키고 있는 현장이 발각되었다. 케이츠비를 비롯한 다른 음모자들은 도망쳐 반란을 일으켰으나 실패하여 현장에서 피살되거나 체포되어 포크스와 더불어 처형되었다.

폭약 음모 사건은 잉글랜드의 일반 국민들 사이에 가톨릭교에 대한 회복할 수 없는 불신과 증오의 감정을 심어놓았다. 그 후로 가톨릭교는 사람들의 마음속에 국가의 안녕을 위협하는 검은 그림자로 비치게 되었다. 영국인들은 11월 5일을 가이 포크스 기념일로 삼아 이 음모를 상기했는데, 그런 관습은 19세기 중엽까지도 지속되었다. 한편 의회는 가톨릭교도를 처벌하는 형법을 제정했다. 가톨릭교도들은 공민권이 박탈되고 변호사나 의사의 직업에 종사하는 것도 금지되었다. 그러나 폭약 음모 사건은 사실상 가톨릭교들이 시도한 최후의 정치적 반항이었다. 그 실패와 더불어 그들은 국가에 대한 반역 행위에서 손을 떼게 되고, 이에 따라 국가에 대한 가톨릭교의 위협이 미약해지자 제임스는 그들에 대한 관용 정책을 일부 되살리려고 했다. 그는 새로운 충성서약(Oath of Allegiance)을 그들에게 제시하고 이 서약을 하는 가톨릭교도들에 대해 벌금 부과를 유예했다. 게다가 그 후 제임스가 친에스파냐 정책으로 기울면서 에스파냐의 요구를 받아들여 가톨릭교도에 대한 억압을 완화했고, 시간이 지나면서 그들을 규제하는 형법 규정도 점차 사문화해 갔다.

의회와의 관계

제임스 1세의 치세 초기는 종교적 갈등에도 불구하고 왕권은 비교적 안정되어 있었다. 가톨릭교도의 음모 사건은 오히려 왕권을 강화하는 쪽으로 작용했다. 두 왕관의 통합으로 제임스는 유럽에서 가장 강력한 개신교 군주의 지위를 얻었다. 그는 무적함대와의 전투 이후 질질 끌어온 에스파냐와의 싸움을 종결짓고 평화를 구축했다. 그의 치세하의 잉글랜드는 그 어느 때보다 더 오래 이웃나라와 평화를 누렸다. 그러나 왕은 이런 평화에도 불구하고 돈을 낭비함으로써 재정을 고갈시켰다. 호화로운 연회가 끊이지 않고, 신하들에 대한 하사품이 헤프게 뿌려지고 연금이 함부로 지급되었다. 정부예산이 적자로 바뀌고 부채가 증가하여 긴축이냐 세입 증대냐를 선택해야 했을 때, 왕의 낭비에서 이득을 보고 있던 신하들은 긴축보다는 세입 증대를 추구했다. 국왕의 신임을 확보하여 솔즈베리 백의 작위까지 획득한 핵심 대신 로버트 세슬은 세율 인상을 통한 관세 증대 정책을 추진했다. 그러나 이것은 납세 거부 소송과 더불어 의회에 격렬한 논쟁을 몰고 와, 결국 두 차례의 의회 해산 사태를 초래했다.

1610년 국왕은 대계약(Great Contract)으로 불리는 제안을 의회에 제출함으로써 타협을 모색했다. 제임스는 이 제안에서 국왕의 강제매상권(right of purveyance)과 후견권(right of wardship)을 비롯한 여러 봉건적 권리들을 포기하는 대신 연 20만 파운드의 수입을 항구적으로 확보해 줄 것을 요구했다. 그러나 의회는 그 이외에도 또다른 왕권의 제한을 조건으로 내세웠고, 왕은 자신의 대권에 대한 주장을 고수함으로써 타협은 결렬되었다. 1611년 초 화가 난 왕은 결국 첫 의회를 해산했다. 그 후 수년간 왕은 의회 없이 부가관세(imposition), 독점권의 남발, 강제차입(forced loan), 기타 합법성이 의심스러운 여러 방법들을 동원하여 수입 증대를 도모했다. 그러나 더욱 심각한 재정난에 직면한 제임스는 1614년에 다시 의회를 소집했는데, 이 의회에서도 하원은 왕의 재정 요구에 응하기 전에 먼저 그들의 불만 사항에 대해 토의하기를 바랐다. 특히 그들이 부가관세의 문제를 거론하자 토론이 격화되었다. 제임스는 자신이 요구한 돈을 가결해 줄 가능성이 보이지 않자, 불과 두 달 만에 또다시 의회를 해산했다. 이후 7년 동안 왕은 의회 없이 통치했다.

제임스에게 잉글랜드의 의회는 전혀 새로운 경험이었다. 그는 귀족의 세력이 강하고 의회의 힘이 미약한 스코틀랜드의 현실이 17세기의 잉글랜드에서는 그대로 재현될 수 없다는 것을 이해하지 못했다. 그의 치세 초기만 해도 의회의 권리와 특권을 분명하게 규정한 법규는 거의 없었다. 그러나 이제 의회는 차츰 그 특권을 주장하게 되었고, 그러한 입장을 뒷받침하는 정치학설을 발전시켜 나갔다.[3] 그렇지만 스튜어트 왕조 초기의 입헌적 투쟁은 주권(sovereignty), 즉 최고 권력의 소재에 관한 것이 아니었다. 국민들은 대부분 그들의 정부를 국왕과 상원, 그리고 하원으로 이루어진 혼합 정부로 생각했다. 따라서 거기에는 최고 권력이 없었다. 투쟁은 오히려 영국민들의 귀에 좀더 익숙한 용어, 즉 대권의 범위를 둘러싸고 전개되었다. 제임스가 강행했던 여러 재정적 편법들이 의회 내에서 이런 국왕 대권의 한계에 관한 격렬한 논쟁을 불러일으킨 것이다. 잉글랜드의 정치 현실을 제대로 이해하지 못한 제임스는 게다가 의회를 능숙하게 다룰 수 있는 유능한 신하의 도움을 거의 얻지 못했다. 이런 여러 요인들로 해서 하원과 조화롭게 지내지도, 그것을 장악하지도 못한 제임스는 의회 없이 지내는 쪽을 택했던 것이다.

제임스는 차츰 국사를 궁정 총신들에게 맡기는 어리석음을 저지르기 시작했다. 치세 초기에 그는 로버트 세슬과 같은 엘리자베스 시대의 유능한 신하들을 그대로 중용하는 현명함을 보였다. 그러나 차츰 능력이나 자질보다는 용모로 선택된 총신들이 득세하기 시작했다. 그래도 세슬이 있는 동안에는 왕의 총신에 대한 열정이 어느 정도 제어되었지만, 1612년 그가 죽고 난 다음에는 총신들이 추밀원을 대신하여 권력을 장악했다. 국왕의 주변에는 엘리자베스 시대의 신중했던 분위기가 사라졌다. 궁정은 경박함과 악덕으로 가득 차고, 끊임없는 추문이 꼬리를 이었다. 국사는 총신들에 의해 농단되고, 종종 야식 후나 사냥터에서 처리되곤 했다.

첫 총신은 왕이 시동으로 스코틀랜드에서 데리고 온 로버트 카(Carr)라는 인물이었다. 젊은 미남인 그는 자작을 거쳐 백작에 서임됨으로써 잉글랜드의 귀족 반열에 오른 최초의 스코틀랜드인이었다. 그러나 그는 권력을 잡은 지 불과 3년 만에 살인 사건에 연루된 부인 때문에 실각했다. 그다음 왕의 총애를 한 몸에 받으면서 오랫동안 권세를 누린 인물은 조지 빌리어즈(Villiers)였다. 그는 시골 기사의 아들에 불과했으나, 그의 뛰어난 미모에 반한 국왕의 총애로 기사에서 시작하여 백작과 후작의 작위를 거쳐 버킹엄(Buckingham) 공작에 이르기까지 가파른 출셋길을 달렸다.[4]

---

3) 이런 경향은 이미 엘리자베스 여왕 치세 말기의 의회가 보여주고 있었다.

4) 『대반란의 역사(*History of the Great Rebellion*)』를 쓴 클래런던(Clarendon) 백 에드워드 하이드(Edward Hyde)는 그에 대해서 이렇게 평하고 있다. "이렇게 짧은 시일에 이 사람만큼 최고의 명예와 권세와

그러는 동안 궁정과 지방의 간격은 점점 벌어져 갔다. 귀족들은 관직에서 배제되는 것에 앙심을 품고, 퓨리턴 젠트리들과 상인들은 궁정의 추문에 분노했다. 총신들은 많은 물품들에 대한 독점권을 차지하고 있었다. 일반 국민들은 독점자들의 배를 불리는 데 이바지하지 않고서는 아무것도 할 수 없었다. 세수도, 빨래에 풀먹이기도, 음주도, 카드놀이도, 음식 절이기도, 심지어 성서 읽기도 할 수 없었다. 그리하여 이 독점자들에 대한 분노가 광범하게 퍼져갔다. 1621년에 세 번째 의회가 소집되었을 때 의회는 독점 문제를 집요하게 물고 늘어졌다. 이 의회는 상서경 프랜시스 베이컨을 수뢰 혐의로 탄핵하여 공직에서 추방했는데, 이것은 그가 너무 많은 독점을 허용한 데 대한 책임을 추궁한 것이었다. 1624년에 의회는 마침내 독점법을 제정하여, 독점 허가 기준을 엄격하게 제한하고 왕이 사사로이 개인에게 독점을 허용하는 것을 금지했다. 이로써 의회는 왕의 대권 하나를 빼앗는 중요한 입법 선례를 수립했다.

제임스의 치세기에 왕의 대권에 맞서 싸운 가장 대표적인 사람은 써 에드워드 쿠크(Coke)였다. 그는 원래 법률가로서 보통법 법정인 민사소송 법정의 판사로, 또 한때는 베이컨의 천거로 왕좌 법정의 수석판사로 복무하기도 했다. 의회가 없는 기간 동안 군주정과 보통법 간의 마찰이 커지면서, 날카로운 지성과 전투적인 기질을 지녔던 그는 차츰 보통법의 대의를 위한 투쟁에 앞장서게 되었다. 쿠크는 국왕의 대권에 영향을 주는 사건에서 왕이 재판관에게 판결을 보류하도록 명령하는 권리를 인정하지 않았다. 그는 의회의 특권은 고대에 기원을 두고 있는 것이지 결코 왕으로부터 기원하는 것이 아니며, 따라서 왕도 법 아래 있고 법정은 왕권으로부터 독립해 있다고 주장했다. 이렇게 그는 끝까지 국왕에 불복함으로써 결국 1616년 판사직을 박탈당하고 말았으나, 그럼으로써 사법권의 독립이라는 문제가 왕권에 반대하는 주장에서 새로운 주요 쟁점으로 자리 잡게 되었다. 판사직에서 쫓겨난 쿠크는 이후 하원에 진출하여 국왕의 대권에 맞서는 투사가 되었다.

부를 얻은 사람은 없었으며, 또 미남이며 우아하다는 것만으로 이처럼 출세한 사람도 없었다.”

대외 관계

제임스가 1621년 오랜만에 다시 의회를 소집하게 된 것은 외교 문제 때문이었다. 대외 문제에서 제임스는 처음부터 줄곧 평화를 추구해 왔다. 그러나 1618년에 독일에서 개신교연합(Protestant Union)과 가톨릭동맹(Catholic League)이 이른바 30년 전쟁을 시작하면서 그의 평화 정책은 더 이상 지속하기 어렵게 되었다. 싸움은 1617년 합스부르크가의 황제 마티아스(Mathias: 그는 보헤미아의 왕을 겸하고 있었다)가 가톨릭교도인 사촌 페르디난트(Ferdinand)를 후계자로 정하고 장래의 보헤미아 왕으로 지명하자 열렬한 칼뱅교도들인 보헤미아의 귀족들과 민중이 이를 반대하여 봉기함으로써 시작되었다.[5] 그 뒤 1619년에 마티아스가 사망하고 페르디난트가 보헤미아의 왕이 되자 그들은 페르디난트를 폐하고, 개신교도이자 제임스 1세의 사위인 팔츠(Pfalz)의 선제후(Elector) 프리드리히를 왕으로 추대했다. 이를 거절하라고 권하는 장인 제임스의 조언이 전달되기 전에 프리드리히는 왕관을 수락했다. 이에 황제는 가톨릭 세력을 규합하여 보헤미아에 쳐들어가 프리드리히를 왕좌에서 축출했다. 그는 한 걸음 더 나아가 이 대립을 가톨릭교 대 개신교의 투쟁으로 확대했고, 그에 따라 에스파냐가 개입하여 프리드리히의 영지인 팔츠로 침입했다.

대륙에서의 이런 사태 진전을 지켜보던 영국인들은 프리드리히를 지지했다. 일반 여론, 특히 퓨리턴과 상인 계층의 여론은 에스파냐와의 오랜 평화에 불만을 터뜨렸다. 그러나 전쟁에 휘말리는 것을 바라지 않은 제임스는 문제를 외교적으로 해결하고자 했다. 그는 왕세자 찰스와 에스파냐의 왕녀 마리아(Infanta Maria)의 결혼을 제의함으로써 에스파냐에 프리드리히의 영토 반환을 설득할 수 있으리라 기대했다. 그러나 의회는 이런 터무니없는 계획을 일축했다. 하원은 개신교의 대의를 지지하고, 팔츠에 대한 군사 지원을 위한 보조세를 가결하면서 반가톨릭법의 시행과 에스파냐에 대한 전쟁, 그리고 왕세자의 개신교도와의 결혼을 국왕에게 요구했다. 이에 대해 제임스는 국왕에게는 의원을 투옥할 권한이 있음을 상기시키면서 국무에 대한 간섭을 중지하라고 경고했다. 하원은 이에 대한 대답으로 제시한 항

---

5) 봉기자들은 프라하의 궁전에 쳐들어가 궁전을 점령하고 황제의 사신들을 창문 밖으로 내던져 버렸다.

의(Protestation)에서 그들의 자유와 권한은 이론의 여지가 없는 생득권이자 유산이며, 국왕과 국가와 국토의 방위, 그리고 영국 교회의 수호에 관한 사항은 의회가 마땅히 토의할 문제라고 응수했다. 격분한 왕은 즉시 의회를 해산하고,6) 쿠크를 비롯한 하원의 지도자들을 체포하여 투옥했다.

제임스가 추진해 온 에스파냐 왕녀와의 혼인 협상은 1623년에 막바지에 다다랐다. 이해에 버킹엄과 왕세자 찰스는 협상을 성사시키고 왕녀를 데려오기 위해 몰래 에스파냐로 건너갔다. 그러나 그들의 마드리드(Madrid) 여행은 실패로 끝나고 말았다.7) 그러나 성과 없이 빈손으로 돌아온 찰스와 버킹엄은 망신과 불명예는커녕 오히려 열렬한 환대와 갈채를 받았다. 에스파냐와의 전쟁을 원한 영국인들에게는 혼약의 실패가 비보가 아니라 낭보였던 것이다. 이런 환대와 갈채는 마드리드에서 받은 냉대에 분개하고 있던 버킹엄을 반에스파냐파로 전향시켰다. 지탄받아 오던 그가 갑자기 주전파의 우두머리가 되어 영국인의 열망을 대변하게 된 것이다. 그는 의회의 반대파 지도자와 제휴하고, 또 의회와 타협하도록 국왕을 설득했다. 국왕은 의회가 외교 정책에 관여하는 것을 인정했으며, 1624년에는 마침내 에스파냐에 선전을 포고했다. 전쟁을 열렬히 주장하던 의회는 신속하게 전쟁 경비를 가결했지만 액수에는 인색했으며, 또 그 사용에 엄격한 제한 조건을 붙였다. 이듬해 초에 제대로 훈련도 받지 못하고 장비도 갖추지 못한 1만 2,000명의 원정군이 팔츠를 되찾기 위해 도버를 출발했다. 그러나 제임스는 이 원정대가 네덜란드에서 질병과 굶주림으로 비참하게 해체되는 것을 보기 전에 사망했다.

---

6) 추밀원에 돌아온 제임스는 하원 의사록을 가져오게 하여 손수 그 항의가 기재된 지면을 찢어버렸다.

7) 에스파냐는 혼인의 조건으로 잉글랜드가 가톨릭교를 인정하는 갖가지 조치를 취해줄 것을 요구했으며, 혼인을 성사시키기를 열망한 버킹엄은 마지못해 이를 받아들였다. 그럼에도 불구하고 에스파냐는 팔츠에서 철군해 달라는 잉글랜드의 요구를 끝내 거절했다. 게다가 버킹엄과 그를 따라온 영국인들의 방자하고 무례한 행동은 마드리드 사람들의 분노를 사 그들 사이에 마찰이 잦았으며, 마침내는 찰스와 버킹엄의 신변에 위협을 느낄 지경에까지 이르렀다.

2. 경제와 해외 식민 활동

경제적 변화

제임스 1세 치하의 잉글랜드는 때때로 정치적 또는 종교적 갈등이 심각한 양상을 보이기도 했으나, 사회 전반은 비교적 안정되어 있었다. 스튜어트 시대 초기의 잉글랜드는 당시 유럽에서 폭력이 가장 적은 나라였다. 그 시기에 반역 혐의로 재판을 받은 귀족이나 젠트리는 아무도 없었으며, 이전 시대에 흔히 볼 수 있었던 그 밖의 반역과 처형의 사례도 거의 볼 수 없었다. 적대 진영 사이의 피비린내 나는 반목과 살해극도 일어나지 않았다. 스코틀랜드 국경 지대에 때때로 도적 떼가 출몰한 것 말고는 약탈을 일삼는 산적이나 심지어 무장 불량배조차 별로 볼 수 없었다. 여러 시골 지역에 농업상의 불만이 퍼져있었던 것은 사실이지만, 그것이 심각한 양상을 보인 경우는 극히 드물었다.[8] 이와 같은 정치적 안정과 오랜 평화 속에서 스튜어트 왕조 초기의 잉글랜드는 경제적으로 번영했고, 특히 대외적으로는 괄목할 만한 진출을 이루었다. 새로운 산업이 꾸준히 성장하고 런던을 비롯하여 도시들이 발전했다. 농업 분야에서도 소택지가 개간되고, 인클로저와 더불어 변화가 지속되었다. 또한 석탄 산업이 크게 성장하여, 1640년의 석탄 생산량은 전유럽 생산량의 3배에 달했으며, 이 석탄 수송을 위한 연안 교역 역시 번영했다.

그러나 이런 번영은 지속적이거나 전면적인 것이 아니었다. 번영의 혜택이 골고루 나누어진 것은 더더욱 아니었다. 가격혁명의 여파로 물가는 전반적으로 오름세를 지속했다. 16세기 전반에 걸쳐 꾸준히 증가한 잉글랜드의 인구는 세기말에 400만을 넘어섰고, 1600~1640년 사이에 다시 25%나 증가하여 인플레이션을 부추겼다. 이것은 토지소유자와 상인들을 살찌우고, 그 대신 임금으로 살아가는 사람들

---

8) 농촌의 불만이 심각한 폭동으로 비화한 곳은 미들랜즈 지역이었다. 1607년 5월 노샘턴셔에서 처음 폭동이 일어나 이웃 5개 주로 번졌다. 존 레널즈(Reynolds)를 지도자로 한 봉기자들의 일차적인 목표는 농경지를 둘러막은 울타리를 무너뜨리는 것이었다. 그러나 봉기에 참여한 농민들은 비무장이었고, 따라서 이렇다 할 전투도 없이, 많은 농민들이 목숨을 잃었다. 7월에 봉기는 완전히 진압되었으며, 그 후 이 지역은 곧바로 평정을 되찾았다.

을 더욱 빈곤하게 만들었다. 특히 경제에 어두운 그림자를 드리운 것은 잉글랜드 최대의 산업인 모직물 공업의 쇠퇴였다. 제임스 1세의 치세 전반기만 하더라도 모직물 공업은 수출 증대로 번영하고 있었다. 그러나 정부는 1614년에 미완제 직물의 수출을 금지하고 완제품만을 수출하도록 규제하면서, 모험상인에게 부여했던 기존의 특허권을 폐지하고 써 윌리엄 코케인(Cockayne)이 새로 설립한 회사에 수출특권을 부여했다. 제임스는 이를 통해 이제까지 네덜란드에 의존하고 있던 염색과 마무리 공정 기술을 국내로 도입할 수 있으리라 기대했고, 동시에 회사 이익금 중에서 연간 30만 파운드의 수입을 얻기로 했다. 그러나 이 계획은 완전한 실패로 끝났다. 코케인의 회사는 염색과 마무리 공정을 충분한 규모로 조직할 만한 자금과 기술이 없는 데다가 네덜란드가 반발하여 잉글랜드산 완제품 수입을 저지했기 때문이다. 직물 수출의 감소로 많은 직물업자가 파산하고, 직조공들이 실직했다. 1617년 코케인은 마침내 독점권을 포기하고 회사를 해산했다. 설상가상으로 30년전쟁의 영향과 네덜란드와의 경쟁으로 잉글랜드의 모직물 공업은 가격경쟁에서 밀려나 침체를 면할 수 없었으며, 그 결과 잉글랜드 경제는 상당한 타격을 입었다.

식민 활동

초기 스튜어트 시대는 또한 영국인들의 활발한 해외 이주가 시작된 시기였다. 이주의 물결은 17세기 중엽에 이르러 절정을 이루었는데, 17세기는 잉글랜드에 들어온 인구보다 빠져나간 인구가 더 많은 최초의 세기로 추정되고 있다. 이때의 주요 유입인은 유대인과 프랑스의 위그노들이었다. 한편 수많은 사람들이 주로 대서양을 건너 해외로 이주해 갔다. 주로 경제적 이유 때문에 이주해 간 사람이 많았지만, 종교적 자유를 찾아 떠난 사람 또한 적지 않았다. 16세기에는 잉글랜드가 종교적 난민에게 피난처가 된 데 반해, 17세기는 유럽과 아메리카가 잉글랜드의 종교적 난민의 피난처 구실을 했던 것이다.

아메리카에 처음 식민이 이루어진 곳은 버지니아였다. 이곳에 식민하려는 엘리자베스 시대의 시도는 수포로 돌아가고 말았지만,9) 한 세대 후에 다시 추진된 식민은 마침내 성공을 거두었다. 런던의 상인들이 설립한 주식회사가 1607년 천신만고 끝에 처음으로 버지니아의 제임스타운(Jamestown)에 식민지를 건설했다.[10] 고난과 역경의 대가로 건설된 버지니아 식민지는 1619년 본국의 의회제를 본떠 입법부를 수립하고, 이후 더 나은 기회를 찾으려는 모험가들에게 잉글랜드를 본뜬 사회에서 새로운 삶을 개척할 전망을 열어주었다.

그에 비해 뉴잉글랜드(New England)에 건설된 식민지는 주로 신앙의 자유를 찾아 떠나온 퓨리턴들에게 새로운 보금자리 구실을 했다. 17세기 초에 박해를 피해 네덜란드로 이주했던 일단의 퓨리턴들이 1620년에 다시 메이플라워(Mayflower)호를 타고 아메리카로 향했다.[11] 원래 버지니아 북부에 정착하려던 이들은 뜻밖에 목적지에서 멀리 떨어진 케이프 코드(Cape Cod) 만의 플리머스에 도착했다. 도착한 지 반년도 채 안 되어 절반이 사망하는 역경을 이기고, 이들 역시 마침내 정착에 성공했다. 특히 1629년 이후 주로 매사추세츠 만(Massachusetts Bay)을 중심으로 퓨리턴들이 대규모로 이주해 옴으로써 이곳이 잉글랜드 퓨리턴들의 안식처가 되었다.

같은 시기에 아메리카와 더불어 활발한 식민이 이루어진 곳은 아일랜드의 얼스터 지방이었다. 교역이든 식민이든 잉글랜드의 해외 활동이 주로 개인이나 회사 등 사기업에 의해 추진된 것과는 달리, 얼스터에 대한 식민 활동은 정부 주도하에 정책적으로 추진되었다. 제임스의 치세 초 아일랜드에 국교회의 수장법을 강요하려는 시도에 반대하여 북부 지방에서 봉기가 일어났을 때, 잉글랜드 정부는 얼스터 지역의 모든 토지를 몰수한다고 선언하고, 이 지역에 대한 체계적인 식민 활동을 과감하게 추진했다. 그 결과 1609년까지 오늘날의 얼스터의 6개 주 전부가 점유되고, 토착 아일랜드인들은 정당한 보상도 받지 못한 채 그들의 땅에서 쫓겨났다. 토지는 대규모 단위로 분할되어 잉글랜드와 스코틀랜드의 식민사업가들에게 분배되었고, 이들에 의해 잉글랜드와 스코틀랜드의 이주민의 식민이 계획되었다. 그러나 이 계획 수행에 필요한 충분한 이주민을 구하기가 어려웠던 식민사업가들

---

9) 321쪽 참조.

10) 그곳에서 생산되어 본국으로 수출된 주요 생산품은 담배였으며, 이것이 식민지의 미래를 보장해 주었다.

11) 총 101명 가운데 퓨리턴 필그림은 35명이었고, 나머지 66명은 런던이나 사우샘턴에서 온 사람들이었는데, 이들은 종교적 동기보다는 물질적 동기로 이 모험에 참가했다.

은 당초의 계획을 무시하고 많은 아일랜드인들을 소작인으로 삼아 원래 그들이 가지고 있던 땅에 그대로 머물러있게 했다. 그러나 한편으로는 많은 스코틀랜드의 장로교도들이 신앙의 자유를 찾아 이주해 왔으며, 런던 또한 데리(Derry) 주 북반부에 이주민을 정착시켰는데, 이곳이 바로 런던데리(Londonderry)이다. 1630년에 이르면, 얼스터에는 거의 1만 5,000가구에 달하는 잉글랜드인 및 스코틀랜드인 가정이 옥토를 경작하면서, 점차 척박한 산지나 습지로 밀려난 아일랜드인들과 이웃하여 살고 있었다. 이리하여 20세기 말까지도 도무지 해결할 길이 보이지 않는 골칫거리인 얼스터 문제가 생겨난 것이다.

3. 찰스 1세와 의회의 대립

찰스 1세

1625년 3월 세자가 찰스 1세로 왕위를 계승했다. 그는 성격상 부친과 아주 달랐다. 조용하고 내성적이며 소심한 성격의 찰스는 동시에 세련되고 품위가 있어 보였다. 그는 경건한 신앙인이요 좋은 남편이자 아버지였지만 훌륭한 왕은 아니었다. 그는 약자들에게서 흔히 볼 수 있는 완고함과 경직성을 갖고 있었다. 그는 선대로부터 물려받은 신수왕권과 무제한의 복종 및 의무의 신념을 확고부동하게 견지했다. 부왕이 단순히 말로만 주장하던 고답적인 대권의 관념을 곧이곧대로 실행하려던 것이 그의 비극이었다.

찰스 1세는 왕의 자질보다는 차라리 예술가적 자질을 더 많이 타고났다. 그는 이탈리아 대가들의 그림을 사들이고 플랑드르의 화가 반 다이크(Van Dyck)와 루벤스(Rubens)에게 작품을 의뢰하면서 미술에 대한 자신의 높은 안목을 증명해 보였다. 또한 건축가 이니고우 조운즈(Inigo Jones)를 기용하여 왕비를 위해 순수 고전 양식의 퀸즈하우스(Queen's House)를 건축했다. 국왕 부부는 특히 가면극을 즐겼으며, 많은 작곡가들이 궁정의 가면극을 위한 작곡에 몰두했다. 조운즈도 그의 재능을 건축에 집중하지 못하고 가면극 때문에 많은 시간을 빼앗겨야 했다. 선왕의 시대에

|왼쪽| 이니고우 조운즈
|오른쪽| 이니고우 조운즈가 이탈리아 르네상스 양식으로 지은 와이트홀 궁전의 대연회장 건물(1619~1622): 이 건물 앞에서 찰스 1세가 처형되었다.

위대한 극작가였던 벤 존슨(Ben Jonson)도 그의 노력을 가면극에 바쳤다.[12]

　제임스 치세 말년의 수년간 권력을 전횡했던 버킹엄 공은 찰스의 치하에서도 왕의 신임을 독차지하고 권력을 더욱 강화했다. 그러나 그의 주도 아래 잉글랜드의 전쟁과 외교 정책은 지리멸렬했다. 팔츠를 구원하기 위해 그가 보낸 에른스트 폰 만스펠트(Ernst von Mansfeld) 휘하의 군대는 질병과 굶주림으로 괴멸했다.[13] 찰스와 에스파냐 왕녀의 혼인 협상이 실패로 돌아간 후 버킹엄은 찰스와 프랑스 왕녀 앙리에트 마리(Henriette Marie)의 결혼을 협약했는데, 가톨릭교도인 마리와의 결혼은 가톨릭교를 관용할 것이라는 의구심을 불러일으켰다. 그리하여 버킹엄은 1625년 6월에 열린 찰스의 첫 의회를 제대로 다루지 못했다. 왕은 의회에 에스파냐와 전쟁을 치르는 데 필요한 재정 지원을 요구하면서도 의회와 전쟁 계획을 협의하는 것을 거부했고, 의회는 또 의회대로 에스파냐와의 전쟁을 원하면서도 전비의 제공에는 인색했다.[14] 버킹엄은 거만하게 하원을 대했고, 하원은 그를 신랄하게 비판

---

12) 극장은 가면극이 대두하기 이전부터 이미 외설스럽고 괴기스러운 것에 관심을 돌렸고, 극작가들은 멜로드라마나 음탕한 코미디로 궁정인들을 즐겁게 하는 일에만 몰두함으로써 퓨리턴들을 화나게 했다. 극장이 외면했던 도덕적 문제나 고상한 주제는 시, 특히 형이상학적 시에서 대접을 받았는데, 그 대표적 시인은 존 던(John Donne)이었다.

13) 349쪽 참조.

|왼쪽| 존 던
|오른쪽| 벤 존슨

했다. 결국 더 이상의 재정 보조를 기대할 수 없다고 판단한 찰스는 의회를 해산했다. 버킹엄은 네덜란드에서의 참담한 실패를 만회하려고 에스파냐의 보물선단을 탈취하기 위한 카디스 원정을 시도했다. 그러나 충분한 선박도 병력도 갖추지 못한 채 감행된 이 원정 역시 처참한 재앙으로 끝나고 말았다. 이리하여 찰스의 치세 첫해는 20년 만에 재개된 전쟁의 연속적인 참패로 얼룩졌다.

의회와의 대립과 권리청원

자금이 쪼들린 왕은 할 수 없이 이듬해 초에 새 의회를 소집했다. 그러나 의회는 과세를 거부하고 버킹엄 공에 대한 탄핵을 결의했다. 그러나 왕은 자신의 대신들에 대한 의회의 책임 추궁을 외면하고, 버킹엄 공의 모든 허물을 자신의 책임이라고 주장했다. 그럼으로써 그는 왕은 잘못을 저지를 수 없다는 이론, 즉 모든 결정의 책임은 왕이 아니라 그의 대신들에게 있다는 법적 이론을 스스로 부정했다. 그리하여 왕은 버킹엄이 상원에서 재판받는 것을 저지하기 위해 다시 의회를 해산했다. 왕이 특별보조세를 포기하면서까지 그를 보호함으로써 버킹엄의 위세는 다시

14) 하원은 전쟁을 위해 2회의 보조세(14만 파운드)만을 가결했다. 게다가 의회는 국왕의 즉위 초에 평생 동안의 관세 징수를 인정해 온 관례에서 벗어나 찰스에게는 즉위 초 1년의 관세만을 가결했다.

찰스 1세와 헨리에타 마리아 왕비

한 번 입증되었다. 그러나 그의 외교적 실책은 계속되었다. 그는 프랑스에 대해서도 이런저런 불화를 일으킨 끝에 결국 전쟁으로까지 치달았다. 1627년 전쟁이 일어나자 버킹엄은 프랑스 위그노들의 거점인 라 로셸을 구원하기 위한 원정을 추진했다. 그러나 실패는 또 다른 실패를 부를 뿐이었다. 이 원정군도 미숙한 전략적 판단과 질병 등으로 고전한 끝에 병사의 절반 이상을 잃고 패퇴하고 말았다.

이 굴욕적인 패배 이후 의회를 통하지 않고 재정을 조달하는 것은 더욱 힘들어졌다. 전례 없이 무자비하게 강제차입금의 징수가 강행됨에 따라, 저항 역시 더욱 거세어졌다. 강제차입금 납부를 거부했다는 이유로 70여 명이 투옥되었다. 이들 가운데 5명의 기사가 구속의 이유를 묻기 위한 인신보호영장(writ of habeas corpus)을 신청했다. 왕은 비록 이 구속적부심사에서 승리했지만 국민들은 이를 개인의 자유에 대한 위험한 침해라고 생각했다. 다른 두 가지 사항이 사람들의 불만을 더욱 북돋았다. 하나는 병사들을 민가에 숙박시킨 것이며, 다른 하나는 여기에서 일어나는 병사들과 민박 주인 사이의 분쟁을 군법으로 다루도록 한 것이었다. 늘어나는 불만 속에 강제차입금의 성과는 형편없었으며, 이 궁지에서 왕은 결국 또다시 의회를 소집할 수밖에 없었다.

1628년 3월에 소집된 찰스의 세 번째 의회는 곧장 국왕의 대권을 제한하는 권리청원(Petition of Rights)을 작성했고, 고갈된 재정을 해결해야 했던 국왕은 문서에 서명했다. 청원은 최근의 사태를 반영한 네 가지 사항을 담고 있었다. 첫째, 의회의 승인 없이는 누구에게도 기부금·차입금·덕세·세금의 납부가 강제되어서는 안 된다. 둘째, 자유인은 누구도 이유를 제시하지 않고 구속할 수 없다. 셋째, 병사와 수병을 주인의 동의 없이 민가에 숙박시킬 수 없다. 넷째, 민간인에게 군법을 적용해서는 안 된다. 이 조항들은 모두 최근의 불만 사항들에 대한 시정을 요구하는 것들이었다. 제정법이 아닌 권리청원에는 약점과 불비점이 없지 않았으며, 그 직접적 영향 역시 그리 크지 않았다. 그러나 그것은 자유의 대의를 위한 주요한 승리로서 1215년의 대헌장과 함께 영국 헌정 사상 주요한 이정표가 되었다.

써 존 엘리어트

국정을 전단해 온 버킹엄에 대한 의회의 공격은 그 후에도 계속되었다. 하원이 버킹엄의 해임을 요구하는 격렬한 항의서를 작성하자 왕은 곧 의회를 휴회시켰다. 그러나 버킹엄은 펠턴(Felton)이라는 한 해군 중위에게 살해되었다. 국왕은 비탄에 빠졌지만, 런던의 군중은 기뻐 날뛰었다. 버킹엄이 제거됨으로써 의회의 반대파 지도자들의 주요 공격 표적은 사라졌지만, 의회는 조용해지지 않았다. 1629년 초에 다시 모인 의회는 두 가지 쟁점으로 또다시 시끄러웠다. 첫째는, 턴 세와 파운드 세의 징수 문제였다.[15] 찰스는 이 관세가 권리청원에 어긋나지 않는다는 생각으로 징수를 고집하고, 납부를 거부하는 상인들을 투옥했다. 둘째는, 종교 문제였다. 찰스는 프랑스의 왕녀와 결혼함으로써 가톨릭교를 관용할 것이라는 의구심을 불러일으켰는데, 리처드 몬터규(Montagu)와 같은 아르미니우스파(Arminian)[16] 성직자들을 주교에 임명하거나 승진시킴으로써 그런 의구심을 더욱 부풀렸다. 이 같은 문제에 대한 하원의 반대와 공격이 격화되자 왕은 논란을 종식시키기로 결심했다.

1629년 3월 2일 폐회하라는 왕명을 받은 하원 의장이 자리를 뜨려고 하자, 의원들은 그를 강제로 의장석에 앉혀놓고 하원 의사당의 출입문을 걸어 잠갔다. 그리고 이 자리에서 하원의 지도자 써 존 엘리어트(Eliot)는 종교에 새로운 요소를 도입

---

15) 257쪽의 주 5) 참조.

16) 네덜란드의 성직자이자 신학자인 아르미니우스(Arminius)는 인간이 자신의 자유의지로 영혼의 운명을 결정할 수 있다고 주장하고, 신과 인간 사이의 중개자로서의 성직자의 역할과 선행 등을 강조했는데, 이는 예정설을 신봉하는 칼뱅파의 교리와는 크게 어긋나는 견해였다.

하는 자, 턴 세와 파운드 세의 징수를 조언하는 자, 그리고 이 두 세금을 납부하는 자는 어느 누구든 왕과 왕국 제일의 적으로 간주한다는 결의안을 낭독했다. 왕의 사자가 문을 두드리고 있는 사이에 결의안이 통과되고, 문이 열리자 왕의 사자는 하원의 폐회를 통고했다. 일주일 후에 왕은 의회를 해산했으며, 엘리어트를 비롯한 9명의 의원들이 투옥되었다. 그중 엘리어트는 3년 후에 옥사함으로써 의회의 대의를 위해 죽은 최초의 순교자가 되었다.

찰스의 전단적 통치

왕은 이제 의회 없이 통치하기로 결심했다. 그러나 그러기 위해서는 무엇보다도 재정을 확보하는 일이 긴요했다. 찰스는 우선 재정 지출을 줄이기 위해 전쟁을 포기했다. 1629년에 프랑스와, 1630년에는 에스파냐와 강화조약을 맺고 대륙의 30년전쟁에서 발을 뺐다. 그러나 이것은 인기 없는 정책이었다. 한편 왕의 재정관들은 낡은 관행과 사문화한 법조문을 뒤져 새로이 세원을 발굴함으로써 왕실 수입을 늘리는 데 주력했다. 연수 40파운드 이상의 토지소유자에게 기사 작위의 수령을 의무화한 옛 법을 새로 들추어내어 이를 강제로 적용함으로써 막대한 기사 서임료와, 이를 거부한 자에 대한 터무니없는 벌금을 징수했다. 중세의 삼림법을 되살려 왕유림에서 나무를 베어내거나 황무지를 개간한 자에게도 벌금을 부과했다. 또한 아일랜드의 런던데리 식민사업을 게을리 한 런던 시에 막대한 벌금을 부과하는가 하면, 비누·석탄·소금·백반과 같은 일용 상품을 생산하는 회사들에 독점권을 부여하고 그 대가로 막대한 돈을 거두어들였다.[17]

이와 같은 여러 편법 가운데서도 가장 큰 반발을 불러일으킨 것은 선박세(ship money)의 부과였다. 선박세는 외적의 침입이 있을 때, 해안을 지킬 선박을 마련하기 위해 해안 도시들이 그때그때 납부해 오던 것이었다. 그런데 이제 그것이 평시에, 해마다, 더군다나 내륙 지역에까지 부과되었다. 1636년 퓨리턴 지주인 존 햄던

---

17) 이런 회사에서 생산되는 저질의 상품에 대해 가난한 사람들은 비싼 값을 치러야 했다. 그중에서도 가톨릭계 회사에서 생산되는 이른바 '교황의 비누(Popish Soap)'는 사람들의 몸뿐만 아니라 마음까지도 망가뜨리는 것으로 여겨질 정도였다.

(Hampden)은 그에게 부과된 20실링(부유한 그에게는 사소한 액수였다)의 납부를 거부하여 재판에 회부되었다. 검사는 국왕의 대권은 비상시에는 법의 구속을 받지 않으며, 언제가 비상시인가는 국왕이 결정한다고 주장했다. 이에 대해 햄던의 변호사 올리버 슨트 존(Oliver St. John)은 왕의 대권은 항상 법에 구속되며, 만일 그렇지 않다면 영국인의 생명과 재산은 안전하지 못할 것이라고 변론했다. 재판관들은 7대 5의 근소한 표차로 선박세가 합법적이라고 판결했다. 법정에서는 국왕이 승리했으나 국민의 판결에서는 그렇지 못했다. 선박세는 비교적 공정하게 사정되고 징수되어 합당하게 쓰였다. 그러나 국민들은 그것만으로 수긍하려 하지 않았다. 모든 세금에는 의회의 동의가 필요했던 것이며, 이것이 바로 햄던이 지키고자 한 헌정의 원리였다.

존 햄던

찰스의 재정 정책은 성공을 거두었다. 정상 지출에 적절한 정도의 수입을 확보했고, 1638년에는 빚에서 거의 벗어날 수 있었다. 그러나 그것은 민심의 이반이라는 값비싼 대가를 치르면서 얻은 성과였다. 한 세기 전이라면 그냥 지나쳤을 만한 많은 것들이 이제는 참지 못할 일로 여겨졌다. 그리고 그것은 곧 궁정(court)과 지방(country)[18] 사이의 간격이 확대되어 간다는 것을 의미했다. 궁정과 지방의 괴리는 종교 분야에서도 나타났다. 자신의 예술가적 기호로 인해 영국 교회의 의식의 아름다움을 찬미하고 질서를 사랑한 찰스는 퓨리턴들의 열광적 설교를 혐오했다. 그는 아르미니우스파에 경도되어 잉글랜드 교회를 고교회(High Church)[19] 쪽으로 밀고 나갔다. 더욱이 왕비를 통해 로마풍이 궁정에 도입되고, 교황 사절이 자유로이 궁정을 드나들었다. 이에 따라 궁정과 지방의 간격은 더욱 벌어졌다.

버킹엄이 비운 공백은 토머스 웬트워스(Wentworth)와 윌리엄 로드(Laud) 대주교에 의해 채워졌다. 유능한 행정가인 이 두 인물은 엄격한 규율을 중시했으며, 서로

---

18) 이때의 country라는 말은 지방이라는 좁은 의미보다는 나라 또는 국민이라는 넓은 의미를 간직하고 있었다.

19) 고교회파라는 말은 잉글랜드 국교회 내에서 특히 교회의 권위와 주교제와 예배 의식을 중시하고 국교회와 가톨릭교회의 역사적 연속성을 강조하는 사람들을 지칭했다.

캔터베리 대주교, 윌리엄 로드

다른 분야에서 긴밀히 협조하며 국왕을 보필했다. 나중에 스트래퍼드(Strafford) 백이 된 웬트워스는 1614년 이후 줄곧 하원 의석을 차지했고, 1628년에는 존 핌(Pym), 엘리어트, 햄던 등과 더불어 반대파를 지도하면서 권리청원을 주도했던 인물이었다. 그런 그가 이제 국왕의 대권에 봉사함으로써 옛 동료들에게 배반자로 낙인찍혔다. 그는 한때 북부 지역의 책임자로서 매우 효율적으로 법과 질서를 유지하여 능력을 인정받았다. 이어 1633년에 아일랜드 총독에 임명된 그는 철저한 전단통치를 통해 아일랜드에 대한 식민 정책을 강력하게 추진했다.

한편 학식과 행정 능력 등으로 교회 안에서 출세가도를 달려온 로드는 1633년에는 마침내 캔터베리 대주교의 지위에 오르고 왕의 수석 자문관이 되었다. 그는 국왕의 신임을 업고 강력하게 고교회 정책을 추진해 나갔다. 그는 사제에게 흰색 제의(祭衣)를 착용하도록 하고, 성찬대를 교회의 중앙에서 동쪽 끝으로 옮겨 난간을 둘러치고, 평신도에게 성찬을 받을 때 무릎을 꿇게 하며, 기타 각종 의식 용품을 되살리는 등, 예배에서 로마 가톨릭교의 신앙을 상기시키는 의식들을 장려했다. 이렇듯 고교회적 의식을 강요하는 한편, 그는 교회 안에서의 퓨리턴들의 설교를 억압했다. 여러 곳에서 퓨리턴들은 설교사(Lecturer)를 임명하고, 교구 사제의 설교와 별도로 그들의 설교를 듣곤 했는데, 로드는 이런 관행을 억압하고 설교사를 탄압했다. 그의 이런 조치들을 가톨릭교로 복귀하려는 음모로 본 퓨리턴들이 그를 비판하는 글들을 펴내자 로드는 고등 종교 법정과 성실청 법정을 통해 잔인한 형벌로 비판자들을 탄압했다. 퓨리턴 변호사인 윌리엄 프린(Prynne), 성직자 헨리 버튼(Burton), 그리고 의사 존 배스트위크(Bastwick)는 1637년에 주교들을 비방한 팸플릿을 펴낸 죄로 귀가 잘리고, 이마에 낙인을 찍히고, 목과 양손에 칼을 쓴 채 주리를 틀리는 등 참혹한 형벌을 받았다. 로드의 박해는 한편으로 많은 퓨리턴들을 뉴잉글랜드로 이주하게 했지만, 다른 한편으로 그들을 억제하기보다는 오히려 자극하고 고무했다. 세

명의 퓨리턴이 귀를 잘릴 때, 군중은 이들을 환호로 격려했다.

이렇듯 민심이 이반했지만 1637년 무렵에 찰스의 권력은 절정에 달했다. 비교적 안정된 예산, 효과적인 사회경제 정책, 유능한 추밀원 등을 통해서 확고한 권력을 보유했다. 그러나 그의 재정은 겨우 평화 시에 적절한 정도에 지나지 않았으며, 그의 통치 체제는 전쟁을 성공적으로 수행할 만한 장치를 제대로 갖추지 못하고 있었다. 그에게는 우선 상비군이 없었다. 1640년까지도 유사시에 국왕이 불러들일 수 있는 전투 병력은 고작 수십 명에 불과했다.[20] 따라서 외적의 침입과 내부의 반란에 대처하는 일차적인 방어력은 지방의 젠트리 가문이 소집하고 통솔하는 민병대에 의존할 수밖에 없었다. 게다가 조직화된 경찰 병력도 없었다. 정부 당국이 수사하는 범죄

존 핌

사항은 소수에 불과했다. 형사재판은 피해 당사자가 제출한 고발과 증거가 치안판사의 주의를 끌었을 때 열렸다. 범법자의 체포는 보통 농부들이나 수공업자들이 돌아가며 맡는 마을 경찰이나 소액의 급료를 받는 집행리(bailiff)를 거느린 셰리프에 의해 집행되었다. 폭동이나 좀더 널리 퍼진 소요는 민병대로 대처했다. 또한 잉글랜드는 프랑스에 견줄 만한 관료 조직도 가지고 있지 않았다. 1630년에 잉글랜드의 통치를 위한 유급 관료는 1,000명 미만이었으며, 지방 통치는 3,000명 정도의 유력한 젠트리들의 수중에 있었다. 이런 여건에서 찰스가 의회 없이 해나가자면, 무엇보다 불필요한 전쟁에 말려들지 말아야 했다. 그러나 1637년 그는 바로 스코틀랜드의 신민들과 전쟁을 벌였던 것이다.

주교전쟁과 단기의회

이해 6월 스코틀랜드 교회에 잉글랜드의 것과 유사한 새로운 기도서의 도입이 강요되자 스코틀랜드인들이 격렬하게 반발하여 폭동을 일으켰다. 찰스는 즉위 초에 일찍이 토지회수법(Act of Revocation)을 통해서 종교개혁 이후에 매각되거나 양도

---

20) 국왕의 주위에서 의전적 기능을 수행하던 근위연대조차도 1660년 왕정복고 후에야 창설되었으며, 또 이때 이후에야 약 3,000명의 상비군을 갖춘 것으로 추정된다.

된 교회 토지를 되찾는 조치를 취했는데, 이것은 그런 토지를 취득한 스코틀랜드의 귀족과 젠트리들을 왕에게서 멀어지게 만들었다. 게다가 유례없이 높은 세금이 또한 상인들을 분노케 했다. 이런 상황에서 새로운 기도서가 강요되자 귀족과 젠트리와 상인들이 장로교 목사들과 손을 잡았다. 이듬해에 거의 전국이 흥분으로 들끓는 가운데 국민맹약(National Covenant)이 작성되고, 신분과 계층을 막론하고 글을 아는 인구의 압도적 다수가 이에 서명했다. 그들은 국왕에게는 충성하되, 그들의 교회(kirk)를 지키는 데 재산과 생명을 바칠 것을 맹세했다.

스코틀랜드인들의 격앙된 기세에 눌려 한동안 주춤했던 찰스는 그들에게 성직자 총회(general assembly)와 스코틀랜드 의회의 개최를 약속했다. 새로 열린 총회는 바로 주교제와 새 기도서를 폐기하고 장로교 교회를 재확립했다. 새 기도서를 취소할 의향은 있었지만 주교제의 폐지를 용인할 수는 없었던 찰스는 1639년 군대를 일으켜 북으로 진격했다. 그러나 훈련도 장비도 갖추지 못한 데다 제대로 급여도 받지 못한 채 가까스로 편성된 그의 군대는 스코틀랜드군을 만나자 전의를 잃고 그만 물러나 버렸다. 왕은 베리크 조약(Treaty of Berwick)을 맺어 새로운 총회와 의회에서 현안 문제를 해결토록 할 것을 약속했다. 제1차 주교전쟁(Bishop's War)은 이렇게 전투도 없고 성과도 없이 찰스의 굴욕으로 끝이 났다.

새로 열린 스코틀랜드의 총회는 이전 총회의 모든 결정을 다시 확정하고, 한 걸음 더 나아가 감독제 자체를 폐지해 버렸다. 전쟁을 다시 결심한 찰스는 스트래퍼드 백 웬트워스를 아일랜드에서 소환했고, 스트래퍼드는 전비를 마련하기 위해 의회를 소집하도록 왕에게 권고했다. 이에 따라 1640년 4월에 의회가 소집되었다. 그러나 의회는 존 핌의 지도 아래, 불만 사항들이 시정될 때까지는 재원 마련을 거부하기로 결의했다. 그리하여 11년 만에 소집된 이 의회는 단 18일 만에 해산되고 말았다. 단기의회(Short Parliament)라고 불리게 된 이 의회가 해산한 뒤, 스트래퍼드는 전쟁 자금과 인력을 확보하기 위해 온갖 수단을 동원했으나 하나같이 성공하지 못했다. 새로 잉글랜드 남부 지방에서 징집된 군대 역시 훈련과 장비가 형편없는 데다가 도대체 싸울 뜻이 없었다. 남쪽으로 밀고 내려온 스코틀랜드군은 8월에 타인 강가의 뉴번(Newburn)에서 잉글랜드의 선봉대를 패배시키고, 뉴카슬을 거점으로 하여 더럼과 노섬벌런드 지방을 점거했다. 그리고는 더 이상의 남진을 멈춘 채 강화조약이 체결될 때까지 매일 850파운드의 군 주둔 비용을 요구했다. 찰스는 결국 이 돈을 마련하기 위해 의회 소집의 압력에 굴복할 수밖에 없었으며, 그래서 이후 20년 동안 지속될 이른바 장기의회(Long Parliament)가 열리게 되었다.

장기의회와 내전으로의 길

11월에 소집된 새 의회는 우선 스트래퍼드와 로드를 제거하는 일부터 시작했다. 특히 스트래퍼드에 대한 하원의원들의 증오는 그가 과거의 동지였다는 사실 때문에 한층 더했다. 하원은 개원하자 바로 스트래퍼드를 반역죄로 탄핵했는데, 그의 죄상은 아일랜드의 군대를 끌어들여 잉글랜드의 법과 자유를 말살하려 했다는 것이었다. 그러나 이를 입증할 법과 증거가 마땅치 않자 하원은 탄핵 대신 사권(私權) 박탈법(Act of Attainder)의 제정이라는 방법을 택했다.[21] 이듬해 5월에 하원은 204 대 59로 이 법안을 통과시켰으며, 상원 역시 26대 19로 그의 사형을 가결했다. 일찍이 찰스는 스트래퍼드에게 털끝 하나도 다치지 않게 하겠노라고 약속했지만, 궁정을 둘러싸고 위협하는 런던 군중의 격렬한 시위로 위협을 느끼고 법안에 서명하고 말았다. 이틀 후인 5월 11일 스트래퍼드는 처형되었다. 그러나 이렇게 스트래퍼드를 처형함으로써 의회는 프랑스식 전제정을 수립할지도 모를 위험 인물을 제거했지만, 상당수의 의원이 이 조치에 반대함으로써 의원들 사이에 첫 균열이 생기는 대가를 치렀다. 로드 역시 1640년 12월에 하원에서 탄핵당한 후 이듬해에 투옥되었다가 1644년에 처형되었다.

스트래퍼드와 로드에 대한 단죄를 추진하는 한편 의회는 1641년 여름까지 왕의 대권을 제한하고 의회의 권한을 확대하는 일련의 조치들을 취했다. 의회 해산 뒤 늦어도 3년 안에 다음 의회를 소집하도록 규정한 3년기한법(Triennial Act)이 2월에 제정되었으며, 5월에는 현재 열리고 있는 의회는 자체의 동의 없이 해산되거나 정회되거나 산회할 수 없다는 이른바 영구의회법(Act of Perpetual Parliament)이 왕의 재

---

21) 사권박탈법은 반역죄와 중죄의 범법자에 대하여 법정에서의 증언이나 신문을 통한 재판을 거치지 않고 의회의 가결과 국왕의 재가만으로 범죄자의 인신과 재산에 관한 권한을 박탈하는 방법이었다.

|왼쪽| 스트래퍼드 백,
써 토머스 웬트워스
|오른쪽| 스트래퍼드 백의 처형:
1641년, 런던탑 밖에서 '검은 톰(Black
Tom)'의 처형 장면

가를 받았다. 선박세, 기사 서임료, 삼림법 위반에 대한 벌금 등 재정적 편법들이
불법화되었다. 독점이 금지되고 턴 세와 파운드 세 등 관세의 징수가 의회의 규제
를 받게 되었으며, 성실청 법정, 고등 종교 법정 등과 같은 국왕의 대권 법정들이
폐지되었다.

이와 같은 의회의 조치들은 스트래퍼드의 처형에 대한 약간의 반대를 제외하고
대체로 광범한 합의에 의하여 이루어졌다. 그러나 종교 문제에 대한 논란이 격화
되면서 의원들 간에 균열이 나타났다. 한편에는 주교제 자체의 폐지를 주장하는
극단적인 퓨리턴들인 이른바 '뿌리와 가지(Root-and-Branch)'파가 있었고, 다른 한편
에는 로드 시대의 폐단들은 없애고자 하면서도 잉글랜드 교회의 근본 제도를 유지
하려는 저교회(Low Church)파 국교도들과 온건한 퓨리턴들이 있었다. 이 균열은 퓨
리턴들의 발의로 감독제의 폐지를 요구하는 '뿌리와 가지 법안(Root-and-Branch Bill)'
에 관한 논쟁으로 날카롭게 드러났다. 게다가 런던 군중의 소요가 이 균열에 영향
을 미쳤다. 군중의 시위에 위협을 느낀 좀더 보수적인 의원들은 국왕 편으로 다가
섰고, 온건한 퓨리턴 의원 다수의 지지를 받은 핌은 군중의 소요를 이용하여 왕의
권한을 줄이는 데 주력했다.

왕은 1641년의 가을을 스코틀랜드에서 보냈다. 거기에서 군사를 일으키려는 노

력이 허사로 돌아갈 무렵, 아일랜드에서 봉기가 일어났다. 스트래퍼드가 떠난 뒤 통제력이 약해지자 아일랜드의 가톨릭교도들은 이를 압제자들을 물리칠 기회로 삼았다. 그들은 민중의 불만을 부추기며 신속하고 은밀하게 일을 추진했다. 30년에 걸친 잉글랜드의 토지 약탈, 착취, 종교적 박해 속에서 얼스터 식민지에 쌓인 원한이 걷잡을 수 없이 폭발했다. 정확한 수는 알 수 없지만 수천 명에 달하는 개신교도 정착민이 학살당했다. 런던에는 피살자의 수가 수만 또는 수십만으로 터무니없이 과장되어 전달되었다.[22] 영국인들은 분노했고, 왕과 의회는 봉기의 진압에 합의했다. 그러나 '누가 군대를 지휘할 것인가'라는 문제가 남아 있었다. 아일랜드 민중은 자기들이 국왕의 권위에 입각하여 움직이고 있다고 주장했다. 이 때문에 찰스가 아일랜드의 가톨릭교도와 음모를 꾸미고 에스파냐와 협상하고 있다든가, 1640년에는 스코틀랜드를 칠 병력과 비용을 얻기 위해 교황과 협상했다는 등의 소문이 자자하게 나돌았다. 이런 상황에서 군대를 찰스에게 맡긴다는 것은 생각할 수 없는 일이었다. 의회는 만일 군대의 통수권이 왕에게 주어진다면 왕은 그것을 의회를 분쇄하는 데 쓸 것이라고 의심했다.

이런 위기 상황 속에서 11월에 핌을 비롯한 퓨리턴 의원들이 이른바 대간언 (Grand Remonstrance)을 작성했다. 이 문서는 지난 10여 년 동안의 온갖 불만 사항들을 열거하고 그 시정책을 제시했으며, 더 나아가 의회가 신임하는 인물을 대신으로 임명할 것과 교회 개혁을 위한 성직자 회의를 소집할 것을 요구했다. 이 안건은 격렬한 논쟁 끝에 11표(159대 148)의 근소한 차로 통과되었다. 그러나 이를 계기로 의회의 분열이 뚜렷해지고, 사태는 급속하게 내란으로 치달았다. 런던의 군중이 다시 거리로 쏟아져 나와 주교들과 귀족들을 위협했다. 왕과 의회 다수파 사이의 마지막 분열은 민병대의 지휘권 문제에서 일어났다. 12월에 의회는 민병대의 지휘권을 의회가 임명하는 자에게 넘기는 민병 법안(Militia Bill)을 제출했다.[23] 이제 타협

---

22) 이 학살은 영국 역사상 가장 잔인한 민간인 학살이며, 나중에 크롬웰이 아일랜드의 가톨릭교도들을 무자비하게 보복 살해하는 구실이 되었다. 380~382쪽 참조.

23) 이 법안은 1642년 2월과 3월에 하원과 상원에서 통과되었으나 국왕의 서명을 받지 못하여 정식 법률로 성립하지 못했다.

의 시기는 지난 듯이 보였다. 왕은 드디어 행동을 개시했다. 1642년 1월 초, 찰스는 핌과 햄던을 비롯한 5명의 하원의원들과 1명의 귀족의원24)을 체포하기 위해 직접 무장한 호위병을 이끌고 의회에 진입했다. 그러나 5명의 하원의원들은 이미 런던 시내로 피신했고, 런던은 이들을 은닉·보호해 주었다.25) 런던의 민병대가 소집되고, 햄던을 지키기 위해 4,000명의 버킹엄 사람들이 들이닥쳤다. 찰스는 불온한 런던을 떠나 왕에 대한 지지가 강한 북쪽으로 향했으며, 긴 여행 끝에 3월에 요크에 들어갔다. 4월에 왕은 무기고가 있는 헐(Hull) 시에 들어가려 했으나 거절당했으며, 8월에 노팅엄에서 비로소 왕의 기치를 올렸다. 이리하여 왕당파(Royalists)와 의회파(Parliamentarians)의 대립은 마침내 내전(Civil War)으로 치닫게 되었다.

4. 내전의 전개

왕당파와 의회파

왕과 의회의 대립이 내전으로까지 치달은 것은 종종 제임스 1세와 찰스 1세의 어리석음과 무능, 무책임과 불성실의 탓으로 돌려지고 있다. 사실 스튜어트 왕조는 잉글랜드의 역대 왕조 가운데 시원찮은 왕조의 하나였다. 그러나 실은 튜더 시대에 이미 잠재적인 위협 세력들이 왕조의 기반을 무너뜨리기 시작했다. 튜더 왕조의 통치 이상, 즉 귀족 및 젠트리와의 협력하에 재정적으로 독립된 군주라는 이상을 지탱하지 못하게 하는 많은 사태들은 엘리자베스 1세 여왕 치하에서 이미 싹트고 있었다. 꾸준히 지속된 인플레이션으로 인한 국왕의 수입 감소는 정부의 재정적 독립을 위협했다. 수와 부, 그리고 힘이 증대하고 있던 젠트리들, 국교회에 대해 강한 불만을 가지고 있던 퓨리턴들, 그리고 경향 각지에서 보통법 수호를 위해

---

24) 핌, 햄던, 홀리스(Holles), 헤절리지(Hesilrige), 스트로우드(Strode) 등 5명의 하원의원과 맨드빌(Mandeville) 경 헨리 몬터규.

25) 5명의 의원이 사라진 것을 보고 왕은 "새들은 모두 날아가 버렸구나!"라는 유명한 말을 남기고 하원을 떠났다.

활동하고 있던 법률가들, 이 모든 요소들이 왕권에 맞서는 독자적인 세력으로 성장하고 있었다. 그리고 무엇보다 이들이 자신의 힘을 결집하고 과시할 수 있는 기구, 즉 의회의 힘이 강대해지고 있었다.

왕과 의회의 대립이 날로 격화되는 상황에 직면하여 모든 영국인은 어느 편인가를 선택하지 않으면 안 될 처지에 놓였으나 대다수 사람들은 선택하기를 바라지 않았다. 헌정상의 쟁점에 대해서는 양쪽 진영이 다 옳고 그른 면을 함께 가지고 있어서 어느 한쪽을 편들기 어렵다고 생각하는 사람이 많았던 것이다. 특히 농촌 주민들은 대체로 내전에 무관심했고, 많은 주와 자치도시의 일반적 분위기는 중립적이며 평화 애호적이었다. 상원에서는 대략 30명의 귀족이 의회에 남았고, 80명 정도가 국왕을 따랐으며, 20명 정도는 중립을 지켰다. 하원의원들의 경우는 302명이 런던에 남았고, 236명이 국왕을 따라 런던을 떠났다. 이런 분열을 계급 구조의 관점에서 설명하기는 어렵다. 양쪽 진영에 다 상인과 법률가, 신구의 귀족 가문, 흥기 또는 몰락하는 젠트리들이 있었기 때문이다. 왕당파와 의회파 간의 싸움을 주도한 세력은 모두 유산 계층이었는데, 이 유산 계층 자체가 내부적으로 갈라졌던 것이다.

이렇듯 왕당파와 의회파를 뚜렷한 범주 속에 구분해 넣기는 어렵지만, 그런 속에서도 대략적인 경향을 가려낼 수는 있다. 즉, 좀더 오래된 유력한 귀족들이 대부분 국왕 편을 든 반면, 일부 소수(주로 퓨리턴) 귀족들은 의회 편을 들었다. 젠트리의 다수가 왕당파였던 데 대해 이에 버금가는 소수가 의회파였다. 요우먼들은 대개 지역 젠트리와 같은 편을 들었으며, 농민들은 무관심했다. 독점 상인과 같은 일부 부유한 상인들은 왕당파에 가담했으나, 런던을 비롯한 여러 도시의 상공업자들은 대부분 의회파에 가담했다. 경제적으로 뒤진 북부 및 서부가 국왕 편을 든 반면, 상업이 발달한 남부와 동부는 의회 편을 드는 경향을 보였으며, 미들랜즈 지방은 어느 편에도 속하지 않았다.[26] 그러나 어떤 사람의 충성의 방향을 가르는 좀더 직접적인 요인은 종교였다. 즉, 대부분의 충실한 국교도들은 왕당파였으며, 퓨리터니

---

26) 양 진영 간의 전투가 주로 벌어진 미들랜즈 지방은 전투의 결과에 따라 지지하는 편이 달라지곤 했다.

즘 신앙을 가진 사람들은 대부분 의회 편이었다. 다수의 영국인들이 불안에 떨면서 타협하는 동안에 무장 투쟁에 가담한 소수의 사람들은 종교에 대해 뜨거운 관심을 기울였다. 그러나 내전이 오래 지속되고 전선이 이리저리 이동하고 전세가 바뀜에 따라 방관하고 망설이던 사람들도 점차 어쩔 수 없이 어느 한 편에 가담하게 됨으로써 내전에 휩쓸려 들어갔다.

제1차 내전

1642년 8월 22일 찰스가 노팅엄에서 그의 기치를 세운 것은 반란자들에 대한 예사로운 진압이 아니라 의회파에 대한 공식적인 전쟁을 선포하는 의식이었다.[27] 각 진영은 우선 자기 세력이 우월한 지역에 대한 통제권을 확립하려고 노력했다. 싸움이 의회에서 지방으로 확산되어 감에 따라 사회적 구분의 요소가 나타났는데, 그것은 양측에 붙여진 별명에 드러나 있다. 왕당파는 허세 부리는 군 장교라는 의미로 기사당(Cavaliers), 그리고 의회파는 가발을 쓰지 않은 맨머리의 평민이라는 의미로 원두당(Roundheads)이라고 각기 상대방에 의해 경멸의 뜻이 담긴 이름으로 불리었다. 전쟁 초기에는 기사당이 우월한 기병대의 힘으로 우세를 유지했지만, 시간이 지남에 따라 원두당이 우월한 재정과 인력, 그리고 해군의 지원을 바탕으로 전세를 역전시켜 나갔다.

의회파는 두 가지 이점을 갖고 있었다. 첫째는 런던을 자기편으로 확보한 점이었다. 런던은 이때 인구 50만이 넘는 대도시[28]로서 잉글랜드의 행정·법률·정치 분야는 물론, 무역과 금융 등 경제 분야도 실질적으로 지배하고 있었다. 이런 런던이 확고하게 의회 편에 섰다. 둘째는 해군을 자기편으로 가진 점이었다. 해군은 육군과 달리 장교와 수병이 사회적 신분에 의해 분열되지 않아 결속력이 강했다. 이런 해군은 전쟁 기간 내내 많은 항구들을 의회파에 대한 우호 세력으로 남아 있게 했

---

27) 이 이전에 이미 몇몇 곳에서 소규모의 싸움이 있었다.

28) 이 무렵에 인구 25만 이상의 도시는 전 유럽에서 5개였는데, 파리가 35만인 데 비해, 런던은 50만이 넘는 대도시였다. 잉글랜드에서 버금 자리를 다투던 뉴카슬, 브리스틀, 노리치 등이 기껏 2만 5,000 정도에 불과했고, 그래서 런던은 다른 50개 도시를 합친 것보다 더 컸다.

기사당과 원두당의 대립을 풍자한 17세기의 목판화

다. 이에 비해 왕당파는 유능한 지휘관과 실전 경험이 있는 용감한 기병 등 질적으로 우월한 군대를 가지고 있었다. 그러나 국왕 편을 든 북부와 서부 지역은 가난하고 인구 또한 희박한 곳이어서 필요한 전비와 인력을 확보하는 데 어려움이 컸다.

1642년 10월에 찰스는 런던을 치러 진격하다가 워리크셔의 에지힐(Edgehill)에서 의회군과 부딪쳤다. 전투는 처음 왕당파에 유리했으나 결국은 무승부로 끝났다.[29] 왕이 런던으로 진격하기를 주저하고 있는 사이에 의회파는 병력을 보강할 여유를 얻었으며, 의회군의 지휘자인 제3대 에식스 백 로버트 데버루는 브렌트퍼드(Brentford)에서 국왕군의 진격을 저지했다. 런던 공략에 실패한 왕은 옥스퍼드로 물러나 이곳을 근거지로 삼고 다음 공격을 준비하면서 겨울을 났다. 이듬해 여름에 다시 국왕군은 북부와 서부, 그리고 옥스퍼드의 세 방향에서 런던으로 진격을 시도했다. 그러나 이 또한 의회군의 저지를 받았으며, 9월 뉴베리(Newbury)에서의 싸움은 또

---

29) 이 전투의 결과에 대해서 찰스의 승리라고 말하는 견해가 있지만, 대부분의 역사가들은 무승부라고 말하고 있다.

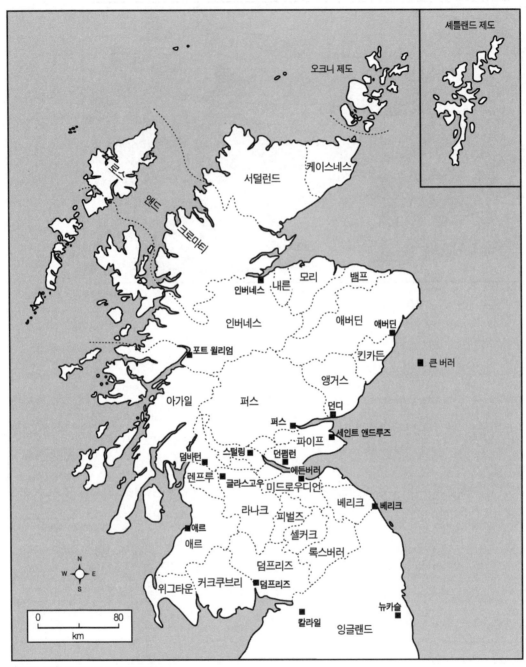

세틀랜드 제도

오크니 제도

로스

앤드

크로마티

케이스네스

서덜런드

모리   뱀프

내른

인버네스

인버네스   애버딘   애버딘

킨카든   ■ 큰 버러

포트 윌리엄

앵거스

아가일   퍼스   던디

퍼스   세인트 앤드루즈

덤바턴   스털링   파이프

렌프루   던펌런

글라스고우   에든버러

미드로우디언

라나크   베리크   ■ 베리크

피벌즈

애르   셀커크

애르   록스버러

덤프리즈

위그타운   커크쿠브리   덤프리즈

뉴카슬

칼라일   잉글랜드

N

W   E

S

0   80

km

〈지도 16〉 17세기의 스코틀랜드

다시 무승부로 끝났다.

　이렇듯 팽팽히 맞서는 가운데 양 진영은 외부의 원조를 구하기 시작했다. 왕은 아일랜드에 도움을 요청했지만 소수의 병력을 제외하고 별다른 성과를 거두지 못한 채 아일랜드의 가톨릭교를 끌어들이려 한다는 의혹을 증폭시켰다. 그에 비해 의회는 스코틀랜드인과 '장엄 동맹 및 맹약(Solemn League & Covenant)'을 맺어 잉글랜드에 장로교를 세울 것을 약속함으로써 스코틀랜드의 군대를 끌어들일 수가 있었다.[30] 1644년 1월 2만여 병력의 스코틀랜드 군대가 국경을 넘어 남진하여 요크에서 의회 군과 합류했다. 그리고 7월에 이 연합군은 요크 외곽의 마스턴 무어(Marston Moor)에서 왕의 조카 루퍼트(Rupert) 공이 이끄는 국왕군과 대접전을 벌여 완승을 거두었다. 이후 전투는 간헐적으로 몇 년 더 계속되었지만, 이날의 전투가 전쟁의 대세를 가르는 분수령이 되었다. 올리버 크롬웰(Oliver Cromwell)이 두각을 나타낸 것도 바로 이 전투에서였다. 의회 지도자 햄던의 사촌이기도 한 크롬웰은 헌팅턴(Huntington)의 소 젠트리였다. 신앙심이 돈독한 퓨리턴인 그는 내전이 벌어지자 군대를 모집하여 유명한 철기병(the Ironsides)의 지휘관으로 명성을 얻었다. 그는 승리를 거둘 때마다 잉글랜드를 새로운 예루살렘으로 인도하기 위해 신이 그와 그의 군대를 예비했다는 믿음을 다져나갔다.

　북부 이외의 곳에서는 국왕군의 형세가 별로 나쁘지 않았다. 9월에 콘월에서 에식스 백을 패배시켰으며, 10월 두 번째 뉴베리의 전투는 이번에도 승패 없이 끝났다. 게다가 의회군은 지휘관들 사이에 전쟁의 목적에 관한 심각한 의견 대립이 생겨났다. 크롬웰은 전쟁 수행에 소극적인 에식스 백이나 맨체스터(Manchester) 백 에드워드 몬터규(Montagu)를 신랄하게 비난했다. 그들은 잉글랜드에 장로교를 확립하되 찰스는 여전히 국왕으로 남겨두기를 원했다. 맨체스터 백은 "우리가 국왕을 아흔 아홉 번 이겨도 그는 여전히 국왕이지만, 왕이 우리를 한 번만 이겨도 우리는 모두 교수형을 받을 것이다"라고 말했다. 그들은 왕에 대한 철저한 승리보다는 타협적

---

30) 이 맹약에서 쌍방은 "하느님의 말씀과 가장 잘 개혁된 교회의 보기에 따라…… 잉글랜드와 아일랜드의 종교를 개혁할" 것을 약정했는데, 장차 이 문구의 해석을 두고 스코틀랜드의 장로교도들과 잉글랜드의 퓨리턴들 사이에 의견의 대립이 나타났다.

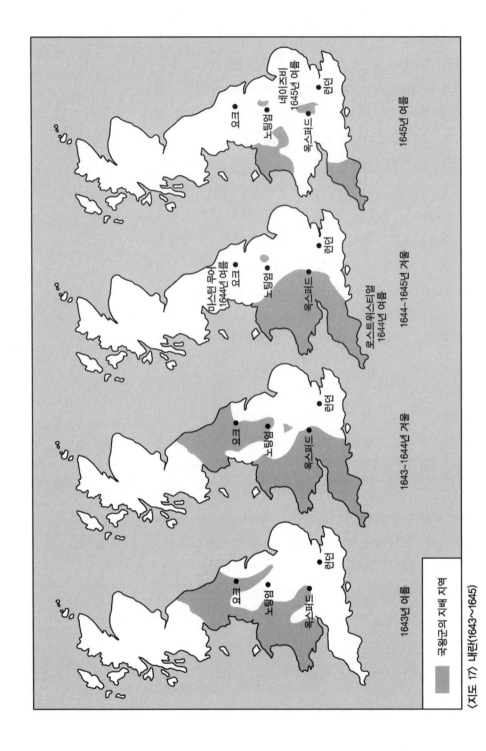

〈지도 17〉 내란(1643~1645)

국왕군의 지배 지역

1643년 여름

1643~1644년 겨울

1644~1645년 겨울

1645년 여름

런던

옥스퍼드

노팅엄

요크

마스턴 무어
1644년 여름

로스트위스티얼
1644년 여름

네이즈비
1645년 여름

인 평화를 모색하여 열성적으로 싸우려 하지 않았다. 이에 대해 의회는 1645년 4월 의원들의 군사령관직 보임을 금지하는 자진사퇴령(Self-Denying Ordinance)을 통과시켰으며, 이에 따라 에식스와 맨체스터 등이 물러나고 써 토머스 페어팩스(Fairfax)가 의회군의 총사령관에 임명되었다. 크롬웰 역시 의원이었기 때문에 군 지휘관이 될 수 없었지만, 유일한 특례 조치로 부사령관에 임명되었다. 이에 크롬웰은 그의 기병대의 본을 따라 잘 훈련되고 규율이 엄격한 이른바 신형군(New Model Army)을 편성했다. 신형군은 지역적으로 조직된 기존의 독립부대들을 통합함으로써 지역적 유대에서 벗어나고, 봉급을 의회가 책임짐으로써 병사들의 사기를 진작시킬 수 있었다. 게다가 그것은 종교적 사명감이 투철한 장교들에 의해 통솔되었다.

써 토머스 페어팩스

　신형군은 6월 네이즈비(Naseby)에서 국왕군을 격파함으로써 그 진가를 발휘했다. 이 전투에서 왕은 그의 병력 대부분을 잃었다. 이후에도 전투는 1646년 한여름까지 계속되었지만, 국왕군은 연전연패했다. 1646년 5월 왕은 스코틀랜드인들에게 투항했으며, 6월에는 마침내 옥스퍼드가 함락되었다. 스코틀랜드에서도 찰스는 적당한 타협책으로 스코틀랜드인을 달래려 했으나, 이들은 국왕이 국민맹약에 서약할 것을 고집했고, 왕은 끝내 이를 받아들이지 않았다. 그러자 1647년 1월 스코틀랜드인들은 찰스를 잉글랜드 의회에 넘겨버렸다. 한편 내란의 마지막 1년 동안에는 전쟁에 따른 폭력과 파괴에 맞선 민중의 반발이 크게 확산되었다. 특히 잉글랜드의 서부와 남서부 지역의 농민들과 농촌 장인들의 주도 아래 봉기한 클럽맨들(Clubmen)은 의회군이건 국왕군이건 모든 군대를 그들의 지역으로부터 몰아내려 했고, 협상을 통해 전쟁을 끝낼 것을 요구했다.

의회파의 분열: 장로파와 독립파
　전쟁은 의회파의 승리로 일단락되었지만, 그것으로 모두 끝난 것은 아니었다.

런던 퀘이커들의 집회

전투의 승리보다 더 어려운 과제, 즉 어떠한 입헌적 정부와 개혁교회를 세울 것인가 하는 문제가 남아 있었다. 의회파는 내전의 과정을 거치면서 장로파(Presbyterians)와 독립파(Independents)의 두 세력으로 분열되었다. 장로파는 주로 의회를 세력 기반으로 하고 있었는데, 전쟁에 대한 태도에서는 조심스럽고 방어 지향적이며, 종교적으로는 비관용적이었다. 반면에 독립파는 군대를 기반으로 하면서, 전쟁에서는 공격적이고 승리에 대한 강한 의지를 가지고 있었으며, 종교 면에서는 개별 교회의 독립성과 신앙의 자유를 허용하여 더욱 관용적이었다. 전쟁 기간 동안의 불안정한 상황 속에서 수많은 종파들이 생겨났고, 그중 다수가 대륙의 광신적 또는 신비주의적 전통과 맥이 닿아 있었다. 재침례파(Anabaptists)나 제5왕국파(Fifth Monarchists)[31]

---

31) 그 명칭은 다니엘서 2장(Daniel 2:44)에 예언된 (아시리아, 페르시아, 마케도니아, 그리고 로마의 네 왕국 뒤에 올) 다섯 번째 왕국에서 유래했다. 제5왕국파들은 이 왕국을 요한계시록(Apocalypse)의 그리스도의 천년왕국과 동일시했고, 크롬웰의 공화국을 이 왕국 도래의 신호라고 믿었다. 그들은 '성자들'로 구성된 '지명의회'를 환영했지만, 그것이 실패하고 호국경 체제가 수립되자 크롬웰의 반대파로 돌아섰고, 지도자들은 투옥되었다.

또는 퀘이커파(Quakers)[32]와 같은 이들 급진 종파들(Sectaries)은 교회를 단순히 '믿음이 깊은(godly)' 사람들의 개별적 모임으로 생각했으며, 자유로운 종교적 사유(思惟)를 중시하고 복음의 전파에 주력했다. 독립파들은 복음을 전파할 국민교회(national church)를 선호하면서도 이들 급진 종파들이 그 테두리 밖에서 예배할 자유를 인정했다. 그러나 장로파들은 그들의 장로교를 국민교회로 확립하고, 그 밖의 다른 어떤 독립 종파도 관용하려 하지 않았다.

비록 의회의 수중에 사로잡혀 있기는 했지만 찰스는 여전히 왕이었다. 그는 승리자들의 분열을 틈타 여전히 의회와 군대, 그리고 스코틀랜드인들과 개별적으로 접촉하면서 이들을 이간시키려고 노력했다. 찰스와의 협상에서 의회는 왕이 기꺼이 수용할 수 있을 만한 타협안으로 점차 양보하고 있었다.[33] 게다가 장로파 의원이 주축이 된 의회는 1647년 봄 밀린 봉급도 지불하지 않은 채 아일랜드에 파견할 일부 병력을 제외한 대부분의 군대를 해산하라는 명령을 내렸다. 이에 대해 군이 강력하게 반발하여, 군 지휘관들과 각 연대에서 선출된 2명의 장교 대표와 2명의 사병 대표들(agitators)로 군 평의회(Council of Army)를 구성했다. 6월에 그들은 왕의 신병을 확보하고, 그들의 불만 사항이 충족되기 전에는 해산하지 않을 것이라고 선언했다. 이와 함께 그들은 기본권의 보장, 신앙의 자유, 밀린 급료의 지불을 위한 왕당파의 토지 매각, 장로파 의원의 숙청 등을 요구했다. 한편 런던의 시 당국과 시민들은 군부에 반대하여 의회의 장로파를 지지했다. 이런 상황에서 의원이자 군인으로서 의회와 군 사이를 조정하려고 애써온 크롬웰은 결국 군과 운명을 같이하기로 결심했다. 8월에 군은 그의 지휘 아래 런던으로 진입하고, 11명의 장로파 지도자들을 의회에서 몰아냈다. 그리고는 완화된 입헌군주국의 수립을 골자로 하

---

32) 17세기에 조지 폭스(Fox)가 조직한 교우회(Society of Friends)에 대한 별칭으로, 그들이 예배 중에 몸을 떤다고 해서 붙여진 이름이다. 내면의 빛(inner light)과 개인에게 들려오는 하느님의 소리(voice of God)가 퀘이커 사상의 핵심이다.

33) 1646년 7월의 '뉴카슬 제안(Newcastle Propositions)'에서 찰스의 왕위를 보장하는 데 대한 조건이 크게 완화되어, 왕은 3년 동안만 장로교를 받아들이고 (20년 대신) 10년 동안만 군 지휘권을 의회에 넘긴다는 데 동의했다.

는 이른바 '제의 항목(Heads of the Proposals)'을 제시하여 찰스와 협상을 시도했다.

독립파의 분열

재판정에서의 존 릴번

그러나 승리한 의회파가 장로파와 독립파로 갈라졌듯이, 이제 사태를 장악한 군이 지휘관을 주축으로 하는 고급장교들(Grandees)과 사병들 중심의 수평파(Levellers)로 분열되었다. 내란의 과정에서 촉발된 온갖 종류의 종교적·정치적 논의들이 여러 경로를 통해 군에 침투해 들어왔는데, 그 가운데 수평파로 불린 사람들의 주장이 사병들 사이에 광범한 지지를 얻었다. 이들 수평파는 공화정, 종교적 관용, 십일조의 폐지, 법 앞의 평등, 인민 주권 등을 믿는 급진파 집단으로 기존 사회제도를 지지하는 대부분의 고급 장교들과 날카롭게 대립했다. '자유인으로 태어난 존 (Freeborn John)'이라고 불린 존 릴번(Lilburne)을 지도자로 한 이 급진파는 새로운 정부를 위한 기본 헌법으로서 '인민협정(The Agreement of the People)'을 작성했다. 그들은 여기에서 현 의회의 해산, 인구에 상응하는 선거구의 조정, 군주정과 상원의 폐지, 입법부도 변경할 수 없는 기본법에 의한 종교적 자유의 확립, 법 앞의 평등, 그리고 자유인으로 태어난 모든 영국인이 2년마다 선출하는 의회에 모든 권력을 부여할 것 등을 제안했다. 인민협정은 1647년 10월 런던 교외의 퍼트니(Putney)에 모인 군 평의회에서 논의되었다. 논쟁은 투표권을 '자유인으로 태어난 모든 영국인'에게 허용하자는 제안에 초점이 맞춰졌다. 수평파는 가장 가난한 자도 가장 부유한 자와 마찬가지로 투표할 권리가 있다고 주장했다. 이에 맞서 고급장교들은 '이 왕국에 항구적이고 고정된 이해관계를 가진 자', 즉 재산을 가진 자에게만 투표권을 부여해야 한다고 주장했다. 이들은 가난한 자들이 모든 재산소유를 평등하게 만드는 데 그들의 투표권을 사용하지 않을까 두려워했다. 그러나 사실 수평파는 사유재산을 부정하지는 않았다. 그들은 진정한 수평파(True Levellers)라고도 불린 이른바 '밭갈이파(Diggers)'와는 구별되었다. 제러드 윈스턴리(Gerrard Winstanley)를 지도자로 하는 밭갈이파는 장원 제도와 지주제를 전면 폐지하고 토지를 공동

|왼쪽| 『리바이어선』 삽화
|오른쪽| 토머스 홉스

경작할 것을 주장했는데, 그들은 일종의 농업 공산주의를 목표로 했던 것이다.

내전의 와중에서 다양한 사상들이 피어나는 가운데 한 사상가가 수평파와는 다른 결론에 도달했다. 국교회 사제의 아들인 토머스 홉스(Hobbes)는 정부가 신에 의해서가 아니라 모든 사람들의 사회계약에 의해서 수립되었다는 점에는 수평파와 생각을 같이했다. 그러나 자연 상태에서의 인간의 삶을 지극히 불안전하고 외롭고 잔혹한 것, 이른바 '만인의 만인에 대한 투쟁'으로 생각한 그는 인간이 이런 자연 상태의 불행을 극복하기 위해 정부를 수립하고 주권자(개인이건 집단이건)에게 절대적 권력을 부여했다고 주장했다. 홉스는 이와 같은 생각을 『리바이어선(Leviathan)』(1651)에서 체계화했다. 그것이 담고 있는 유물론은 정통파 종교인들에게, 그리고 그 절대주의는 자유주의자들에게 큰 충격을 주었으나, 그것이 서양 정치사상의 위대한 고전의 하나임에는 틀림이 없다. 그러나 당시의 홉스의 말은 메아리 없는 외로운 목소리였다. 수평파에 대한 진정한 도전은 신의 은총에 의해 지배 권력이 부여된다고 믿는 사람들로부터 나왔다. 릴번은 모든 사람이 그리스도 앞에서 평등하다고 주장한 데 반해, 종군목사들은 신의 은총은 보편적이 아니고 신이 선택한 자에게만 부여된다고 설교했던 것이다.

올리버 크롬웰

제2차 내전

크롬웰은 퍼트니에서의 논쟁을 통해 군부 내의 대립을 해소하려고 애썼으나 그의 노력은 무위로 끝났다. 논쟁은 결론을 얻지 못한 채 중단되고 고급장교들과 수평파 사이의 대립은 더욱 날카로워졌다. 이렇게 혁명 세력이 사분오열하여 대립하고 있는 사이에 기회를 엿보고 있던 찰스는 1647년 11월에 햄턴 궁을 빠져나와 남해안의 와이트(Wight) 섬으로 도망쳤다. 그러나 그가 도망친 와이트 섬의 캐리스브루크(Carisbrooke) 성은 크롬웰의 사촌이 지키고 있었으며, 찰스는 그곳에서도 다시 갇히는 신세가 되었다. 그런 처지에서도 찰스는 다시 스코틀랜드인들과 비밀협정을 맺어, 그들이 찰스를 복위시키기 위해 군대를 지원하는 대신 3년 동안 잉글랜드와 스코틀랜드, 그리고 아일랜드에 장로교를 회복할 것을 약속했다. 1648년 4월부터 잉글랜드의 이곳저곳에서 왕당파의 봉기가 일어났다. 그러나 이런 봉기는 산발적인 것이어서, 쉽게 각개격파당했다. 7월에 2만 명 가까운 스코틀랜드군이 국경을 넘어왔다. 그러나 그것은 스코틀랜드의 정규군대가 아니라 귀족들이 잉글랜드 침공을 위해 급작스럽게 모집한 군대였다. 찰스가 끝내 국민맹약의 서약을 거부했기 때문에 스코틀랜드 교회와 기존의 정규군대는 지원을 거부했던 것이다. 크롬웰은 신속하게 침입군의 배후를 차단하고 8월에 프레스턴(Preston)에서 이들을 격파했다. 이리하여 제2차 내전은 짧은 기간 안에 비교적 쉽게 끝나고 말았다.

5. 공화국과 왕정복고

찰스의 처형과 공화정의 수립

이제 사태는 완전히 군의 수중에 들어갔다. 찰스는 아무런 소득도 없이 자신에 대한 군의 불신과 분노만 키워놓았다. 그러나 군의 지배를 두려워한 의회는 여전

히 왕과 협상을 시도했으며, 그 결과 양자 간에 타협이 성사될 기미가 보이자 군은 마침내 의회의 숙청에 나섰다. 12월에 토머스 프라이드(Pride) 대령은 군대를 이끌고 하원에 나타나 약 140명의 장로파 의원들의 입장을 막고(그중 약 45명은 체포되었다), 100명가량의 독립파 의원들만 입장을 허용했다. '둔부(臀部)의회[또는 잔여(殘餘) 의회, Rump Parliament]'라고 불린 이 숙청된 의회는 찰스를 심리하기 위한 특별 법정을 설치했다. 군주정에서 반역죄는 오직 왕에 대해서만 저질러질 수 있는 것인데, 거꾸로 왕이 반역죄로 재판에 회부된 것이다. 이듬해 1월 법정은 찰스를 '이 나라의 선량한 백성에 대한 압제자요 배반자요 살인자이자 공적(公敵)'이라 규정하고 유죄판결을 내렸다. 1649년 1월 30일 찰스는 그의 궁전 와이트홀(Whitehall) 앞에서 군중의 무거운 신음 소리 속에 위엄과 기품을 잃지 않고 단두대의 이슬로 사라졌다. 마지막 며칠간 찰스가 보여준 위엄은 오히려 그를 처형하려는 사람들을

무안하게 만들었다. 잉글랜드의 왕들 가운데 가장 불명예스럽고 불성실했던 이 인물은 마지막 순간에 훌륭하게 위엄을 지킨 덕분에 잉글랜드의 법과 자유를 위해, 그리고 영국 교회의 신앙을 위해 목숨을 바친 순교자가 되었다.

국왕 처형의 주도자들은 이제 돌아오지 못할 다리를 건넜다. 찰스를 처형한 후 둔부의회는 아예 군주정을 폐지하고 공화정을 수립했으며, 귀족원과 국교회도 마저 폐지했다. 그리고는 국정을 이끌어갈 기구로서 40명가량으로 구성된 국무회의(Council of State)를 설치했다. 이 공화국(Commonwealth)은 형식상으로는 의회가 최고 권력 기구였지만 실권은 의회도 국무회의도 아닌 군에, 그것도 사실상 크롬웰의 수중에 있었다. 개인의 야망보다는 신의 섭리에 대한 확신에 의해 이끌렸던 이 독실한 퓨리턴은 새 정부에 대한 내외의 도전에 성공적으로 대처했다. 그의 정부는 안으로 왕당파와 장로파뿐만 아니라 군 내부의 급진파로부터도 도전을 받았으나, 그런 도전이 공화정을 위태롭게 할 정도는 아니었다. 왕당파는 자신의 영지를 몰수당한 채 몰락해 갔으며, 장로파는 도시의 상공업자들 사이에서 우세했지만 소극적인 저항 이상으로 나아가지는 못했다. 정치적 급진파인 수평파의 위협은 지도자 릴번이 투옥됨으로써 제거되었고,[34] 밭갈이파는 세력이 너무 미약하여 힘없이 사라져갔다.[35]

아일랜드와 스코틀랜드의 통합

내부의 위협을 극복하고 난 다음의 과제는 이웃 나라의 위험에 대처하는 일이었다. 국왕의 처형은 해외에서 격렬한 반발을 불러일으켰다. 러시아에서는 영국의 상

---

34) 왕을 처형한 후 크롬웰은 군의 지배에 반기를 든 수평파를 분쇄하는 길에 나섰다. 그는 수평파의 지도자 릴번을 감옥으로 보내면서 "그들을 때려 부수는 길 이외에 그들을 다룰 길은 없다……. 우리가 그들을 때려 부수지 않으면 그들이 우리를 때려 부술 것이다"라고 말했다. 그리고 1649년 5월 수평파가 주동한 군대 반란을 버퍼드(Burford)에서 진압했는데, 이를 고비로 수평파의 세력은 급속하게 약해졌다. 이렇듯 수평파는 그들의 신념을 직접 입법화하는 데는 실패했지만, 그들의 민주주의 이념은 이후 영국인의 정치 사상이나 사회사상을 기름지게 하는 데 중요한 자양분이 되었다.

35) 1649년 4월 윈스턴리가 이끄는 30명가량의 가난한 노동자들이 서리의 슨트 조지즈 힐(St. George's Hill)에서 황무지를 개간하여 경작하기 시작했으나, 이듬해 4월 지방 젠트리들에게 진압되고 말았다.

인들이 투옥되고, 헤이그(Hague)와 마드리드에서는 영국의 대사가 살해되었다. 프랑스도 공공연하게 적의를 드러냈다. 그러나 그 무엇보다 신생 공화국에 위험한 존재는 아일랜드였다. 아일랜드는 내부의 분열이 있기는 했지만, 찰스를 지지하는 왕당파와 가톨릭교도들이 오먼드(Ormonde) 후작 제임스 버틀러(Butler)의 영도 아래 단결하여 잉글랜드에 저항했다. 그들의 저항을 그대로 내버려 둘 경우, 아일랜드는 단순히 잉글랜드에서 독립할 뿐만 아니라 적대국들의 잉글랜드 침공을 위한 기지가 될 수도 있었다. 이에 1649년 8월 크롬웰은 직접 군대를 이끌고 아일랜드에 쳐들어갔다. 그는 드로이더 및 웩스퍼드(Wexford) 요새를 함락시키고 요새 안의 모든 남자를 신의 이름으로 무자비하게 살해했다.[36] 다음 해까지 대부분의 항구와 도읍을 점령한 크롬웰은 이 야만적 과업을 사위 헨리 아이어턴(Ireton)에게 맡기고 잉글랜드로 돌아왔다.

1652년에 완료된 아일랜드 정복은 대규모의 식민정책으로 이어졌다. 아일랜드는 고난으로 점철된 지난 역사에서조차 유례가 없을 정도로 비참하게 굴복당했다. 크롬웰은 잉글랜드에 맞서 싸운 아일랜드인의 토지를 몰수하여 잉글랜드의 개신교도 이주민에게 나누어 주었는데, 아일랜드 토지의 약 3분의 2가 이들 이주민의 수중에 들어갈 정도였다. 상업과 공업, 그리고 자유 직업 분야에서도 개신교 이주민들이 주된 지위를 차지했다. 크롬웰의 이런 식민정책은 아일랜드의 개신교도와 가톨릭교도 사이에 씻을 수 없는 증오와 깊고 항구적인 균열을 심어놓았다.

크롬웰은 스코틀랜드도 비슷한 방식으로 정복했으나, 스코틀랜드의 개신교도들에 대해서는 훨씬 더 너그럽게 대했다. 스코틀랜드 혈통의 국왕을 처형한 시역자들에 대한 공통의 증오는 내전의 와중에서 분열했던 스코틀랜드의 장로파 교회와 귀족들을 화해시켰다. 찰스에 맞섰던 사람들도 그의 처형만은 용인할 수 없었던 것이다. 게다가 스코틀랜드의 장로파들은 잉글랜드 군부의 종교적 관용 정책을 완강하게 반대했다. 1649년 2월 스코틀랜드 의회는 처형된 국왕의 장남 찰스를 그들의 새로운 왕 찰스 2세로 맞아들였고, 찰스 2세는 부친이 거부했던 국민맹약에 서

---

36) 그것은 1641년 아일랜드인들이 얼스터의 개신교도 정착민을 대량 학살한 데 대한 보복 행위였다. 365쪽 참조.

명함으로써 대부분의 스코틀랜드인의 충성을 확보할 수 있었다. 스코틀랜드인들은 그들의 새 왕에게 잉글랜드의 왕관을 씌워주기 위해 군대를 준비했다. 1651년 여름, 찰스는 잉글랜드에서 자신을 지지하는 봉기가 일어날 것을 기대하면서 스코틀랜드 군대를 이끌고 잉글랜드로 침입했으나 9월 초 우스터(Worcester)의 전투에서 크롬웰의 군대에게 섬멸되었다. 찰스 2세는 6주 동안이나 곳곳을 전전한 끝에 프랑스로 도망가고, 곧이어 크롬웰은 북으로 진격하여 스코틀랜드를 평정했다. 이리하여 아일랜드에 이어 스코틀랜드도 공화국 정부 아래 통합되고, 두 나라는 각각 잉글랜드 의회에 30명의 의원을 보내게 되었다. 그러나 무력으로 이룬 통합은 불안정했고, 따라서 두 나라는 왕정복고와 더불어 자신의 의회를 회복했다.

해외 팽창

공화국은 또한 찰스 2세를 인정한 아메리카와 서인도제도의 식민지들에 대해서도 함대를 파견하여 굴복시켰다. 이렇게 국내외의 모든 반대 세력을 평정한 공화국은 그다음으로 잉글랜드의 주요 경쟁국인 네덜란드와 맞부딪쳤다. 1651년 의회는 항해법을 제정하여 유럽의 생산품을 잉글랜드로 들여올 때는 잉글랜드 선박이나 상품 생산국의 선박을, 그 이외의 지역, 즉 아시아·아프리카·아메리카의 생산품을 잉글랜드나 잉글랜드의 식민지로 운송할 때는 오직 잉글랜드 선박이나 영국인 소유의 식민지 선박만을 이용하도록 규정했다. 이것은 당시 해상무역을 장악하고 있던 네덜란드를 겨냥한 것이었으며, 이로 말미암아 큰 타격을 받게 된 네덜란드가 이 조치에 강력히 항의하여 결국 전쟁이 벌어졌다. 1652년에 시작된 전쟁은 오직 바다에서만 치러졌다. 처음에는 네덜란드가 약간 우세했지만, 1653년 6월 로버트 블레이크(Blake) 휘하의 잉글랜드 해군은 네덜란드 함대에 큰 타격을 입혔으며, 그 후 2년 동안 여러 차례의 해전 끝에 전쟁은 잉글랜드의 승리로 마무리되고 네덜란드는 마침내 1651년의 항해법을 받아들였다.

네덜란드의 무역 독점권을 깨뜨린 다음 크롬웰의 공격 대상은 에스파냐가 되었다. 그는 카리브 해에서 에스파냐가 누려온 상업 독점을 분쇄하기 위해 1655년 함대를 파견하여 에스파뇰라[Española: 오늘날의 도미니카(Dominica)]를 탈취하려고 했다.

이 시도는 실패로 끝났지만 그 대신 자메이카(Jamaica)를 점령했다. 에스파냐와의 싸움은 유럽에서도 시작되어 잉글랜드는 1658년 됭케르크(Dunkerque)를 획득했다. 이것으로 잉글랜드는 칼레를 잃은 지 한 세기 만에 다시 유럽 대륙에 무역 거점을 확보했다. 크롬웰의 이런 노력으로 잉글랜드는 강력한 해군력과 상업력을 지닌 유럽의 강국으로 발돋움했다. 클래런던 백 에드워드 하이드(Hyde)가 지적한 대로, "사실 잉글랜드를 바다의 여왕으로 만든 것은, 엘리자베스 여왕과 드레이크라기보다는 오히려 크롬웰과 블레이크였다. 크롬웰의 국내에서의 위대성은 해외에서의 영광에 비하면 그 그림자에 불과했다."

호국경 정치

크롬웰은 비록 대외적으로는 이처럼 큰 성공을 거두었지만, 국내에서 안정된 입헌 정부를 수립하는 데는 만족스러운 성과를 거두지 못했다. 1649년부터 1653년까지 공화정 초기의 수년 동안 둔부의회는 실질적 군부 지배를 은폐하는 가리개 구실을 해주었다. 그러면서 의원들은 군이 추진하려는 신앙의 자유나 정치 개혁을 기피하고, 4년 동안을 질질 끌면서 자신들의 기존 지위를 유지하는 데만 급급했다. 군이 너무나 오랫동안 존속한 의회를 해산하고 새로운 의원을 선출할 것을 강력히 요구하자, 둔부의회는 현 의원들이 영구적으로 의원직을 유지하면서 앞으로 선출되는 사람들을 받아들이거나 거부할 권한을 가지도록 하는 법안을 통과시키려 했다. 이에 1653년 4월 마침내 크롬웰은 병력을 이끌고 의회에 나아가 의원들을 몰아내고 의회 문을 잠가버렸다. 그리고는 급진적 성향의 토머스 해리슨(Harrison) 소장의 제안에 따라 전국에서 독립파 교회가 지명한 명단 가운데서 군이 고른 140명으로 새로운 의회를 구성했다. 설교자, 이상주의자, 개혁가 등 퓨리턴 '성자들(Saints)'로 구성된 이 '지명의회(Nominated Parliament)'37)는 상서청 법정의 폐지, 법률의 간소화, 십일조의 폐지를 추진하는 등 개혁의 열의는 대단했지만, 전문 지식

---

37) 이 의회는 '성자들의 의회(Parliament of Saints)', '소의회(Little Parliament)' 또는 '피골(皮骨)의회(Barebones Parliament)'라고 불리었는데, 뒤의 명칭은 의원의 한 사람인 재침례파 설교사, 프레이즈-고드 베어본[Praise-God Barbon(Barebones)]이라는 피혁상인의 이름을 따라 붙여진 것이다.

공화국에 대한 영국인들의 단죄(1660): 둔부의회를 상징하는 소의 엉덩이(rump)를 불사르는 모습

이 모자라 별다른 성과를 거두지 못했다. 게다가 이 같은 무모한 급진적 개혁은 크롬웰과 온건한 의원들에게 이들 성자들의 무능과 우둔함을 일깨워주었다. 결국 온건한 의원들은 더 이상의 혼란과 무질서를 막기 위해 그들의 권한을 크롬웰에게 되돌려줌으로써 지명의회는 다섯 달 만인 그해 12월에 해산을 자초하고 말았다.

새로운 개혁의회를 세우려는 시도가 이렇게 우스꽝스럽게 끝난 다음, 군은 온건한 개혁가인 존 램버트(Lambert) 소장의 주도로 잉글랜드 역사상 유일한 성문헌법인 '통치헌장(Instrument of Government)'을 작성했다. 이것은 크롬웰을 정부의 우두머리인 호국경(Lord Protector)으로 하고, 거기에 크롬웰이 지명하는 장군들을 중심으로 구성되는 국무회의(Council of State)와 3년마다 선출되는 의회[38]를 둠으로써 권력을 분할하여 상호 견제케 하려는 것이었다. 그것은 또한 3만 명의 군대를 유지할 것과 가톨릭교를 제외한 모든 종교에 대한 관용을 선언했다. 이후 6년 동안 존속한 이 호국경 정부는 꽤 많은 것을 성취했다. 행정은 정직하고 효율적이었다. 상서청 법정이 회복되고, 재판관의 임기가 보장되고, 믿음이 깊고 학식이 있는 사람이 교구의 목사로 임명되고, 술주정뱅이나 독신적인 성직자들이 쫓겨났다. 특히 크롬웰의 관용 정책 덕택으로 거의 모든 종파의 신앙이 허용되었으며, 심지어 1290년 에드워드 1세가 추방했던 유대인에게도 잉글랜드 거주와 자유로운 신앙이 허용되었다.[39] 영국에서 복음이 이 몇 년 동안보다 더한 활력으로 자유롭게 전도된 적은 없었다.

그러나 호국경 정부는 그 권력과 능력과 덕성에도 불구하고 결코 확고한 토대를 다지지 못했다. 1654년 초에 소집된 그 첫 의회에서는 새 체제를 부정하는 90여

---

38) 이 의회에도 스코틀랜드와 아일랜드가 각기 30명의 의원을 내보내도록 규정되었다.

39) 이에 따라 네덜란드의 유대인들이 대거 이주해 옴으로써, 국제무역의 베테랑인 이들은 잉글랜드의 경제 발전에 크게 이바지했다.

명의 공화파 의원이 크롬웰에 의해 축출당했으나, 잔류한 의원들 역시 통치헌장을 완강하게 반대했다. 그들이 반대한 핵심적 이유는, 그것이 행정부를 재정적으로 의회에서 독립시켰으며, 방대한 군대를 유지하고, 이단 종파에 관용을 베푼다는 점에 있었다. 이런 의회의 독선적 행태를 초기의 장기의회 행태와 같다고 생각한 호국경은 이듬해 1월, 법정 최소 기간이 지나자 의회를 해산해 버렸다. 그러나 의회 해산은 일반 국민의 여론을 악화시켰고, 몇몇 지역에서 봉기를 불러일으켰다. 통치헌장을 좋아하는 사람은 아무도 없는 듯했다. 공화파는 그것을 군주정으로 보았고, 왕당파는 어차피 군주정일 바에야 크롬웰가보다는 스튜어트가를 선호했다. 수평파들은 그것이 너무 귀족정에 기울었다고, 제5왕국파들은 믿음이 없다고 생각했다. 이제 호국경 체제를 떠받치는 버팀목은 오로지 군대밖에 없어 보였다.

의회를 해산한 뒤에도 크롬웰은 여전히 통치헌장에 의한 지배를 유지하려고 했다. 그러나 3월에 왕당파의 폭동이 일어나고 또 자신에 대한 암살 음모가 드러나자 그는 직접적인 군사 통치라는 과격한 길을 택하게 되었다. 1655년 8월 그는 램버트의 조언에 따라 전국을 11개의 군관구로 나누고 관구마다 소장을 배치하여 지방행정을 장악케 했다. 소장들은 민병대를 지휘하고, 도시의 자치단체들을 숙정하고, 종교적 관용을 강제하고, 치안판사의 업무를 독려했다. 그들은 유곽과 도박장을 폐쇄하고, 경마·투계·곰 놀리기·연극과 같은 오락도 금지했다. 주일에는 순찰병이 거리를 누비며 선술집의 문을 닫게 했다. 이날은 누구나 가정에서 성서를 읽거나 시편을 읊어야 했다. 셰익스피어 시대의 '즐거운 잉글랜드(merry England)'는 강제로 침울한 도덕국가가 된 것이다. 게다가 이런 군사적 전제를 지탱하기 위해 왕당파의 재산에 '10분의 1세(decimations)'라는 무거운 특별세를 부과했다.

1656년 6월에 열린 호국경 정부의 두 번째 의회는 소장들이 의원 선출 과정에 영향력을 행사했으며, 또 국무회의가 약 100명의 의원 자격을 박탈했음에도 불구하고, 의회는 여전히 호국경 정부에 반항했다. 그들은 군의 지배를 지속하는 데 필요한 민병대 법안을 거부하고, 크롬웰의 관용 정책에 반하여 가톨릭교도에 대한 벌칙을 강화하는 법안을 통과시켰으며, 제임스 네일러(Naylor)라는 퀘이커교도에게 잔혹한 형벌을 가했다. 이처럼 군의 강압적 통치를 반대한 의회에 맞서 크롬웰은 정당화의 근거를 국민의 동의가 아니라 자신이 하느님의 뜻을 실행에 옮기고 있다는 믿음에 두었다. 그의 독단적 통치는 바로 하느님이 약속하신 미래를 이루기 위한 것이었다. 그러나 이 독실한 퓨리턴이 지배한 시기의 일반 국민들의 생활은 너무나 음울한 것이었다. 아무래도 성자일 수 없는 보통 사람들은 그나마 온정을 간직한 젠트리 출신의 옛 치안판사를 그리워하게 되고, 지나치게 도덕적인 군의 전제정치에 대한 반감에서 조금은 방종한 옛 군주정에 대한 아련한 향수를 느끼게 되었다.

이런 상황에서 1657년 3월 의회는 크롬웰에게 '겸손한 청원과 조언(Humble Petition and Advice)'을 제출했다. 그것은 크롬웰에게 왕위를 제공하고, 그가 지명하는 사람들로 제2의 의회(또는 상원)를 구성하도록 하는 것이었다. 의회가 크롬웰에게 왕위를 제공하려는 의도는 과거의 문민적 혼합 왕정을 회복함으로써 그의 권력을 제한하고 선례와 법의 지배 아래 묶으려는 데 있었다. 그러나 크롬웰을 통한 왕정의 부활은 군부 내의 공화파로부터 거센 반발을 샀으며, 크롬웰은 긴 숙고와 망설임 끝에 결국 왕위를 사양했다. 그러나 그 뒤 다시 청원이 제시되었을 때 그는 왕을 호국경이라는 칭호로 바꾼 것을 빼고는 다른 모든 조항을 받아들였다. 이래서 그의 제2기 호국경 통치가 시작되었는데, 그 실체는 왕정이나 다름없었다. 1658년 의회가 다시 열렸을 때 크롬웰은 2년 전에 쫓겨난 100명의 의원을 다시 불러들이고 그를 지지한 여러 의원을 상원의원으로 지명했다. 이 조치는 그를 반대하는 공화파들이 하원에서 다수를 차지하게 하여 반대의 목소리를 더욱 높이는 결과를 가져왔다. 크롬웰은 이 의회 역시 열린 지 3주일도 채 지나기 전에 해산하고 말았다. 그는 그로부터 7개월 뒤인 1658년 9월에 사망했다.

호국경 정치의 붕괴와 왕정복고

크롬웰의 사망은 곧 그의 개인적 지도력에 의존하던 호국경 체제의 해체를 의미했다. 그의 아들 리처드가 호국경직을 계승했으나 정치적 경험과 자질이 부족한 그는 군을 장악하지 못하고 퓨리턴들의 지지도 받지 못했다. 1659년 초에 열린 새 의회가 4월에 의회의 승인 없는 군 평의회의 모임을 금지하자 군은 리처드로 하여금 의회를 해산케 했다. 그리고는 장기의회(둔부의회)를 부활시키고 호국경 정치를 폐지하여 리처드를 물러나게 했다. 그러나 호국경 체제의 폐지 후 어떤 정부 형태를 택할 것인가를 두고 군과 의회가 서로 상대방을 자신의 통제 아래 묶어놓으려고 대립했다. 게다가 군 내부에서도 고급 지휘관과 하급 장교 및 사병들 사이의, 그리고 지휘관들 상호 간의 분열과 대립이 점점 더 첨예해졌다. 이런 가운데 램버트는 10월에 또다시 군대의 힘으로 둔부의회 의원들을 몰아냈다. 이에 스코틀랜드 주둔군의 사령관 조지 멍크(Monck)가 1660년 초 군을 이끌고 남하하자, 램버트가 이에 맞서기 위해 북상했으나 오랫동안 급료를 제대로 받지 못한 그의 군대는 멍크의 군대 앞에 맥없이 흩어지고 말았다. 그사이에 런던 근처에 남아 있던 군대가 다시 둔부의회를 불러들였다. 그러나 2월에 멍크가 런던에 진입했을 때 수도는 온통 소란의 소용돌이에 휩싸여 있

조지 멍크

었고, 브리스틀과 글로스터를 비롯한 여러 곳에서 '자유(free)'의회를 요구하는 소리가 드높았다. 사태를 장악한 멍크는 둔부의회로 하여금 프라이드의 숙청으로 쫓겨난 의원들을 다시 불러들이게 했으며, 이렇게 해서 재소집된 장기의회로 하여금 자체 규정에 따라 스스로 해산할 것을 결의토록 했다. 그 결과 1660년 3월 장기의회가 20년 만에 마침내 종말을 고했다. 4월에 새로운 '자유'의회를 위한 선거가 있었는데, 결과는 왕당파와 왕정을 지지하는 장로파 의원들이 다수를 차지했다. 왕의 소집장이 없이 모였다 해서 공회(Convention)라고 불린 이 의회는 잉글랜드 정부가 왕과 상원과 하원으로 이루어진다고 결의하고 찰스 2세를 불러오기로 결정했다. 찰스 2세는 공회가 열리기 전에 이미 멍크와 협의하여 '브레다 선언(Declaration of Breda)'을 공포함으로써 그를 반대한 사람들의 두려움을 해소시켰다. 그것은 반대자들에 대한 전반적 사면, 병사들에 대한 밀린 급료의 지불, 신앙의 자유, 그리

존 밀턴

고 내전 동안의 토지소유권 이전에 대한 법적 보장 등을 약속하는 것이었다. 다만 이 모든 것은 장차 의회의 제의에 따라 시행될 것이라는 단서가 붙어 있었다.[40]

혁명의 유산

잉글랜드는 다시 왕정으로 되돌아갔지만, 지난 20년 동안의 내전과 혁명은 다음 세대에게 여러 가지 항구적 유산을 남겨놓았다. 종교적으로 그것은 비국교파 교회를 창출했다. 특히 크롬웰의 집권 동안 퓨리터니즘은 깊숙이 뿌리를 내려, 이후 어떠한 박해도 그것을 뿌리 뽑을 수 없었다. 비국교의 신앙은 잉글랜드를 개인의 자유의 본고장으로 만드는 데 크게 기여했다. 정치적으로 혁명은 절대주의를 패퇴시키고 의회를 항구적 통치 기구로 만들었다. 영국인들은 왕정을 복구하기 전에 먼저 의회를 복구하고, 그 의회로 하여금 왕을 불러들이게 함으로써 의회가 이후 잉글랜드 정부의 불가결한 일부가 된 것이다. 한편 절대왕정에서 공화정으로, 다시 호국경 정치와 군사 통치로, 그리고 마침내 다시 왕정으로 되돌아가는 과정에서 각가지 정치사상과 사회사상이 제시되고 활발하게 논의되었다. 양심의 자유를 강조한 공화국의 수호자 존 구드윈(Goodwyn)과 같은 독립파, 민주주의를 주창한 릴번과 리처드 오버튼(Overton) 같은 수평파, 『아레오파기티카(*Areopagitica*)』(1644)에서 언론의 자유를 주장하면서도 크롬웰의 공화정과 호국경 정치를 끝까지 옹호한 존 밀턴(Milton), 농지법(lex agraria)에 바탕을 둔 이상적인 공화국을 꿈꾼 『오세아나(*The Commonwelth of Oceana*)』(1656)의 저자 제임스 해링턴(Harrington)과 같은 공화주의자, 이들과는 달리 여전히 왕권신수의 이론을 신봉한 『파트리아카(*Patriarcha*)』(1680)의 저자 써 로버트 필머(Filmer), 그리고 주권의 절대성을 설파한 『리바이어선』의 저자 토머스 홉스 등 여러 사상가들의 다양한 주장들이 이 시대에 쏟아져 나온

---

40) 이것은 이후 그 약속을 제대로 이행하지 않고 빠져나갈 수 있는 구실을 제공했다.

많은 책과 팸플릿의 홍수 속에서 발효하여 다음 시대에 전달되었다. 그중에서도 특히 후대에 지대한 영향을 미친 것은 홉스의 『리바이어선』이다.

퓨리터니즘은 르네상스적 미의 감각을 멸시했지만 그런 가운데서도 또한 위대한 문학을 낳았다. 일찍부터 뛰어난 시인이면서 혁명기에는 크롬웰의 라틴어 비서였던 밀턴은 불후의 서사시, 『실락원(*Paradise Lost*)』(1667)을 남겼다. 그것은 퓨리터니즘의 승리를 보고 느낀 환희와 그 패배에 대한 당혹스러운 비탄을 표현한 작품인 동시에 또한 영원토록 살아 있을 무언가를 남겨놓겠다는 개인적 소망의 소산이었다. 그러면서도 그는 이교적 우아함과 퓨리턴의 엄숙한 위엄을 결합한 르네상스의 마지막 시인이었다. 한편 존 번연(Bunyan)은 『천로역정(*Pilgrim's Progresses*)』(1678)에서 지옥의 환영과 신의 환상에 시달린 한 떠돌이 땜장이가 구원의 길을 찾는 정신적 과정을 마치 이 세상에서의 여정(旅程)처럼 생생하게 그려냈다. 그는 왕정이 복고된 이후 퓨리턴들이 품고 있던 생각을 전형적으로 보여주었다.

존 번연: 성서를 들고 무거운 죄의 짐을 진 외로운 나그네는 17세기의 전형적인 퓨리턴의 모습을 보여주고 있다.

참고문헌

국내 저서

김민제. 『영국혁명의 꿈과 현실』. 영민사, 1998.

김순곤. 『영국산업혁명사론』. 건국대학교출판부, 1979.

김종현. 『영국산업혁명연구』. 서울대학교 경제연구소, 1977.

김진식. 『인도에 대한 영국제국주의정책의 한 연구』. 지식산업사, 1990.

김현수. 『영국사』. 대한교과서, 1997.

_____. 『수상으로 읽는 영국이야기』. 청아출판사, 1999.

_____. 『유럽왕실의 탄생』. 살림, 2004.

_____. 『이야기 영국사』, 청아출판사, 2004.

김회진. 『영문학사』. 신아사, 2003.

나종일. 『영국근대사연구』. 서울대학교출판부, 1988.

박상권. 『영연방의 사회와 문화』. 한국방송통신대학교출판부, 1992.

박상익. 『언론자유의 경전, 아레오파기티카』. 소나무, 1999.

박영배. 『앵글로색슨족의 역사와 언어』. 지식산업사, 2001.

박우룡. 『영국: 지역·사회·문화의 이해』. 소나무, 2002.

_____. 『전환시대의 자유주의: 영국의 신자유주의와 지식인의 사회개혁』. 신서원, 2003.

박지향. 『영국사: 보수와 개혁의 드라마』. 까치, 1992.

_____. 『제국주의: 신화와 현실』. 서울대학교출판부, 2000.

_____. 『슬픈 아일랜드』. 새물결, 2002.

박형지·설혜심. 『제국주의와 남성성: 19세기 영국의 젠더 형성』. 아카넷, 2004.

설혜심. 『온천의 문화사』. 한길사, 2001.

_____. 『서양의 관상학: 그 긴 그림자』. 한길사, 2002.

양동휴 외. 『산업혁명과 기계문명』. 서울대학교출판부, 1997.

영국사학회 엮음. 『자본, 제국, 이데올로기: 19세기 영국』. 혜안, 2005.

오주환. 『영국근대사회연구』. 경북대학교출판부, 1992.

이동섭. 『영국의 종교개혁』. 수서원, 1990.

이승영. 『17세기 영국의 수평파운동』. 민연, 2001.

이영석. 『산업혁명과 노동정책: 19세기 영국의 공장법연구』. 도서출판 한울, 1994.

_____. 『다시 돌아본 자본의 시대: 근대영국사회경제사연구』. 소나무, 1999.

_____. 『역사가가 그린 근대의 풍경』. 푸른역사, 2003.

임희완. 『청교도혁명의 종교적 급진사상 — 윈스탄리를 중심으로 —』. 집문당, 1985.

_____. 『영국혁명의 수평파운동』. 민음사, 1988.

_____. 『영국혁명과 종교적 급진사상』. 새누리, 1993.

조경래. 『영국절대왕정사연구』. 상명여자대학교출판부, 1992.

한국영어영문학회. 『영국문학사』. 신구문화사, 1959.

한동만. 『영국, 그 나라를 알고 싶다』. 서문당, 1996.

허구생. 『빈곤의 역사, 복지의 역사』. 도서출판 한울, 2002.

홍사중. 『영국혁명사상사』. 전예원, 1982.

홍성표. 『중세영국농민의 생활수준연구』. 탐구당, 1987.

홍치모 『근대영국의 정치와 종교』. 성광문화사, 1980.

_____. 『스코틀랜드 종교개혁과 영국혁명』. 총신대학교출판부, 1991.

국내 번역서

Ashley, Sir William. *The Economic Organization of England: An Outline History*. with Three Supplementary Chapters by G. C. Allen. 3rd ed., London, 1949, 배복석 옮김. 『영국경제사』. 법문사, 1960.

Ashton, T. S. *The Industrial Revolution 1760~1830*. London, 1948, 최영호 옮김. 『산업혁명』. 일한도서출판사, 1959.

Aylmer, G. E. *A Short History of Seventeenth-Century England*. New York, 1963, 임희완 옮김. 『청교도혁명에서 명예혁명까지』. 삼문, 1986.

Carlyle, Thomas. *On Heroes, Hero-Worship and the Heroic in History*. London, 1841, 박상익 옮김. 『영웅의 역사』. 소나무, 1997.

Cole, G. H. D. *A Short History of the British Working-class Movement 1789~1947*. revised ed., London, 1947, 김철수 옮김. 『영국 노동운동사』(상·하). 광민사, 1980.

Daiches, David. *A Critical History of English Literature*. 2nd ed., New York, 1970, 김용철·박희진 옮김. 『영문학사』. 종로서적, 1987.

Dean, Phyllis. *The First Industrial Revolution*. Cambridge, 1965, 나경수·이광우 옮김. 『영국의 산업혁명』. 민음사, 1987.

Dobb, Maurice(ed.). *The Transition from Feudalism to Capitalism.* A Symposium by Sweezy, Dobb, Takahashi, Hilton and Hill, 1954, 김대환 옮김. 『자본주의 이행논쟁: 봉건제로부터 자본주의로의 이행』. 동녘, 1984.

Dobb, Maurice. *Studies in the Development of Capitalism.* London, 1946, 이선근 옮김. 『자본주의 발전연구』. 광민사, 1980.

Harrison, J. F. C. *The Common People: A History from the Norman Conquest to the Present.* London, 1983, 이영석 옮김. 『영국민중사』. 소나무, 1989.

Hill, Chrisropher. *The English Revolution 1640.* London, 1940, 홍치모·안주봉 옮김. 『영국혁명 1649』. 새누리, 1998.

Howard, Christopher. *Splendid Isolation.* New York, 1967, 김상수·김원수 옮김. 『대영제국의 영광스러운 고립』. 한양대학교출판원, 1995.

Kaye, Harvey J. *The British Marxist Historians.* Cambridge, 1984, 양호석 옮김. 『영국의 마르크스주의 역사가들』. 역사비평사, 1988.

Kuczynski, Jürgen. *Das Entstehen der Arbeiter Klasse.* München, 1967, tr. by T. A. Ray, *The Rise of the Working Class*, 박기주 옮김. 『노동계급 등장의 역사』. 푸른산, 1989.

Macpherson, C. B. *The Political Theory of Possessive Individualism: Hobbes to Locke.* Oxford, 1962, 이유동 옮김. 『소유적 개인주의의 정치이론』. 인간사랑, 1991.

Mantoux, P. *La révolution industrielle au XVIIe siècle en Angleterre.* Paris, 1906, tr. by R. V. Vernon, *The Industrial Revolution in the Eighteenth Century*, London, 1928, 정윤형·김종철 옮김. 『산업혁명사』(상·하). 창작사, 1987.

Martin, R. *Royal Scotland.* Edinburgh, 1983, 김현수 옮김. 『왕실 스코틀랜드 영국사』. 대한교과서, 1993.

Maurois, Andre. *Histoire de l'Angleterre.* Paris, 1937, 신용석 옮김. 『영국사』. 홍성사, 1981.

Morgan, Kenneth O.(ed.). *The Oxford History of Britain.* Oxford, 1984, 영국사학회 옮김. 『옥스퍼드 영국사』. 도서출판 한울, 1994.

Pelling, H. *A History of British Trade Unionism.* London, 1963, 박홍규 옮김. 『영국노동운동의 역사』. 영남대학교출판부, 1992.

Postaan, M. M. *The Medieval Economy and Society: An Economic History of Britain in the Middle Ages.* Harmondsworth, Middlesex, 1972, 이연규 옮김. 『중세의 경제와 사회』. 청년사, 1989.

Schultz, H. J. *A History of England*(Barnes & Nobles College Outline Series). Newport, Ky, 1968, 최문형 옮김. 『영국사』. 신구문화사, 1975.

Smith, Simon C. *British Imperialism 1750~1970.* Cambridge, 1998, 이태숙·김종원 옮김. 『영국제국주의』. 동문선, 2001.

Speck, W. A. *A Concise History of Britain 1707~1975*. Cambridge, 1993, 이내주 옮김. 『진보와 보수의 영국사』. 개마고원, 2002.

Stone, Lawrence. *The Causes of the English Revolution 1529~1642*. New York, 1972, 홍한유 옮김. 『영국혁명의 제원인 1529~1642』. 법문사, 1982.

Strachey, Lytton. *Eminent Victorians: Cardinal Manning, Florence Nightingale, Dr. Arnold, General Gordon*. Harvest, 1918, 이태숙 옮김. 『빅토리아시대의 명사들』. 경희대학교출판국, 2003.

Thompson, E. P. *The Making of the English Working Class*. London, 1963, rev. ed., 1968, 나종일 외 옮김. 『영국노동계급의 형성』(상·하). 창작과비평사, 2000.

Toynbee, Arnold. *Lectures on the Industrial Revolution of the 18th Century in England*. London, 1908, 9th ed., 1927, 오덕영 옮김. 『산업혁명사: 근세영국경제사』. 문연사, 1956.

White, R. J. *The Horizon Concise History of England*. New York, 1971, 나종일 옮김. 『영국소사』. 삼성문화문고, 1980.

Woodwaard, E. L. *History of England*, New York, 1962, 홍치모·임희완 옮김. 『영국사개론』. 총신대학교출판부, 1991.

국내 논문

국내에서 출간된 영국사 관계 논문은 역사학회 엮음, ≪역사학보≫의 「회고와 전망」(서양사: 영국사) 부문과 함께 김현수, 『영국사』(대한교과서, 1997)의 참고문헌을 이용할 수 있다.

외국 문헌

영국사 관계 외국 문헌은 너무 방대하여, 여기에는 필자들이 주로 참조한 저서 일부만을 수록한다.

Cannon, John and Ralph Griffiths. *The Oxford Illustrated History of British Monarchy*. Oxford, 1988.

Clapham, J. *A Concise Economic History of Britain 1760~1950*. London, 1952.

Clark, Sir George(ed.). *The Oxford History of England*. 15 vols., Oxford, 1934~1965.

_____. *English History: A Survey*. Oxford, 1971.

Elton, Geoffrey. *The English*. Padstow, Cornwall, 1992.

Feiling, Keith. *A History of England*. London, 1959.

Grant, Alexander and Keith J. Stringer(eds.). *Uniting the Kingdom? The Making of British History*. London, 1995.

Haigh, Christopher. *The Cambridge Historical Encyclopedia of Great Britain and Ireland*. Cambridge, 1985.

Harvey, Sir Paul. *The Oxford Companion to English Literature*. 4th ed., revised by Dorothy Eagle, Oxford, 1967.

Halliday, F. E. *A Concise History of England*. Norwich, 1980.

Hibbert, Christopher. *The Story of England*. London, 1992.

Johnson, Paul. *A History of the English People*. London, 1972.

Kearney, Hugh. *The British Isles: A History of Four Nations*. Cambridge, 1989.

Lehmberg, Stanford E. and Thomas W. Heyck. *The Peoples of the British Isles: A New History*, 3 vols., Belmont, California, 1992.

Lipson, E. *The Economic History of England*. 3 vols., London, 1915~1931.

Mingaay, G. E. *A Social History of English Countryside*. London, 1990.

Morton, A. L. *A People's History of England*. London, 1938.

Prall, Stuart E. and David Harris Wilson. *A History of England*. 2 vols., Fort Worth, Texas, 1991.

Randle, John. *Understanding Britain: A History of the British People and their Culture*. Oxford, 1981.

Roberts, Clayton and David Roberts. *A History of England*. 2 vols., Englewood Cliffs, New Jersey, 1991.

Trevelyan, G. M. *History of England*. London, 1926.

_____. *English Social History*. 3rd ed., London, 1946.

Tucker, Albert. *A History of English Civilization*, New York, 1972.

White, R. J. *A Short History of England*. Cambridge, 1967.

이 밖의 일반 통사와 시대별·주제별 참고문헌으로 국내에 소개된 것으로는, 영국사학회 옮김, 『옥스퍼드 영국사』, 박지향, 『영국사』와 김현수, 『영국사』의 각 참고문헌을 참고할 수 있다.

연 표

기원전	4000년경	신석기시대 시작.
	3000년경	윈드밀 힐인들이 들어옴.
	2500년경	비커 포크가 들어옴.
		스토운헨지 세우기 시작.
	2000년경	청동기시대 시작.
	800~700년경	켈트족이 들어옴.
	6세기경	철기시대 시작.
	2세기 말경	벨가이족의 침입.
	55	카이사르의 브리타니아 침입.
기원후		
1C	25	쿠벨리누스 왕국 성립.
	43	클라우디우스의 브리타니아 침입.
	51	카라타쿠스, 로마군에게 체포.
	61	보아디케아의 반항.
	78	아그리콜라의 웨일즈 완전 정복.
2C	122~128	하드리아누스의 성벽 축조.
	142	안토니누스의 성벽 축조
	197	클로디우스 알비누스, 브리튼 주둔군 철수.
4C	367	아일랜드의 켈트족과 스코틀랜드의 픽트족, 색슨족의 공격.
	383	마그누스 막시무스, 브리튼에서 황제 선언, 갈리아로 건너감.
5C	400~402	스틸리코 장군, 브리튼에서 로마 군대 철수.
	407	콘스탄티누스, 브리튼에서 황제 선언.
	409	로마의 지배 끝남.
	429	갈리아의 오세르의 성 게르마누스가 브리튼에 파견됨.
	432	성 패트릭이 아일랜드에 그리스도교 전도
	449	보티건의 요청으로 헹기스트와 호르사가 새니트 섬에 상륙.

		앵글로-색슨족의 침입 시작.
	477	엘러, 서식스 왕국 세움.
	495	체르디치, 웨식스 왕국 세움.
6C	500년경	몽스 바도니쿠스에서 암브로시우스 아우렐리아누스가 색슨족 격파.
	527	에식스 왕국 시작.
	547	앵글족의 노섬브리어 왕국 세움.
	563	성 컬럼버, 아이오우너 수도원 세움.
	575	이스트 앵글리어 왕국 세움.
	586	머시어 왕국의 성립.
	597	성 아우구스티누스의 선교단 켄트에 들어옴.
7C	601	성 아우구스티누스, 캔터베리 대주교로 임명됨.
	617	노섬브리어의 에드윈, 브레트왈더로 인정됨.
	633	노섬브리어의 오스월드, 브레트왈더가 됨.
	655	오스위가 브레트왈더가 됨.
	664	위트비의 종교회의.
	668	타르소스의 시어도어, 캔터베리 대주교로 임명됨.
	672	라트퍼드의 종교회의.
8C	731	비드의 『교회사』 완성.
	757	오퍼, 머시어의 왕이 됨.
	779	오퍼의 방벽을 쌓음.
	793~795	데인인이 린디스판과 재로우 침범.
9C	825	웨식스의 에그버트, 엘런던에서 머시어인 격파. 브레트왈더가 됨.
	835	데인인의 셰피 상륙으로 대공세 시작.
	865	데인인의 대군단 침입.
	871	데인인의 웨식스 침공. 앨프리드, 웨식스 왕으로 즉위.
	878	앨프리드, 에딩턴에서 데인인 격파. 구스럼, 그리스도교로 개종.
	892	데인인의 재침입.
10C	910~920	에드워드와 애설플레드, 데인로를 대부분 탈환.
	937	애설스턴이 노스맨·스코트인·웨일즈인과 싸워 승리.
	940	성 던스턴, 글라스턴베리 수도원 재건.

	973	에드가, 바스에서 잉글랜드 왕으로 대관.
	980	데인인(바이킹)의 새로운 침입 시작.
	991	데인의 대군 에식스의 몰던에 상륙, 애설레드와 화약(데인겔드의 시초).
	994	노르웨이의 올라프와 덴마크의 스웨인이 잉글랜드 남부 일대 약탈.
11C	1013	스웨인의 대군 침입. 스웨인, 잉글랜드 왕으로 받아들여짐.
	1016	런던 시민들, 에드먼드 철기병을 왕으로 추대.
		크누트, 애싱던에서 에드먼드를 격파. 잉글랜드 왕으로 추대됨.
	1035	크누트 사망.
	1042	에드워드 고해왕, 잉글랜드 왕으로 추대됨.
	1066	에드워드 고해왕 사망. 해럴드 고드윈선, 왕이 됨.
		노르망디의 윌리엄, 헤이스팅즈에서 해럴드를 패배시키고 잉글랜드 왕이 됨.
	1066~1070	앵글로-색슨인들의 반항.
	1069~1070	북부 지방의 약탈.
	1070	랜프랭크, 캔터베리 대주교로 임명됨.
	1086	『둠즈데이 북』 작성.
	1087	윌리엄 1세 사망. 윌리엄 2세 즉위.
	1093	앤셀름, 캔터베리 대주교로 임명됨.
	1100	윌리엄 2세 사망. 헨리 1세 즉위. 자유헌장 선포.
12C	1106	헨리 1세, 탕시브레이 전투에서 로버트를 사로잡고, 노르망디를 취함.
	1135	헨리 1세 사망. 스티븐 즉위.
	1139~1153	잉글랜드의 내란.
	1141	스티븐이 포로로 잡히고, 마틸더가 여왕으로 선출됨.
	1148	마틸더, 노르망디로 되돌아감.
	1153	앙주의 헨리, 잉글랜드에 침입.
	1154	스티븐 사망. 헨리 2세 즉위(앙주 왕조의 시작).
	1162	베케트, 캔터베리 대주교로 임명됨.
	1166	클래런던 법령 발포
	1167	헨리 2세, 파리의 영국인 학생 소환, 옥스퍼드 대학 발전.
	1170	'셰리프의 심사' 실시. 베케트의 피살.
	1173~1174	왕자들의 반란.
	1189	헨리 2세 사망. 리처드 1세 즉위.
	1190~1192	리처드 1세, 십자군 참가.

	1193~1194	리처드 1세, 독일에서 감금됨.
	1199	리처드 1세 사망. 존 왕 즉위.
13C	1203~1204	프랑스 왕 필리프 2세, 앙주와 노르망디 정복.
	1206	존, 가스코뉴 원정 시도.
	1208	교황, 잉글랜드에 성무금지령을 내림.
	1214	부빈의 전투에서 프랑스의 승리.
	1215	대헌장에 서명.
	1216	존 왕 사망. 헨리 3세 즉위.
	1221	도미니코 수도회 수도사, 잉글랜드에 들어옴.
	1224	프란체스코 수도회 수도사, 잉글랜드에 들어옴.
	1258	영주들의 반란, 옥스퍼드 조항 승인.
	1259	파리 조약(가스코뉴 이외의 프랑스 내 영국령을 프랑스에 넘김).
	1264	루이스의 전투, 헨리 3세의 피체. 시몽 드 몽포르의 통치.
	1265	대자문회의에 주 기사와 도시 대표 소집됨.
		이브셤의 전투, 시몽 드 몽포르의 피살.
	1272	에드워드 1세 즉위.
	1275	웨스트민스터법 제정.
	1277	웨일즈의 봉기.
	1278	글로스터법 제정.
	1282~1283	웨일즈 정복.
	1285	윈체스터법, 제2웨스트민스터법 제정.
	1290	권리근거법 제정.
	1295	모범의회 소집.
	1296	에드워드 1세, 스코틀랜드 침입.
	1297	스코틀랜드에서 월러스의 반항, 플랑드르 원정.
		에드워드 1세, 대영주들과 충돌.
14C	1306	로버트 브루스의 반항.
	1307	에드워드 1세 사망. 에드워드 2세 즉위.
	1310	귀족들의 개혁법령 기초.
	1314	배넉번에서 스코틀랜드인들의 승리.
	1314~1316	흉작과 가축병의 만연.
	1321~1322	귀족들의 반란.
	1322	프랑스와 충돌 시작.

	1327	에드워드 2세의 퇴위 강요. 에드워드 3세 즉위.
	1333	에드워드 3세, 핼러든 힐에서 스코틀랜드군 격파.
	1337	백년전쟁 시작.
	1340	슬로이스 해전에서 승리.
		과세에 대한 의회의 동의 원칙 확립.
	1346	크레시 전투에서 영국군의 승리.
	1347	칼레 점령.
	1348	흑사병의 만연.
	1351	노동자법, 성직록수여제한법 제정.
	1352	교황상소금지법, 반역법 제정.
	1356	프와티에에서 영국군의 승리.
	1360	브레티니의 평화조약 체결.
	1361	흑사병, 다시 만연.
	1367	흑세자의 에스파냐 침입.
	1370	흑세자의 리모즈 주민 대학살.
	1376	선량의회의 개회. 흑세자의 사망.
	1377	에드워드 3세 사망. 리처드 2세 즉위.
	1378	위클리프의 성서 번역.
	1381	농민반란.
	1382	위클리프의 주장에 대한 이단 규정.
	1385	문법학교에서 영어로 공부 시작.
	1387경	초서의 『캔터베리 이야기』.
	1388	무자비의회의 개회.
	1389	리처드 2세의 친정 시작.
	1390	롤라드들, 영역본 성서의 완성.
	1394~1395	리처드 2세의 아일랜드 원정.
	1397~1399	리처드 2세의 폭정.
	1399	리처드 2세 폐위. 헨리 4세 즉위(랭커스터 왕조 시작).
	1400	웨일즈에서 오와인 글린두어의 반란 시작.
15C	1401	이단자 화형법 통과.
	1402	호밀던 힐에서 스코틀랜드군 패배.
	1403	'성급한' 헨리, 슈루즈베리에서 격파당함.
	1403~1405	프랑스인들이 잉글랜드 남부 침범.
	1405	잉글랜드 북부의 반란 진압.

	1413	헨리 4세 사망. 헨리 5세 즉위.
	1415	아쟁쿠르 전투에서 영국군의 승리.
	1417~1420	영국군의 노르망디 정복.
	1420	트르와 조약 맺음.
	1422	헨리 5세 사망. 헨리 6세 즉위.
	1428	영국군, 오를레앙 공격.
	1431	잔다르크의 분형.
	1435	아라스의 회담. 베드퍼드 공의 사망.
	1449	프랑스군, 노르망디 공격.
	1450	잭 케이드의 반란.
	1453	프랑스군, 가스코뉴 점령. 백년전쟁 끝남. 헨리 6세의 정신병 발병.
	1455	세인트 올번즈의 전투(장미전쟁의 시작).
	1459	블로어히스의 전투에서 요크 공 패배.
	1461	헨리 6세 폐위. 에드워드 4세 즉위(요크 왕조의 시작).
	1469	워리크 백의 반란.
	1470	에드워드 4세 폐위. 헨리 6세 복위.
	1471	바네트의 전투, 워리크의 전사. 에드워드 4세 복위.
	1475	에드워드 4세의 프랑스 침공.
	1477	캑스턴의 인쇄술 도입.
	1483	에드워드 4세 사망. 리처드 3세 즉위.
	1485	보즈워스의 전투, 리처드 3세 사망.
		헨리 7세 즉위(튜더 왕조의 시작). 최초의 항해법 제정.
	1487	램버트 심널의 반란.
	1495	워베크의 잉글랜드 침공 격퇴.
	1489	에스파냐와 메디나 델 캄포 조약 맺음.
		인클로저 금지법 제정.
	1492	프랑스와 에타플 조약 맺음.
	1494	포이닝즈, 아일랜드 의회 소집. 포이닝즈의 법.
	1496	네덜란드와 무역협정.
	1497	콘월 광부들의 봉기. 캐버트, 뉴펀들랜드 해안 도착.
16C	1508	세바스천, 허드슨 만까지 항해.
	1509	헨리 8세 즉위.
	1513	헨리 8세, 프랑스 침공. 플로든 힐에서 스코틀랜드군 섬멸.
	1515	울지 추기경, 상서경(Lord Chancellor)으로 임명됨.

1516	토머스 모어의 『유토피아』 출간.
1520	'금란의 들'의 회합.
1522	프랑스와 전쟁 재개.
1525	파비아의 전투에서 프랑스군 격파.
	프랑스와 화의. 카를 5세에 대항하는 코냑 동맹 결성.
1527	헨리 8세, 캐서린과의 이혼 문제 제기.
1528	카를 5세에 대한 선전포고.
1529	울지의 몰락.
1529~1536	종교개혁의회.
1530	토머스 크롬웰, 헨리 8세의 주요 자문관이 됨.
1532	토머스 크랜머, 캔터베리 대주교로 임명됨.
1533	헨리 8세, 앤 불린과 결혼. 상소제한법 제정.
1534	왕위계승법, 수장법 제정. 틴들의 신약 성서 영역.
1535	모어와 피셔 주교의 처형. 아일랜드 반란 진압.
1536	소수도원 해산. 은총의 순례. 웨일스의 완전 합병. 앤 불린의 처형.
1539	6개조항법. 대수도원 해산.
1540	크롬웰의 처형.
1542	스코틀랜드 침공, 솔웨이 모스에서 스코틀랜드군 격멸.
1543~1546	프랑스와 전쟁.
1547	에드워드 6세 즉위. 핑키 전투에서 스코틀랜드군을 패배시킴.
1549	『제1차 공동기도서』 제정. 통일법 제정. 케트의 반란.
1550	노섬벌런드의 권력 장악.
1552	『제2차 공동기도서』 제정.
1553	메리 여왕 즉위. 에스파냐의 펠리페 2세와 결혼.
1554	와이어트의 반란.
1555	개신교도에 대한 박해 시작.
1557	프랑스와 전쟁.
1558	엘리자베스 1세 즉위.
1559	제2차 수장법, 제2차 통일법 제정.
1560	에든버러 조약(스코틀랜드 개신교 귀족의 지배).
1563	39개조 신앙 조항의 채택. 폭스의 『순교자의 책』 출간.
1568	메리 스튜어트, 잉글랜드로 도망 옴.
1569	백작들의 반란.
1570	교황 피우스, 엘리자베스에 대한 파문과 폐위 선언.
1572	리들리의 음모

	1576	프로비셔, 북서항로 개척.
	1580	교황, 예수회 수도사들을 잉글랜드에 파견.
	1585	에스파냐와 전쟁.
	1587	메리의 처형.
	1588	무적함대 격파.
	1595~1600	아일랜드의 반항운동.
	1597	구빈법 제정.
	1600	셰익스피어의 『햄리트』.
17C	1601	동인도회사 설립.
	1603	엘리자베스 여왕 사망. 스코틀랜드의 제임스 6세가 제임스 1세로 즉위.
		퓨리턴의 천인청원.
	1604	햄프턴 코트 회의.
	1605	폭약 음모 사건.
	1607	버지니아 식민지 건설.
	1609	얼스터에 잉글랜드와 스코틀랜드의 식민사업.
	1610	대계약 제의.
	1611	흠정판 성서 출간.
		빌리어즈(버킹엄 공), 왕의 총신이 됨.
	1614~1617	코케인 회사의 모직물 수출특권.
	1620	퓨리턴 필그림들, 메이플라워호로 아메리카로 향함.
		프랜시스 베이컨의 『신기관』 출간.
	1624~1630	에스파냐와 전쟁.
	1625	제임스 1세 사망. 찰스 1세 즉위.
	1626~1629	프랑스와 전쟁.
	1628	권리청원. 버킹엄 공의 암살. 하비의 『심장과 피의 운동』 발표.
	1629	찰스의 의회 해산, 개인 통치 시작.
	1630	아메리카로의 대규모 이민 시작.
	1633	로드, 캔터베리 대주교로 임명됨.
	1634	선박세 부과.
	1636	햄던의 선박세 납부 거부.
	1637	프린·버튼·배스트위크에 대한 형벌.
		스코틀랜드 국민맹약 작성.
	1639	제1차 주교전쟁.
	1640	단기의회의 소집과 해산. 장기의회 소집.

	스트래퍼드에 대한 사권박탈법 통과. 로드에 대한 탄핵.
1641	3년회기법 제정. '뿌리와 가지 법안' 제출. 대권 법정들의 폐지.
	아일랜드의 반란. 대간언.
1642	찰스, 5명의 하원의원 체포 시도 실패.
1642~1648	제1차 내전.
1642	에지힐의 전투. 스코틀랜드인과 장엄 동맹 및 맹약 맺음.
1644	마스턴 무어의 전투에서 의회군 승리. 로드의 처형.
1645	자진사퇴령 통과. 신형군 편성. 네이즈비 전투. 클럽맨들의 봉기.
1646	찰스, 스코틀랜드인들에게 투항.
1647	군의 반란. 수평파의 인민협정 작성. 퍼트니 논쟁.
	찰스의 도망 기도 실패.
1648	제2차 내전. 크롬웰, 프레스턴에서 국왕군 격파. 프라이드의 의회 숙청.
1649	찰스 1세의 재판과 처형. 공화국 수립. 상원 폐지.
1649~1653	둔부의회.
1649~1650	올리버 크롬웰, 아일랜드 정복(드로이더와 웩스퍼드에서의 대학살).
1650~1652	크롬웰, 스코틀랜드 정복(던바 전투와 우스터 전투).
1651	홉스의 『리바이어선』 출간. 항해법 제정.
1652~1654	제1차 네덜란드 전쟁.
1653	크롬웰, 둔부의회 강제 해산. 지명의회 구성. 통치헌장 작성.
	크롬웰, 호국경이 됨.
1654~1655	크롬웰의 첫 의회.
1655	크롬웰의 군부 통치(소장제).
1655~1660	에스파냐와 전쟁.
1656	해링턴의 『오세아나』 출간.
1657	의회가 '겸손한 청원과 조언' 작성.
1658	올리버 크롬웰 사망, 아들 리처드가 호국경이 됨.
1659	장기의회의 부활. 호국경 정치 폐지.
1660	멍크, 스코틀랜드에서 남하. 장기의회의 끝. 공회의 성립.
	'브레다 선언' 발표. 찰스 2세 복위. 보상과 망각의 법 제정.

계 보

노섬브리어의 왕들

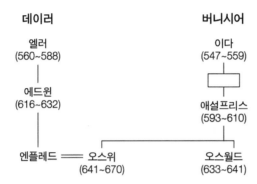

데이러

엘러
(560~588)

에드윈
(616~632)

엔플레드 ══ 오스위
(641~670)

버니시어

이다
(547~559)

애설프리스
(593~610)

오스월드
(633~641)

머시어의 왕들

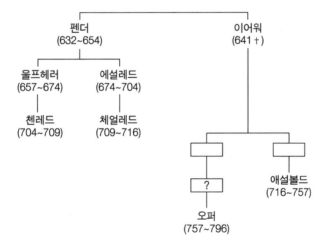

펜더
(632~654)

울프헤러
(657~674)

에설레드
(674~704)

첸레드
(704~709)

체얼레드
(709~716)

이어워
(641 +)

?

오퍼
(757~796)

애설볼드
(716~757)

웨식스 왕가와 덴마크 왕가

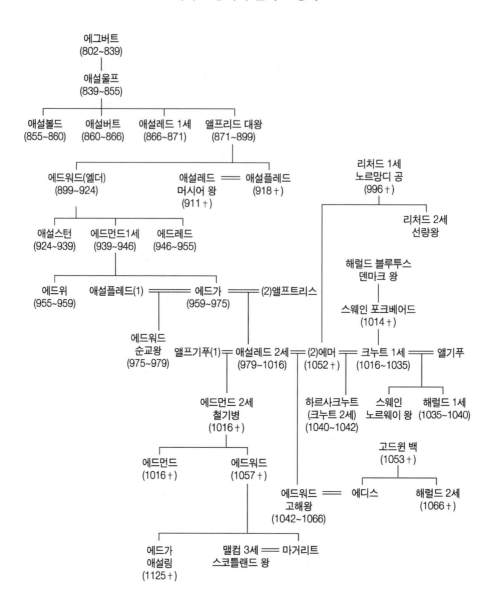

에그버트
(802~839)

애설울프
(839~855)

애설볼드
(855~860)

애설버트
(860~866)

애설레드 1세
(866~871)

앨프리드 대왕
(871~899)

에드워드(엘더)
(899~924)

애설레드
머시어 왕
(911＋)

애설플레드
(918＋)

리처드 1세
노르망디 공
(996＋)

리처드 2세
선량왕

애설스턴
(924~939)

에드먼드1세
(939~946)

에드레드
(946~955)

해럴드 블루투스
덴마크 왕

스웨인 포크베어드
(1014＋)

에드위
(955~959)

애설플레드(1)

에드가
(959~975)

(2)앨프트리스

에드워드
순교왕
(975~979)

앨프기푸(1)

애설레드 2세
(979~1016)

(2)에머
(1052＋)

크누트 1세
(1016~1035)

앨기푸

에드먼드 2세
철기병
(1016＋)

하르사크누트
(크누트 2세)
(1040~1042)

스웨인
노르웨이 왕

해럴드 1세
(1035~1040)

고드윈 백
(1053＋)

에드먼드
(1016＋)

에드워드
(1057＋)

에드워드
고해왕
(1042~1066)

에디스

해럴드 2세
(1066＋)

에드가
애설링
(1125＋)

맬컴 3세
스코틀랜드 왕

마거리트

노르만가

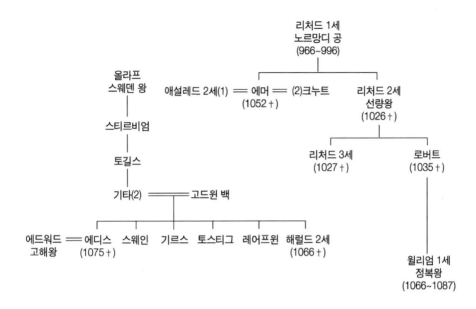

노르만 왕가와 플랜터지네트 왕가

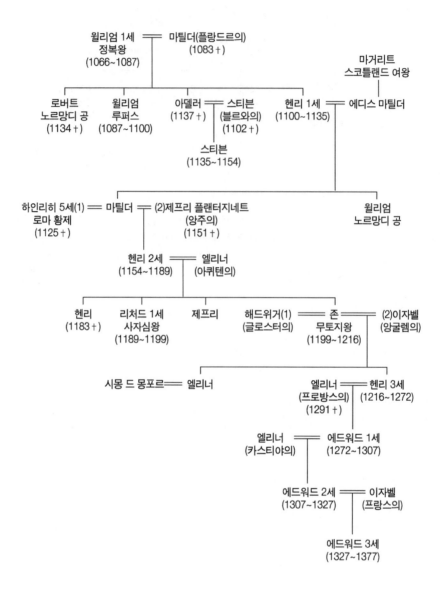

랭커스터가와 요크가

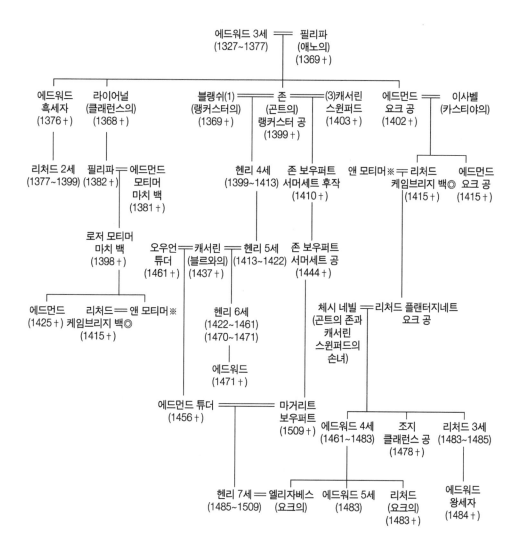

튜더 왕가와 스튜어트 왕가

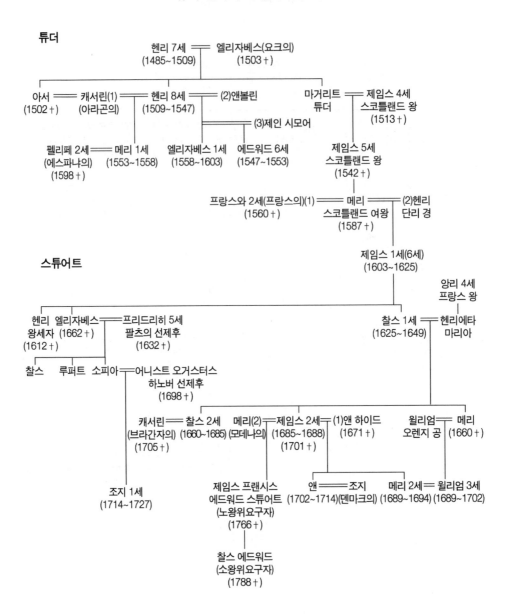

튜더

헨리 7세 ══ 엘리자베스(요크의)
(1485~1509)   (1503 +)

아서 ══ 캐서린(1) ══ 헨리 8세 ══ (2)앤볼린   마거리트 ══ 제임스 4세
(1502 +)   (아라곤의)   (1509~1547)   튜더   스코틀랜드 왕
              ══ (3)제인 시모어   (1513 +)

펠리페 2세 ══ 메리 1세   엘리자베스 1세   에드워드 6세   제임스 5세
(에스파냐의)   (1553~1558)   (1558~1603)   (1547~1553)   스코틀랜드 왕
(1598 +)   (1542 +)

프랑스와 2세(프랑스의)(1) ══ 메리 ══ (2)헨리
(1560 +)   스코틀랜드 여왕   단리 경
           (1587 +)

제임스 1세(6세)
(1603~1625)

스튜어트

앙리 4세
프랑스 왕

헨리   엘리자베스 ══ 프리드리히 5세   찰스 1세 ══ 헨리에타
왕세자 (1662 +)   팔츠의 선제후   (1625~1649)   마리아
(1612 +)   (1632 +)

찰스   루퍼트   소피아 ══ 어니스트 오거스터스
              하노버 선제후
              (1698 +)

캐서린 ══ 찰스 2세   메리(2) ══ 제임스 2세 ══ (1)앤 하이드   윌리엄 ══ 메리
(브라간자의) (1660~1685) (모데나의) (1685~1688)   (1671 +)   오렌지 공   (1660 +)
(1705 +)

조지 1세   앤 ══ 조지   메리 2세 ══ 윌리엄 3세
(1714~1727)   제임스 프랜시스   (1702~1714)(덴마크의) (1689~1694)(1689~1702)
              에드워드 스튜어트
              (노왕위요구자)
              (1766 +)

              찰스 에드워드
              (소왕위요구자)
              (1788 +)

찾아보기

|ㄱ|

| ㅇ |

저자 약력

나종일(羅鍾一)

1926년생

서울대학교 문리대 사학과 졸업

펜실베이니아대학교 석사

서울대학교 문학박사

전남대학교 문리대 조교수

서울대학교 인문대 교수

현재 서울대학교 명예교수

주요 저서: 『영국근대사연구』(1988)

『세계사를 보는 시각과 방법』(1992)

『영국의 역사(상·하)』(공저, 2005)

『자유와 평등의 인권선언 문서집』(2012)

송규범(宋奎範)

1948년생

서울대학교 인문대학 서양사학과 졸업

서울대학교 인문대학 석사, 문학박사

서원대학교 역사교육과 교수

현재 서원대학교 명예교수

주요 저서: 『19세기 유럽 민족주의』(1984, 공역)

『영국의 역사(상·하)』(2005, 공저)

『존 로크의 정치사상』(2015)

『유럽인의 역사(1·2)』(2022)

한울아카데미 739

영국의 역사 [상]

ⓒ 나종일·송규범, 2005

지은이 | 나종일·송규범
펴낸이 | 김종수
펴낸곳 | 한울엠플러스(주)

초판 1쇄 발행 | 2005년 6월 20일
초판 4쇄 발행 | 2022년 6월 10일

주소 | 10881 경기도 파주시 광인사길 153 한울시소빌딩 3층
전화 | 031-955-0655
팩스 | 031-955-0656
홈페이지 | www.hanulmplus.kr
등록번호 | 제406-2015-000143호

Printed in Korea.
ISBN 978-89-460-8190-1 94920

* 책값은 겉표지에 표시되어 있습니다.

앙주 왕조하의 영국령

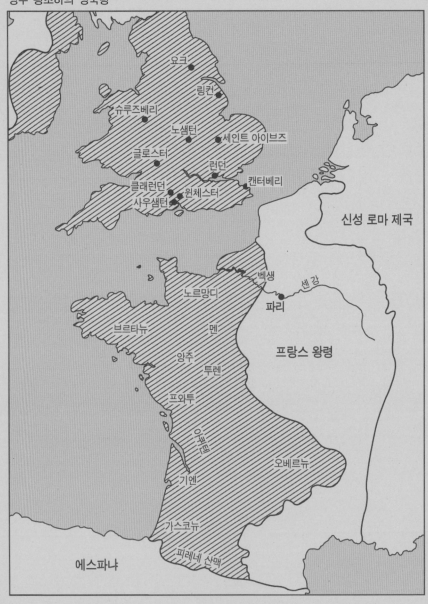

요크

링컨

슈루즈베리

노샘턴

세인트 아이브즈

글로스터

런던

클래런던

윈체스터

캔터베리

사우샘턴

신성 로마 제국

벡생

센 강

노르망디

파리

브르타뉴

멘

앙주

투렌

프랑스 왕령

프와투

우쿠텐

오베르뉴

기엔

가스코뉴

피레네 산맥

에스파냐

16세기의 아일랜드

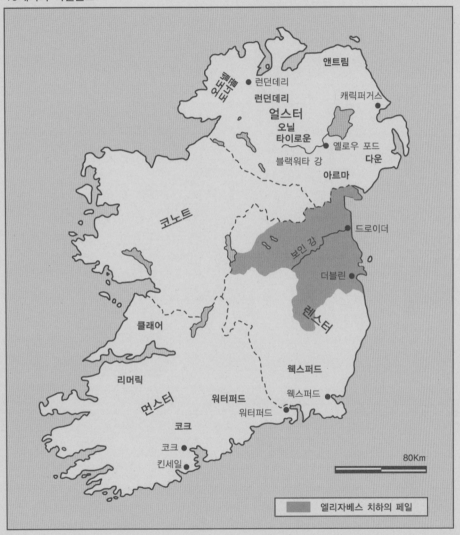

앤트림

도네갈
도
런던데리
런던데리
얼스터
오닐
타이로운
블랙워타 강
아르마

캐릭퍼거스

옐로우 포드
다운

코노트

보인 강
드로이더

더블린

렌스터

클래어

웩스퍼드

리머릭

먼스터
워터퍼드
웩스퍼드

코크
워터퍼드

코크
킨세일

80Km

엘리자베스 치하의 페일